· 2015 ·

LADR

民·主法治评论

LAW AND DEMOCRACY REVIEW

特辑：中国法治读本

胡水君　主编

第四卷

中国社会科学出版社

**图书在版编目(CIP)数据**

民主法治评论.2015年第4卷：特辑：中国法治读本 / 胡水君主编. —北京：中国社会科学出版社，2015.10
ISBN 978 - 7 - 5161 - 7211 - 7

Ⅰ.①民…　Ⅱ.①胡…　Ⅲ.①社会主义民主 - 中国 - 文集②社会主义法制 - 中国 - 文集　Ⅳ.①D62 - 53②D920.0 - 53

中国版本图书馆 CIP 数据核字(2015)第 282051 号

| | |
|---|---|
| 出 版 人 | 赵剑英 |
| 责任编辑 | 任　明 |
| 特约编辑 | 乔继堂 |
| 责任校对 | 张依婧 |
| 责任印制 | 何　艳 |

| | |
|---|---|
| 出　　版 | 中国社会科学出版社 |
| 社　　址 | 北京鼓楼西大街甲 158 号 |
| 邮　　编 | 100720 |
| 网　　址 | http://www.csspw.cn |
| 发 行 部 | 010 - 84083685 |
| 门 市 部 | 010 - 84029450 |
| 经　　销 | 新华书店及其他书店 |

| | |
|---|---|
| 印刷装订 | 北京市兴怀印刷厂 |
| 版　　次 | 2015 年 10 月第 1 版 |
| 印　　次 | 2015 年 10 月第 1 次印刷 |

| | |
|---|---|
| 开　　本 | 710 × 1000　1/16 |
| 印　　张 | 21 |
| 插　　页 | 2 |
| 字　　数 | 389 千字 |
| 定　　价 | 68.00 元 |

中国社会科学院法学研究所法理研究室主办

**投稿信箱**

ladr@ cass. org. cn

本卷所刊各文只表明作者的个人看法，并不必然代表主办方以及作者所在机构的观点。

# 卷 首 语

2014 年 10 月 23 日通过的《关于全面推进依法治国若干重大问题的决定》，在中国法治发展进程中引起了不小的波澜，也激发了法律理论界的关注和热情。这一决定，提出了一百八十多项新举措，显露出推进法治的务实态度。对于仍处于发展之中、仍在寻求现代化的中国来说，法治大厦的构建，既需要此种一石一瓦的务实累积，也需要总体而长远的宏观思量。也就是说，中国法治的形成，既要讲"一时之权"，也要讲"万世之利"。

关于中国法治的宏观考虑，自然也是有的。这从国家领导人的一些话语中，似乎可以直接看到或推导出来。例如，"法治是人类文明的重要成果之一，法治的精髓和要旨对于各国国家治理和社会治理具有普遍意义，我们要学习借鉴世界上优秀的法治文明成果"，这主要涉及中国法治可资借鉴的现代方面。再如，"中华文化积淀着中华民族最深沉的精神追求……中国特色社会主义植根于中华文化沃土"；"抛弃传统、丢掉根本，就等于割断了自己的精神命脉。博大精深的中华优秀传统文化是我们在世界文化激荡中站稳脚跟的根基"，这主要涉及中国法治难以割舍的传统底蕴。又如，"改革开放以来历次三中全会都研究讨论深化改革问题，都是在释放一个重要信号，就是我们党将坚定不移高举改革开放的旗帜，坚定不移坚持党的十一届三中全会以来的理论和路线方针政策"，这主要涉及中国法治必须坚持的现实原则。

总体来看，中国法治正处在传统、现实与现代之间，既需要延续中国文化传统，又需要在现实层面沿着改革开放路线向前开拓，还需要遵循现代法治原理努力实现现代化。鉴于此种思考，中国社会科学院法学研究所法理研究室编选了这样一部关于中国法治的论集，作为《民主法治评论》2015 年的特辑。所选论文，各自从传统、现实和现代等视角，对中国法治做了观察、分析和阐释，适可被解读为一种正在形成中的"法治的中国理论"。论集按照一定逻辑顺序编排，作者不分先后排名。最后，谨向各位作者的应允和参与致以谢忱！

胡水君

乙未年秋

# 目　录

# 不能遗忘的文明：法治与中国文化

夏　勇①

研究中国文化与法治，首先要面对的，是常常议论的一个话题："中国古代有没有法治思想？"学者们——尤其是西方汉学界人士——多持有这样的观点：中国古代虽然出现过"法治"这个提法或者"法治"这个构词，但并没有所谓"真正意义上的"法治概念。理由是，中国古代的法治论在实质上是人治论，是为君主专制服务的。还有的学者直截了当地讲，法治是西方文化的产物，也是西方文明的特征，在小农经济和儒家文化占主导地位的专制主义中国，既不可能出现法治，也不可能出现法治思想。

可是，问题在于：什么是"真正意义上的"法治思想？"真正意义"的标准是什么？如果衡量是否为"真正意义"的标准是西方的，那么，为什么要以西方的尺度为标准？再进一步，为什么会提出"真正意义"这样的问题？

我想，这些问题的实质，是一个文化认识和叙述问题。我们在讨论中国文化与法治之前，最好先讨论一下究竟应该怎样认识和叙述文化。

在我们的时代，不仅法治成为一个西化的概念，而且文化本身也成为一个西化的概念。这里所谓的西化，不是说文化的存在形式，而是说文化的叙述方式。通常，人们不但不否认在西方文化之外还存在形形色色的其他文化，甚至还打起文化多样性的旗号，强调本民族的文化特色或国情，可是，当他们叙述非西方文化的时候，秉持的却是西方文化立场，使用的却是西方文化概念，这是很荒唐的。因为，本着这样的立场和概念，他们所说的多样性，不过是多种异常的形态，是以西方文化为主流的人类文化色板上的边缘或点缀；他们所说的国情，不过是对某种现代标准暂时缺乏的历史性宽宥，是对自己作为另类的合理性论证，是对某种进步趋势的节奏性规避。这是一种典型的把不同文化之间的差异看作某种文化"缺什么"的观念，是西方文明中

---

① 中国社会科学院教授。

心主义的反映。① 在这里，文化之间的差异，首先被认作为某种重大的缺乏——缺乏西方文化已经拥有的、作为进入最先进时代之门槛的那些特征。随即，那些特征又逐渐成为评判的尺度或标准，于是，不具备某种特征，就被偷换成不符合某种尺度或标准，即特征概念偷换成标准概念。倘若某种文化不具备某种特征，它就是不"适格"、不合格的，这种文化里即便有再好的东西，只要不符合西方的标准，那就不是"真正意义上的"，或者就是无意义的。

这里的逻辑是经不起推敲的。倘若按照这样的历史观和文化观来叙述非西方的历史和文化，就不仅谈不上文化之间的交流和汇流，而且，更多的是把文化叙述变成了遗弃、忘却乃至消融非西方文化的一种活动，最后只剩得西方文化的一统天下。

不论是回顾西学东渐以来的中国历史，还是考察工业化和启蒙运动以来的世界历史，我们都可以看到，这类荒唐逻辑已然成为事实，成为当代文明的一种现象。平心而论，在比较文化研究中，研究者自身的文化眼光、偏好或倾向乃至文化立场，都是不可避免的。它们不仅可以宽宥，甚至应该给予鼓励。比如，西方的学者，大可用柏拉图、奥古斯都关于两个世界、两个城邦的眼光来打量中国的"天"与"人"、"入世"与"出世"等概念，中国的学者也不妨用儒家的或道家的眼光，来打量古希腊的伊壁鸠鲁派的快乐主义和斯多葛派的世界主义。但是，这丝毫不意味着，通过所谓文化叙述，任意而粗鄙地把别家的文化改头换面纳入自家的文化谱系，或者用自己的标准去裁剪别家的文化，是合适的、正当的。

在欧洲文明中心主义泛滥的今天，我们面临的一个最严重问题，恐怕还不是在不同的文明传统之间比较与穿凿是否合适、是否正当的问题，也不是文化眼光、偏好或倾向的问题，而是非西方文化区域里的人们尤其是学者，自觉地、主动地用偷换过的标准概念来叙述和评判本民族的历史文化。他们热衷对照西方的特征和标准，把本民族的历史文化描述为"无特征""非标准"。这就好比拔起自己的头发，离开自己生长且熟悉的土地，然后再回过头来打量自己的家园，于是，就难免"认不得"自家的文明，乃至指鹿为马了。

---

① 鲍曼认为，各种相竞争的现代性理论，总是与一种历史理论联系在一起，这一点上，它们的立场是共同的，即都是把在西方世界的各个领域中发展起来的生活形式，看作在二元对立中"直接出现的""无特征的"一方，世界的其他地方和其他的历史时代相对而言则成为有问题的，"特殊的"一方。后者之所以能够被理解，不过是因为它们不同于被认为是常态的西方模式（鲍曼，2000）。

可是，问题又在于，西方文化的一统天下，恰恰是办不到的；本民族的历史文化，偏偏是改装不了的。历史是一个民族的生活经验，文化乃人文化成，凝集作为民族群体的人们的生命体验和共同精神。本民族的历史文化是不宜用别的民族的生活经验来叙述的。别的民族的生活经验和关于生活经验的观念，即别的民族的历史及其历史观念，只能作为叙述的比较参考。所以，不管我们如何在主观上拔起自己的头发想离开自己的土地，却又偏偏离开不了，也离开不得。在这个过程里，始终与我们相伴随的，不仅仅是发肤之痛，更多的是心灵之痛，是无以逃遁的疑虑、紧张、失落与迷茫。

现在，让我们进入本题，讨论中国文化与法治。

## 一　法治概念在中国的历史文化基础

在西方文明的若干先进"特征"里，法治是最耀眼的内容之一。其实，作为治道，关于优质治理的理想，法治不过是一种关于必须用明确、公开的法律来约束人们的各种社会行为的观念和技术。所谓"明确、公开的法律"，是指由国家或主权者制定的普遍行为规则，而不仅仅是家族、企业或团体的内部规章。比如，对私法意义上的人，要立契履约、借债必还，婚娶有序、老幼有养，伤人必罚、杀人必偿等；对公法意义上的政治权力，在设置上要分门别类，明定权责，在运行上要中规中矩，加以规范和约束；倘若规则被违背，则由国家负责相关的纠正、救济或处罚。所谓"用来约束人们的各种社会行为"，是指法律能够管、应该管的，只是人们的外在行为，而不是人们的内心活动；只是人们的涉及社会关系、社会秩序方面的外在行为，而不是人们私下的衣食起居等。所谓"观念和技术"，是指在治理国家的若干种办法里，法治表达了一种对普遍的、外在的、低限的强制性行为规则的偏好，一种对稳定的、和平的、安全的统一性政治秩序的追求，同时，也代表着与这种偏好和追求相适应的治理手段和规则体系。正是在以上意义上，法治与其他的治道，如心治、德治等区分开来。

这样的治道，这样的关于优质治理的理想，这样的观念和技术，在不同文明传统、不同民族国家的历史上，都是存在的。所不同的，只是论证方法、表达形式、风格样式以及践行的空间和程度。在此意义上，我们可以说，法治不是哪个民族或哪个人的发明创造，不是西方文明的所谓"特征"，而是作为政治动物亦作为规则动物的人类的共同体验。这种体验，不单是一种关于治理的智慧或技术，它更是一种关于治理的伦理原则和政治实践，一种政治道德，说到底，是一种对根本法则的体认和运用。在不同的文明传统、不同的民族国家，对法治的认知、表述以及运作，是千差万别的，但是，各类文明传统、各个民族国家都在不同程度上具备法治的历史文化基础。也因此，一种文化、一个国家总归要顺着自己的脉络、使用自己的语言、根据自己的实际、通过自己的创造，来养成一种可以称作"法治"的治理。

中国是注重治道的文明古国，法治是传统治道的重要内容。传统的治道理论所蕴含的丰富思想和学识，所包括的成功和失败的经验教训，尤其是中华民族所独有的精神气质、道德追求、思维逻辑、政治经验乃至语言风范，都是值得我们这些或许还能称得上后辈的人们虔心体会、认真学习的。我们可以讲中国古代的法律传统如何地不同于古代罗马法、教会法或日耳曼法传统。但是，我们不能否认，中国古代文明传统同样也包含着对法治的追求，包含着许多具有自己特色的关于法治的理论和实践。这些理论和实践迄今仍然富有启发和教益。

遗憾的是，最近一百多年来，我们对传统的治道尤其是法治思想采取了某种简单化的甚至粗鲁的态度，对本民族的思想传统，变得越来越不认得了。即便偶尔看上几眼，也是戴着变色的眼镜，贴上几道不明不白的标签，甚至给予全盘的否定。现在，法治在当代中国已然成为流行的话语，但迄今为止，我们在阐释法治的时候所使用的语言主要是翻译过来的西方语言，我们所援用的原理主要是翻译过来的西方原理。究其因由，一因西方法治先行，经验厚积，且学术经年，易成文化强势；二因法治乃人类共求之物，人类社会共通之理，故先知先述、多知多述者遂居语言优势；三因吾国近世灾难深重，学人难以从容梳理故旧，接应西学，且多患"文化失语症"。问题在于，翻译或许可以勉力做到所谓"信、达、雅"，而且"信、达、雅"的术语、概念、原则或许还可以在已经经过法律移植的新的制度环境里使用无碍，但是，倘若用它们作为工具来研究中国的历史，或者来表述一种已经成为历史的不同的法律经验，就会成为一件极易出错的事情。在这里，我们一方面要看到知识和语言的"地方性"；另一方面，则要真正下一番融会贯通的功夫。否则，我们的研究就只能是中西之间的一些简单的对照和褒贬。

我们不妨尝试避开笼统的文化判断和宏大的历史判断，着眼于通过对法治尤其是法治要素的历史分析，来考察法治在中国的历史文化基础。

比如，面对"中国古代有没有法治思想"这样的提问，我们不妨先向问者提三个问题。

第一，"你所说的'法治'究竟指什么？"具体讲，是指柏拉图的作为哲学王之治的替代方案的法治，还是指亚里士多德所说的作为神祇和理智之统治的法治？是指戴雪所说的包含法律主导、法律面前平等和个人权利先于法律而存在的法治，还是指拉兹所说的既包括法律确定、公开、明确和稳定、立法受制于一般法则，也包括司法独立、司法审查、诉讼简易、遏制自由裁量权以及遵循自然正义等要素在内的法治？或者，是指韩非所说的法治，还是仅仅指当下中国传媒所张扬的"依法治国"？

第二，"你所说的'法治'里用以为治的'法'指什么？"具体讲，是仅仅指国家的实在法，还是包括自然法、天法、神法之类的非实在法？或者，类似马克斯·韦伯所说的理想的权威类型？换言之，这里的法治是实在法之治，还是超越于实在法的，如自然法之治？

第三，"你所说的'有'或'没有'指什么？"具体讲，一种关于法律权威的观念到了什么时候、什么程度才能被看作一种合格的"法治思想"？在被认定为"法治思想"之前，它又算作什么呢？

我们还可以换一种路径，尝试从法治要素的角度来提出问题。曾有西方权威学者对法治概念作了如下归纳，这些归纳应该说是比较全面的：①法律必须是可预期的、公开的和明确的。这是一个最根本的原则。一个人不可能遵循溯及既往的法律，因为在他行动的时候该项法律并不存在；一个人也不可能遵循模糊的或不清楚的法律。②法律应该是相对稳定的。若法律变动过于频繁，人们便难以了解在某个时候法律是什么，而且不可能在法律的指导下作长远的规划。③应该在公开、稳定、明确而又一般的规则的指导下制定特定的法律命令或行政指令。① ④必须保障司法独立，否则便不可能依靠司法来适用法律，公民也因此不可能受法律的引导。⑤当法律不能够引导行为时，应该遵守像公开审判、不偏不倚那样的自然正义原则。⑥法院应该有权审查政府其他部门的行为以判定其是否合乎法律。此乃行政或立法行为的司法审查程序。⑦在法院打官司应该是容易的，这样，个人主张其法定权利的能力便不会因长期拖延或过度花费而耗尽。⑧不容许执法机构的自由裁量权歪曲法律（Walker，1988）。

这样的归纳，是以富勒、拉兹等人对法治要件的归纳为基础的。其中，

---

① 这是拉兹提出的一个用来替代法律的一般性或普适性要求，也是哈耶克提出的若干要求中的一个。一般性对于任何关于法律面前平等的概念都至关重要，但拉兹认为这种平等概念是站不住的。他所论证的主张是，特定的命令应该只能在由更持久的并且对特定的法律所导致的不可预期性给予限制的一般法所设定的框架里制定。

虽然没有直接提到我们在谈论法治时经常提到的"法律权威"或"法律至高无上",实际上,是把关于法律权威的概念建立在法治的各个要素的基础之上了,而不是把法治问题简单地化约为"权比法大"还是"法比权大"一类的问题。从法治的要素看,法律的至高无上的权威,一方面要通过法律的公开、明确、稳定、一般、可预期等品性或价值来体现。换言之,法律权威内在地包含在公开、明确、稳定、一般、可预期等价值之中,这些价值又是法律用来规制行为以实现正义和其他目标的工具。另一方面,法律权威要通过关于立法、司法、执法的一套制度性安排来体现。如上述第三项至第八项所提到的,特定的立法必须在一种更恒久的、对不可预期性给予限制的一般制度框架里进行,司法要独立,打官司要容易,法院应有权审查立法或行政行为,执法的自由裁量权应予限制以及在法律无明确规定时应遵循自然正义原则。但是,我们不要忘记,以上两个方面的基本要素在不同的场境下,含义和要求是不同的,也就是说,怎样表述、怎样树立法律的权威,在不同的文化和制度背景下,有着不尽相同的路径和语式(discourse)。同时,对具体场境下法治模样的分类或解说也是开放的。① 考察中国古代的法治思想,应该从具体场合下的法治要素入手。

既然法治是由若干要素组成的,那么,每一个要素无论在观念上还是在制度上都有一个形成的过程。回顾这样的过程,能够让我们依稀辨识前人留下的足迹,重温他们的探索与追求,知道他们究竟把握了哪些在我们今天看来属于法治构成要素的概念和原则,并且,在西方的语式尚未引入或尚未主宰的时候,他们是怎样用美妙、精练而流畅的汉语表达这些概念和原则的。这样的历史描述,不仅意味着一种新的关于法治的历史观,而且可以让我们清楚地看到,中国从前的思想者们的探索具有怎样的社会文化背景,处在一个什么样的历史位置,当前中国的法治理论和实践又具有怎样的社会文化背景,处在一个什么样的历史位置,从而明白我们今天究竟应该做些什么。

追溯法治的思想历程,我们首先要回到法律起源的久远年代。人类早先

---

① 美国学者裴文睿(Randall Peerenboom)对法治类型做了很有意义的研究。他试图找出一个对非西方尤其是中国的法治问题给予合理叙述和解释的理论框架,例如,把法治概念分为"实质的、深度的""形式的、浅度的",前者与民主宪政和人权保障相联系,后者则不过是用客观的、普遍的法律限制政治权力的恣意行使和官员的裁量权,法律的操作有一定的可预见性,人民可以预见其行为的法律后果,并在此预期的基础上规划生活(Peerenboom, 1999)。关于形式法治与实质法治以及法治的不同形态和层次的研究还有很多(王人博、程燎原,1989;苏力,1996;高鸿钧,2000;梁治平,2000;刘星,1998;季卫东,1999;吴玉章,2002;张恒山,2000)。

的法律现象不过是对违反人所共知共守的规则的行为给予简单的裁判与惩罚。各民族早先的法律观念有更多的相似之处，从某种意义上讲，所不同的只是使用的语言，讲述的故事不一样。从可以查考和分析的史料来看，中国早先的法律意识和思想萌芽多是关于对裁判和惩罚的认知和思考，现在可以辨识的殷周时代的法律观念里，就包含了我们今天所谓法治的某些要素。这里略举四则。

一是自然法观念。例如，金文"灋"字，表现了假托神兽裁判是非曲直并施与惩罚的习俗。这一习俗背后所含蕴的法律观念是自然正义观念。也就是说，自然（神）被看作人间正义的一个重要源泉，人间法则需要自然法则的支持。

二是悯刑观念。华夏先民并不把惩罚看作目的，尤其是反对滥施刑戮。如《尚书·酒诰》："毋庸杀之，姑惟教之。"即便施用酷刑，也不过是为了辅助人道与教化。此即《吕刑》所谓"惟敬五刑，以成三德"。因之，应当慎刑吝罚。

三是法律面前从平等的观念。既然法律在很大程度上被看作天则，又被看作道德教化的辅助手段，而每个人在敬畏神灵和承担道德责任方面又被看作是平等的，那么，每个人，无分长幼尊卑，在服从法律和接受因违法而应得的惩罚上就应该是平等的。《尚书·康诰》里所讲的"文王作罚，刑兹无赦"的道理就是这个意思。

四是容忍讼争的观念。既然有审判，便有是非之争，曲直之辨。据《易经·讼·象》，一方面，诉讼"上刚下险""终凶"，是由于"窒""惕"；另一方面，诉讼若符合"中"等要素，则是吉利的。《序卦传》曰："饮食必有讼。"关于唐虞时代的传说里，诉讼似为尧舜所不责，贤人所不讳。因此，先民们并不像后人解说的那样"非讼"，追求"无讼"，他们只是认为诉讼应该适可而止（杨鸿烈，1931：39—45；黄寿祺、张善文，2001：65—66，646）。

下面让我们循着这个思路，逐一考察中国古代的法治思想。

## 二　自然法思想

自然法思想是最典型的法治思想，自然法原则是最重要的法治原则。自然法是这样一种观念：不仅人们的社会行为要遵守国家法律，而且国家法律本身，还要遵循一种普遍的、最高的法律，即自然法。作为政治伦理原则，法治不仅仅是指国家机关严格地依照法律来治理国家，更重要的，是指所有的人都必须共同服从于一种普遍的规则。这种规则，并不是任何国家机关都必然能够制定和实施的，也不是必然能够通过现实的法律制度表现出来的。但如果没有对这种普遍规则的承认和认知，讲法治就没有多大的意义，甚至会导致比不讲法治更坏的后果。因为立法者想制定什么法律就可以制定什么法律，想怎么制定法律就可以怎么制定法律。这样的普遍规则就是根本法则。在不同的文化里，它有着许多不同的称谓。在现代政治法律哲学里，它通常被称为"自然法"，以表示同国家机关制定的或"人为的"法律相对应。

汉语"自然法"这个称谓是对英文"natural law"的翻译。在英文里，"natural law"也可以表示"本性的法律"，相似的还有"永恒的法律""普遍的法律""至上的法律"等。西方的自然法概念，在不同的历史时期和不同的学者那里，含义有所不同。古代汉语里的语词"自然"或"自然法"，与西语"自然""自然法"是有差别的，它包含着"自然而然"（spontaneous）的意思。但是，总的来说，到了西学东渐一个多世纪后的今天，语词的问题已经不突出了。突出的问题是：中国古代哲学里究竟有没有自然法思想，或者说，有没有关于永恒法、普遍法、至上法的思想？这个问题的提出，与上述历史观、文化观方面的问题有着直接的联系。在我看来，如果把自然法观念界定为一种关于外在于或超越于人类实在法，但可以通过人类理性去认识和把握的客观法则或永恒法则的理念，那么，在中国古代是有自然法思想的。而且，正是这样的自然法思想，提供并丰富了关于根本法则的认识，使得关于法治的思想和主张，在逻辑上成为可能。

老子《道德经》一书推崇自然法。他说："人法地，地法天，天法道，道法自然"；"天之道，不争而善胜，不言而善应，不召而自来，然而善谋，天网恢恢，疏而不失"。老子本着对自然法的体悟，揭示人间法的荒谬："天下多忌讳，而民弥贫；民多利器，国家滋昏；人多伎巧，奇物滋起；法令滋彰，盗贼多有"；"民不畏死，奈何以死惧之？"庄子也是以自然法反对人为法，尤其是揭露"圣人之法"的虚伪与矛盾："圣人不死，大盗不止。虽重圣人而治天下，则是重利盗跖也。为之斗斛以量之，则并与斗斛而窃之；为之权衡以称之，则并与权衡而窃之；为之符玺以信之，则并与符玺而窃之……故绝圣弃知，大盗乃止；擿玉毁珠，小盗不起；焚符破玺而民朴鄙；掊斗折衡而民不争；殚残天下之圣法而民始可与论议。"（《庄子·胠箧》）庄子还排列了一个从天道到人道、从天法到人法的次序："是故古之明大道者，先明天，而道德次之；道德已明，而仁义次之；仁义已明，而分守次之；分守已明，而形名次之；形名已明，而因任次之；因任已明，而原省次之；原省已明，而是非次之；是非已明，而赏罚次之；赏罚已明，而愚知处宜，贵贱履位。仁贤不肖袭情，必分其能，必由其名。以此事上，以此畜下，以此治物，以此修身，知谋不用，必归其天。此之谓大平，治之至也。故书曰：'有形有名'。形名者，古人有之，而非所以先也。古之语大道者，五变而形名可举，九变而赏罚可言也。"（《庄子·天道》）

墨子看重世间的法度，但世间的法度要遵循天法："天下从事者，不可以无法仪；无法仪而其事能成者，无有也。虽至士之为将相者，皆有法；虽至百工从事者，亦皆有法……今大者治天下，其次治大国，而无法所度，此不若百工辩也。……然则奚以为治法而可？故曰莫若法天。天之行广而无私，其施厚而不德，其明久而不衰，故圣王法之。既以天为法，动作有为必度于天。天之所欲则为之，天所不欲则止。"（《墨子·法仪》）墨子的天法是同正义、平等连在一起的。一方面，如上引文所见，墨子主张天法是因为天不会有私心，而人是有私心的，所以在天法面前人人是平等的；另一方面，天法包含着"兼相爱，交相利"等原则，是"一同天下之义"的终极凭借："古者民始生，未有刑政之时，盖其语'人异义'，是以一人则一义，二人则二义，十人则十义，其人兹众，其所谓义者亦兹众。是以人是其义，以非人之义，故交相非也。是以内者父子兄弟作怨恶，离散不能相和合；天下之百姓，皆以水火毒药相亏害；至有余力，不能以相劳；腐臭余财，不以相分；隐匿良道，不以相教。天下之乱，若禽兽然。夫明乎天下之所以乱者，生于无政长，是故选天下之贤可者，立以为天子。……察天下之所以治者何也？天子惟能一同天下之义，是以天下治也。"（《墨子·尚同上》）在墨子看来，天子作为负有"一同天下之义"之责的"政长"，不仅要是从天下选出来的"贤可者"，而且要顺天之意，循天之法："故子墨子之有天之意也，上将以度天下之王公大人为刑政也，下将以量天下之万民，为文学出言谈也。观其行，顺天之意谓之善意行，反天之意谓之不善意行；观其言谈，顺天之意谓之善言谈，反天之意谓之不善言谈；观其刑政，顺天之意谓之善刑政，反天之意谓之不善刑政。故置此以为法，立此以为仪，将以量度天下之王公大人卿大夫之仁与不仁，譬之犹分黑白也。"（《墨子·天志中》）

孔子不言"怪力乱神"，但儒家所说的道、德、仁、义、礼等，显然是一套超越统治者立法之上的理想法则，是衡量政治权威合法性的标准。儒家所致力于去做的，是融通天与人、理想与现实，通过德治教化，借助于君王，把理想法则和标准推行于现实的世界，但儒家并未因此丧失批判精神。相反，儒家仍然以天作为政治权威的来源，反对恶法亦法。例如，孟子不仅根据历史经验论证行仁政是解决统治合法性的关键，而且论证行仁政来自超验的要求。他引用《尚书》里的话说："天降下民，作之君，作之师，惟曰其助上帝宠之，四方有罪无罪惟我在。"（《孟子·梁惠王下》）他还对天道与人事的关系作了如下阐述："万章曰：'尧以天下与舜，有诸?'孟子曰：'否，天子不能以天下与人。''然则舜有天下也，孰与之?'曰：'天与之。''天与之者，谆谆然命之乎?'曰：'否，天不言，以行与事示之而已矣。'"（《孟子·万章上》）

秦汉以降，儒学自然法思想有一个显著的特点，这就是以阴阳五行之说来阐释儒家的法律见解。例如，董仲舒《春秋繁露·王道通三》："阴阳之理，圣人之法也。阴，刑气也；阳，德气也；阴始于秋，阳始于春，春之为言犹偆偆也，秋之为言犹湫湫也；偆偆者，喜乐之貌也；湫湫者，忧悲之状也；是故春喜夏乐，秋忧冬悲，悲死而乐生。以夏养春，以冬藏（清人凌曙本作'长'字）秋，大人之志也；是故先爱而后严，乐生而哀终，天之当也。而人资诸天"；《春秋繁露·阳尊阴卑》："大德而小刑也。是故人主近天之所近，远天之所远，大天之所大，小天之所小。是故天数右阳而不右阴，务德而不务刑，刑之不可任以成世也，犹阴之不可任以成岁也。为政而任刑，谓之逆天，非王道也。"阴阳五行说还被运用于论证司法行为应当应天顺时。例如，关于司法清廉，《春秋繁露·五行相生》云："北方者水，执法司寇也，司寇尚礼，君臣有位，长幼有序，朝廷有爵，乡党以齿，升降揖让，般伏拜谒，折旋中矩，立而磬折，拱则抱鼓，执衡而藏，至清廉平，赂遗不受，请谒不听，据法听讼，无有所阿，孔子是也。为鲁司寇，断狱屯屯，与众共之，不敢自专，是死者不恨，生者不怨，百工维时，以成器械，器械既成，以给司农。司农者，田官也，田官者木，故曰水生木。"又如，《礼记·月令篇》云："仲春之月：日在奎，昏弧中；旦建星中。其日甲乙。其帝大皞，其神句芒。其虫鳞。其音角，律中夹钟。其数八、其味酸。其臭膻。其祀户，祭先脾。始雨水，桃始华，仓庚鸣，鹰化为鸠。天子居青阳大庙，乘鸾路，驾仓龙，载青旂，衣青衣，服仓玉，食麦与羊。其器疏以达。是月也，安萌芽，养幼少，存诸孤。择元日，命民社。命有司省囹圄，去桎梏，毋肆掠，止狱讼。"经过学者们的解释，这便成为后来"秋审"制度的法理依据。如丘浚所说："自古断决死刑皆以孟冬之月，凡有罪人于死刑者，必先讯问详谳之，至于是纯阴之月乃施刑焉。"（《大学衍义补·慎刑宪顺天时之令》）

可见，自然法之于道家，天法之于墨家，仁法、礼法之于儒家，皆为至上准则。不论天子还是百姓，不论统治者还是被统治者，都要一体遵循，不可把自己凌驾于其上，而且，舍之便无以为治。在此意义上，至少从理论上可以说，道家的自然法之治，墨家的天法之治，以及儒家的仁法、礼法之治，在树立法的超然权威的意义上，都相当于我们现在所说的"法的统治"（the rule of law），只是它们还没有落实在或还没有完全落实在实在法的层面上。但是，这并不意味着这些思想对于建构世间的法治并无价值，相反，中国古代的自然法观念一直是治道的引导和遵循，同时，不同门派的自然法思想，对治道有不同的影响。例如，有的法家法治论者主张法律基于客观道理而非主观意志，以抱法处势的无为而治作为治国的理想状态，无疑是受到道家思想的影响。韩非的法治所要达到的最终目的即是："寂乎其无位而处，漻乎莫得其所，明君无为于上，群臣竦惧乎下。"（《韩非子·主道》）

## 三 儒家的法治主义

大凡论及中国思想史，都要谈儒家的"德治"或"人治"，并且是作为法治的对立面。问题在于，在古代中国的话语系统里，"德治""人治"究竟指的是什么呢？诚然，在先秦学派争论中，儒家的"德治"与法家的"法治"构成了某种意义上的对立，可是，儒家的"德治"概念与一般意义上的法治概念真的就势不两立么？

我以为，儒家的德治论，并非简单地主张"德主刑辅"，或者强调依靠有德的个人来治理国家。其实，德治论里蕴含着丰富而深刻的法治理想。

德治里的"德"是一个具有本体意义的概念，也是中国古代思想里一个原初性的概念。《尚书·康诰》曰"克明德"，《尚书·尧典》曰"克明峻德"，"天地之大德"，《大学》里讲"明明德"。"德"既为天地之本性，亦为人之本性。按儒家的见解，德乃是人生来就有的秉性，而且，人有相近之性，故有平等之德。德的显明程度又因人而异，故要讲"明明德"。那么，德治呢？德治不单指要通过修身养性，由有德的君子来治理国家，更重要的，是要让人世间的典章法度合乎天地之性，与天合一，天人合德。在这里，合德与合法达致统一，个人自由与服从法则达致统一。

孟子把"德"看作人的"天爵"，[①] 即天赋的本性。他从性善论出发，认

---

[①] 《孟子·告子上》："有天爵者，有人爵者。仁义忠信，乐善不倦，此天爵也。公卿大夫，此人爵也。"赵岐注："天爵以德，人爵以禄。"朱熹《四书章句集注》："天爵者，德义可尊，自然之贵也。"

为人皆有仁心，此心与天地之大德相通，故良好的治理，应是仁心的运用，是仁政。他说："人皆有不忍人之心，先王有不忍人之心，斯有不忍人之政矣。以不忍人之心行不忍人之政，治天下可运诸掌。"（《孟子·公孙丑上》）以德治国，据德而治，是为了反对威慑主义的刑治，引道德而入律法，以扼制有权者任意立法，专擅杀戮。因为，"礼乐不兴，则刑罚不中，刑罚不中，则民无所措手足"（《论语·子路》）。汉代的引经决狱，隋唐而至宋明清的法律的道德化追求，皆因于儒家的德治论。更为重要的是，德治论强调教化优先，刑威于后，把人首先看作自主自为的道德主体，而非国家暴力强制的对象。孔子说："道之以政，齐之以刑，民免而无耻。道之以德，齐之以礼，有耻且格。"（《论语·为政》）

从更为积极的意义上讲，德治所追求的不仅仅是维持社会秩序，而是要建立一个和谐的道德社会，彰显人的本性，提升人的自由。朱熹在解释"明明德"时所说："明，明之也。德者，人之所得于天，而虚灵不昧，以具众理而应万事者也。但为气禀所拘，人欲所蔽，则有时而泯；然其本性之明，则未尝息者。故学者当因其所发而遂明之，以复其初也。"（《四书章句集注》）在此意义上，德治是一种旨在解决人的本体与人的存在之间的紧张关系的政治实践。在这一点上，儒家的德治论与现代西方的法治思想有较大的区别。后者着重于人与人之间的相约相制，而且，从防恶的角度，制定和实行为普通人能够接受和遵行的普遍规则。

中国古代思想史上有德治与刑治的对立，或者说，有儒家的德治论与法家的法治论的对立，这已经没有什么疑问。但如何理解中国古代思想史上的所谓"人治"，仍然是一个需要认真思考的问题。梁启超在《先秦政治思想史》一书里提出一个关于先秦思想里"人治论"与"法治论"对立的说法（梁启超，1926：236），在《中国法理学发达史论》中，梁启超还把法治主义与放任主义、人治主义、礼治主义、势治主义相比较（梁启超，2000）。梁启超的这些分类，如同他的许多政论，既流畅亦流广，但在学理上却未必站得住。或因此之故，梁启超的一些概念，不免易于为人用作政治标签。

长期以来，热衷使用"人治"概念的人们，一方面，对究竟什么是儒家的"人治"可谓不甚了了；另一方面，他们对法治的理解也因此受到"人治"这个模糊坐标的影响。这里列举几种通常所见的值得商榷的见解。

一是把人治理解为君主专制。问题在于，君主专制的急先锋恰恰是法家，而儒家承认和拥戴君王，只是由于"圣人不在天子位"，也就是说，儒家承认和拥戴君王是不得已的选择。按儒家的本意，是"惟仁者宜在高位"，而且对于不仁的君王可以更易之。二是把人治理解为凭一己之任意来治国。其实，如上所见，儒墨道法诸家，都是反对这种意义上的治理的。三是把人治理解为重视人的作用而不重视法律的作用，而且往往以孟子"徒法不足以自行"（《孟子·离娄上》）一语作为此一理解的注脚。其实，法家并非不重视人的作用，儒家也并非不重视法律的作用。法家把君王的权势和权术与所谓法治结合起来使用，儒家把具有法规范性质的礼视为"定社稷、经天地、贯古今"的根本大法，并且也看重律法和刑罚的作用，尤其是刑罚对"小人"的作用。再说，上引孟子语的全句为"徒善不足以为政，徒法不能以自行"（《孟子·离娄上》），从中似乎也得不出孟子忽视法律的结论。他只是说，正如光有仁心是不够的那样，光有法律也是不够的，法律不会自动地施行。

由此看来，理解儒家的思想不能想当然，也不能套用当前流行的关于人治的俗见，而应当追溯到儒家思想的本原，这就是前述关于德的思想。如果说儒家有人治思想，那么，儒家的"人治"乃是圣人之治，犹如柏拉图的"人治"是哲学王之治。在儒家看来，唯有圣贤才能体悟和践行天地之大德，唯有圣贤才能将仁德泽被万众，亦唯有圣贤才够资格以身作则。所以，孔子说："善人为邦百年，亦可以胜残去杀矣。"（《论语·子路》）孟子说："尧舜之道，不以仁政，不能平治天下。今有仁心仁闻，而民不被其泽，不可法于后世者，不行先王之道也。故曰：徒善不足以为政，徒法不能以自行……是以惟仁者宜在高位；不仁而在高位，是播其恶于众也。"（《孟子·离娄上》）荀子说："故圣人化性而起伪，伪起而生礼义，礼义生而制法度，然则礼义法度者，是圣人之所生也。"（《荀子·性恶篇》）在这里，人治论不过是德治论的逻辑推演。正是在圣人生法度的意义上，荀子直截了当地讲："故有良法而乱者有之矣，有君子而乱者，自古及今，未尝闻也"（《荀子·王制篇》）；"有治人，无治法"；"法不能独立，类不能自行；得其人则存，失其人则亡"（《荀子·君道篇》）。

根据以上叙述，我认为，在评说儒家思想的时候，最好还是把"人治"这顶帽子丢掉。儒家之强调人的作用，乃德治论之使然。这绝不是允许治者任意妄为，绝不是轻视法律规则的作用。所谓"人治"，表示的是一种关于统治者任意行使权力、不受规则约束的状态。这种状态，不论是法家还是儒家，都是极力反对的。法家的"法治"论和儒家的"德治"论，实际上是从不同的角度，通过强调不同的方面来反对人治罢了。

以现代法治的眼光来观察，儒家关于"德治"的思考既有其独到之处，也有明显的不足或局限，值得我们认真总结。

首先要注意的是理解德治论的社会背景。这种背景至今仍然不时在我们这些所谓现代人的生活里重现。孔子生活在"弑君三十六，亡国五十二"（《史记·太史公自序》）的动荡年代，面对道德堕落、法度破毁、社会凋敝、民不聊生的景况，孔子痛心疾首。他提出"正名"，倡导"克己复礼，天下归仁"，把唤醒人的道德良知作为解救人类苦难的根本办法，并且身体力行，百折不挠。他把拨乱反正、治国平天下的根本放在"祖述尧舜，宪章文武"（《礼记·中庸》）。孔子的道德精神和政治理想感染了许多人，垂为宪则，贻范后世，使他成为世界性的思想伟人。基于这种道德精神和政治理想而建立的儒家学说自然只能把刑罚看作道德教化的辅助办法。如果我们把礼治中的"礼"不看作法，同时把刑罚等同于法，可以说孔子是不主张法治的。但是，儒家讲究仁义道德，坚持以仁义精神感染法律，以道德原则支配法律，这正是法治所要解决的一个根本问题，即如何奠定法律的道德基础，如何让国家的法律体现和遵循普遍的根本法则。这里要注意的是，强调法律的道德基础与混淆道德和法律是两个不同的问题。有不少学者通常把儒家的法律思想乃至整个中国法律思想传统概括为所谓"道德与法律不分"，"法律的道德化"并加以批判，这是需要重新思考的。可以说，儒家所主张和论证的若干道德原则如仁、义、礼、智、信，至今仍然是法律价值的重要渊源。从这个意义上讲，儒家的德治论、礼治论乃是最高级的法治主义。

儒家的一个特点，是看重致善，不直接防恶，希望通过启发人的内心自觉而不是制定人与人相防相制的外在强制规则来缔造仁爱的社会。即便像荀子那样讲性恶，并因此强调严格的礼治，他的礼治之目的，也还是由圣人制作规则，以使性恶的人们通过学习和遵循这些法度而得以"化性起伪"，养成理想的人格，这正是儒家的伟大之处。倘若世间的法度既能够防治恶行，又不至于造成人人相防、以贼相待的社会氛围，能够教人为善，引导人积极地互助互爱，岂不美哉！这正是儒家追求的理想状态。如《礼记》所述："大道之行也，天下为公。选贤与能，讲信修睦，故人不独亲其亲，不独子其子；使老有所终，壮有所用，幼有所长，鳏寡孤独废疾者皆有所养。男有分，女有归。货恶其弃于地也，不必藏于己；力恶其不出于身也，不必为己。是故谋闭而不兴，盗窃乱贼而不作，故外户而不闭。是谓大同。"（《礼记·礼运》）

儒家的主要问题，是在试图把仁、义、礼、智、信的基本要求转为普遍规范的同时，没有转化为能够有效控制和制约政治权力的政治体制和程序法则，没有转化为任何个人都可以通过制度化、可操作的途径来主张的自由权利。面对不道德的政治，在儒家那里，通常只有不可能制度化的群体性的替天行道、推翻暴政之类的权利。真正享受和行使这样的权利，所需要的，不是平民百姓们在常规或程序意义上的主要基于个人利益或愿望的参与政治、监督政府或起诉政府，而是志士仁人们在非常规或非程序意义上的为天下人打天下的奋袂而起，乃至抛头颅、洒热血。这样的权利观念和实践，久而久之，对志士仁人，便造成一种以获取政治权力而非行使政治权利为目标的政治文化诉求；对平民百姓，便造成一种人人"徒坐待他人仁我"（严复：《法意》，第十一卷第十九章，"复案"）的政治文化心态。在此意义上，我们可以说，儒家的法治思想疏于防治恶行，失于自由权利，弱于制度设计。

## 四　法家的法治主义

除儒家外，墨、道两家也不大能够在世间的实证的法治道路上多迈几步。墨子初学儒业，后自倡新说，主要以称天说鬼、尚功利、大俭约、慢差等而与儒家形成对立。他的独到之处，一是前文所述的主张法天，遵从天法；二是寓义于利，主张"兼相爱，交相利"；三是追求普天之下的人类大同，减缓等级差别。墨子的思想在一定程度上代表了中下层民众尤其是工商阶层的愿望，墨学因此成为一时的显学。尤为重要的是，墨家造设了一个有人格的上帝（天），畅言天法，而且大讲尚同、兼爱、交利，通过寓义于利，以利显义，是大可发展出一套权利概念的。但是，墨家疏于研究现实的国家法律制度，疏于通过规设具体的权利义务关系来贯彻自己的主张。秦汉以降，墨学衰绝，后世少有发挥。至于道家的自然法，是难以直接与实在法贯通的，因为道家在根子上是反对人为法的。

从某种意义上，我们可以说，正是儒家的弱点促成了法家的兴起，正是儒家的失败增强了法治要求的动力。那么，什么是法家的"法治"呢？

面对道德沦丧、弃礼争利的社会现实，法家作出了不同于儒家的选择，这就是，强调用明确、公开、客观而且苛严的强制性规范来治理国家，提倡以法治国。这里要特别注意的是，法家所说的法，主要不是"刑"，而是作为国家强制性规范的客观的、确定的一般准则。基于法治的理念，法家把注意力放在关于依法治理的诸多问题的务实研究。同时，由于法家学者的思想在不同程度上受到儒、墨、道三家的影响或与之有某种渊源关系，因此，中国古代哲学的许多成就，主要是通过法家，才得以应用于具体的制度构造和法律运用，从而丰富了古代的法治理论和实践（陈弘毅，2003）。

法家的思想里有不少颇为精彩的关于法治要素的议论。例如，关于为什么不得不从"德治"转向"法治"，商鞅认为，这是因为："不以法论知能贤不肖者惟尧，而世不尽为尧"（《商君书·修权》）；"夫不待法令绳墨而无不正者，千万之一也。故圣人以千万治天下"（《商君书·定分》）。韩非则从性恶论和功利论出发，认为法治的实质是"不恃人之为吾善也，而用其不得为非也"（《韩非子·显学》）。所以，实行法治，就是要"用法之相忍，而弃仁人之相怜也"（《韩非子·六反》）。关于法律的客观性、确定性、可预期性，《尹文子·大道》有言："万事皆归于一，百度皆准于法。归一者简之至，准法者易之极。"《慎子》亦有言："有权衡者不可欺以轻重，有尺寸者不可差以长短，有法度者不可巧以诈伪。"法家的法治思想，是变法的思想，是务实的思想，是建功立业的思想。正因此，在近代中国面临救亡图存的关头，严复曾说："居今日而言救亡学，惟申韩庶几可用。"（陈弘毅，2003）梁启超从秦国讲到诸葛亮，也把法治看作成就政治功业的法门：

法治主义，在中国古代政治学里，算是最有组织的最有特色的，而且是较为合理的。当时在政治上很发生些好影响。秦国所以强盛确是靠它。秦国的规模传到汉代，还有四百年秩序的发展，最后极有名的政治家诸葛亮，也是因为笃信这主义，才能造成他的事业（梁启超，1926：216）。[①] 不过，法家并不能够在"万事一准于法"的道路上走多远。在战国时期尤其是在秦王朝，法家学说与专制统治相结合，被用作任刑擅杀的理论依据。之所以如此，乃是与法家法治观的内在缺陷有直接关系的。这些缺陷，既不能简单地归结为一个阶级压迫问题，也不能简单地归结为一个刻薄寡恩的问题。梁启超的以下评论是中肯的："法家最大缺点，在立法权不能正本清源。彼宗固力言君主当'置法以自治，立仪以自正'，力言人君'弃法而好行私谓之乱'，然问法何自出，谁实制之？则仍曰君主而已。夫法之立与废，不过一事实中之两面；立法权在何人，即废法权即在其人。此理论上当然之结果也。……夫人主而可以自由废法立法，则彼宗所谓'抱法以待，则千世治而一世乱'者，其说固根本不能成立矣"。他还指出法治主义的另一缺点是把人看作布匹土石："彼宗动以衡量尺寸比法，谓以法量度人，如尺之量度布帛，衡之量度土石。

---

[①] 梁启超还说，"法家起战国中叶，逮其末叶而大成，以道之人生观为后盾，而参用儒墨两家正名核实之旨，成为一种有系统的政治学说，秦人用以成统一大业。汉承秦规，得有四百余年秩序的发展。盖汉代政治家萧何曹参，政论家贾谊、晁错等，皆用其道以规画天下。及其末流，诸葛亮以偏安艰难之局，犹能使'吏不容奸，人怀自厉'（《三国志诸葛亮传》陈寿评语）其得力亦多出于法家。信哉卓然成一家之言。直至今日，其精神之一部分，尚可以适用也"（梁启超，1926：253）。

殊不知布帛土石死物也，一成不变者也；故亦以一成不变之死物如衡尺者以量度焉，斯足矣。人则活物也，自由意志之发动，日新而无朕：欲专恃一客观的'物准'以穷其态，此必不可得之数也。……法家以道家之死的静的机械的唯物的人生观为立足点，故其政治论当然归宿于法治主义——即物治主义。"（梁启超，1926：253）

在我看来，法家的法治主义还有两个缺陷值得注意。一个缺陷，是过于强调把法律作为变法的工具。主张变法，是法家法治思想的鲜明特点，也是其法治思想之内在矛盾的起点。变法与法治，本来就是一个悖论。变法讲究的是改变既有的规则和秩序，法治讲究的却是遵循既有的规则和秩序。以法治的名义借助法律的强制力和规范力来推行新的政策措施，改变既有的规则和秩序，虽然能够使新政易于推行，做到令行禁止，但是，却从一开始就使法治具有"变法"的品格。这种品格将会使保证的法律的确定性、权威性、可预期性变得十分困难。另一个缺陷，是以术乱法、以势压法。对于法家来讲，治国方略不是一元的，治国方略除了"法"之外，还有"术"和"势"。

"术"，主要是君主驭臣之道。君主必须依靠官僚系统来统治民众，治理社会，君主与臣子之间，不免"上下一日百战"（《韩非子·扬权》），君主既要依靠臣子们治国，又要提防臣子们篡弑，所谓"明主治吏不治民"（《韩非子·外储说右下》）是也。为了解决这个难题，法家为君主开出的一套良方，名曰"术"。申不害以术闻名，商君多讲法而寡言术，韩非集其大成，把法、术、势三者并论。以韩非之见，君主应当本着冷酷的、功利的原则来对待身边的每一个人，并精心策划和运用一整套包括人事组织工作在内的权谋策略。说到底，就是以贼心察人、以贼心待人、以贼心驭人。从理论上讲，术是为了补救法治的不足。法为治民，术为治臣；法要晓之于民众，术则藏之于君主。[①] 实际上，这种不公开、不确定、无可预期而又缜密精妙、普遍运用的术作为治国的方略，或许有助于形成"群臣竦惧"的局面，使臣下若拔翎的笼中之鸟，但是，它必将构成对法治的极大危害，不论在政治道德上还是在政治操作上，都是弊大于利。如果说儒家的德治论失于不知圣贤难出，法家的术治便失于"不悟明君难得"（萧公权，1998：236）。德才中等的君主是难以体会和运用法家术之奥妙的，更何况那些做了君主的豺狼虎豹之辈。在现实中，我们看到的，就是治国者以政治为权术，或者以权术为政治，肆无忌惮

---

① "法莫如显而术不欲见"（《韩非子·难三》）；"国之利器不可以示人"（《韩非子·内储说下》）。

地玩弄权术，以术乱法，造成最坏的人治。

"势"，指君主的权力和地位。《管子》有言："凡人君之所以为君者，势也。"（《管子·法法》）韩非认为，"夫有材而无势，虽贤不能制不肖。……桀为天子，能制天下，非贤也，势重也。尧为匹夫，不能正三家，非不肖也，位卑也"（《韩非子·功名》）。从现代政治学的角度看，这里所说的势，其实不仅仅指政权，更多的是指一个执政的合法性问题。在法家看来，势是君主掌控天下最重要的凭据，离开了势，君主便不成其为君主。势分为"自然之势"和"人为之势"，"人为之势"又分为"聪明之势"和"威严之势"。类似于我们今天讲的政权的"历史合法性""绩效合法性""程序合法性"等。相比之下，"人为之势"较"自然之势"更为重要，君主必须去努力营造它，即使"自然之势"有所欠缺，亦可补足。问题在于，在这里，法和术都成为塑造势的手段，都是为君王的权力服务的，而不是相反，让君王的权力为天下的不易之法服务，为塑造法治服务。天下乃一人之天下，"国者君之车也"（《韩非子·外储说右下》），法乃帝王之具，这种立于法外的势，不仅不可能把法治的要求贯彻到底，而且为后世的枭雄酷吏开启了方便之门。[1]

说到底，法家的法治不能通过法律来解决政权的合法性问题，甚至不能通过政权之势来解决法律本身的合法性问题。

# 五　古代法治规诫

从法治思想的内在逻辑看，先秦的儒家与法家、"德治论"与"法治论"的区分是相对的。我们实在是不能够简单地把它们割裂开来，贴上"法治"或"德治""人治"的标签。在我看来，这些不同的派别和倾向，都代表了对法治的基本要素的可贵探讨。这些探讨，尽管在价值法则、政治法则和程序法则方面的侧重点和理论预设有所不同，但它们都是关于治道的探讨，都包含着丰富的法治思想。正是这些探讨，包括其中的偏颇和错误，通过流传、解释和运用，形成了中国古代法治思想变迁的历史逻辑和特殊话语。

鉴于秦王朝灭亡的教训，又由于自春秋以降五百年战火连绵，加上秦政暴虐，楚汉纷争，人心思安定而厌刑，汉代的统治者遂表示要独尊儒术，废黜百家。经过两汉，儒家学说的社会势力和相应的制度已经形成。此后三国、魏晋南北朝、隋唐五代而至宋元明清，皆是儒家学说的一统天下。其实，这

---

[1] "君本位之法治思想，徒为后世枭雄酷吏开一法门。"（萧公权，1998：236）

是一种很表面的政治现象。梁启超曾说儒法"两派各有缺点，专任焉俱不足以成久治"（梁启超，2000），这是很有道理的。秦亡之后，对法治的探讨并没有停止，先秦法家的思想以所谓"外儒内法"的方式依然发挥重要影响。同时，先秦关于法律的思考在不同的朝代由不同的学者加以运用和发挥，形成了若干具体的学说，如阴阳五行论、道德法律关系论、礼刑关系论、君民关系论、引经断狱论以及关于立法和司法的一些理论。其代表人物既有哲学家，如董仲舒、王充、朱熹，也有法学家，如张斐、杜预；既有效力朝廷的政治家，如萧何、魏征、司马光，也有反朝廷的思想家，如顾炎武、黄宗羲。

回顾先秦以降的法治思想，我们不妨就古人对法律尤其是对法治规诫或要素的精妙见解做初步的整理归纳。

## （一）关于法的起源、特征和作用

各派学者都在不同的程度和层面发表过关于什么是法律以及为什么要有法律的见解。这些见解纷繁杂乱，或据传说，或据考证；或基于性善论，或基于性恶论；或认法律为圣人教化天下的辅助手段，或认法律为普通人订立的普通规则；或说法律源于仁心，或说法律出自事理；或以正义解说法律，或仅以刑（罚）解说法律；如此等等。这些见解或多或少揭示了法律的本质和特征，丰富了对法治的认识，其中有些已经达到相当的深度。

提出"以法治国"的《管子》一书记录了管仲的有关思想："古者未有君臣上下之别，未有夫妇妃匹之合，兽处群居，以力相征。于是智者诈愚，强者凌弱，老幼孤独，不得其所。故智者假众力以禁强虐，而暴人止；为民兴利除害，正民之德，而民师之。……名物处，违是非之分，则赏罚行矣。上下设，民生体而国都立矣。是故国之所以为国者，民体以为国；君之所以为君者，赏罚以为君"（《管子·君臣下》）；"故曰有生法，有守法，有法于法。夫生法者君也，守法者臣也，法于法者民也。君臣上下贵贱皆从法，此谓为大治"（《管子·任法》）；"是故先王之治国也，不淫意于法之外，不为惠于法之内也。动无非法者，所以禁过而外私也；威不两错，政不二门；以法治国，则举错而已。是故有法度之制者，不可巧以诈伪。……是故先王之治国也，使法择人，不自举也；使法量功，不自度也"（《管子·明法》）。

商鞅提出了一套关于法律起源和进化的学说，他认为，"天地设，而民生之。当此之时也，民知其母而不知其父，其道亲亲而爱私；亲亲则别，爱私则险。民众以别险为务，则民乱。当此时也，民务胜而力征。务胜则争，力征则讼。讼而无正，则莫得其性也。故贤者立中正，设无私，而民说仁。当此时也，亲亲废，上贤立矣。凡仁者以爱为务，而贤者以相出为道。民众而无制，久而相出为道，则有乱。故圣人承之，作为土地货财男女之分。分定而无制不可，故立禁；禁立而莫之司不可，故立官；官设而莫之一不可，故立君。既立其君，则上贤废，而贵贵立矣。然则上世亲亲而爱私，中世上贤而说仁，下世贵贵而尊官"（《商君书·开塞》）。进而，商鞅阐释法律的特征和作用："国之所以治者三：一曰法，二曰信，三曰权。法者，君臣之共操也。信者，君臣之所共立也。权者，君之所独制。人主失守则危，君臣释法任私必乱，故立法明分而不以私害法则治"（《商君书·修权》）；"为治而去法令，犹欲无饥而去食也，欲无寒而去衣也，欲东西行也，其不几亦明矣"（《商君书·定分》）。商鞅在这样两段文字里说明了为什么不得不从儒家的德治和人治转向法治，并强调法律不过是供平常人了解和使用的规则，值得玩味："先王悬权衡，立尺寸，而至今法之。其分明也。夫释权衡而断轻重，废尺寸而意长短，虽察，商贾不用，为其不必也。……不以法论智能贤不肖者惟尧，而世不尽为尧。是故先王知自议誉私之不可任也，故立法明分，中程者赏之，毁公者诛之"（《商君书·修权》）；"夫不待法令绳墨而无不正者，千万之一也。故圣人以千万治天下。故夫知者而后能知之，不可以为法；民不尽知，贤者而后知之，不可以为法。民不尽贤，故圣人为法必使之明白易知，愚知偏能知之"（《商君书·定分》）。

韩非从性恶论和功利论出发，深刻地揭示了务法而不务德的道理："夫严家无悍虏，而慈母有败子，吾以此知威势之可以禁暴，而德厚之不足以止乱也。夫圣人之治国，不恃人之为吾善也，而用其不得为非也。恃人之为吾善也，境内不什数。用人不得为非，一国可使齐。为治者用众而舍寡，故不务德而务法"（《韩非子·显学》）；"法之为道，前苦而长利；仁之为道，偷乐而后穷。圣人权其轻重，出其大利，故用法之相忍，而弃仁人之相怜也"（《韩非子·六反》）。韩非还借宋人守株待兔的故事，指出盼望杰出的领导人来治理国家"皆守株之类也"（《韩非子·五蠹》）。他还进一步说明为什么儒家的人治即圣人之治不切实际，而只有法律之治才能达到长治久安："且夫尧、舜、桀、纣，千世而一出，是比肩随踵而生也。世之治者不绝于中。吾所以为言势者中也。中者上不及尧舜，而下亦不为桀纣。抱法处势，则治；背法去势，则乱。今废势背法而待尧舜，尧舜至乃治，是千世乱而一治也。抱法处势而待桀纣，桀纣至乃乱，是千世治而一乱也"（《韩非子·难势》）。

关于法的特征和功能，在古代文献里还可以看到许多精彩的论述。《尹文子·大道》认为"归一者简之至，准法者易之极"，《慎子·逸文》把法看作立范抑恶、定分止争的客观标准。还有，几位思想者都以市中之兔为例，来说明通过法律确定权利义务关系的重要性。用现代术语讲，就是产权归属的重要性。《慎子·逸文》说："一兔走街，百人追之，贪人具存，人莫非之者，以兔为未分定也。积兔满市，过而不顾，非不欲兔也，分定之后，虽鄙不争。"《商君书·定分》亦云："一兔走，百人逐之，非以兔也。夫卖者满市，而盗不敢取，由名分已定也。"尽管中国古代法律思想和制度里没有现代意义的权利概念，这样的议论无疑已含有用法律保护权利的思想。

### （二）关于政治权威的合法性

政治权威的合法性和与此密切相关的政府与人民的关系一直是我国古代思想家关注的重要问题，也是法治的一个根本问题。韦伯曾把所谓纯粹合法性的政治权威归纳为三类，一是理性的（rational），二是传统的（traditional），三是神圣的（charismatic）。然而，中国古代关于政治权威合法性的观念似乎难以归入其中的任何一类。早先的政治合法性观念见于《尚书》，这就是天与人归的观念。周公在训诫殷遗民时强调政权受命于天，夏商两朝的覆灭乃是由于上天收回了天命，其原因是君王无德。既然政治合法性的条件是德行，那么，就要敬天明德。祭祀是君王与天沟通的重要方式，但影响天命改易的最重要的因素，在周公看来，是君王有无"保民"之德。换言之，"天命靡常"，政权合法性的最终根据是人民的福祉，而不是天。如若统治者不能保民，也就丧失了继续统治的权利。

以周公为表率的孔子进一步明确统治合法性的标准，这就是"德政"。德政的内容一是"足食、足兵"，让人民生活富足，国家安定富强；二是"正"。孔子说："政者、正也。子帅以正，孰敢不正？"（《论语·颜渊》）"正"不仅仅是指统治者有良好的道德修养，更重要的是指统治者能做到公正、廉直。鲁哀公苦恼于权威丧失，政令不行，问孔子："何为则民服？"孔子答道："举直错诸枉，则民服。举枉错诸直，则民不服。"（《论语·为政》）程子注云："举措得义则心服。"（《四书章句集注》）可见，古人很早就涉及今日所谓"效率""生产力"与"公平""正义"的关系。

不过，孔子没有发挥《尚书》里借天易君的思想。当时的为政者多属无道寡德之辈，据《论语·子路》记载，子贡曾问："今之从政者何如？"孔子答道："噫！斗筲之人，何足算也。"不过，孔子坚持"以道事君，不可则止"（《论语·先进》），只感叹"道之将废也与？命也！"（《论语·宪问》）孟子认为"保民而王，莫之能御也"（《孟子·梁惠王上》），以养民、教民为仁政之要旨，但孟子的"王"是没有自足的权威的。在孟子看来，政治权威是"天与之"，所以"天子不能以天下与人"（《孟子·万章上》）；同时，孟子的"民"也不仅仅是天意和君德的受体。孟子引用和强调《尚书·泰誓》里的一段话："天视自我民视，天听自我民听。"他认为，人民能够直接与天相通，天意要由民意来显现，例如，他告诉齐宣王，破格进用贤人时，要"国人皆曰贤"，决狱施刑时，要"国人皆曰可杀"（《孟子·梁惠王下》）。所以，政治要以民为本："民为贵，社稷次之，君为轻"（《孟子·尽心下》）。那么，如果君王违背民意，人民该怎么办？孟子主张应该推翻暴君的统治。齐宣王认为汤放桀、武王伐纣都是臣弑君的不德行为，孟子反驳道："贼仁者谓之贼。贼义者谓之残。残贼之人，谓之一夫。闻诛一夫纣矣，未闻弑君也"（《孟子·梁惠王下》）。不过，与此同时，孟子又认为政权的存续和更易还是要仰仗天意，"匹夫而有天下"的机缘"非人所能为也"（《孟子·万章上》）。而且，似乎只有同姓贵戚和所谓"天吏"才能行使征伐暴君的权利（《孟子·万章下》《孟子·公孙丑下》）。

董仲舒承袭了先秦儒学传统，他说："天之生民，非为王也。而天立王，以为民也。故其德足以安乐其民者，天予之。其恶足以贼害民者，天夺之"（《春秋繁露·尧舜不擅移汤武不专杀》）。不过，董仲舒没有像孟子那样强调民意，而是通过宇宙论来进一步强调天意。依董氏之说，天不再是渺茫无凭的，它不仅在法理上是帝位的授予者，而且还通过符兆等来约束帝王的具体行为。这种君权神授论在解决政治权威合法性的同时，希望借助天来抑制王权，要求"法天"，"副天之所行以为政"（《春秋繁露·四时之副》），代表了在当时无民主观念和民主制度的历史条件下知识分子为扼制权力的滥用，实现仁政理想所做出的进一步努力。董仲舒之后，这种努力未见有大的建树，相反，在专制政权的压迫下，以德取位，以德抗位的呼声渐趋衰微，直至明末清初黄宗羲、顾炎武等人疾呼以"公天下"取代一家一姓之"私天下"，先秦时期关于政治权威合法性的思想才得以发扬光大。

黄宗羲对专制政治的批判已经不再围于天意君德，而是直指君王与臣民、政府与民众之间的利害关系。他严厉谴责专制政治的自私与暴虐："以其未得之也，屠毒天下之肝脑，离散天下之子女，以博我一人之产业，曾不惨然。曰：'我固为子孙创业也'。其既得之也，敲剥天下之骨髓，离散天下之子女，以奉我一人之淫乐，视为当然。曰：'此我产业之花息也'。然则为天下之大害者，君而已矣。"（《明夷待访录·原君》）尤为可贵的是，黄宗羲一方面呼唤能够自觉尽"兴天下公利"之义务的明君，另一方面强调用法律制度来扼制政治权力的滥用。而且，黄宗羲对法治的强调，既不是基于从一般意义上对尚德与尚法作简单的功能比较，也不是要求严刑峻法，而是包含着对法的本质即法反映谁的意志、保护谁的利益这个根本问题的深刻思考。他认为，真正的法（原法）是为谋求人民的福祉而设立的，但秦汉以来的法制都是为了保护君王的私利而设立的，它陷万民于严酷的法网，也束缚了贤能者施政，是"非法之法"，不是真正的法。真正的法是宽大简约的，是"天下之法"，而不是"一家之法"。依照这种法制，好人可以做好事，发挥所长；坏人也不致深文周纳，残害天下。因此，他主张："有治法而后有治人"（《明夷待访录·原法》）。黄宗羲还设计了一些政治体制改革方案，其中除了提倡国家结构上封建分治和官制上置相以求君臣共治之外，还提出设立学校作为健全舆论的场所。他认为学校可以批评政府："天子之所是未必是，天子之所非未必非。天子亦遂不敢自为是非，而公其非是于学校。"（《明夷待访录·学校》）

## （三）关于立法与司法的若干原则和技术

古人在立法和司法的原则与技术方面有不少值得我们认真发掘、梳理和学习的理论。这里试举数端。

1. 立法要观俗、顺时、善变。古代有作为的思想家、政治家无不是变法的热情鼓吹者。他们把法看作活的、进化的，有许多关于立法应当从实际出发，因时制宜的思想。这里试举商鞅的几段论述："法者，所以爱民也。礼者，所以便事也。是以圣人苟可以疆国，不法其故；苟可以利民，不循其礼。……三代不同礼而王，五霸不同法而霸。故知者作法而愚者制焉，贤者更礼而不肖者拘焉"（《商君书·更法》）；"故圣人之为国也，观俗立法则治，察国事本则宜。不观时俗，不察国本，则其法立而民乱，事剧而功寡"（《商君书·算地》）；"圣人不法古，不修今；法古则后于时，修今则塞于势。周不法商，夏不法虞，三代异势，而皆可以王"（《商君书·开塞》）。

2. 要尊重法的客观性、确定性和普遍性。立法要观俗顺时，变法要不失时机，但是，法律作为客观标准又是不能随意更改的，要以不变应万变，因为真正的法应该是万世之则："今夫权衡规矩，一定而不易，不为秦楚变节，不为胡越改容，常一而不邪，方行而不流，一日刑之，万世传之，而以无为为之"（《淮南子·主术训》）。基于对法的客观性和普遍性的认识，古人得出了良法即法、恶法非法、有法而不善则与无法等的结论。《管子·

法法》有言："不法法，则事毋常，法不法，则令不行。"在讨论法律的继承与更易时，古人的思想已经深入这一层：如果法律符合公意和民利，即便该法律成于不同的朝代、出自他人之手，也应该遵守和继承；否则，即便成于当代，也可以不遵守；也因此，不能在不知法不懂法且有悖公意的情况下，以私意变法。例如，"法苟足以利民，虽成于异代，出于他人，守之可也。诚反先王之道，而不足以利民，虽作于吾心，勿守之可也。知其善而守之，能守法者也；知其不善而更之，亦能守法者也。所恶乎变法者，不知法之意，而以私意纷更之，出于己者以为是，出于古之人者以为非，是其所当非，而非其所宜是，举天下好恶之公，皆弃而不用，而一准其私意之法，甚则时任其喜怒，而乱予夺之平，由是法不可行也"（方孝孺：《逊志斋集·深虑论六》）。

3. 立法不仅要公开，而且要易于为常人所认知和遵守。如前所述，商鞅认为法律应该是为普通人而不是为圣贤订立的规则，所以"圣人为法必使之明白易知，愚知偏能知之"。这主要是从德行的角度来讲。晋代法律学家杜预则主要从知识角度来讲这个道理："法者，盖绳墨之断例，非穷理尽性之书也。故文略而例直，听省而禁简。例直易见，禁简难犯。易见则人知所避，难犯则几于刑厝。刑厝之本在于简直，故必审名分。审名分者必忍小理。"（杜预：《奏上律令注解》）春秋战国时期，子产与叔向曾就成文法及其公布问题展开争论。此后，关于法律宜向常人公布的理论占据主导。进而，还有从一般意义上强调守法者只有知晓立法意图才能真正守法的理论，如"智者立法，其次守法，其次不乱法。立法者，非知仁义之道者不能；守法者，非知立法之意者不能；不知立法之意者，未有不乱法者也"（方孝孺：《逊志斋集·深虑论六》）。另外，还有许多关于立法应当简约，反对一事一例、例与法并行的议论，此不赘述。

4. 立法、司法要专门化、职业化。中国古代的法律职业萌芽于先秦法术业者。冯友兰曾说："在战国之时，国家之范围，日益扩大。社会之组织，日益复杂。昔日管理政治之方法，已不适用。于是有人创为管理政治之新方法，以辅当时君主整理国政而为其参谋。此等新政治专家，即所谓法术之士。"（冯友兰，2000：385）不过，法术之士与法律职业者还是有区别的。当时的法术之士里像邓析、李悝那样称得上法律家的只是凤毛麟角。从东汉至魏晋，开始出现关于立法、司法专门化、职业化的关注和思考。例如，魏武帝《慎刑令》要求"选明达法理者，使持典刑"；《晋书·刑法志》记有魏明帝时卫觊曾上奏，表示不满当时人们轻视法律和司法，提议设置律博士教授法律，获得了皇帝的准允："卫觊又奏曰：'刑法者，国家之所贵重，而私议之所轻贱；狱吏者，百姓之所悬命，而选用者之所卑下。王政之弊，未必不由此也。请置律博士，转相教授。'事遂施行。"《魏志》记载当时的著名法家刘邵曾"撰述《法论》、《人物志》之类百余篇"。他在《人物志·材能篇》里认为法家"有立法使人从之之能"，所以"立法之能，治家之材也，故在朝也则司寇之任，为国则公正之政"。晋代法律家刘颂从权力分割与配置的角度强调执法的专门化，他的《上晋惠帝书》云："君臣之分，各有所司。法欲必奉，故令主者平文；理有穷塞，故使大臣释滞；事有时宜，故人主权断。主者守文，若释之犯跸之平也；大臣释滞，若公孙弘断郭解之狱也；人主权断，若汉祖戮丁公之为也。天下万事，自非斯格重为，故不近似此类，不得出以意妄议。其余皆以律令从事，然后法信于天下，人听不惑，吏不容奸，可以言政。人主（执）轨斯格以责群下，大臣小吏各守其局，则法一矣"（刘颂：《请刑法画一疏》）。明代中期名臣马文升在《请讲明法律以重民命疏》里痛陈司法官不懂法律之弊，呼吁司法要专业化："近年以来，两京法司官员，或由进士初出寺正、寺副、评事、主事，或由知州行人就升员外郎、郎中，而御史亦多知县所除，到任之后，未经问刑，就便断狱公差，所以律条多不熟读，而律意亦未讲明，所问因人，不过移情就律，将就发落。……况府州县官员，多有不晓刑名，不知律意者……仍乞敕吏部行移法司，将拔去进士就令与见任官员一同问刑，以后该选之时，两京法司有缺，先尽各衙门问刑进士除授。如果法司无缺，方令除授别部等衙门。是亦前代刑官设科取士之意也。庶使人精法律而刑鲜滥施之弊，狱无冤抑而世底刑措之美。"

5. 法律既要治民亦要治吏。法家十分强调"任法必专，不为私议善行所摇"（萧公权，1998：226）。《商君书·修权》有言："明主任法去私，而国无隙蠹矣。"《韩非子·问辩》亦云："明主之国，令者言最贵者也。法者事最适者也。言无二贵，法不两适，故言行而不轨于法令者，必禁。"商鞅认为，要防止执法不公，吏民皆须知法，法官则要超然于吏与民之上；民众若发现官吏以非法手段对待自己，可告知法官："吏明知民知法令也，故吏不敢以非法遇民，民不敢犯法以干法官也。遇民不修法，则问法官。法官即以法之罪告之，民即以法官之言正告之吏。吏知其如此，故吏不敢以非法遇民，民又不敢犯法。如此，天下之吏民虽有贤良辩慧，不能开一言以枉法；虽有千金不能以用一铢"（《商君书·定分》）。

6. 法官要独立审判。关于司法审判，古代进步思想者大都主张应当相对独立。明代刘球在《请刑狱依律问拟疏》中，明确提出了审判独立："古者人君不亲出狱,而悉付之理官,《书》所谓'予曰辟,尔惟勿辟;予曰宥,尔惟勿宥。惟厥中。'盖恐徇喜怒,有所轻重于其间,以至刑失其中也。近者法司所上狱状,有奉敕旨减重为轻、加轻为重者,法司既不敢执奏,至于讯囚之际,又多有所观望,以求希合圣意,是以不能无枉。臣窃以为:一切刑狱,宜从法司所拟。设有不当,调问得情,则罪其原问之官。"

7. 法律面前人人平等。古代主张法律面前人人平等的学说首推法家。如前所引,管仲曾说"君臣上下贵贱皆从法,此谓为大治",其中当然含有一切人都要服从法律的意思。商鞅主张"壹刑":"所谓壹刑者,刑无等级。自卿相将军以至大夫庶人,有不从王令、犯国禁、乱上制者,罪死不赦。有功于前,有败于后,不为损刑。有善于前,有过于后,不为亏法。"(《商君书·赏刑》)慎子说:"法者所以齐天下之动,至公大定之制也;故智者不得越法而肆谋,辨者不得越法而肆议,士不得背法而有名,臣不得背法而有功;我喜可抑,我忿可窒,我法不可离也。骨肉可刑,亲戚可灭,至法不可缺也。"(《慎子·逸文》)这种"君臣上下贵贱皆从法"乃至"骨肉可刑,亲戚可灭"的思想一直传承下来。即使儒家学者,也有不少竭力主张法律面前平等的。如王充借汉文帝诛薄昭一案辨析法理与情理:"法乃天下之名器也,法可宥焉,天子不得以私诛;法可诛焉,天子不得以私宥,故杀人者死,文帝之法,乃受之高祖者也,(薄)昭杀汉使正坐此科;酿恶椒房,盗窃神器,悉此焉基之。斯时也,将欲全之以保母生,则上违高祖之成宪,固不孝也;将欲杀之以保宗社,则母或不食而死,亦不孝也。但诛昭以伤其母,其不孝之罪小;废法以存昭,其不孝之罪大"(芦野德林:《无刑录》卷十二)。作为宋代"庆历新政"理论上的支持者,李觏在《刑禁》篇中对官民在法律面前平等的论证也较为精辟:"先王之制虽同族,虽有爵,其犯法当刑,与庶民无以异也。法者,天子所与天下共也。如使同族犯之而不刑杀,是为君者私其亲也。有爵者犯之而不刑杀,是为臣者私其身也。君私其亲,臣私其身,君臣皆自私,则五刑之属三千止谓民也。赏庆则贵者先得,刑罚则贱者独当,上不愧魁于下,下不平于上,岂适治之道邪?故王者不辨亲疏,不异贵贱,一致于法"(李觏:《李觏集·刑禁》)。不仅如此,中国古代还有反对根据财产状况享有法律特权,防止"富者得生,贫者独死"的思想,如《汉书·萧望之传》载:"今欲令民量粟以赎罪,如此则富者得生,贫者独死,是贫富异刑而法不壹也。"又如《大学衍义补·明流赎之意》所引:"或问朱熹曰:'赎刑非古法欤?'曰:'古之所谓赎刑者,赎鞭扑耳。夫既已杀人伤人矣,又使之得以金赎,则有

财者皆可以杀人伤人，而无辜被害者何其大不幸也！'"、

8. 法律面前不宜人人平等。不过，中国古代思想里占据主导观念的是差别对待，即法律面前不应该人人平等。这与古人多在刑律的意义上理解法律是直接相关的。也就是说，在主张差别对待的时候，古人所说的法，不是自然法，不是根本法则，也不是国家的纲常伦理，而主要是司法刑狱意义上的律法。孔子、孟子皆主张对不同的人应该在法律上给予不同的对待。《礼记·曲礼》说："礼不下庶人，刑不上大夫。"不过，值得注意的是，儒家主张法律面前的不平等，不是简单地主张法外特权，同意以权力破坏法律。儒家所谓身份地位是以人伦和德性为根据的。在执法上给某些人特殊优待，这是德治的必然选择，也是儒家自然法的要求。因为从政治体制的角度看，"大夫必用有德，若逆设其刑，则是君不知贤也"（杨鸿烈，1931：123）。关于给予亲、故、贤、能、功、贵、勤、宾这八种人犯罪以优待的八议制度，《大学衍义补·慎刑宪 议当原之辟》所作的一番法理上的论证，是耐人寻味的："王之亲故不可与众人同例，有罪议之，所以教天下之人爱其亲族，厚其故旧。国之贤能不可与庸常同科，有罪议之，所以教天下之人尚乎德行，崇乎道艺。有功者则可以折过失，有罪议之，则天下知上厚于报功，而皆知所懋。有位者不可以轻摧辱，有罪议之，则天下知上之重于贵爵，而皆知所敬。有勤劳者不可以沮抑，有罪议之，使天下知上之人不忘人之劳。为国宾者宜在所优异，于有罪则议之，使天下知上之人有敬客之礼；先儒谓八者天下之大教，非天子私亲故而扰其法也，人伦之美，莫斯为大！"

此外，古代学者在关于法律的宽严和惩罚的轻重，关于法律的解释，以及关于法律教育等方面还有不少精彩的论述，限于篇幅，这里就不赘举了。

综上所述，古代杰出的思想家和学者们苦苦思索治道，为我们留下了不少宝贵的理论成果。不过，总的来看，春秋战国以后，法治思想一直是单调而沉闷的。个别学者关于社会正义的热情呼唤、关于政治法律问题的精辟见解，即便是明末清初的思想家对专制政治的激烈抨击，皆不足以给中国古代政治法律思想带来大的变化。主要原因，一是专制主义视法律为帝王之具，削减了法律所应有的权威性和客观性，同时也抑制着国家和社会对法律的需求；二是传统儒学以心性之学为体，以研究君王治术为用，注重德治教化，较少关注对权利义务关系的分析和阐释，也很少研究立法和司法中的法理问题；三是学习和解释法律以吏为师，严重扼制了对法理的独立思考和研究并使之日渐衰落，政治学、法学成了官学权术的附庸。

关于法学之日衰，沈家本作过这样的描述："李斯相秦，议请史官非《秦

记》皆烧之，非博士官所职，天下敢有藏《诗》、《书》、百家语者，悉诣守尉杂烧之，若欲学法令者，以吏为师。自是，法令之书藏于官府，天下之士厄于闻见。斯时，朝廷之上，方以法为尚，而四海之内，必有不屑以吏为师者，而此学亦遂衰。汉兴虽弛秦厉禁，而积习已久，未能遽改。外郡之学律令者，必诣京师，又必于丞相府……宋承《唐律》，通法学者代有其人。盖自魏置律博士一官，下及唐、宋，或隶大理，或隶国学，虽员额多寡不同，而国家既设此一途，士之讲求法律者，亦视为当学之务，传授不绝于世。迄元废此官，而法学自此衰矣。明设讲读律令之律，研究法学之书，世所知者约数十家，或传或不传，盖无人重视之故也。本朝讲究此学为世所推重者不过数人。国无专科，群相鄙弃。纪文达编纂《四库全书》，政书类法令之属，仅收二部，存目仅收五部，其按语谓：'刑为盛世所不能废，而亦盛世所不尚，所录略存梗概，不求备也。'夫《四库目录》，乃奉命撰述之书，天下趋向之所属，今创此论于上，下之人从风而靡，此法学之所以日衰也。"（沈家本：《寄簃文存》卷三）通观我国法治文化脉络，其思想昌达，足为珍产，其政治厄运，诚为殷鉴。

## 参考文献

Peerenboom, Randall. Ruling the Country in Accordance with Law: Reflections on the Rule and Role of Law in Contemporary China, *Cultural Dynamics*, Vol. 11, No. 3, 1999.

Walker, Geoffrey de Q. *The Rule of Law: Foundation of Constitutional Democracy*. Melbourne University Press, 1988.

［英］鲍曼：《立法者与阐释者》，洪涛译，上海人民出版社 2000 年版。

陈弘毅：《法理学的世界》，中国政法大学出版社 2003 年版。

冯友兰：《中国哲学史》，华东师范大学出版社 2000 年版。

高鸿钧：《法治论衡》，清华大学出版社 2000 年版。

黄寿祺、张善文：《周易译注》，上海古籍出版社 2001 年版。

季卫东：《法治秩序的建构》，中国政法大学出版社 1999 年版。

梁启超：《先秦政治思想史》，商务印书馆 1926 年版。

梁启超：《中国法理学发达史论》，载范忠信编《梁启超法学文集》，中国政法大学出版社 2000 年版。

梁治平：《法治：社会转型时期的制度建构》，《当代中国研究》2000 年第 2 期。

刘星：《法律是什么》，中国政法大学出版社 1998 年版。

苏力：《法治及其本土资源》，中国政法大学出版社 1996 年版。

王人博、程燎原：《法治论》，山东人民出版社 1989 年版。

吴玉章：《法治的层次》，清华大学出版社 2002 年版。

萧公权：《中国政治思想史》，辽宁教育出版社 1998 年版。

杨鸿烈：《中国法律思想史》，商务印书馆 1931 年版。

张恒山：《法理要论》，北京大学出版社 2000 年版。

# 法治与国家治理现代化

李　林①

在《中共中央关于全面深化改革若干重大问题的决定》首次提出"推进国家治理体系和治理能力现代化"的改革目标以后，"国家治理"和"国家治理现代化"很快成为中国理论界学术界高度关注和广泛讨论的"热词"。相关见解纷乱杂陈，各种观点见仁见智，令人眼花缭乱。国家治理与依法治国是什么关系？在"推进国家治理体系和治理能力现代化"新语境、新目标下，依法治国（法治）具有何种地位和作用？根据国家治理现代化的要求，未来应当如何全面推进依法治国、加快建设法治中国？本文拟结合当下我国全面深化改革和大力推进依法治国的实践，对上述部分问题进行粗线条大跨度的探讨分析。

## 一　法治与国家治理现代化的关系

中共十八届三中全会提出："全面深化改革的总目标是完善和发展中国特色社会主义制度，推进国家治理体系和治理能力现代化。"依法治国是我国宪法规定的基本原则，是党领导人民治理国家的基本方略。依法治国与国家治理是相互作用、相辅相成的关系。在全面推进依法治国、努力建设中国特色社会主义法治体系的时代背景下，在我国从法律体系走向法治体系、从法律大国走向法治强国进而实现法治中国梦的历史进程中，推进国家治理现代化，应当高度重视并充分发挥依法治国的重要作用。

### （一）依法治国与国家治理的含义

国家应当如何治理？这并不是一个新问题、小问题，而是国家产生以来就始终存在的老问题、重大问题，是马克思主义国家学说需要回答的基本问题，是政治学和法学需要研究解决的核心问题。马克思主义国家学说认为，

---

① 中国社会科学院法学研究所研究员。

应当从国体、政体、政治模式、基本方略等方面，分析和把握国家和国家治理问题。对国家的本质做阶级分析，是国家中多数人对少数人的统治，还是少数人对多数人的专政，这是国家治理需要首先解决的国体问题。是采行共和制还是君主立宪制，联邦制还是单一制，元首负责制还是议会内阁负责制，或者采行人民代表大会制度等政体，这是国家治理需要解决的政权组织形式问题。是实行直接选举、多党制、三权分立、两院制，还是实行直接与间接选举相结合、一党领导与多党合作相结合、执政党党内民主与人民民主相结合、民主集中制，或者采取其他政治体制治国理政，这是国家治理需要解决的政治模式问题。是实行专制、人治、独裁，或者实行民主、法治、共和，抑或实行其他方式治国理政，这是国家治理需要解决的路径和方略问题。

中国共产党在领导人民夺取革命、建设和改革胜利的伟大实践中，在建立中华人民共和国和实行社会主义制度的基础上，通过宪法、法律和党章等形式，把工人阶级领导的、以工农联盟为基础的人民民主专政规定为共和国的国体，把人民代表大会制度规定为共和国的政体，把共产党的领导、民主集中制、人民代表大会制度、民族区域自治制度、多党合作政治协商制度、基层民主自治制度等，规定为共和国政治模式的主要内容，把依法治国确立为党领导人民治理国家的基本方略，把法治确定为治国理政的基本方式，① 不断发展中国特色社会主义民主政治，推进依法治国和国家治理的现代化。

从一般意义上讲，依法治国就是坚持和实行法治，反对人治和专制。② 中国共产党十五大报告指出，依法治国，就是广大人民群众在党的领导下，依照宪法和法律规定，通过各种途径和形式管理国家事务，管理经济文化事业，

---

① 1978 年 2 月 15 日梁漱溟在全国政协五届一次会议上发言说："现在我们又有机会讨论宪法，参与制定宪法了，这是一桩可喜的事情……我的经验是，宪法在中国，常常是一纸空文，治理国家主要靠人治，而不是法治。新中国成立 30 年，有了自己的宪法，但宪法是否成了最高的权威，人人都得遵守呢？从 30 年中的几个主要时期看，我的话是有根据的……但我想认真而严肃地指出的是，中国的历史发展到今天，人治的办法恐怕已经走到了头。像毛主席这样具有崇高威望的领导人现在没有了，今后也不会很快就有，即便有人想搞人治，困难将会更大；再说经过种种实践，特别是'文革'十年血的教训，对人治之害有着切身的体验，人们对法治的愿望和要求更迫切了。所以今天我们讨论宪法，很必要，很重要，要以十二分的认真和细心对待这个大问题。中国由人治渐入了法治，现在是个转折点，今后要逐渐依靠宪法和法律的权威，以法治国，这是历史发展的趋势，中国前途的所在，是任何人所阻挡不了的"（汪东林，2004：297）。

② 在 1996 年 4 月中国社会科学院法学研究所主持召开的法治理论研讨会上，与会专家学者们大多认为："依法治国即法治，是指依照体现人民意志、反映社会发展规律的法律来治理国家；国家的政治、经济、社会的活动以及公民在各个领域的行为都应依照法律进行，而不受任何个人意志的干涉、阻碍和破坏；它的基本要求是，国家的立法机关依法立法，政府依法行政，司法机关依法独立行使职权，公民的权利和自由受法律的切实保护，国家机关的权力受法律严格控制"（李林，2005：462）。

管理社会事务，保证国家各项工作都依法进行，逐步实现社会主义民主的制度化、法律化。依法治国是党领导人民治理国家的基本方略，是发展社会主义市场经济的客观需要，是社会文明进步的重要标志，是国家长治久安的重要保障。

国家治理，[①] 就是人民当家做主，通过全国人民代表大会和地方各级人民代表大会，执掌国家政权、行使国家权力、管理国家事务的制度安排和活动过程。它是在执政党的领导下，全国各族人民、一切国家机关和武装力量、各政党和各社会团体、各企业事业组织等社会主体，依照宪法、法律和其他规范、制度和程序，共同参与国家的政治生活、经济生活和社会生活，共同管理国家和社会事务、管理经济和文化事业，共同推动政治、经济、社会、文化和生态文明建设全面发展的制度安排和活动过程。它是执政党坚持依宪执政和依法执政，总揽全局，协调各方，支持各个国家机关依法独立履行职权，领导并支持各种社会主体对国家和社会实施系统治理、依法治理、综合治理、源头治理的治国理政。

## （二）依法治国与国家治理的关系

依法治国与国家治理是什么关系？我们认为，依法治国主要是一个法学概念，国家治理主要是一个政治学、行政学或者社会学的概念；两者虽然话语体系不同，内涵和外延略有区别，但本质和目标一致，主体与客体相近，方法和手段相似，是国家良法善治的殊途同归。[②] 具体来讲，依法治国与国家治理具有如下共同点：

第一，两者都坚持中国特色社会主义制度，坚持中国共产党的领导，坚持依宪执政和依法执政，在国家宪法框架内并通过主权国家来推进和实行。

---

① 目前国内理论界对于"国家治理"的概念尚无统一认识，大家见仁见智，各有界定。《求是》杂志刊文认为："国家治理，就是党领导人民依照法律规定，通过各种途径和形式，管理国家事务，管理经济和文化事业，管理社会事务。"（秋石，2014）有学者认为："'国家治理'，实际上是在政权属于人民的前提下，中国共产党代表和领导人民执掌政权、运行治权的体系和过程；是指在坚持、巩固和完善我国政治经济根本制度和基本制度的前提下，科学民主依法有效地进行国家和社会管理；是指坚持中国共产党总揽全局、统筹各方的格局下的治国理政。"（王浦劬，2014）

② 考察人类文明史可以发现，法律、法制、法治以及以法治国或者依法治国，是人类有国家以来就始终存在的治理国家、管理社会、构建秩序、调整社会关系行之有效的主要方式。当今的现代化发达国家也多是法治国家，而 20 世纪中后期出现的"国家治理"只不过是与法治国家有所交叉的一种理念和方式方法，是对法治或者依法治国的补充、完善和创新发展，却没有从根本上取代法治或者依法治国。当今世界上绝大多数国家没有普遍强调"国家治理"的理念和制度，而是坚持法治和依法治国，在实践中也达到了治国理政的预期目的。在我国，国家治理与依法治国实质上大同小异。

第二，两者都坚持主权在民和人民当家做主，人民是国家和社会的主人，人民是依法治国和国家治理的主体，而不是被治理、控制、统治的客体。

第三，两者都强调国家治理制度体系的重要性、稳定性和权威性，要求形成健全完备、成熟定型的现代化国家治理的制度体系，其中主要是体现为国家意志的、以宪法为核心的法律制度体系。

第四，两者都坚持以人民民主专政国体的政治统治为前提，都涉及"他治""自治"和"共治"等管治方式，都把"统治""管理"和"治理"等作为现代国家治国理政不可或缺的方式方法来综合使用。从法律分类的角度来理解，"统治"主要用于宪法、刑法等公法关系领域，"管理"主要用于行政法、经济法等公法关系以及公法、私法关系结合等领域，"治理"主要用于社会法和私法关系等领域，① 三者共存于国家的法律体系和法律关系中，都是调整社会关系和治国理政的重要方式。

第五，两者"管理"和"治理"的对象（客体）大同小异，都涉及政治经济文化社会生态、内政国防外交、改革发展稳定、治党治国治军、调整社会关系、规范社会行为、配置社会资源、协调社会利益、处理社会冲突、保障私权和制约公权等各领域和各方面。

第六，两者追求的直接目标都要求实现良法善治，强调不仅要有良好健全完备的国家管理治理的法律和制度体系，而且这种法律和制度体系在现实生活中要能够得到全面贯彻执行和有效实施。

第七，两者的目的都是发展人民民主，激发社会活力，构建良好秩序，促进公平正义，为了实现国家富强、人民幸福、中华民族伟大复兴的中国梦，把我国建设成为民主富强文明幸福的社会主义现代化强国。

依法治国与国家治理具有以下主要区别：首先，国家治理强调"治理"与"管理"在主体、权源、运作、范围等方面存在不同，认为从"管理"到"治理"是理念上的飞跃和实践上的创新（俞可平，2014；何增科，2014；李忠杰，2014）。其次，国家治理不仅坚持法治是治理国家的基本方式，依法治

---

① 联合国的全球治理委员会（the Commission on Global Governance）于 1995 年发表了一份题为"我们的全球伙伴关系"的研究报告，其中对"治理"一词作出如下界定：治理是各种公共的或私人的个人和机构管理其共同事务的诸多方式的总和。报告认为：治理是使相互冲突的或不同的利益得以调和并且采取联合行动的持续的过程，既包括有权迫使人们服从的正式制度和规则，也包括各种人们同意或以为符合其利益的非正式的制度安排。它有四个特征：治理不是一整套规则，也不是一种活动，而是一个过程；治理过程的基础不是控制，而是协调；治理既涉及公共部门，也包括私人部门；治理不是一种正式的制度，而是持续的互动。可见，"治理"一词主要强调的是一种社会法和私法关系，而不能表达或者反映国家统治和管理、管治的全部内涵。

国是治国理政的基本方略，而且注重发挥政治、德治、自治规范和契约、纪律等多种方式手段的作用。再次，国家治理坚持以各种社会主体平等共同参与的共治为主要治理形式，强调治理主体间的平等性、自愿性、共同性和参与性。依法治国则坚持系统治理、综合治理，不仅采用他治（如治安与工商卫生执法管理）和自治（如基与社区自治），也经常采用人人参与、齐抓共管的共治。最后，国家治理的范围不仅包括国家法律和法治直接规范和调整的领域，而且包括政党和社会组织、武装力量、企业事业单位和社会内部中法律和法治未直接涉及的某些部分。

尽管两者有所区别，但它们同多于异。在理解两者关系时，不应当将两者对立起来，既不宜用依法治国取代国家治理，也不宜用国家治理取代依法治国，两者是相辅相成、殊途同归的关系。不应当将两者割裂开来，既不能片面强调依法治国的地位和作用，也不能过分强调国家治理的价值和功能，两者是彼此交叉、相互作用的关系。不应当对"治理""管理""统治"这三个基本概念作片面解读，三个概念之间不是相互排斥的矛盾关系，不是依次取代的递进关系，而是相互影响的交叉关系，相互作用的共存关系，① 但在不同时期、不同条件、不同语境或不同学科视角下，三个概念的使用有主次先后之分、轻重大小之别。

## （三）推进国家治理现代化的核心是法治化

国家治理至少包括国家治理体系和国家治理能力两个方面。

国家治理体系，就是在党领导下管理国家的制度体系，包括经济、政治、文化、社会、生态文明和党的建设等各领域的体制机制、法律法规安排，是一整套紧密相连、相互协调的国家制度。形成系统完备、科学规范、运行有效的国家制度体系，是国家治理体系现代化的重要目标。国家治理能力，就是运用国家制度管理社会各方面事务的能力，包括改革发展稳定、内政外交国防、治党治国治军等各个方面（姚亮，2014）。习近平指出，国家治理体系和治理能力是一个国家的制度和制度执行能力的集中体现，两者相辅相成，单靠哪一个治理国家都不行。

---

① 在我国《宪法》文本中，有二十多处使用了"管理"一词（如第 2 条规定："人民依照法律规定，通过各种途径和形式，管理国家事务，管理经济和文化事业，管理社会事务"），但从未使用过"治理"概念。在我国现行有效的多部法律中，有十多部法律的名称中有"管理"一词（如"治安管理处罚法""公民出入境管理法""外国人出入境管理法"等），却无一部法律的名称直接使用"治理"。

推进国家治理的现代化，① 就是要推进和实现国家治理体系和治理能力的法治化、民主化、科学化和信息化，其核心是推进国家治理的法治化（秋石，2014）。② 一方面，要推进国家治理制度体系的法治化。董必武说过，"顾名思义，国家的法律和制度，就是法制"（董必武，1979：153）。在法治国家，国家治理制度体系中的绝大多数制度、体制和机制，已通过立法程序规定在国家法律体系中，表现为法律规范和法律制度。因此，发展和完善国家法律体系，构建完备科学的法律制度体系，实质上就是推进国家治理制度体系的法律化、规范化和定型化，形成系统完备、科学规范、运行有效的国家制度体系。另一方面，要推进国家治理能力的法治化。在法治国家，国家治理能力主要是依法管理和治理的能力，包括依照宪法和法律、运用国家法律制度管理国家和社会事务、管理经济和文化事业的能力，科学立法、严格执法、公正司法和全民守法的能力，运用法治思维和法治方式深化改革、推动发展、化解矛盾、维护稳定的能力。美国法学家富勒说："法律是使人的行为服从规则治理的事业。"（Fuller，1969：106）推进国家治理能力的法治化，归根结底是要增强治理国家的权力（权利）能力和行为能力，强化宪法和法律的实施力、遵守力，提高国家制度体系的运行力、执行力。

我们应当高度重视和充分发挥依法治国基本方略在推进国家治理现代化中的重要作用。依法治国不仅是国家治理现代化的主要内容，而且是推进国家治理现代化的重要途径和基本方式，对实现国家治理现代化具有引领、规范、促进和保障等重要作用。

## 二　通过法治推进国家治理现代化

在全面推进依法治国、努力建设中国特色社会主义法治体系的新形势下，

---

① 全国政协社会和法制委员会副主任施芝鸿将"国家治理体系和治理能力现代化"视为"第五个现代化"。他认为，国家治理体系现代化，既要靠制度，又要靠我们在国家治理上的高超能力，靠高素质干部队伍。从这个意义上，可以把推进国家治理体系和治理能力现代化，看成是我们党继提出工业、农业、国防、科技这"四个现代化"之后，提出的"第五个现代化"。这表明，我们党和国家的治理体系和治理能力，正在不断朝着体现时代性、把握规律性、富于创造性的目标前进（《全国政协社会和法制委员会副主任施芝鸿谈"第五个现代化"》，《北京日报》2013 年 12 月 9 日）。

② 有学者认为："法治化既是检验制度成熟程度的衡量尺度，也是推进制度定型的基本方式……没有可靠的法治作为保障，制度就会缺乏权威性和执行力，国家治理体系的现代化就无从谈起，治理能力也必然作为水中月镜中花。"（张贤明，2014）还有学者指出："国家治理现代化包括民主化、法治化、科学化和文明化，其中法治化是关键。"（胡建淼，2014）

应当更加重视充分发挥依法治国（法治）的作用，紧紧围绕全面深化改革的战略部署和"五位一体"建设的总体要求，根据完善和发展中国特色社会主义制度、推进国家治理体系和治理能力现代化的改革总目标，坚持党的领导、人民当家做主、依法治国有机统一，运用法治思维和法治方式推进国家治理现代化。

## （一）充分发挥宪法治国安邦总章程的功能推进国家治理现代化

宪法是国家文明进步的重要标志，是国家的根本法，治国安邦的总章程，具有最高的法律地位、法律权威、法律效力，具有根本性、全局性、稳定性、长期性（习近平，2013）。推进国家治理现代化，形成系统完备、科学规范、运行有效的国家治理制度体系，使国家治理各方面的制度更加成熟更加定型，最根本、最核心的是要维护宪法权威，保障宪法实施，充分发挥宪法作为治国安邦总章程的重要作用。

宪法以国家根本法的形式，确立了中国特色社会主义道路、理论体系和制度体系，规定了国家的根本制度和根本任务，国家的领导核心和指导思想，国家的基本制度和相关体制，爱国统一战线，依法治国基本方略，民主集中制原则，尊重和保障人权原则，等等。对于这些制度和原则，我们必须长期坚持、全面贯彻、不断发展。坚持、贯彻和落实宪法的这些制度和原则，坚持依宪治国和依宪执政，有利于根据治国安邦总章程的宪法要求，从国家顶层设计和战略布局上，促进国家治理制度体系的规范化和定型化，提升国家治理能力的权威性和有效性。例如，现行《宪法》序言提出要"不断完善社会主义的各项制度"，这既是宪法对改革和完善国家治理制度体系的总体要求，也是推进国家治理制度现代化的根本法律依据。

国家治理现代化，最根本的是人的现代化。在人民当家做主的社会主义国家，国家治理是人民自己的事业，只有在宪法的框架下和民主法治的基础上，动员人民、依靠人民、组织人民对国家和社会实行共治和管理，才能从人民民主的本质上实现国家治理现代化。宪法是国家治理的总章程、总依据，全面贯彻实施宪法，最广泛地动员和组织人民依照宪法和法律规定，通过各级人民代表大会行使国家权力，通过各种途径和形式管理国家和社会事务，管理经济和文化事业，共同治理，共同建设，共同享有，共同发展，保证人民成为国家、社会和自己命运的主人，有利于最大限度地调动人民群众的积极性和主动性，充分发挥人民群众在国家治理和依法治国中的主体作用。

文明进步既是国家发展的重要目标，也是国家治理现代化的重要标志。① 推进国家治理现代化，必须加强物质文明建设，巩固社会主义的经济基础，促进先进生产力的发展必须加强政治文明建设（尤其是制度文明建设），完善社会主义的上层建筑，维护国家政权的合法性和正当性；必须加强精神文明建设，弘扬社会主义核心价值观，繁荣和发展先进文化。我国宪法明确规定国家推动社会主义物质文明、政治文明和精神文明协调发展，并在有关条文中对我国基本的社会制度、经济制度、政治制度、文化制度，对意识形态、思想道德、公民权利义务等作出了专门规定。切实尊重和有效实施宪法，就能够在宪法的指引和保障下，积极推动国家文明进步，推进国家治理现代化。

## （二）充分发挥法治的价值评判功能引领国家治理现代化

现代国家的法律不仅是行为规范体系，而且是价值评判体系，是社会主流价值的制度化体现。国家通过法治推行自由、平等、公平、正义、人权等基本价值，弘扬法治精神，传播法治理念，引领社会进步。"法治的含义不只是建立一套机构制度，也不只是制定一部宪法、一套法律。法治最重要的组成部分也许是一个国家文化中体现的法治精神。"（吉布森、古斯，1998）我国宪法规定了必须坚持中国共产党的领导、社会主义制度、国家的指导思想和人民民主专政的国体，社会主义法治理念强调必须坚持三者有机统一，从中国国情和实际出发学习借鉴人类政治文明和法治文明的一切有益成果，逐步实现工业、农业、国防、科学技术和国家治理的现代化，而不能照搬照抄西方资本主义的民主政治模式和法治模式。宪法和法治的这些肯定性或禁止性的要求，明确规定了国家治理的性质，指明了国家治理现代化的正确方向和发展道路。

法治崇尚民主自由、公平正义、平等诚信、人权尊严、秩序安全、幸福和平等基本价值，遵循人民主权、宪法法律至上、保障人权、制约权力、依法执政、依法行政、公正司法、全民守法等基本原则，恪守普遍性、明确性、

---

① 据我国学者研究，文明（civilization）一词产生于近代英国。18世纪初，英国合并苏格兰后，苏格兰的民法开始与英国的普通法融合起来，产生了文明这个词汇，意指法律或审判。1755年，《英国语言辞典》把文明解释为"民法专家或罗马法教授"。18世纪后半叶，启蒙思想家用文明一词来抨击中世纪的黑暗统治，赋予了文明与"野蛮"相对立的含义。由此可见，法律、私法以及司法审判的进步发展，是人类文明最重要的标志和标尺。衡量或者评价今天国家治理的现代化，离不开法治文明。

规范性、统一性、稳定性、可预期性、可诉性等基本规律。① 以倡导和推行全球治理闻名于世的国际组织——全球治理委员会在《我们的全球之家》中呼吁：提高全球治理的质量，最为需要的是"共同信守全体人类都接受的核心价值，包括对生命、自由、正义和公平的尊重"（俞可平，2014：32）显然，全球治理倡导的核心价值与法治追求的基本价值，在许多方面是一致的。但它们有一个显著区别，即前者主要通过呼吁、倡导、舆论等道德宣传方式推行其价值理想，后者却可以通过法治的力量推进其价值目标的实现。因此，我们根据法治的基本价值、原则和规律，运用法治方式推进国家治理现代化，就能够促进国家治理的价值选择与国家法治的价值取向相一致，促进国家治理的现代化与法治化相融合，实现国家和社会的良法善治。

### （三）充分发挥法治的规范功能推进国家治理现代化

法律是治国之重器，是调整社会关系的行为规范。马克思说过："法律不是压制自由的手段，正如重力定律不是阻止运动的手段一样恰恰相反，法律是肯定的、明确的、普遍的规范……法典就是人民自由的圣经。"（马克思，1995：176）规范性是法治的基本特征，它通过允许性规范、授权性规范、禁止性规范等形式，要求法律关系主体应当做什么、不应当做什么和应当怎样做，达到调整社会关系、规范社会行为、维护社会秩序的目的。

在保障和促进国家治理现代化的过程中，法治的规范功能从以下方面发挥作用：一是通过合宪性、合法性等程序和制度的实施，保证国家治理制度体系建设和治理能力提升，在宪法框架下、法制轨道上进行，防止违宪违法行为和现象发生。例如，我国法律体系中有《宪法》《立法法》《民族区域自治法》《工会法》《村民委员会组织法》《全民所有制工业企业法》等，明确

---

① 法治意义上的"可诉性"包括两个方面：从公民角度而言，可诉性是指当法律规定的公民权利受到侵害时，公民可以依据该法律向法院提起诉讼，依法寻求法院的权利保护和救济；从法院角度而言，可诉性是指法院可以依据法律的具体规定受理案件，并作出相应裁判。目前在我国法律体系的多部法律中，能够被法院作为裁判依据并写入判决书的，只有多部法律。对"可诉性"的另一种解读是：法律关系主体在认为其受到不公平不公正对待时，或认为其权利受到侵害时，可以也应当依法通过司法诉讼程序寻求救济，法院是实现法律意义上公平正义的最后一道防线。

规定了中国共产党的领导地位和领导作用，[①] 执政党就可以依据这些法律规定，健全和完善依法执政的有关制度体系，推进依法执政的现代化。二是通过规定权利与义务、权力与责任、行为模式与行为后果以及实体法规范和程序法规范等形式，将国家治理的制度要素和制度创新确认固定下来，使之逻辑更加严谨、内容更加科学、形式更加完备、体系更加协调。三是通过严格执法、公正司法、全民守法和依法办事、依法治理、综合治理等多种途径和形式，推进宪法和法律规范的全面实施，不断提升国家治理制度体系的权威性和执行力。例如，十八届三中全会提出"把涉法涉诉信访纳入法制轨道解决，建立涉法涉诉信访依法终结制度"，就体现了运用法治方式从根本机制上治理涉法涉诉信访问题的思路。四是通过发挥法治的纠偏和矫正作用，一旦国家治理制度的某些创新偏离正确轨道，国家治理体制机制之间出现某种冲突抵触，国家治理制度体系的贯彻执行遇到某种破坏或障碍，由国家有权机关依法做出应对和处置，就能够保证国家治理现代化更加有序、更加顺利地推进。

## （四）充分发挥法治的强制功能推进国家治理现代化

法律与其他社会规范的重大区别在于，法律是表现为国家意志并由国家强制力保证实施的社会行为规范，国家意志性和国家强制性是它的重要特征。在我国，法律是党的主张与人民意志相统一并通过立法程序转化为国家意志的社会行为规范，法律的执行、适用和运行，是以警察、法庭、监狱甚至军队等国家机器的强制力作为最后的保障实施手段，因此，法律关系主体如果不履行法律义务、不承担法律责任或者违反法律的相关规定，就可能受到执法司法机关以国家名义进行的制裁、惩罚或强制。[②]

通过发挥法治的强制功能推进国家治理的现代化，一方面，把国家治理

---

① 例如，《立法法》第 3 条规定："立法应当遵循宪法的基本原则……坚持中国共产党的领导"；《村民委员会组织法》第 4 条规定："中国共产党在农村的基层组织，按照中国共产党章程进行工作，发挥领导核心作用，领导和支持村民委员会行使职权；依照宪法和法律，支持和保障村民开展自治活动、直接行使民主权利"；《全民所有制工业企业法》第 8 条规定："中国共产党在企业中的基层组织，对党和国家的方针、政策在本企业的贯彻执行实行保证监督"。

② 有学者把"强制能力"视为国家治理八大基础性能力之首："'强制'听起来是不好听，但是国家这种人类组织跟其他人类组织最大的区别就在于它可以合法地垄断暴力，可以合法地使用强制力。这种国家强制力，对外就是必须有能力抵御外来的威胁，这就要求国家建立和维持一支常备军；对内，国家必须有能力维护国家的安宁，这就要求国家建立一支训练有素、经费充裕、纪律严明、着装整齐的专业警察。"（王绍光，2014）

体系中有关制度的立、改、废纳入法制轨道，借助法治的强制力量保障和推进国家治理制度的创制和创新，如设立国家安全委员会、设立知识产权法院、实行大部制改革、深化行政执法体制改革等；依法强制性地取消或者废除那些不合时宜、阻碍经济社会发展的体制机制，如取消收容审查制度、取消劳动教养制度、取消某些行政审批事项、减少刑法中的死刑罪名等。另一方面，全面推进严格执法和公正司法，借助国家执法、司法的强制性制度机制，保证国家治理制度的有效贯彻实施，增强国家治理法律制度的执行力，如依法从重从快打击恐怖暴力犯罪，贯彻落实宽严相济的刑事政策，依法查处严重违反国家法律的党员领导干部并追究其法律责任，等等。

当然，法治对于国家治理领域的介入，一要遵循"对公权力法无授权即禁止，对私权利法未禁止即自由"的原则；二要把法律规范与道德、纪律、内部规定、自治规则等其他社会行为规范区分开来；三要把法治的国家强制功能与其他社会行为规范的约束功能区别开来。代表国家意志的法治强制功能，只能在法律的范围内依法进行，而不能取代道德、纪律等其他社会行为规范的作用，更不能强制性地把其他社会行为规范全都法律化和国家意志化。

## （五）充分发挥民主科学立法的功能推进国家治理现代化

亚里士多德认为，立法的本质是分配正义，它通过规定权利与义务、权力与责任、调整社会关系、配置社会资源、分配社会利益、规范社会行为等内容，实现立法的分配正义。现代民主理论则认为，立法的基本功能是人民意志的表达，行政的基本功能是人民意志的执行，司法的基本功能是人民意志的裁断，它们在宪法框架下结合起来，共同对国家和社会进行有效治理。

"立善法于天下，则天下治；立善法于一国，则一国治。"（王安石：《王文公文集·周公》）在我国，立法是党的主张与人民意志相统一的体现，是党的路线方针政策具体化、条文化和法律化的表现形式，是我国政治经济社会改革发展的制度化、规范化和法律化。我国立法既是党领导人民通过立法程序分配正义的过程，也是人民通过人民代表大会表达自己意志和利益诉求、实现人民当家做主的过程。立法是为全国人民立规矩、为治理国家定依据的。立法是创制国家制度体系和活动规范的发动机，是构建国家法律制度、实现国家治理制度体系现代化的主要途径和方式。因此，全面推进民主科学立法，充分发挥立法的引领和推动作用，就是国家立法机关运用立法思维和立法方式，通过立法程序和立法技术，对国家治理制度体系的创制、细化、完善和发展。

在我国法律体系已经形成和全面深化改革的新形势下，立法对于国家治理现代化的引领和推动作用表现为：一是创新观念，更加重视运用法治思维和法治方式，把国家治理体系和治理能力现代化纳入宪法框架和法制轨道。国家治理制度创新非但不得违反宪法和法律，而且要先变法、后改革，重大改革于法有据。国家治理行为非但不得违宪违法，而且要依法治理、依规行事、照章办事。二是更加重视把国家治理制度改革创新的重大决策同立法决策结合起来，通过立法程序使之成为国家意志和国家制度，确保改革决策的合法性和制度化。三是根据国家治理现代化的内在需要，更加重视通过综合运用立、改、废、释等立法手段，及时创制新的法律和制度，修改或废除不合时宜的法律法规，不断提升国家治理制度体系的规范性、系统性、针对性和有效性。四是更加重视加强宪法实施监督和立法监督，及时发现和纠正违宪违法的所谓"改革决策"和"制度创新"，为国家治理制度体系的健全和完善提供强有力的法治保障。

## （六）充分发挥执政党依宪依法执政的功能推进国家治理现代化

推进国家治理现代化是一项艰巨而复杂的系统工程，必须在党的领导下、坚持依宪执政和依法执政才能取得成功。首先，我们党牢固树立执政党的观念、强化执政党的意识，把坚持党的领导、人民当家做主和依法治国有机统一起来，增强运用宪法思维和法治方式治国理政的能力，努力提高依宪依法执政的水平，就能够从党的规章与国家制度相衔接、党的政策与国家法律相结合的角度，不断推进国家治理的制度化、法律化。其次，我们党充分发挥总揽全局、协调各方的领导核心作用，坚持依法治国基本方略和依法执政基本方式，善于通过发扬民主使党的方针政策充分反映和体现人民意志，善于使党的政策主张通过法定程序成为国家意志，善于使党组织推荐的人选成为国家政权机关的领导人员，善于通过国家政权机关实施党对国家和社会的领导，支持国家权力机关、行政机关、审判机关、检察机关依照宪法和法律独立负责、协调一致地履行职权，就能够更好维护执政党与国家政权的权威，维护执政党党章与国家宪法法律的权威，维护党的领导与法律统治的权威，从而充分体现国家治理现代化的中国特色和制度优势，不断增强国家治理体系的权威性和执行力。再次，我们党领导人民制定宪法和法律，领导人民执行宪法和法律，党在宪法和法律范围内活动，做到带头守法、廉洁奉公、率先垂范，就能够带动全社会不断提高规则意识、程序意识和责任意识，强化全社会的国家观念、制度观念和法治观念，引领全社会形成办事依法、遇事找法、解决问题用法、化解矛盾靠法的行为习惯，为推进国家治理现代化提供良好法治环境。最后，我们党在长期的革命、建设和改革实践中，积累了政治领导、组织领导和思想领导的领导经验，探索了科学执政、民主执政、依法执政的执政经验，形成了依法治国基本方略。党坚持中国特色社会主义的理论、道路和制度自信，坚持依宪执政和依法执政，切实做到领导立法、保证执法、维护司法、带头守法，就能够运用法治思维引领国家治理现代化的理论创新，运用法治方式推进国家治理现代化的制度创新和实践创新。

习近平在 2013 年 2 月第十八届中央政治局第二次集体学习时讲话指出："现代社会，没有法律是万万不能的，但法律也不是万能的。"我们高度重视发挥依法治国和法治在引领和推进国家治理现代化中的重要作用，但不能违背法治规律和法治思维过分夸大它们的作用，更不能陷入"法治万能主义"的窠臼。

## 三　法治中国与国家治理法治化

党的十八大和十八届三中全会提出，要加快推进社会主义民主政治制度化、规范化、程序化，建设社会主义法治国家，发展更加广泛、更加充分、更加健全的人民民主，形成系统完备、科学规范、运行有效的制度体系，使各方面制度更加成熟，更加定型；要全面推进依法治国，加快建设法治中国，到 2020 年全面建成小康社会时，实现依法治国基本方略全面落实、法治政府基本建成、司法公信力不断提高、人权得到切实尊重和保障、国家各项工作法治化的目标。这既是对推进国家治理现代化提出的总要求，也是对全面推进依法治国、加快建设法治中国确立的总目标。我们应当统筹依法治国与国家治理，在推进国家治理现代化的进程中，努力达成建设法治中国的总目标；在全面推进依法治国、加快建设法治中国的进程中，全面推进和实现国家治理的现代化。

### （一）强化法治权威和良法善治，推进国家治理法治化

法治权威是指法律及其制度运行在整个社会调整机制和全部社会规范体系中居于主导和至高地位，任何公权力主体都在宪法和法律范围内活动，任何人都没有超越宪法和法律的特权。美国思想家潘恩在《常识》一书中说："在专制政府中国王便是法律……在自由国家中法律便应该成为国王。"（潘恩，1981：35）宪法和法律至上，是当代法治权威的集中体现。党的十八大

强调要"更加注重发挥法治在国家治理和社会管理中的重要作用，维护国家法制统一、尊严、权威"。我国宪法和法律是党的主张与人民意志相统一的体现，具有至高的地位和权威，因此，维护宪法和法律的权威、强化法治权威，就是维护和强化人民权威、执政党权威和国家权威的集中体现，是推进国家治理法治化的必然要求。

法治是国家治理的关键，法治化是国家治理现代化的核心。国家治理法治化，是指宪法和法律成为国家和公共治理的最高权威和主要依据，宪法和法律在国家政治生活、经济生活和社会生活中得到切实贯彻实施。国家治理法治化包括许多方面的内容和要求，但从国家治理体系和国家治理能力这两个方面相结合的角度来理解，国家治理法治化的要义，就是良法善治。正如亚里士多德所言："我们应该注意到邦国虽有良法，要是人民不能全都遵循，仍然不能实现法治。法治应该包含两重意义：已成立的法律获得普遍的服从，而大家所服从的法律又应该是本身制定的良好的法律。"（亚里士多德，1981：199）

用现代政治学的话语来表述，"良法"就是党领导人民管理国家、治理社会的一整套系统完备、科学规范、运行有效、成熟定型的制度体系，其中主要是法律制度体系；"善治"就是运用国家法律和制度管理国家、治理社会各方面事务的能力、过程和结果。推进国家治理法治化，必须强化良法善治。

良法是善治的前提与基础。国家若善治，须先有良法。习近平在 2013 年2 月第十八届中央政治局第二次集体学习时讲话指出，"不是什么法都能治国，不是什么法都能治好国"，就是要求应当以系统完备、科学规范、运行有效的良法治理国家和社会。创制良法就是国家制定和形成一整套系统完备科学有效的制度体系，尤其是法律制度体系。国家治理法治化所倡导的法治基本价值，是评价法"良"与否的重要尺度，是创制良法体系的价值追求和实现良法善治的伦理导向。"良法"对立法的要求和评判，主要包括以下五个方面：一是立法应当具有良善的正当价值取向，符合正义、公平、自由、平等、民主、人权、秩序、安全等价值标准；二是立法应当是民意的汇集和表达，立法能否充分保障人民参与并表达自己的意见，能否体现人民的整体意志和维护人民的根本利益，是评价立法"良"与"恶"的一个重要标准；三是立法程序应当科学与民主，良法的生产应当通过科学民主的立法程序来保障和实现；四是立法应当符合经济社会关系发展的实际，具有针对性、可实施性和可操作性；五是立法应当具有整体协调性和内在统一性，不能自相矛盾。

善治是良法的有效贯彻实施，是国家治理的最终目标。政治学意义上的

"善治"包括十个要素：一是合法性；二是法治；三是透明性；四是责任性，即管理者应当对自己的行为负责；五是回应，即公共管理人员和管理机构必须对公民的要求作出及时和负责的反应；六是有效；七是参与，即公民广泛的政治参与和社会参与；八是稳定；九是廉洁；十是公正（俞可平，2014：59）。

法学意义上的"善治"，就是要把制定良好的宪法和法律付诸实施，把表现为法律规范的各种制度执行运行好，公正、合理、高效、及时地用于治国理政，通过法治卓有成效的运行实现"良法"的价值追求。由于人民是国家的主人、社会的主体，善治首先是人民多数人的统治，而绝不是少数人的专制，善治主要是制度之治、规则之治、法律之治，而绝不是人治。

通过良法善治推进国家治理法治化，必须弘扬法治精神，维护法治权威，强化国家治理的合宪性、合法性，坚持科学立法、严格执法、公正司法、全民守法，坚持法律面前人人平等，切实做到有法可依、有法必依、执法必严、违法必究。

## （二）加强人民代表大会制度建设，推进国家治理民主化

国家治理民主化，是指"公共治理和制度安排都必须保障主权在民或人民当家做主，所有公共政策都要从根本上体现人民的意志和人民的主体地位"（俞可平，2013）。美国学者福山指出："当下的一个正统观点就是，民主与善治之间存在着相互促进的关系。"（福山，2013）善治离不开民主，离不开公民和社会组织广泛平等的政治参与和社会参与。

人民民主是社会主义的生命，是依法治国和国家治理现代化的本质特征。人民代表大会制度是人民当家做主，行使民主权利管理国家和社会事务、管理经济和文化事业的根本制度平台，是推进国家治理现代化的根本制度基础，是全面推进依法治国的根本制度保障。邓小平说，没有民主就没有社会主义，就没有社会主义的现代化（邓小平，1994：168）。推进国家治理现代化，必须推进国家治理的民主化，矢志不渝地坚持、加强和完善人民代表大会制度。

在推进国家治理民主化的背景下加强人民代表大会制度建设，应当着力研究解决以下问题：一是积极探索坚持党的领导、人民当家做主和依法治国有机统一的规范化、制度化和法律化，把三者有机统一到宪法和人民代表大会制度的宪制平台上，纳入国家治理的根本政治制度体系，用宪法和人大制度保证国家治理现代化沿着中国特色社会主义民主政治发展道路顺利推进。二是坚持和维护人民当家做主的主体地位，全面落实人民代表大会作为国家

权力机关的宪法权力、宪法职能和宪法地位，从根本政治制度的建设上加强和推进国家治理体系现代化。三是进一步强化和提高国家权力机关及其代表行使立法权、重大事项决定权、人事任免权和监督权的权力能力（权利能力）和行为能力，使各级人大及其常委会和人大代表有权、有能、有责，能够在依法治国和国家治理中发挥应有作用。四是根据推进国家治理民主化的新要求，在人大制度建设中兼顾民主与效率的平衡，统筹民主立法与科学立法的要求，进一步健全和完善人大的会期制度、集会制度、开会制度、公开制度、表决制度、听证制度、旁听制度、询问制度、质询制度、调查制度、立法助理制度等制度建设。

## （三）完善我国法律体系，为形成系统完备、科学规范、运行有效的国家制度体系提供法律制度支持

法治是人类文明进步的标志。法律是国家治理制度的规范化、程序化和定型化的载体，国家在各方面各层次的制度体制是法律的主要内容。从国家治理的角度看，法律制度的完备程度反映着执政党依法执政的能力，国家政权的领导力、凝聚力和治理力。国家立法愈发展，法律体系愈完善，国家治理制度体系就愈完备、愈规范、愈成熟。在我国，中国特色社会主义法律体系的如期形成，标志着国家经济建设、政治建设、文化建设、社会建设以及生态文明建设的各个方面实现了有法可依，意味着国家治理的各个主要方面已经有制度可用、有法律可依、有规章可遵、有程序可循，表明以宪法为核心、以法律体系为基础的国家治理制度体系已经形成，体现了国家治理制度体系的基本成熟和定型。

完善中国特色社会主义法律体系，是十八大和十八届三中全会对立法工作提出的一项重要任务，也是推进国家治理制度体系现代化的必然要求。在推进法治中国建设和国家治理现代化的新形势下，完善我国法律体系，应当在加强人民代表大会制度建设的基础上和过程中，进一步坚持科学立法，全面推进民主立法，创新立法理论，更新立法念，转变立法模式，调整立法机制，完善立法程序，改进立法技术，推广立法评估，强化立法监督，不断提高立法质量和水平，为形成系统完备、科学规范、运行有效、成熟定型的现代化国家制度体系，提供强有力的立法保障和法律制度支持。

## （四）加强宪法和法律实施，提高国家依法治理能力

宪法和法律的权威在于实施，宪法和法律的生命也在于实施。宪法和法

律的良好实施是国家治理现代化的基本内容和重要标志。我国宪法和法律对国家治理及其现代化的各项要求和各个方面，都有相关规定，有些规定和内容还相当详细完备。因此，宪法和法律的良好实施，实质上就是国家治理制度体系的有效运行和贯彻执行；执政党和国家保障宪法和法律实施的能力，实质上就是国家治理能力的综合体现。习近平指出："法律的生命在于实施，如果有了法律而不实施，或者实施不力，搞得有法不依、执法不严、违法不究，那制定再多的法律也无济于事"，"有了法律而不能有效实施，那再多法律也是一纸空文，依法治国就会成为一句空话"，"制度的生命力在执行，有了制度没有严格执行就会形成破窗效应"（张文显，2014）。推进国家治理能力的现代化，首要的是提高依宪治国、依法治国和国家依法治理的能力，提高实施宪法和法律、执行各项制度的能力和水平。应当更加重视宪法和法律的实施，努力把纸面的法律变为现实中的法律，把法律条文中的制度变为社会生活中的行动，通过法治方式和法律实施不断提高国家依法治理的能力和水平。

提高国家依法治理的能力，进一步健全宪法实施监督机制和程序，把全面贯彻实施宪法提高到一个新水平，除认真落实十八届三中全会的有关改革部署外，还应考虑以下问题：进一步加强党中央对宪法实施的领导和统筹协调，加强党对立法工作的领导和统筹规划；通过完善立法来推进宪法实施；建立法律解释和宪法解释同步推进机制；在全国人大常委会年度工作报告中增加宪法实施情况的内容；完善对法律法规合宪性和合法性的审查机制；建立和完善对党内规章制度合宪性和合法性的审查机制；加强对宪法修改完善和设立宪法监督委员会的理论研究。

### （五）推行法治建设指标体系，提高国家依法治理效能

福山在《什么是治理》中提出，治理是"政府制定和实施规则以及提供服务的能力"，而治理或者善治是需要测量的，应当从程序、能力、产出和官僚体系自主性四个方面测量国家治理质量（福山，2013）。世界银行负责的"世界治理指标"、联合国开发署负责的"治理指标项目"、美国律师协会等律师组织发起的"世界正义工程"均认为，国家治理必须是可以量化测量的，未经量化的治理不是科学的治理，量化治理的程度决定着国家治理的现代化水平。党的十八届三中全会提出建立科学的法治建设指标体系和考核标准。应当从我国国情和实际出发，根据全面推进依法治国和国家治理现代化的要求，设计一套法治建设指标体系，用于科学量化地评估我国法治建设和国家

治理现代化的成效。可将国家治理现代化分为国家治理体系、国家治理能力和国家治理成本三个基本部分。在国家治理体系部分，将宪法规范、法律体系、国家制度、相关体制等制度体系的系统完备、科学规范、运行有效、成熟定型等，设计为具体评价指标。在国家治理能力部分，将执政党依法执政能力、人民当家做主能力、行政机关依法行政能力、司法机关公正司法能力，以及公权力主体实施宪法法律和规章制度的能力、治党治国治军的能力、内政外交国防的能力、改革发展稳定的能力等，设计为具体评价指标。在国家治理成本部分，将税收负担、资源消耗、立法成本、执法成本、司法成本、维稳成本、风险成本、试错成本、运行成本、反腐成本等设计为具体评价指标。通过一整套科学合理的法治"GDP"指数，①使依法治国和国家治理现代化的质量可以实际测量、具体评估。

## （六）在加快建设法治中国进程中推进国家治理现代化

法治中国是人类法治文明在当代中国的重大实践和创新发展，是传承复兴中华法文化优秀传统的历史新起点，是中国特色社会主义和中国梦的重要组成部分，是推进国家治理现代化和法治化的重要内容，是对改革开放以来法治建设"有法可依、有法必依、执法必严、违法必究"基本方针以及依法治国、建设社会主义法治国家基本方略的全面继承、战略升级和重大发展。

建设法治中国，必须坚持法治文明普遍原理与走中国特色社会主义民主法治发展道路相结合，坚持党的领导、人民当家做主和依法治国有机统一，坚持依法治国与推进国家治理现代化相辅相成，坚持科学立法、严格执法、公正司法和全民守法全面发展，坚持依法治国、依法执政、依法行政共同推进，法治国家、法治政府、法治社会一体建设，切实维护宪法和法律权威，有效规范和制约权力，充分尊重和保障人权，依法实现社会公平正义。

建设法治中国，应当积极稳妥地深化法制改革，着力解决立法不当、执法不严、司法不公、守法无序、法治疲软等法治建设存在的主要问题。全面推进依法治国，加快建设社会主义法治国家，要从法律体系走向法治体系，从法律大国走向法治强国，争取到2020年全面建成小康社会时，基本建成法

---

① 近年来，马怀德常在媒体上宣传"法治 GDP"的观点，认为"法治 GDP"比"经济 GDP"更重要，呼吁设立"法治 GDP"推动行政法治，用"法治 GDP"考量政府绩效。有些地方如深圳市、无锡市、昆明市、成都市、杭州余杭区等，也在探索本地法治建设的量化评价指数。俞可平主持的"中国国家治理评价指标体系"和"中国社会治理评价指标体系"，应松年、马怀德主持的"中国法治政府奖"评选等，均取得了积极成效。

治中国，到 2049 年中华人民共和国成立一百周年时，整体建成法治中国。

## 参考文献

Fuller, Lon L. *The Morality of Law*. Yale University Press, 1969.

邓小平：《邓小平文选》第 2 卷，人民出版社 1994 年版。

董必武：《论社会主义民主和法制》，人民出版社 1979 年版。

［美］福山：《什么是治理》，刘燕等译，载俞可平主编《中国治理评论》第 4 辑，中央编译出版社 2013 年版。

何增科：《理解国家治理及其现代化》，《马克思主义与现实》2014 年第 3 期。

胡建淼：《国家治理现代化的关键在法治化》，《学习时报》2014 年 7 月 14 日。

［美］吉布森、［南非］古斯：《新生的南非民主政体对法治的支持》，《国际社会科学杂志》1998 年第 2 期。

李林：《法治与宪政的变迁》，中国社会科学出版社 2005 年版。

李忠杰：《治理现代化科学内涵与标准设定》，《人民论坛》2014 年第 7 期。

［德］马克思：《关于新闻出版自由和公布省等级会议情况的辩论》，载《马克思恩格斯全集》第 1 卷，人民出版社 1995 年版。

［美］潘恩：《潘恩选集》，马清槐等译，商务印书馆 1981 年版。

秋石：《国家治理现代化将摆脱人治走向法治》，《求是》2014 年第 1 期。

汪东林：《梁漱溟问答录》，湖北人民出版社 2004 年版。

王浦劬：《科学把握"国家治理"的含义》，《光明日报》2014 年 6 月 18 日。

王绍光：《国家治理与基础性国家能力》，《华中科技大学学报（社会科学版）》2014 年第 3 期。

习近平：《在首都各界纪念现行宪法公布施行周年大会上的讲话》，人民出版社 2013 年版。

［古希腊］亚里士多德：《政治学》，吴寿彭译，商务印书馆 1981 年版。

姚亮：《国家治理能力研究新动向》，《学习时报》2014 年 6 月 9 日。

俞可平：《衡量国家治理体系现代化的基本标准》，《北京日报》2013 年 12 月 9 日。

俞可平：《论国家治理现代化》，社会科学文献出版社 2014 年版。

张贤明：《以完善和发展制度推进国家治理体系和治理能力现代化》，《政治学研究》2014 年第 2 期。

张文显：《法治中国建设的重大任务》，《法制日报》2014 年 6 月 11 日。

# 法治与宪法实施

高全喜①

中国当前的经济、政治、社会与文化等都处于结构性的重大变革之中，改革进入"全面深化"时期。借用唐德刚的"历史三峡"（唐德刚，1999）说，今日之中国历经百年革命与改革，已逐步走向"峡口"，实现一种现代化语境中的历史综合。在这一转型时期，宪法的真正实施对于政治转型和社会发展具有根本意义，也是改革开放进入更深层次的重要标志。

十八届四中全会指出，全面推进依法治国的总目标是建设中国特色社会主义法治体系，建设社会主义法治国家，为此必须实现科学立法、严格执法、公正司法、全民守法，促进国家治理体系和治理能力的现代化。我们知道，价值目标本身并不具有自我实现的能力，最终需要落实到制度层面，通过一定的制度载体予以实现，而在一系列的国家制度载体中，最重要的制度就是宪法制度。因此，宪法并不单指写在文本中的宪法条款，更意味着在现实中得到实施的宪法。② 宪法的生命在于实施，宪法实施是社会主义法治的核心价值得以广泛推行的前提条件，也是促进法治国家建设、经济体制改革、文化复兴和实现社会公平的核心动力（翟小波，2009）。所以，十八届四中全会所提倡的依宪治国、加强宪法实施具有重中之重的地位、价值和意义。

本文即拟从政治宪法学（高全喜，2014c）视野讨论宪法实施问题，对依宪治国之制度化路径提供智识支撑。我认为，中国政治社会的结构转型与十八届四中全会的依法治国共同要求聚焦宪法实施。需要实施的宪法是具体的现行 1982 年宪法（八二宪法），这是一部结构大体优良的共和宪法，其实施与演进的历史已经证明了其生命力和可欲性。宪法实施需要克制革命激进主义倾向，守护宪法根本精神与结构，张扬其中的共和政治理性与公民价值内涵，从宪法权威、制度机制、可诉性路径、人大制度基础和公民参与诸方面

---

① 北京航空航天大学人文与社会科学高等研究院教授。

② 政治宪法学关注宪法的真实生命及其原理，不局限于单纯的文本层面（高全喜、田飞龙，2011）。

切入，赋予其更强的自我维护能力和限制权力、保护权利的宪制功能。

# 一　宪法实施：历史及波折

时至今日，中华人民共和国已经走过了六十余年的历程。这也是宪法实施的六十年，期间既显得波澜壮阔，又令人扼腕叹息。新中国成立之初，起临时宪法作用的《共同纲领》（陈端洪，2012）和 1954 年制定的《中华人民共和国宪法》（五四宪法）（韩大元，2014）均堪称良法。因此，共和国的依宪治国之路可谓开端良好。然而，在宪法历史于政治风雨的演进过程中，五四宪法的实施一波三折，逐渐走向宪法虚无主义，其突出表现便是"文革"。这是一种前现代的规范虚无主义，视宪法为无物，或者，只是政治实力对比的简单记录、政治路线斗争结果的简单反映，是一种特殊的历史书写，而不是规范和塑造政治共同体的根本依据。在"文革"中，宪法甚至连一纸具文都不是，其所建构的国家政治、经济秩序荡然无存，其所保障的公民基本权利也遭到严重破坏。① 这种破坏原初宪制之政治运动的最终结果是 1975 年宪法。这是一部有着激进社会主义专政倾向的宪法，也是一部昙花一现、无法维系自身生命的宪法（王人博，2005）。

为何新中国成立之初的宪法如此无力守护自身呢？宪法，就其本质而言，是建构人民及其共同体的根本规范，与专政文化之间存在严格的规范性对立。如以政治时间理论，宪法处于人类生活的常态时期，而专政处于人类生活的非常时期，专政之理性与必要性亦是指向常态宪法的拯救、恢复与运行，二者之间本非冲突关系。然而，马克思主义国家理论内含的批判与解放逻辑，将宪法与专政进行了历史时间上的叠加重组，将专政常态化为一种政体，而不仅仅是一种应急机制，而常态的宪法或民主宪政则受到专政原则的结构性修正与抑制。人民民主专政的逻辑内含一种对民主宪政的自我否定，必然指向一种"运动就是一切"的激进政治实践。这是新中国成立初期宪法实施不力的思想根源（郑成良，2014）。这种激进法政传统对宪法实施的误解与误导至今未能完全消除。

改革开放之后，历经作为过渡产物的 1978 年宪法，八二宪法重新接续五四宪法，一定程度上实现了宪法的"回归"，重新将国家治理奠基于百余年来

---

① 较有反讽意义的是，时任国家主席刘少奇是五四宪法的重要参与人，但其本人的法定职权以及公民权都很难得到该部宪法的切实保障。

的共和政治主脉之上。① 在经济体制、政治体制改革等方面，宪法扮演着越来越重要的角色。十一届三中全会以来，历次党的代表大会都将宪法放在显要位置。在改革开放的进程中，八二宪法有四次重要修订，这些修订使得现行宪法成为中国三十多年改革开放的重要支撑。正是宪法的重新恢复和修订，现行宪法所提供的制度保障使得中国的改革开放，在没有发生重大社会动荡的情况下持续下来，并取得了举世公认的成就。

近年来，随着中国的经济、社会、政治与文化的快速发展以及国际形势的新变化，党中央和社会公众对宪法及其实施的重要性有了更为清晰的认识和更为迫切的要求，故而党的十八届四中全会突出强调了加强宪法实施的问题，明确提出要推动宪法解释与监督权的制度化。当前，社会贫富分化严重、官场腐败泛滥、社会治理失序、公民基本权利保障乏力、政府公权力缺乏有效规范等问题，已经阻碍未来中国社会的整体进步，这些问题的存在使得宪法实施的紧迫性更为凸显。在政治化的运动、道德说教均无法解决问题的情况下，宪法实施是唯一的可选路径。十八届四中全会所倡导的法治国家、政治文明、国家治理现代化等命题，我认为它们集中围绕的核心点应该聚焦于宪法实施问题。依法治国，首先在于依宪治国，其制度枢纽在于宪法实施。

## 二　宪法实施的制度内涵

从比较宪法学的角度来看，现行八二宪法的形式、结构较为优良，其所规定的政治制度、经济制度、公民基本权利等内容也表明其本身为良宪。宪法确立了人民主权的基本原则和人民代表大会制度这一根本政治制度，合理配置了各项国家权力，保障了公民的各项基本权利。从历史的角度来看，就民国以降的近百年宪法演变进程中出现的各部宪法而言，现行宪法也是其中较为优良者。

我的这一肯定性判断是要回击一种新的"宪法虚无主义"，即认为既然八二宪法里还存在"四项基本原则"和专政条款，既然宪法上的公民基本权利还没有司法审查之类的制度守护，这就不是一部良好的宪法，需要推倒重来。这种革命性思维，无论其心目中的"理想宪法"为何，至少在思维方式与行动逻辑上仍未能走出20世纪以来的激进主义轨道。宪法实施就是要提供一种行宪的耐心和智慧，不以搞出一部无限美好的宪法文本为中心任务，而是聚

---

① 这一判断见于高全喜和青年宪法学者田飞龙博士的一场学术对话（高全喜、田飞龙，2012）。

焦于既定宪法上的制度激活与价值发扬，以一种改良演进史观看待宪制变迁，严厉克制对待宪法变革上的激进与冒进。

同时，我的这一判断亦有着坚实的逻辑支撑。就八二宪法的整体结构而言，其演化历程要区分宏观层面和微观层面，既不能因为宏观层面的进展缓慢而否定中国立宪的实际进步，也不能因为微观层面的局部制度成效而对立宪转型抱持特别乐观的态度。我们需要一种审慎的乐观，同时绝对不能忽视对八二宪法之宏观结构演化的严肃经验观察和理论思考。否则，有可能出现底层改革轰轰烈烈，效果大彰，而八二宪法的宏观结构裹足不前，甚至出现结构性逆转，造成立宪之社会基础与经验模式向上扩展的巨大障碍，引起更加激烈的社会与政治冲突。这里存在一种立宪演化论上的核心图式：公民权利运动和统治集团的能力增长需求共同支持政治法律领域的局部性改革，产生出新的政治价值与宪法制度，这些新元素又倒逼旧体制进一步释放出政治空间，呈现出一种新旧缓慢更替的制度演化趋势。这种和平而理性的制度演化，需要特别注意检索和剔除体制内的障碍性因素，不断地为这种演化过程的理性化和程序化提供针对性的、有效的制度保障。一国之立宪演化就像人的成长一样，需要不断地在知识、人格、行动能力与风险管理机制上充实之，使其对原有体制的监护性依赖日渐弱化，逐步实现国家在宪法层面的常态化运转。这种总体上的体制内宪法变迁，实际上正是人类政治发展的常态经验。美国宪法学家阿克曼称为"高级立法"。这种回应共同体宪制变迁与创制需求的立法形式不是革命，也不是常态立法，而是一种介乎其间、呼吁人民有序出场的"政治正当程序"。① 中国宪法变迁也应克制革命激情，寻求符合自身法政传统与行为逻辑的、具有改良性质的宪法政治过程或政治正当程序。这就是现行宪法之实施本身具有的规范性转型意义。

宪法之成为宪法并不仅仅在于通过一定程序以文本形式呈现出来，宪法必须成为"活"的宪法，而宪法成为"活"的宪法的关键在于宪法得到真正实施。改革开放至今，宪法并非完全没有得到实施，而是得到了一定程度的实施；但宪法的实施并不全面，尤其是宪法所体现的基本精神并未得到全面实施。因此，当前宪法实施的任务不是将现行宪法推倒，重新制定宪法，而是全面落实现行宪法的内容和精神。当前的宪法学研究主要集中于宪法的个别制度或条款，如人民代表大会制度、具体的公民基本权利等，总体上属于注释法学或教义法学的路径（张翔，2013）。这些研究固然重要，有着价值启

---

① 对阿克曼政治宪法理论的这一归结富有启发意义（田飞龙，2014）。

蒙和技术储备的双重意义，但更重要的是全面理解和实施宪法的基本精神。现行宪法的基本精神是改革开放。这一基本精神与宪法制约政府权力、保障公民权利的传统功能是一致的。在改革开放的过程中，宪法逐渐起到了约束计划经济体制下形成的强大的国家权力，保障公民的基本权利，调动公民的积极性等宪制作用。改革开放可谓中国宪法的"根本法"① 条款。当然，这不是一个特别规范性的宪法原则，而是一种宪法实施意志与方式，和政治决断及政治正当性关系密切。有学者将我国转型期的宪法称为"改革宪法"，是很敏锐的（夏勇，2003）。我一直强调中国宪法学研究要有明确的时代意识，具体而言是转型意识。转型时期的宪法实施不能简单等同于成熟宪政国家的宪法实施，不能以后者的静态特征倒推出前者的转型路径，否则就是因果倒置。当然，改革意志与宪法规范的冲突即来源于此，宪法学说史上的"良性违宪论"（郝铁川，1996）就是一种试图解释这一悖论的理论尝试，但并不特别成功。

就现阶段而言，强调宪法整体结构及其精神的实施要比专注于具体的制度条款或单项权利的保障更为重要。当今中国宪法实施面临的首要问题是对宪法的基本精神、宏观制度的理解存在或"左"或"右"的偏颇。偏"右"的一方容易在对比中国宪法和西方国家宪法的过程中将两者挂钩，以西方国家的宪法为蓝本对中国宪法加以取舍。② 通过这种方式理解中国宪法的基本精神存在不当之处。中国宪法是有中国特色的社会主义宪法，宪法中关于党的领导等方面的内容属于客观事实，人民代表大会制度也不同于西方的三权分立式政治架构，宪法坚持党的领导、人民当家做主、依法治国的有机统一，因此，将中国宪法完全等同于美国或其他西方国家的宪法，将导致无法正确解读中国宪法的精神。这也是我赞同"政治宪政主义"而批评"司法宪政主义"的重要原因（高全喜，2009）。与之相反，偏"左"的一方从改革开放中出现的新问题出发，过度强化抽象的人民和国家权力，削弱宪法对权力的制约，否定公民基本权利的司法保障，甚至把阶级斗争、无产阶级专政等内容重新注入宪法，试图倒退到计划经济和党政不分的"文革"时期，这些"左"的理解显然与改革开放相违背，也不符合现行宪法的精神。激进的左右路线都不利于八二宪法的权威、稳定与制度化实施，或失之天真，或失之教条，皆不可取。与之相比，本于整体结构和精神的宪法实施是一种中道主义

① 当然，对中国宪法之根本法的解释还有不同方案（陈端洪，2008）。
② 较有代表性的是"选择适用说"（张千帆，2012）。该论引发了某些商榷（饶龙飞，2014）。

的宪法政治观。其具体内涵如下：

第一，宪法实施必须首先确立宪法的权威（高全喜，2014a）。在当下的中国社会，"官本位"的思想仍然根深蒂固，官大一级压死人，国家权力尤其是行政权力过于强大。另外，中国传统上即属于"道德国家"，人们的思想和行为由道德加以约束，法律居于次要地位，所谓"礼法"显然是以"礼"为主，以"法"为辅的。这里的"法"是狭义的国家制定法，而不是宽泛的社会规范。这两个因素，与宪法作为人们的行为尤其是作为政府行为或公权力行使的准则的法律权威意识的不足，密切相关。① 中华人民共和国成立以来，宪法的权威一直没有深入人心，尤其是没有深入政府等公权力机构及其工作人员的意识。宪法对于公民和公权力机构具有不同的意义。对于普通公民，宪法的实施主要是保护其基本权利，而对于公权力机构，宪法实施主要是约束其权力的行使，防止其滥用权力。因此，宪法意识成为每个公民的自觉意识固然意义重大，但宪法实施并非要求宪法像政治口号一样，贯彻到每个公民，而是强调公权力机构及其工作人员必须具有明确的宪法意识。因此，要在我国确立宪法权威意识，并不必搞全民道德运动，重点是要培养公权力行使者的宪法权威意识。十八届四中全会确立的宪法宣誓制度及其具体誓词与制度仪式的落实，很有必要。当然，与强化官方守宪意识相关的是，公民应主动学习和运用宪法，增强宪法维权意识，成为宪法实施的监督性和推动性力量。公权力的行使，包括立法、执法、司法等必须符合而不能抵触宪法。目前，各类国家机关制定的诸多规范性文件中包含着不少与宪法相违背的内容，部分官员的行为与宪法的要求相去甚远。消除这些现象，在上千万的政府官员中真正确立宪法的权威意识是宪法实施的关键。如果没有这样的权威意识，没有自觉认识到宪法是政府行为的根本准则的话，宪法实施也就是一句空话。

第二，宪法实施要重视宪法的制度性落实。"徒法不足以自行"，宪法必须通过一定的制度来落实。宪法的制度性实施主要包括三个方面的内容：立法实施，在国家治理中通过行政权落实宪法以及司法实施。宪法实施与国家治理能力现代化具有密切关系。国家治理能力作为一种技术性能力，其现代化进程之中贯穿着宪法实施的现代化，即国家治理能力的现代化要体现宪法的内容与精神，尤其是宪法对公民权利的有效保障要转化为国家治理能力。国家治理能力现代化的目标固然在于通过国家的高效运作增强国家实力，但

---

① 关于中国古代宪制规范的研究，法制史领域已有新的进展（吴欢，2013）。

其最终目的则是使宪法得以真正落实。宪法凸显了人民意志的根本地位及民族国家的正当性，保障着每个公民的权利诉求，体现了社会主义的核心价值观念。脱离宪法所确立的基本原则和价值单纯强调国家治理能力的现代化不能完成后者的正当性的证成，宪法对于国家治理能力现代化的意义在于使其合法化。目前学术界对于国家治理能力现代化的讨论大多具有相当程度的工具化倾向，注重功能化、数量化、科技化，这种工具化理解显然具有片面性。事实上，只有把国家治理能力和宪法实施结合起来，才能解决国家治理能力工具化所带来的弊端，为国家治理能力现代化提供正确指引。尤其是在网络技术进入日常生活和国家治理层面的条件下，批判性更新治理哲学与宪法思维十分重要（田飞龙，2015a）。

第三，宪法应当具有可诉性，应当激活当下的全国人大常委会宪法解释与监督权，远期应追求更加规范和体系化的违宪审查制度。就规范原理而言，宪法实施的一个重要路径是由相对独立的法院通过司法过程加以适用。十八届四中全会提出最高人民法院设立巡回法庭，审理跨行政区域重大行政和民商事案件等司法改革措施，这是在司法层面推动宪法实施的一个前奏和前期准备。宪法的司法实施最终要解决的是宪法监督问题。宪法实施必然要走司法化道路。宪法争议发生后，通过司法途径解决，把政治解决方式转化为司法解决方式是中国宪法实施的未来指向。当前我国存在大量的宪法争议，这些争议几乎全部是通过政治化、行政化的方式予以解决。这种解决方式在一定时期内有其合理性，但是在转型社会逐渐进入正常社会的情况下，则需要把它们转化为司法解决。虽然在中国改革开放的目前阶段，不一定要立即实现宪法司法化，但司法化在未来显然是一个正常的路径。在常态化政治之下，国家机关之间的权限争议、中央与地方的利益纠纷、公民权利的保障等问题，需要通过司法化渠道予以解决。就现行宪法体制而言，尚不具备由法院直接解释和适用宪法的制度条件，可沿着全国人大常委会解释权及《立法法》框架做制度性展开。中国宪法学界主流推动的《宪法解释程序法》是弥补中国宪法实施制度缺陷的重要努力。从政治宪法学的角度来看，这一举措有利于增强全国人大常委会的顶层设计与权威性，增强立法权相对于行政权、司法权的宪制性地位与监督功能。基于宪法体制强化全国人大及其常委会的宪法监督主体地位，其侧重点则在于规范建构对具体法律、法规具有监控和审查意义的宪法解释程序机制，使宪法具体条文及其整体精神能够贯穿进宪法以下的法律、法规体系，从根本上保障宪法有效实施和法律、法规合宪，保障行政、司法行为符合宪法。这就需要进一步完善《立法法》中的法规违宪审查机制，结合宪法关于全国人大常委会"宪法解释权"的规定，建构出具有明确法律地位、运行程序、管辖规则和行为效力的宪法解释具体机构及其制度安排，以实现全国人大常委会此项职权的具体化、机构化、规范化和制度化，从而整体提升司法裁判的准据体系与权威性，创造性解决"宪法司法化"的体制与程序难题（田飞龙，2015b）。

除了上述内容之外，在当前，我觉得宪法实施还与下面两个方面的问题密切相关。

第一，加强宪法实施必须进一步规范、强化人民代表大会的作用。人民代表大会制度是我国的根本政治制度，也是宪法实施的制度基础。宪法实施中的国家机关的组织和运行、人民意志的形成和表达、法律法规的合宪性控制等都是通过人民代表大会制度来完成的。因此，强化人民代表大会在宪法实施中的主体地位是宪法实施的重要内容，也是中国进一步改革的重要内容，其焦点在于推动人大代议民主的常态化，具体可以从代表性和审议性两端进行思考。代议民主的政治精髓在于两端：一为代表性，即作为所在区域或行业的政治代表，将多元利益与意见带入立法与决策过程；二为审议性，即代表在本质上并非选区或选民的"传声筒"，而是受委托集体议事以探求公共利益及其合理实现路径的"公意"再现机制。人大制度在这两方面均存在结构性欠缺。一方面，代表性失衡，农民代表、城市代表与解放军代表比例不平等，代表权中的"特权"现象突出。尽管已有"平权"改革，但选举过程及中央"落区"选举等机制上尚存在巨大进取空间；另一方面，代表专职化及实际履职能力不足，无法匹配"审议性"的能力要求。具体改革措施仍需考虑：优化代表选举程序，强化公开性与竞争性；探索代表专职化的制度保障与绩效评估机制；改革议事规则，加强辩论与议题公开竞争。"打铁还需自身硬"，只有加强人大系统的日常能力建设，才可能与其宪法地位逐渐匹配，也才可能在与行政权、立法权的博弈中取得主动和优势。权力不只是写在纸面上，更是实际政治过程、专家知识以及回应能力之综合竞争的产物。在宪法范围内"为权力而斗争"，是人大的使命与责任所在，也是中国代议民主的希望所在。

第二，要逐渐开放社会公众对宪法实施的参与，突出强调公民参与宪法实施的主体地位，强化公民的宪法意识，夯实宪法实施的社会基础（高全喜，2014b）。公民积极行使权利、规范地参与公共政治活动，提高自身的公民意识和对公民角色的自觉程度是宪法实施的重要条件和动力，能够为宪法的实施提供良好的社会氛围和社会空间。之前我们过于强调公民对经济社会的理解和参与，在一定程度上忽视了公民对于公共政治参与的诉求。人是社会性、政治性动物，强化公民的权利意识和责任意识对于作为政治契约的宪法的实施极具意义。公民对宪法实施的参与包含多种形式，如积极参与选举、通过各种方式监督政府行为、参与公共政策的制定等。提高公民对宪法实施参与程度将拉近公民与宪法之间的距离，使公民感受到宪法与其生活息息相关，进而在公民与宪法之间形成一种良性的互动关系。

## 三　宪法实施与共识生成

当今的中国社会是一个多元化的社会，社会共识的凝聚和形成成为社会运行面临的重要问题。一百年以来，现代中国社会的共识并非某一政党的意识形态，也非某种世俗的道德教化所能承载，而是宪法的内容及其精神。宪法是各种社会主张的最大公约数，也是当今中国最大的政治共识和价值共识，其他的思想观点、意识形态、道德伦常、主义和学说都难以取得像宪法一样的共识效应。宪法成为中国社会这一共同体的重要维系力量。改革开放进入新阶段后，宪法实施可以凝聚社会共识，弥合各种不同利益群体之间的裂痕。我们看到，固然其他方法可能取得一时的成效，但不能起到宪法这种使不同的利益主体、利益诉求得到持续有效整合的效果。作为一个现代国家，可能会面临各种不同的问题，但相对而言，大凡那些实现了良好治理、个人权利得到保障，且得以长治久安的国家，其宪法必然已经得到有效实施。

中国正处在发展的战略转型期，目前"经济蛋糕"继续做大面临瓶颈难关，而社会的裂痕和矛盾却日益凸显，在此情况下，我认为宪法实施在当下时期意义尤为重大。可以说，宪法实施是比"经济蛋糕"更加具有合法性、正当性和说服力的社会整合机制。经济发展的高速度未必可以长久保持，但优良的宪法可以持续百年甚至数百年，这也是强调宪法实施比过度强调经济发展速度更为重要的原因之一。因此，对于宪法的实施，政府和公民均应保持清醒的认识，真正予以落实。所谓"种豆得豆，种瓜得瓜"，宪法的落实与否，是检验当今中国能否步入一个历史新时期的重要指标，是改革是否真正"全面深化"的试金石。

宪法实施显然要回到八二宪法。我对待八二宪法的态度是比较审慎的乐观，在整体评价上还是倾向于肯定的。首先，八二宪法是新中国成立以来最为稳定的一部宪法，是三十多年改革开放的根本制度基础，没有这一宪法提供的基本政治前提和开放的改革空间，三十多年的成就和中国今日的世界性地位是无法想象的。其次，八二宪法具有改革宪法的属性，不保守，有创新，尤其是四个修正案体现了中国立宪演化的共和主脉和整体走向。这种"修正案精神"及其实体原则正是改革的本质，需要加以坚强捍卫，确保八二宪法的演化节奏合理，方向正确，成效可观。再次，从"大回归论"的角度来看八二宪法，即使当初的制宪者未明确意识到，但八二宪法诞生之后的独立生命经验表明，其所回归的绝不仅仅是五四宪法，而是现代中国百年共和立宪主脉。所以，通过三十年的充分的制度实践和价值创造，八二宪法及其内蕴的改革精神已经相对成功地将现代宪法政治的基本价值纳入其中，为长期化的社会主义初级阶段的国家理论与立宪体制的结构性成熟定型，提供了更加坚实的制度基础，甚至为包括大陆、港澳台在内的完整中国的政治统一和宪制成熟，提供了更加坚实的实践基础。而一个完整中国的优良宪法政治显然构成百年来慨然牺牲、顽强奋斗的数辈中国人的世纪一梦。这是时代精神的要求，我们还有大量的理论性工作要做，包括我们需要真正搞清楚西方早期现代在思想与制度上是如何"立国"与"新民"的，优良的现代政体到底需要哪些核心组件，甚至我们还要处理好现代政体与文明传统的关系问题。因为，一个具有如此深厚之文明根基和世界性影响的大国，不可能在整体上从外部获取文化合法性，而必须严肃思量自身现代性存在的文明论基础问题。[1]八二宪法在新改革的进程中还会进一步展示其历史生命力并更加明朗化地表彰自身对于百种中国共和立宪主脉的接续与承受。

## 参考文献

陈端洪：《论宪法作为国家的根本法与高级法》，《中外法学》2008 年第 4 期。

陈端洪：《第三种形式的共和国人民制宪权》，《原道》第 18 辑，首都师范大学出版社 2012 年版。

高全喜：《从非常政治到日常政治》，中国法制出版社 2009 年版。

高全喜、田飞龙：《政治宪法学的问题、定位与方法》，《苏州大学学报（哲学社会科学版）》2011 年第 3 期。

高全喜、田飞龙：《〈八二宪法〉与现代中国宪政的演进》，《二十一世纪》2012 年 6 月号。

高全喜：《论宪法的权威——一种政治宪法学的思考》，《政法论坛》2014a 年第 1 期。

---

[1]  我在对儒家宪政论的回应中已表明了某种中道立场（高全喜，2015）。

高全喜：《论"公民"——基于政治宪法学的视野》，《法学评论》2014b 年第 5 期。

高全喜：《政治宪法学纲要》，中央编译出版社 2014c 年版。

高全喜：《从政治立国到文明立国——百年中国的宪政之路》，载杜维明等《儒家与宪政论集》，中央编译出版社 2015 年版。

韩大元：《1954 年宪法制定过程》，法律出版社 2014 年版。

郝铁川：《论良性违宪》，《法学研究》1996 年第 4 期。

饶龙飞：《宪法可以选择适用吗——与张千帆教授商榷》，《政治与法律》2014 年第 10 期。

唐德刚：《晚清七十年》，岳麓书社 1999 年版。

田飞龙：《政治正当程序：阿克曼的政治宪法理论及其启示》，《学海》2014 年第 1 期。

田飞龙：《网络时代的新秩序观与治理思维》，《国家治理周刊》总第 52 期，2015a 年 7 月 28 日。

田飞龙：《创造性解决宪法司法化的体制》，《深圳特区报》2015b 年 4 月 21 日。

王人博：《被创造的公共仪式——对七五宪法的阅读与解释》，《比较法研究》2005 年第 3 期。

吴欢：《安身立命：传统中国国宪的形态与运行》，中国政法大学出版社 2013 年版。

夏勇：《中国宪法改革的几个基本理论问题》，《中国社会科学》2003 年第 2 期。

翟小波：《论我国宪法的实施制度》，中国法制出版社 2009 年版。

张千帆：《论宪法的选择适用》，《中外法学》2012 年第 5 期。

张翔：《宪法教义学初阶》，《中外法学》2013 年第 5 期。

郑成良：《专政的源流及其与法治国家的关系》，《交大法学》2014 年第 4 期。

# 法治与德治

梁治平[①]

　　大家都知道，中国的改革开放始于 20 世纪 70 年代末，自那以后，中国社会经历了一系列重大而深刻的改变，法律生活的改变无疑是其中不可或缺的一部分。以我个人的经历而言，当我 1978 年考入西南政法学院学习法律专业的时候，这所成立于 20 世纪 50 年代初的法学院，是在停办大约十年之后首次恢复招生，而在当时，全中国在办的法律院系总数不超过十所。30 年后，这个数字变成了六百多所，在校学生人数则增加了超过两百倍。我还记得，我入学的第二年，中国才有了自 1949 年建政以后的第一部《刑法》和《刑事诉讼法》，现行宪法则是在我毕业的那一年颁布实施的。因为这个原因，在那四年当中，我们学习的各门"法律"，甚至不是"书本上的法"，而不过是一些粗疏的原则，既没有精微的学理来支持，也缺乏经验性的基础。事实上，当时整个社会对法律的概念都是陌生的。而在今天，不但实证的法律制度已经建立并且在相当程度上系统化了，法律的重要性和影响力也渗入社会的所有领域和各个方面。这里，我不想列举一系列枯燥的数目，告诉大家中国目前有多少法律、法规和条例，以及根据立法计划，在接下来的几年里，还会有多少法律制定出来或得到修订，而只想指出这样一些事实：在今天的中国社会，引起民众热议的公共话题很多都是同法律有关的，而社会公众透过媒体尤其是互联网表达的意见，也越来越成为一种不可忽视的力量，经常影响到政府决策和司法判决。

　　尽管有上述种种变化，人们却还不能说，中国已经是一个法治社会了。这个判断并不只是出于批评者，同样也出自执政者，尽管两者所持的理由并不相同。在不久前通过的中共十八大四中全会决定中，执政党承认在实行法治方面还存在许多"突出"和"严重"的问题，因此提出了"建设中国特色社会主义法治体系"和"法治国家"的"总目标"。四中全会的决定在中国再一次炒热了"法治"议题，而把延续了三十多年的法治运动推向一个新的

---

　　①　中国艺术研究院中国文化研究所研究员。

高潮。然而，在一些批评者看来，执政党所主导的和以"党的领导"为前提的"法治"，既无新意，也无前途，因此不值得关注。但是我们必须承认，在目前以及可见的未来，一个没有"党的领导"的"法治"并不是一个现实的选项。因此，我们需要了解和说明的，与其说是"党的领导"下的"法治"为什么不可能，不如说是这样一些更具体的问题：作为一个曾经被认为具有资产阶级属性的概念——"法治"，为什么会在20世纪70年代末成为中共的重要政治议题？"法治"议题的提出和强化，在当时和今天是为了应对什么挑战，解决什么问题？在过去的三十多年里，中国的法治运动经历了哪些阶段？它在中国的社会变迁过程中扮演了怎样的角色？应该怎么认识和评估这场持续不断而且不断升温的运动？所谓"中国特色社会主义法治"究竟是什么意思？被层层限定和包裹起来的"法治"，还可以恰当地名为"法治"吗？"党的领导"下的"法治"在什么意义上是可能的？

提出和回答这些问题，需要采取一种所谓内在批评的立场。也就是说，我们不能从某种外部立场出发，用外部世界的或教条主义的标准去衡量中国社会的变化，而是从中国现实出发，由社会行动者自己提出的主张入手，通过梳理相关观念、思想、理论和实践的脉络，发现这些主张内在的理路，揭示其中隐藏的紧张，进而深化我们对于当下中国社会及其政治和法律进程的理解。我今天的报告就要循着这样的思路，从一个内在视角对"中国特色社会主义法治"做一个初步的观察。

报告分四个部分。首先，我要简单回顾过去三十多年来中国法治运动的发展过程。其次，通过对官方权威表述的分析，我们将了解所谓"中国特色社会主义法治"的基本含义。再次，我要把中国的法治运动放在一个更大的历史和社会变迁的背景下观察和理解，说明这场运动的动因和内在机理。最后，在揭示出"中国特色社会主义法治"自身固有的困境的同时，我也尝试着了解，它在什么意义上和在多大程度上是可能的，以及这样一种法治的发展，可能为中国社会带来什么样的改变。

# 一　中国法治运动之发展阶段

观察中国当下法治运动的发展，可以采取非常不同的视角。视角不同，看到的东西就不一样，划分的阶段也因此有所不同。不过，无论采取什么视角，有一个基本事实无法否认，那就是，执政党政治和法律意识的转变，以及在这种意识指导下采取的战略调整和举措，对于这场运动的发生和发展具有不容置疑的主导作用。下面，我就循着这个线索，用几个重要的时间节点和政治事件来作划分这场运动发展阶段的界标。

## （一）1978 年：中共十一届三中全会

中国当下的法治运动可以被追溯到 1978 年的中共十一届三中全会。自那时到今天，这场运动已经有三十多年的历史。在此期间，法律的发展可以说经历了三个阶段。

第一个阶段开始的标志就是这里提到的十一届三中全会。这次会议召开的时间，正是"文革"结束、中国正面临向何处去的历史抉择的关键时刻。会议凝聚了党内共识，决定放弃此前"以阶级斗争为纲"的革命路线，而转向"社会主义现代化建设"，从而开启了一个新的时代。作为这一历史转向的一环，"民主与法制"建设也成为这次会议的中心议题之一。会议在这方面的决定，直接开启和推动了中国的法治运动，并且确定了这场运动发展的方向、性质和范围。基于这一原因，我在下面会一再回到这次会议的决定，对其中的一些重要内容展开分析和讨论。

中共十一届三中全会确立的路线，在四年后制定的宪法中得到确认。这是中共建政之后的第四部宪法，也是中国走出"文革"进入改革开放时代的第一部宪法。这部现在依然有效的宪法，确定了今天中国国家的基本制度架构，以及现今文明世界中通行的宪法原则，包括一些基本的公民权利。而且，与之前的几部宪法不同，在宪法的篇目结构上，它把"公民的基本权利和义务"放在"国家机构"之前，以体现保障公民权利的原则。所有这些，在这部宪法制定的 1982 年，无疑都代表了一种具有历史意义的转向。

总之，1978 年以后，伴随着立法和司法制度的重建，法律教育、法学研究的恢复，全社会的法律意识尤其是公民权利意识也开始生长，在此过程中，"法治"（而不只是"法制"）的概念逐渐凸显，得到越来越多的社会认同，最终为执政党所接受和吸纳。

## （二）1997 年：中共十五大报告

在中国的法治运动中，1997 年的中共十五大被一些学者认为具有里程碑的意义，因为在这次大会的报告中，首次出现了"依法治国，建设社会主义法治国家"的说法，同时，"依法治国"还被宣布为"党领导人民治理国家的基本方略"。同样是在这份文件里，"尊重和保障人权"被确定为中共执政的主要目标。中共执政以来，在党的具有最高权威的文件中明确提出与肯定

"法治"和"人权"，这是第一次。此外，这份报告还提出了一项堪称宏大的立法目标，那就是，到 2010 年，要"形成中国特色社会主义法律体系"。

接下来，我们看到：1999 年，九届人大二次会议通过了宪法修正案，经过修订的宪法第五条第一款规定："中华人民共和国实行依法治国，建设社会主义法治国家。"2004 年，第十届全国人民代表大会第二次会议再次通过宪法修正案，规定"国家尊重和保障人权"。"人权"概念也被写进了宪法。最后，2011 年，全国人大十一届四次会议第二次全体会议宣布："中国特色社会主义法律体系已经形成。"到那一年，中国有全国人大及其常委会制定的法律两百多件，国务院制定的行政法规将近七百件，各种地方法规和政府规章则数以万计。然而，这并不意味着中国法治运动即将完成。就在 2014 年，以法治问题为单一议题的中共十八届四中全会召开，这次会议在把全中国甚至全世界的目光都聚集在中国的法治问题上的同时，似乎开启了中国法治运动又一个新的阶段。

### （三）2014 年：中共十八届四中全会

首先，我们必须承认，中共历史上，把"法治"设为一次全会的唯一议题，十八届四中全会是第一次。因此，这件事本身就非常耐人寻味。其次，我们也看到，这次会议作出的决定，即《中央关于全面推进依法治国若干重大问题的决定》（以下简称《决定》），内容非常广泛和丰富。它重新阐述了一些旧的原则，提出了一些新的原则，它提出的法律方面的改革举措，据统计，有 186 条之多。《决定》给人的另外一个深刻印象，是"法治"的语词爆炸，比如法治道路、法治体系、法治理论、法治原则、法治国家、法治政府、法治社会、法治中国，等等。显然，在经过三十多年的法律发展之后，"法治"的概念不但被执政党所接受，而且毫无争议地成为中共政法话语中的核心概念。细心的观察者还会发现，《决定》重申了"依法治国"，重点却是在"全面推进"这几个字上。的确，在构想和讨论"依法治国"问题时，《决定》非常强调和突出"全面"。比如讲法治体系，就包含了规范体系、实施体系、监督体系和保障体系四个方面；讲依法治国的同时，还强调依法执政、依法行政；谈论法治，除了注重国家和政府，还强调社会。如果更进一步，我们还会发现，所谓"全面推进依法治国"，只是所谓"四个全面"中的一个，而这"四个全面"正在成为新一届中共领导人的政治标签。按照这样的理解，上面的分析就好像成了某种政治语词游戏。但是抛开这一背景，我还是要说，对一个严肃的观察者和思考者来说，这些关于法治的表述并非不值得认真对待。它们或许是我们观察中国法治运动下一阶段发展的重要窗口。

现在，我想由上面对中国法治运动发展阶段的初步描述中引申出几点观察意见。

首先，我们看到一个从"法制"到"法治"的概念变化。

如前所述，中国当代法治运动，始于 1978 年中共提出"民主与法制"建设这一历史性转变，而促成这种转变的原因，是当时的中共领导层意识到，"文革"期间那种不受制度约束的个人统治方式不可持续，也不可接受。因此，毫不奇怪，有关"人治"还是"法治"的讨论，就成为这个阶段最重要也最受瞩目的争论之一。在这场争论中，许多学者不满足官方提出的"法制"概念，而主张代之以"法治"概念。他们强调这两个概念之间的区别，认为前者为中性概念，甚至可以落入"人治"的范畴，而后者作为一项原则，完全与"人治"相对立。他们还认为，中国也有"以法治国"的传统，但是没有"法治"，后者源于近代西方。有趣的是，汉字"制"与"治"二字音同而形异，因此，基于这两个汉字的形、音、义所做的语词和概念上的辨析，也就变得饶有趣味。

其次，也是在中共十一届三中全会公报里，我们看到一个关于"法治"（"以法治国"）的包含十六个字的公式化表述："有法可依，有法必依，执法必严，违法必究"。我称为中国法治的"四句诀"，也有人称为"十六字方针"。36 年后，在中共十八届四中全会的决定里，这个表述变成了"科学立法、严格执法、公正司法、全民守法"。仍然是四句口诀，仍然是十六个字，但在内容上，除了"严格执法"这一句前后无变化之外，其他三句都有改变。第一，立法仍然排在首位，但是强调的不再只是"有法"，而是立法的品质，即"科学"——一个非常具有"中国特色"的限定词。限于篇幅，我在这里不能就中国政治、法律和社会语境中"科学"一词的运用及其含义展开讨论，但可以顺便指出，"科学立法"之说似乎可以同《决定》在同一部分提及的另外两个概念联系起来理解，那就是"良法"和"善治"，后者出现在党的如此正式和权威的文件中，如果不是第一次，也是相当罕见的。第二，比较原来的表述，新的法治公式明确建立在立法、行政、司法三分的基础上，不但单独列出"司法"一项，而且特别强调了司法的公正性。第三，新公式新增了一项："全民守法。"理论上说，"全民"包括所有人，从普通民众，到政府官员、司法人员，还有包括党的领导在内的所有党员，不过在汉语里，传统上，"民"是区别于"官"的群体，而在过去的法律普及运动中，被要求"知法"并养成"守法"习惯的，事实上也主要是社会大众。《决定》对

"全民守法"的要求，重点也是放在社会的一面，不过它同时也明确把"领导干部"和"国家工作人员"纳入其中。更值得注意的是，《决定》特别强调要让"全体人民都成为社会主义法治的忠实崇尚者、自觉遵守者、坚定捍卫者"。因为，根据《决定》的说法："法律的权威源自人民的内心拥护和真诚信仰。"这些新的说法包含了一些非常有趣和值得注意的内容，对于这些内容，我会做更详细的分析。

最后，我们注意到，在《决定》里，作为一项战略决策，"全面依法治国"是同"促进国家治理体系和治理能力现代化"的目标联系在一起的，后者也被说成是"第五个现代化"。而在1978年，"民主与法制"议题的提出，正是为了服务于"四个现代化"的目标。这表明，在执政党那里，法律的运用，无论是法制建设还是全面推进依法治国，也不管是叫法制还是法治，都指向特定的政治、社会与经济目标，并且与特定的社会条件相联系。换言之，中国法治运动中所发生的种种改变，不但表明了法律本身的发展，也不同程度地折射出中国社会的变迁，这种变迁所带来的各种问题，以及执政党面对挑战时所采取的对策。如果用一句话来概括这些对策所遵循的根本立场和原则，那就是"中国特色社会主义法治"。那么，究竟什么是"中国特色社会主义法治"呢？

## 二　中国特色社会主义法治

何为"中国特色社会主义法治"？我们的分析可以从句子结构开始。这个句子包含两个部分，主词和主词前面的限定词。在这个部分，我们侧重于分析主词，也就是"法治"。

单从字面上理解，无论在汉语还是英语当中，法治的意思都是区别于人治的法的统治，因此，在形式上，法治首先意味着法的权威性和至上性。不过在现实世界中，法治有不同面貌，人们对法治的理解、定义和表述更是各不相同。我们这里要讨论的当然只能是执政党自己对法治的理解和表述，为此，我们可以再次回到1978年的中共十一届三中全会。

在会议公报专门讨论"民主与法制"问题的第三部分，我们可以读到下面这段话："为了保障人民民主，必须加强社会主义法制，使民主制度化、法律化，使这种制度和法律具有稳定性、连续性和极大的权威，做到有法可依，有法必依，执法必严，违法必究。从现在起，应当把立法工作摆到全国人民代表大会及其常务委员会的重要议程上来。检察机关和司法机关要保持应有的独立性；要忠实于法律和制度，忠实于人民利益，忠实于事实真相；要保证人民在自己的法律面前人人平等，不允许任何人有超于法律之上的特权。"据此，"加强社会主义法制"明确要求：

第一，法律"具有稳定性、连续性和极大的权威"。何谓"极大的权威"？联系到同一段话里的下面两句话："法律面前人人平等"和"不允许任何人有超于法律之上的特权"，"极大的权威"似乎应该被合理地理解为"最高的权威"。这种理解可以得到宪法的支持。1982 年宪法"序言"宣布："全国各族人民、一切国家机关和武装力量、各政党和各社会团体、各企业事业组织，都必须以宪法为根本的活动准则。"宪法第五条还规定，所有机构、政党、组织和团体"都必须遵守宪法和法律"，"任何组织或者个人都不得有超越宪法和法律的特权"。这些规范性表述毫不含糊地表明了法治的基本特征，即法律的至上性。就此而言，中共对所谓"社会主义法制"的理解，也符合上述法治的字面意思。

第二，国家政治、经济、文化和社会生活的重要方面必须"有法可依"，为此，要建立"法律体系"，并依据社会发展需要不断予以完善。

第三，法律一经制定，就必须严格地实施和执行。任何违反法律的行为都将受到追究，并被依法处置。所谓"有法必依，执法必严，违法必究"，不仅强调了法律的严格性，而且隐含法律自主之义，即法律独立于世，其实施不受任何其他势力影响和干扰。由此引出下面对检察机关和司法机关"独立性"的要求。

第四，"检察机关和司法机关要保持应有的独立性"，"忠实于法律"。什么是"应有的独立性"？合乎逻辑的解释是，能够满足"忠实于法律"，维护法律至上权威的"独立性"，便是"应有的独立性"。自然，我们也注意到，在法律之外，"司法机构"还被要求忠实于"人民利益"和"事实真相"，这些要求彼此之间会产生冲突吗？可能。然而，假定法律是"人民自己的法律"，严格遵守和适用法律就应该与"人民利益"相一致，而法律上讲的"事实"，通常是通过适当的程序和证据规则来达成的。所以，根据这一表述，法律如果不是"检察机关和司法机关"效忠的唯一对象，也是其效忠对象最核心的部分。

在上述明示的四项要求之外，我们还可以从这段话中读出一些隐含的内容，这些内容逻辑地包含在这段关于"社会主义法制"的叙述之中。其中，最重要的包括：

首先，作为一种特定规范，法律不同于行政命令、国家政策和党章党规等其他规范，它必须是由"全国人民代表大会及其常务委员会"制定和公布，通过专门的司法机关来适用。

其次，法律既然被要求认真对待和严格执行，它就必须是可执行的。由此，除了稳定性和连续性，法律还必须是公开的，法律的含义应该是明白的和确定的，其内容也要前后一致，不同的法律也要避免相互矛盾，等等。

再次，法律既已订立，其执行即成关键，而在这一环节，将行政行为置于法律支配之下尤为重要。为此，要建立有效的司法审查制度。这同时也意味着，司法机构必须享有"应有的独立性"。此种独立性不能托之空言，而要有一系列相关制度和机制来保障。

又次，要有效发挥法律的作用，在立法和司法之外，完备的律师制度必不可少，律师在法律系统中的地位必须有制度上的保障。此外，为培养法律人才，提升法律品质，必须设立专门的法律教育机构，开展法学研究。

最后，也是最重要的，规定和体现法律至上原则的宪法，其本身也要切实可行。与宪法相悖的行为，包括抽象的立法行为，都应当被宣布无效。换言之，为维护法律至上的原则，应当建立某种形式的违宪审查制度。

显然，在今天的中国，包含上述内容的法治并未完整和充分地呈现，但那只是说明，在中国，法治即使是按照三中全会公报的界说，仍是一项尚未完成的事业。因为，上面提到的这些明示的和默示的法治要素，在理论上和逻辑上并非外于中共自己提出的法治主张，在实践上也并非外于过去三十多年的法治运动。在最近这次有关依法治国的《决定》中，加强宪法实施和宪法监督，强化法律对行政权力的控制，完善司法保障制度以减少和消除对司法的不当干预，都是众多改革举措中不容忽视的部分。

那么，是什么原因让中共转向"民主与法制"，以"依法治国"为基本方略，并且持续不断地推动这场名为社会主义法治的运动呢？

## （一）为什么需要中国特色社会主义法治

回顾历史，上述法治观念的提出，在中国语境中包含了深浅不同的三重理由。

第一层理由直接出自对"文革"的反思。"文革"中，法制荡然，社会秩序瓦解，人民生命、财产不保，文攻武斗波及社会各阶层人士，党政官员乃至中共领袖皆不能免。正是对这一惨痛经验的反思和总结，在中国共产党内促成了重建法制的共识。1978年的《十一届三中全会公报》指出："会议对民主和法制问题进行了认真的讨论。……当前这个时期特别需要强调民主，……宪法规定的公民权利，必须坚决保障，任何人不得侵犯。"在当时的语境中，"法治"主要针对"人治"提出，为的是防止个人崇拜之下以言代法、因人废法和权力不受约束的现象。强调民主的制度化、法律化，进而肯定法律的权威性，主张法律之下人人平等，以及司法机关的独立性，都是基于这种考虑。1997 年中共十五大报告在谈到依法治国主题时指出，要使〔民主〕制度和法律不因领导人的改变而改变，不因领导人看法和注意力的改变而改变，依然在重申这一关切。

第二层面的理由与中国的现代化转型有关。2011 年 3 月，在十一届全国人大四次会议就"中国特色社会主义法律体系"召开的记者会上，一位资深立法官员答记者问时就指出："我国现代化建设，目标是建设一个民主富强社会主义国家。现代化社会一定是一个规则的社会、秩序的社会、专业化的社会，权利、义务明确的社会，个人对自己的未来可计划而且可预测的社会。这样一个社会靠什么来实现？要靠法律、靠法治。所以形成中国特色社会主义法律体系是我国政治发展的一个目标。"这段关于法律与社会关系的论述，简直就是社会学大师马克斯·韦伯关于现代社会中法律的作用的观点的回声。这个韦伯式的论述揭示了现代社会中法治的丰富内涵，它的关注点不再局限于政治领域中个人专断的危害，而扩展到法律在复杂的现代生活中的重要作用上。这种转变反映了 20 世纪 80 年代之后中国社会因为"改革开放"所经历的深刻变化。这里，"开放"对于中国法律发展和法治运动的促进作用尤其值得关注。中国近代法制的建立原本就是一个法律移植过程，它后来的发展也是因为这一过程的中断而停止。因此，当中国在 20 世纪 80 年代重启现代化方案时，通过重新学习西方融入世界秩序，就成为一个自然的选择。这意味着中国将与世界开展更多的交往，建立更多的联系，共享更多的事物，包括经验、价值、观念、制度和规则。在世纪之交的 2001 年，中国获准加入世界贸易组织，就是一个同时具有象征意义和实质意义的重大历史事件，它对于中国当代法律发展的影响是直接的和明显的。总之，随着中国社会越来越深地融入世界秩序，以及这一过程中中国社会自身的发展和改变，法治，而不是其他方案，就自然成为国家治理的基本方略。当然，对于执政党来说，这是一个挑战。提高执政能力和执政水平，实现国家治理能力的现代化，就是针对这一挑战提出来的。不过，这一新的现代化方案的提出，还涉及一个更深刻也更微妙的问题，那就是执政党的政治正当性。这也是中共要实行法治第三个层面的理由。

中共十一届三中全会确立的纲领，从以阶级斗争为纲和强调无产阶级专政，转向现代化建设。这不只是"党的工作重点"的转移，还涉及国家治理方式的改变，统治者角色的转变（"从革命党转向执政党"），甚至执政党政治合法性的重新界定。十一届三中全会公报标举的"民主和法制"，实际开启了这样一种转变，公报所提出和推进的最低限度的法治概念——法律在其领域中具有至上权威，权力的行使必须服从于法律，受事先确立的规则和程序的约束；司法机关忠实于法律，并以此方式严格适用法律——逐渐成为后"文革"时期政治正当性的一个重要渊源。不过，在现实中，这样一个法治秩序的目标显然还远远没有达成。法律的数量固然已经大幅增加，但法律的权威却没有建立起来；有法不依，执法不严的情况随处可见；因为权力缺少约束而造成的腐败蔓延到所有领域，司法也不能幸免；受到损害的当事人不能得到及时的救济，社会生活缺乏稳定的预期。这些在社会公众当中引发了对包括司法在内的公权力的不信任感，这种不信任感如此广泛和深刻，已经影响到执政党的政治正当性。今天的执政者显然意识到了这一问题，声势浩大的"反腐"和对"依法治国"的大力推动，都是为了回应这一挑战。

但是，这一努力将面临什么困难，又在多大程度上是可能的呢？回答这个问题需要考察诸多复杂因素，但这明显超出了这篇报告的范围。这里我能做的，是把焦点放在具有根本意义的结构性问题上，这样，我们还是要回到"中国特色社会主义法治"这个概念上来。

以上我们分析了中共有关法制/法治的官方表述明确或隐晦地包含的若干重要内容。根据这一分析，冠以"中国特色社会主义"的法治观看上去具有某种普适特征。的确，法治的中国表达包含了某种普适性要素，这种表达甚至符合当代世界最低限度的法治概念。考虑到过去50年中共面临和试图解决的问题，考虑到过去三十多年中国社会所经历的变化，以及今天中国与世界的关系，这种情况不难解释。但这并不是故事的全部。因为到现在为止，我们只是考察了作为主词的法治概念的含义，而没有仔细审视作为限定语的"中国特色社会主义"的含义。在完成这一审视之前，我们不可能完整地了解当代中国法治运动的真实含义。

首先，我们注意到，"中国特色社会主义"是一个双重限定语。其中，"中国特色"一词尤为重要，因为它同时限定了"社会主义"和"法治"。比较"社会主义"这个限定词，"中国特色"一词指涉范围更小，也更具特殊性质，但同时又可以套用于几乎所有事务。在这个意义上，是否符合"中国特色"就成了一切主张、道路证明其正当性需要满足的最高判准。

如此强调所谓"中国特色"显得不同寻常。世界上所有国家的发展都不相同，其法律体系也是如此，但我们很少看到哪个国家将本国特色置于如此突出和重要的位置。而且，根据正统学说，社会主义是人类发展的必经之路，中共奉行的马克思主义是放之四海而皆准的普遍真理。那么，是什么让中共转向一种特殊主义的立场？这种转变要回应和解决的问题又是什么？

我们前面追述了中国自 20 世纪 70 年代末所经历的一些重大的政治、法律和社会变化。这些变化虽然是在中共主导下发生，并始终是在其掌控之下，但也带来一系列紧张和冲突。

1949 年中共建立政权之时，它是以彻底摒弃旧法传统来确立其合法性的。但是 1978 年重启法制建设，却意味着中国要重新回到发端于清末的法律现代化的轨道。而随着中国日益融入国际社会，近代以来一直由西方主导的一些价值和政治理念，如民主、法治、人权，也被以各种形式导入中国社会。对试图在转型过程中维持其合法性于不坠的中共来说，这无疑是一个富有挑战性的局面。一方面，建构后阶级斗争时代的政治—法律意识形态，需要继承更久远的历史传统——不只是近代以来的现代化传统，而且可能包括历史上的儒家传统——同时吸纳当代流行的具有普遍性的正当性概念和话语。但是另一方面，这样做同时也面临其合法性被从这些方面质疑和削弱的危险。正因为意识到这种危险，执政党用了很长时间才决定接受诸如法治和人权这类以前被斥为表现资产阶级虚伪性的概念，而一旦作出这样的转变，它立即把这些概念纳入一个可控的话语系统之内，并赋予其"中国含义"。比如，人权变成了以发展权为核心的一组诉求，社会、经济与文化权利优先于甚至取代了公民与政治权利，进而，个人权利主张被弱化为政府控制下的社会福利分配。同样，通过强调和坚持"党的领导"，强调法律的社会主义性质和中国特色，法治也被做了"无害化"处理。这样做的结果，固然消除或至少抑制了某些可能被视为对党的控制力构成挑战的因素，但是与此同时，也不可避免地增加了这些观念和制度内在的紧张性。有趣的是，这些包含内在紧张的关系本身又被作为"中国特色"来加以正当化。

按照《中国法律发展报告 2010》"导论"中的提法，所谓中国特色社会主义，实际上就是在传统的理论，包括西方理论和传统社会主义理论看来不相容的、对立的原则的有机结合。比如，经济上社会主义的公有制与市场经济的结合，政治上共产党的领导和民主法治的结合，思想文化上马克思主义的指导地位和"双百方针"的结合。实现这些看起来互相对立、排斥的原则的有机结合与统一，恰恰是中国特色社会主义的根本特征。

抛开这种乐观主义的根据是否充分的问题不谈，把"共产党的领导"看成是"中国特色社会主义的根本特征",可以说触及了问题的症结。在"中国特色社会主义"这个限定语中,作为最高判准的"中国特色"所指向的,不是某种学说、原则、理论或者意识形态,而是复杂多变的社会现实,是行动的结果。因此,强调"中国特色",凸显的是做出判断、提出主张和付诸行动的能动性。而在中国,具有这种能动性的政治主体只有一个,那就是中国共产党。党有独立的意志,党能够独自做出判断和决策,更有严密的组织和有效的手段来贯彻其意志,维护其领导地位。由于党(也只有党)能够对什么是社会主义以及人民的根本利益作出判断,并根据中国社会的具体情况随时调整其政策,保证正确的方向,"坚持党的领导"就不仅是"中国特色"的核心要素,也是保持"中国特色"的前提条件。因此,毫不奇怪,就如它自己一再重申的那样,党就成为包括法治在内的一切事业成功的条件和保障。毋宁说,"党的领导"不仅是中国特色社会主义法治的第一原则,而且是贯穿于国家和社会所有领域的超级原则。因此,所谓"中国特色社会主义法治"是否可能的问题,其实应该被解读为:"党的领导"下的法治是否可能?

## (二)中国特色社会主义法治如何可能

在中共十八届四中全会《决定》里,有一个关于党的领导和法治的"一致性"论证:"党的领导和社会主义法治是一致的,社会主义法治必须坚持党的领导,党的领导必须依靠社会主义法治。"单看形式,这是一个建立在循环论证基础上的逻辑命题,但实际上,这个句子是一个集经验判断、政策宣示和规范要求于一的混合物。因为,党的领导逻辑上并不必然要求法治,历史上也不总是跟法治联系在一起的。正如我们已经看到的那样,党转向法治是一件相当晚近的事情,促成这一转变的则是一系列复杂的历史与社会变迁。而在此之前,"党的领导"所采取的方式不是法治,否则,"依法治国"也就不会是一个值得追求的战略目标了。那么,已往的治理模式事实上是怎样的呢?大体来说就是,执政党在保有对国家的政治领导权的同时,还根据需要随时介入对国家大小事务的日常管理,而这种管理行为实际上不受法律的支配。自然,在宪法的架构中,有一套完整的国家机构,看上去党政有别,但实际上,党通过组织、机构、人事、活动、程序、规则诸方面的控制机制,渗入所有国家和政府甚至社会组织的最基层,以确保党的意志、决策和指令不通过法律就能够直达每一个具体的人、每一件具体的事。当然,这并不是说既往的治理方式不需要法律,事实上,它可以也经常运用法律,只不过,在任何领域和在任何情况下,法律都不是具有自主性的最高权威。执政党可以根据需要随时调整法律适用的范围，改变法律的重要性程度，变化法律运用的方式，甚至，如果必要，取消法律或把法律的运用降低到最低程度。"文革"是一个极端的事例，也是一个很能说明问题的例子。

这种治理模式在党和国家关系方面并非没有问题。相反，至少自中共建国开始，它就成为困扰执政党的一个难题。中共内部长期讨论但又没有得到妥善解决的所谓"党政关系"问题，反映的就是革命党转变为执政党之后如何以适当方式治理国家和社会的问题。20 世纪 70 年代末以后，中共转而强调依法治国，其实就是在新的历史时期提出的应对这个问题的方案。这时，已往的治理模式与法治之间的矛盾和冲突就变得越来越突出，难以弥合。然而，这里的关键，并不是要不要坚持党的领导，而是党的领导如何成功过渡到法治的方式。以前是以党为不受法律约束的绝对权威，以政治为判断和处理所有事务的最高原则，注重实质性目标的达成，以政策、策略和命令为惯用的工具。现在则是要强调法律的权威，一切以法律为依据，强调程序的重要性，依靠事先确定的一般性规则来建立秩序。这个对照性的清单还可以继续开列下去，包括更多的内容。不过，在经历了数十年改革开放和法律发展的当代中国，两种治理方式冲突中最可注意的地方，与其说是它们奉行不同原则，不如说是这些不同原则被同时适用于同一领域，同一职业或同一群人。比如，所有国家机构及其工作人员都被要求尊重宪法和法律，严格依法行事，但他们同时又被要求坚定不移地服从党的各种决策和部署，而后者显然不是，或至少还没有转化为宪法和法律。又比如，法律人群体，尤其是司法人员对于法律的忠诚，对法治的确立和有效运作至关重要。但在对这个特殊群体的要求里面，对党的政治忠诚总是被摆在首位。问题是，政治和法律虽然有关联，却不是一回事。政治讲求是非，注重的是正确还是错误；法律则只问合法与否。二者遵循的原则不同，判断标准不同，因此它们适用的领域不同，为实现其目标采取的手段也不同。把这两种不同的要求同时置于同一场域，甚至是同一种角色身上，不能不引发冲突。在这种情形下，便出现了那些我们过去司空见惯的情况：为达成特定的政治、经济或社会目标，相关法律受到限制甚至被弃置不顾；行政部门不是以忠实于法律的方式执行法律；司法部门根据政治需要而不是法律规定决定是否受理以及如何审理和判决案件；公民诉诸法律的维权行动遭到政府的并非基于法律理由的限制和压制；甚至，党的机构直接管控国家事务，决定日常生活中公民权利和义务的分配，其行为却不受司法审查。这些现象具有转型时期党治和法治两种治理理念和方式并存的特征，不难理解。

就像在中国社会所经历的从计划经济向市场经济转变的某个阶段，经济和社会领域存在这种或那种形式的双轨制一样，社会治理方面也有两种难以调和的观念、诉求、机制和习惯并存的局面。这种局面产生于今天中国社会所处的特殊情境，反映了这种情境极为复杂而艰难的性质。一方面，今天的中国社会已经具有越来越多的现代社会特征：制度分化，分工细密，合作形式多样，人民的观念、利益和诉求日益多元。要有效地治理这样一个经济与社会生活高度分化和复杂的社会，需要我们称为法治的更加理性化、规则化和形式化的治理方式，包括更高程度的专业分工，职业化，不同社会角色的合理界定，社会制度功能的细分，等等。这也意味着，政治与法律要有适度的区隔，行政与司法要各归其位，国家和社会治理本身也成为一种专门的职业。但是另一方面，不依靠法治的治理不但早已存在，而且在战争年代，甚至在中华人民共和国成立初期，还曾经是一种有效的治理方式。这种治理以政治为"一切工作的生命线"，强调政治的正确性，通过一元化的纵向控制实现全党、全军和［后来］全国人民思想上和行动上的统一，从而帮助党在较短时间里成功实现了夺取和巩固国家政权的目标。然而，随着国家建设转入正规化，这种治理方式所固有的问题也变得越来越明显。比如，半军事化和运动式方式可以在短时间内动员巨大的社会力量，实现某个政治目标，但这容易造成社会震荡，不适合处理正常社会的常规性问题。更不用说，如果设定的目标本身有问题，运用这种方式还可能造成灾难性的后果。发生在 20 世纪 50 年代末的"大跃进"就是一个典型事例。

非法治的治理方式不适应现代社会生活的事例很多，这里不多说。我想说的是，尽管事实昭然，但在短时间里面，这种旧的治理方式也不会轻易消失。这是因为，首先，治理方式的转变是一件相当繁复和困难的事情，实现这种转变，除了要求认知上的改变，还涉及一系列复杂的组织上、制度上、机制上甚至物质上的改变，这些改变需要时间，也需要付出可观的成本，很难短时间内完成，而在新的治理方式完全确立之前，旧的治理方式的继续存在，也是不可避免的事情。其次，不同的治理方式，意味着不同的运作机制，不同的行为方式，不同的对治理人群的要求。因此，对治理者来说，转向法治，就不只是换一种说法，而是要改变某种习惯，放弃某种利益，适应某种新的情态，这是一个痛苦的过程，不可能轻易完成。最后还有一点，改变治理方式和完成社会转型，是一项极为复杂和颇具风险的政治实践活动。因此，确保这种转变以某种可控方式有步骤地完成，无疑也是一个有价值的政治目标。而在转型的特定阶段，沿袭和利用旧的治理手段，可能是最终实现向法治转变的必要步骤。当然，我们也不能排除另外一种可能，那就是，因为上面谈到的那些原因，旧的治理手段不是被当作权宜之计，而是被有意无意地等同于"党的领导"本身保守和坚持下来。如果是这样，前面提到的转型时期因为两种治理方式并存而产生的那些现象就会长期存在。在这种情况下，党提出的法治目标无法实现，党希望通过实行依法治国得到的好处，比如提高治理能力，实现国家的"长治久安"，也变得难以企及。而比这些更严重的是，"党的领导"没有因为党提出法治而得到强化，反而因此遇到新的问题和挑战。这些问题和挑战并不是从外部产生的，也不是针对党的领导本身，但是在党的领导被有意无意地等同于旧的过时的治理方式的情况下，它们确实可能危及党的领导的正当性。而这种问题，原来正是党希望，事实上也可以，通过实行法治来解决的。

现在，让我们回到开始时的问题："中国特色社会主义法治"如何可能？如果"中国特色社会主义"的核心就是"党的领导"，那么，对这个问题的回答，就取决于"党的领导"被如何理解和定义。如果"党的领导"仅仅意味着以往的治理方式，那么，"中国特色社会主义法治"就是一个自相矛盾的表述。因为，按照前面的分析，在旧的治理模式下，无论制定多少法律，设立多少法院，都不可能达成法治的目标。但是，党的领导可以也应该采取法治的形式。我们可以设想这样一种局面：中共继续保持其执政党地位，领导立法，通过法律实现其政策目标；党、政分离，二者之间的界限由法律做出明晰划分，党并不介入政府日常行政事务，所有国家事务均受法律的规范和支配，所有行政行为都服从司法审查；政治和法律之间有适度的区隔，司法机关只忠实于法律，适用法律只看行为合法与否；党员依然可以担任各级政府官员和法官，但在履行法律所赋予的职责的时候，他们只服从于法律，而不是法律以外的其他要求。这仍然是党的领导吗？当然是。既然法律是在党的领导下制定的，是党的政策的法律化，服从法律就是服从党的领导。只不过，这里采取的是法治的形式，党的领导通过法治的形式得到体现和实现。那么，这是不是弱化了党的领导呢？表面上看好像是。因为党不能再"任性"；党的意志必须转化为法律才能贯彻实施；党要服从法律，哪怕这些法律是在它领导下制定的；党的组织和机构不能以决定或指示等方式介入应由法律管理的事务；也不再有任何一个党的机构能够代行政府职能，同时其行为又免受司法的审查。一句话，党受到法律无所不在的约束。

然而，这并不意味着党的领导被削弱了，恰恰相反，党因为自愿以理性方式约束自己的行为而变得更加强大，党的领导因为采取法治的形式而变得更加稳固。随着治理的中心从党转移到法，党的领导的社会基础将大为扩大，治理能力也会得到极大改善。比如，国家治理既然不以党内控制为手段，以往主要保留给党员的重要位置，可以开放给更大范围的人群，这有利于党吸纳更多资源，获取更大支持。与此同时，因为不再凡事以政治标准为第一标准，所有专业人士都能够专注于自己的领域，致力于提高专业水平，维护职业标准，完善社会分工与合作，从而更好地满足现代社会的需求。而一旦在法治的基础上建立了秩序，社会生活就会变得更加稳定和可以预期，多样的社会需求经由不同渠道得到满足，社会压力也通过各种通道得以释放，这样，提高治理能力的目标也就达到了。总之，法治可以在不改变中共执政党地位的情况下实现，而建立在法治基础上的更具理性色彩的秩序也会更加稳定。显然，这样的法治符合"中国特色社会主义法治"的定义，也合乎党和国家的长远利益。但是，从以往不习惯甚至不赞成法治的人的立场看，它却是不可接受的。这意味着，在中国真正实现法治，执政党除了要克服思想上、习惯上、能力上以及与利益相关的种种障碍，还需要智慧、勇气和想象力。不夸张地说，对于想要完成社会转型、"实现中华民族伟大复兴"的中共来说，"中国特色社会主义法治"是一个巨大的挑战。

## 三　文明史视野中的德治和法治

讲中国特色社会主义法治，如果不提德治，不讨论德治和法治的关系，肯定是不完整的。之所以这么说，是因为不久前结束的中共十八届四中全会，不但专门讲到德治，而且把"坚持依法治国和以德治国相结合"列为建设中国特色社会主义法治体系和法治国家的一项重要原则。

在《关于全面推进依法治国若干重大问题的决定》中，这条原则的具体表述是这样的："坚持依法治国和以德治国相结合。国家和社会治理需要法律和道德共同发挥作用。必须坚持一手抓法治、一手抓德治，大力弘扬社会主义核心价值观，弘扬中华传统美德，培育社会公德、职业道德、家庭美德、个人品德，既重视发挥法律的规范作用，又重视发挥道德的教化作用，以法治体现道德理念、强化法律对道德建设的促进作用，以道德滋养法治精神、强化道德对法治文化的支撑作用，实现法律和道德相辅相成、法治和德治相得益彰。"

一个专门讨论法治问题的官方文件，同时也讨论道德问题，尤其是法律和道德的相互关系，这显得不同寻常。不仅如此，它还以法治与德治并举，从而在法治这样一个似乎是现代的议题里加入了些许极具本土特色的传统色彩。我们都知道，古代中国人非常重视德，强调德在政治和法律生活中的主导和支配地位，由此形成了一套可以称为中国式的政治和法律传统。不过，这套政治和法律传统随着中国历史上最后一个王朝即清朝的覆亡早已正式终结了。那么，中共在一个世纪以后的今天似乎又转向这一传统，这意味着什么？它为什么要这样做？它所说的德治主要指什么？通过接续或者复活古代传统，它要解决的问题是什么？这些都是大家可能关心的问题。回答这些问题，可以从德治和法治这两个关键词入手。先讲德治。

## （一）德治

德治的观念出于儒家，儒家成立于孔子。但是德治思想的起源却是在孔子以前。根据现有的研究可知，周人有非常明确的德的观念，而且，在周人伐殷取得政权和后来统治天下的过程中，德的观念是关键性的。德的含义，简单地说有两端，一是敬天，二是保民。能够敬天保民的君主就是有德之君，就能够拥有天下，否则，即便拥有天下，最终也会丧失。在这个意义上说，德治就是具有正当性的稳定的统治。据说，周代，还有周以前所有伟大的君主，都是实行德治的典范。

历史上与德和德治关系密切，而且同样重要的还有一个概念，那就是礼和礼治。礼起源更早。它是从初民祭神仪式中发展出来的各种社会规范。礼内容庞杂，范围广泛，包括了从风俗、习惯、仪轨到法律的各种规范形式。也是在周代，伟大的立法者周公对礼做了创造性的改造，把礼发展成为一套非常精致的规范王国体制、君臣关系的国家制度。所以，周代的政治也是礼治。礼治和德治是什么关系？用学者的说法，周公以德说礼，德是礼的内在精神，礼是德的规范性表达。德治和礼治就是一件事的两面。不过，礼既然是行为规范，就跟法有了关系，只不过，礼比较法的范围宽了很多。

关于早先德、礼、法的关系，中国最古老的政书《尚书》或称《书》有这样一段记载："德威惟畏，德明惟明。乃命三后，恤功于民。伯夷降典，折民惟刑；禹平水土，主名山川；稷降播种，家殖嘉谷。三后成功，惟殷于民。士制百姓于刑之中，以教祗德。"这段话提到三个人：禹、稷，还有伯夷，都是古代的圣人，都对古代文明做出过重大贡献。禹治水土，稷教民种植，"伯夷降典"。"典"是什么？"典"就是"礼"，合称"典礼"，也称"礼法"。这段话是说，人民生活安定，衣食充足，这时候就要端正人们的行为，让人们的行为合礼。这是伯夷的工作，他教导人们遵从典礼，并以刑罚来提供保障。古代经学家在解释这段话的时候还提到中国最早的法官，一位名叫皋陶的圣人，说他公正地运用刑罚，不偕不滥，不轻不重，助成道化，教民敬德行礼。

上面说过，礼的范围很广，包括了人类生活的各个方面。《周礼》把礼分为五类：吉、凶、军、宾、嘉。这五礼主要是贵族的，属于统治阶级。《礼记·王制》把礼分作六个部分：冠、婚、丧、祭、乡、相见。这些是日常生活的规矩，覆盖了当时社会生活的所有领域，从小孩子的成长，到共同体成员之间的交往，以及生产、婚姻、丧葬、祭祀等各种活动，无所不包。所以，《礼记·曲礼》就说："道德仁义，非礼不成，教训正俗，非礼不备。分争辨讼，非礼不决。君臣上下父子兄弟，非礼不定。宦学事师，非礼不亲。班朝治军，莅官行法，非礼威严不行。祷祠祭祀，供给鬼神，非礼不诚不庄。是以君子恭敬撙节退让以明礼。"

总之，礼提供了人类生活的适当范式和标准，人类所有的事务和活动，都应当由"礼"来指导和规范。"礼"是优良社会的秩序基础。这是典型的礼治的思想。

礼治自然不是法治，但礼治和德治并不是跟法律没有关系。前面引用的《尚书》里的话就提到伯夷"折民以刑"，还特别提到法官皋陶。实际上，那段话出自《尚书》中的《吕刑》，一个专门讲述法律原则的篇章。那么，为什么人们讲到那个时代总是用"德治"和"礼治"这些字眼，而隐去"法"字或"刑"字呢？那是因为，当时"法"或者"刑"还是统摄于"礼"中，没有分化出来，变成它后来的样子，而且，在当时以宗族和村社共同体构成的社会里面，礼融于俗，就是日常社会生活的一部分，生活在这社会里的人，习惯于按照礼所要求的方式生活，很少有严重背离和破坏礼的事情。换句话说，礼的维续社会秩序的功能，主要通过对人的行为的潜移默化的影响来实现的。

中国历史上，礼治秩序的典范是西周，但是到了东周时期，礼的秩序开始瓦解，这就是所谓的"礼崩乐坏"。当时，周天子的权威衰落得很厉害，诸国各自为政，甚至互相觊觎对方的领土，强国开始兼并弱小国家。一国内部也是如此，为了争夺政治权力，父子相残、兄弟相杀，这样的事情时有所闻。有势力的大臣操纵国政，或者干脆自立为国君，但是这样的事情也可能发生在他们自己身上。在这个阶段，国与国之间的征战变得频繁起来，战争规模也越来越大，而且更加残酷。各国君主为了应对这种情况，就开始集中权力，革新制度，尽其所能去增加财富，扩充兵源。在这个过程中，不但上层的政治秩序发生剧烈的变动，下层的村社共同体也开始解体，传统的社会纽带失去作用，旧的社会规范瓦解，社会流动性大大增加，整个社会变得动荡不安。就是在这样的背景下，法家崛起了。

正像法家这个名称表明的那样，法家推崇法，而不是传统的礼。但是，就像上面说的，法原来就在礼的里面，是礼的规则的、制度的、强制性的部分。只不过，法家把这一部分单独抽出来加以发展，把它变成一套独立完整的制度，最后用它来取代过去礼才有的崇高地位。了解了这一点，我们就不会奇怪，法家的先驱，比如管子，还有子产，其实都是从旧的礼治秩序中出来的人物。子产是郑国的大夫，他担任执政时厉行改革，其中一项是铸刑书，也就是法律改革。这件事在当时引起很大的争议。晋国大夫叔向写信给他，指责他破坏了传统的礼治秩序，将导致社会的混乱，十分危险。子产则回答他说，我为了拯救国家，不得不如此。叔向的担心不是没有道理，但是社会条件变了，改革是大势所趋。法家都是改革家、实践家，所以在那个时代能够崭露头角。最著名的改革家，我们知道，是商鞅。他帮助秦国变法，身死而功成。秦国崛起，最终消灭六国，一统天下，主要得益于法家的政策。换句话说，秦国实行的不再是礼治，而是法治。现在我们就讲讲古代的法治。

## （二）法治

经过法家的发展和改造，战国时代的法，成了君主手中最重要的治理工具，用来推行让国家富强的政策。这种法讲求明白、确定、可靠、有效，赏罚分明。它没有礼的含混性，也没有礼的人情味，更不讲仁义道德。在法家看来，德的概念既含混，难以琢磨，又软弱，不具强制性，不能产生立竿见影的效果。而且，德的标准并不掌握在君主手中，就连君主是不是有德，也要参照臣民的意见来确定。这是法家最不能接受的事情。法家坚决主张一元：治出于一，法出于一，思想出于一。这个一是什么？对臣民来说，是国君；对社会而言，是国家；对诸私而言，是公。的确，法家是最主张尊君的，但是法家的尊君，并不是主张君主可以恣意妄为。恰恰相反，法家主张尊君，是因为君代表了公。这种公表现在制度上，便是法治（"治法"）。然而法不是由君主制定的吗？不错，但是法律一经制定，君主就要和臣民一起来遵守（"与民共信"）。君主不守法律，凭个人好恶治理国家，这种做法不是"公"，是"私"。而在法家的语汇里，私是邪恶的、有害的，不具有正当性。在这层意义上，原本是出于君主的工具性的法，就有了一种超越了作为个人的君主的崇高地位。只不过，法的这种崇高地位并没有制度性的保障。法家坚信，不依法治国的君主将受到"惩罚"：社会陷入混乱，国家衰败，国君地位不保，甚至有生命之虞。所以，明智的君主（明君）会选择法治，法治会让国家强盛。的确，实行法治最彻底的秦国，后来成为最强大的国家，完成了统一中国这项了不起的事业。不过，很有讽刺意味的是，这个看上去坚不可摧的超大国家（帝国），只存在了短短 15 年，成为中国历史上最短命的王朝。要问是什么造成了秦的覆亡，则答案居然与它实行的法治有关。

讲到秦的灭亡，大家都会提到陈胜、吴广起义的故事。正是这次起义引发了一连串反叛，从而终结了秦的统治。但是陈胜、吴广为什么会铤而走险，"揭竿而起"呢？原因很简单，陈、吴二人是被征发戍边的兵士，他们的队伍在赶赴戍边地点时，因为大雨被阻途中，不能按时到达，而根据当时的法律，他们会因此被处死（"失期当斩"）。既然没有了生的希望，为什么不放手一搏呢？自然，陈、吴造反这件事有偶然性。假设法律的规定不那么严苛，对违法者的惩罚不那么严厉，陈胜、吴广们或不致那么绝望，这场悲剧或许最终不会发生。而改变一条法律，毕竟也不是一件难事。但问题是，这件事所涉及的，其实不是某一条法律，而是秦的国家体制，是法家治国的基本理念。

在今人看来，规定戍边士兵逾期不到处死，这样的法律无疑是酷刑。其实，古人的看法跟我们也差不多。既然如此，立法者为什么还要制定这样严酷的刑罚呢？这就跟法家的思想有关了。前面说了，法家不屑于传统的德礼，而独重法律，法是有强制力的规范，是力的表现。所以，法家倡言力，崇尚势力、权力、强力，也就不奇怪了。尚力的思想，表现在法律的运用上，就是重刑。法家相信，重刑是消灭犯罪的最好办法。对轻微的犯罪使用重刑，就能在减少轻微犯罪的同时，杜绝严重的犯罪。人们因为害怕重刑而不敢以身试法。结果，刑罚随着犯罪的减少而减少。这叫作"以刑去刑"。重刑思想的产生也同法家对人性的看法有关。法家认为，趋利避害、好逸恶劳是人的天性，受这种天性支配，人的各种行为和活动都不出利益计算的范围，甚至君臣之间、父母子女之间也是如此。这种对人性的看法真是现实而冷酷，但法家的制度和政策就是以此来设计的。相反，儒家宣扬的各种德行，诸如忠信仁爱之类，在法家看来，完全脱离现实，用来治国，不但无益，更且有害。

法家的尊君、崇法、尚力还有一个表现或结果，那就是对社会与文化的极度轻视和抑制。上面说了，法家是坚定的一元论者，主张一切统一于君、统一于法、统一于公。所有的行为、言辞、活动、利益和主张，只要不是依据君主命令，不是根据法律要求的，都是私，而只要是私的，就都是有害的，必须坚决去除。韩非子讲过一个故事，说韩国的君主有一次办公时睡着了，负责君主冠戴的官员看见了，担心他着凉，就为他盖上了被子。韩侯醒来问清了缘由，就把负责冠戴和负责衣着的官员都惩罚了。惩罚后者，是因为后者失职；惩罚前者，则是因为他的行为超越了职权。在韩非子看来，法律的实施就应该这样严格。还有一个故事也很说明问题。据《史记》记载，商鞅在秦国变法，开始的时候很多人都不愿接受，但他执行法律很严格，就连太子犯法也不容情，这样就树立了法律的权威。十年后，法律的效果开始显现，秦国秩序井然，这时，那些最初反对变法的人也前来讲变法的好处，但商鞅却说：这些都是乱民。于是把这些人都放逐到边地去了。从此以后，就没有人再敢随便议论国家法令了（"其后民莫敢议令"）。

法家对学者很反感，就因为他们喜欢议论时政，自立标准。本来，法家不讲德，不重教，也不尊师，这些都是儒家的传统。但是为了和儒家对抗，统一思想、舆论和行动，法家也提出了"教"和"师"的主张，但法家的"教"是"法教"（"以法为教"），法家的"师"是"吏师"（"以吏为师"）。秦始皇统一中国之后，听从丞相李斯的主张，实行禁书令，不允许民间收藏古代典籍和诸子书，把它们都搜来烧掉，同时严惩违法者。这是很典型的法家政策，目的就是要禁锢人心，统一思想。很明显，在这种国家体制下面，既没有社会组织生长的空间，也没有文化繁荣的可能。这样的国家，表面上看强盛，其实是很脆弱的。特别是当时，秦兼并六国，变成一个规模庞大的超级国家，但是社会内部的整合又很不够，要保持这样一个国家的稳定，单靠外在的力：军队、法律和官僚系统，怎么会不出问题？这一点，古人就已经看得很清楚。

汉代的人对秦制有很多批评，说它用法家理论治国，不讲仁爱，不兴德教，任用酷吏，严刑峻法，横征暴敛，驱策老百姓就如"群羊聚猪"一般。而且，秦法只看外部行为，不问行为动机、人心善恶，结果把人变得虚伪无耻。这正应了孔子所说的："道之以政，齐之以刑，民免而无耻。"自然，这些都是从儒家立场发表的言论。其实，儒家论政，也不是不讲法律政令，他们反对的是专任刑罚（"任刑"），不讲仁义道德的霸政、暴政。此外，他们也不像法家那样，认为法律具有头等的重要性。相反，就如上面所引孔子语录表明的那样，他们看到了法律的种种不足。所以，孔子又说："道之以德，齐之以礼，有耻且格。"儒家政治理论的核心是"仁"，仁是最高的德目，也是德的总名。孔子用仁去解释礼，孟子则发展出"仁政"的概念。后来的荀子是礼学大师，他更重视法的作用。他门下的两个学生，即韩非和李斯，干脆就是法家的理论家和实践家，所以后世有人把荀子也归入法家者流。不过，现在一般意见还是认为，荀子思想的底色仍然是儒家的。比如，荀子论治道，核心是礼，是君子，而不是法。

荀子在汉代的影响很大，汉代最有影响的儒家学说春秋公羊学，就与荀子的思想有很深的渊源，它们都对国家制度、法律政令问题有深切的关注。大家都知道董仲舒这个人，汉武帝决定独尊儒术，和董仲舒有很大的关系。董仲舒是公羊学传人，他的理论重德但不废刑。按他的说法，德是阳，刑是阴，阳在上，阴在下，德为主，刑为辅。二者相辅相成，不可或缺。汉代的国家制度和法律制度，本来都是继承秦政而来，现在开始经历儒家义理的改造。比如，皇帝的权威被重新安置在天命之下，法律也被纳入儒家所崇奉的价值系统之中。汉代流行用儒家经义断案的做法，选任官吏也开始参照儒家的道德标准。与法家严格区分法律与道德、轻视和抑制家庭伦理的态度不同，汉代皇帝把家庭伦理引入政治和法律中来，甚至标榜以孝治天下，很多皇帝的谥号里都加上一个"孝"字。这些都表明了儒家学说的影响。

不过，儒家思想影响力的明显增加，与其被看成是儒家对法家的胜利，不如被理解为儒、法两种政治和法律传统的融合。毕竟，法家发展起来的文吏制度，比较传统的礼治秩序，是一套适应较高社会分化程度的理性行政，也是秦汉国家体制中不可缺少的一部分。只不过，这套制度，就如我们在秦政的例子里所看到的，偏离古代传统太远。它太重外在的力，迷信国家的力量，结果削弱了统治的基础，难以为继。儒家的介入改变了这种情况。儒家强调德，强调统治的正当性，重视家庭，重视社会，重新确立了德主刑辅的原则，希望在一个新的基础上把国家与社会、礼和法整合起来。有学者把这个过程说成是"法律的儒家化"，也有人称为"儒学的法家化"，但是不管怎样，大约到了东汉时期，一个相当完备的以皇权为核心的古代官僚制国家体制最后形成了。说这个官僚制国家是由儒家思想主导的，大致没有错，但是类似儒教国家这样的说法也容易有误导性。因为，支持古代官僚制国家进行日常管理的许多制度，历史上是由法家提供的，而且，汉以后的儒家也已经不是孔、孟时代的儒家了，而在相当程度上"法家化"了。因此，汉以后确立的治理模式，既不是单纯的德治，也不是单纯的法治，而是一种德刑并用的礼法之治。

## （三）礼法秩序的解体

历史表明，礼法秩序有很强的包容性和稳定性，能够适应不同的社会条件。从汉代到清代，历史上发生了很多变故，有战争、叛乱、异族入侵、观念改变，还有大大小小的自然灾害，经济和社会的危机，这些变故有时足以造成政权变更，王朝继替，但是最后都没有改变德主刑辅、礼法合治的秩序模式。反过来看，这种秩序模式似乎具有某种超越性，能够经受内部和外部的改变所带来的冲击，为这个文明的延续提供稳定的基础。不过，19 世纪，当中国的大门被列强用武力打开之后，这个秩序最终也面临瓦解的命运。

这里，我不打算复述这段大家都比较熟悉的历史，只想用一个立法上的事例说明，当时旧秩序遇到了什么样的挑战，这种挑战会把中国引向什么方向。

清末有一场有关立法的大争论，争论的焦点是礼和法的关系，因此这场争论就被后人叫作"礼法之争"。现在我们都知道了，礼、法关系问题是中国政治和法律传统的核心，这是老问题，而且早就解决了。但这次为什么又提出来了呢？原因很简单，这时人们说的法，是西方近代的法，这个法跟中国的礼没有关系，甚至也不是历史上法家所说的法。所以，这一次参与争论的两派，也就不是传统的儒家和法家，而是所谓"礼教派"和"法理派"。礼教派维护的是中国传统的政治和法律原则，简单地说，就是德主刑辅的礼法秩序；法理派接受了西方近代法治观念，希望建立一个现代西方式的法律秩序。其实，礼教派并不反对学习西方制度，更不反对变法，法理派主导制定的法律也不是没有保留旧法的痕迹。就此而言，两派的分歧似乎更多是程度上的。但是这种分歧，因为涉及了不同的原则，终究还是无法弥合。礼教派认为，法律是一种地方性知识，各国法律不同，但无不是从自己的习俗和民情中产生。因此，立法要照顾到历史、文化和民情，方才具有正当性，也才能够有效发挥作用。法理派则相信，中国现在要学习的法制，是世界各国通行的制度，是具有科学属性的普适规则。通过学习和建立这套制度，可以改变中国旧有的民情和风俗，进而使中国跻身世界文明国家之列。具体到礼、法关系，法理派主张，礼法关系其实就是道德同法律的关系，而根据通行的法理，还有"世界各国"的样板，道德和法律属于全然不同的范畴。道德是教育的事，法律管不了，也不应该管。孔子讲"齐之以礼"，对"齐之以刑"则不以为然，不也是把礼和刑分作两件事吗？礼教派也承认，道德和法律有区别，不能等同。但他们认为，有区别不等于没有关系。他们反对法理派严格区分道德和法律的立场，希望在新法里面为残存的礼教留一席之地。

要保存礼教于法律，其实就是要保存家庭伦理于政治，保存家于国。这正是法理派坚决反对的。在他们看来，中国的落后，中国的积弱，说到根本，就是因为家、国不分，更不用说家优于国了。当时在思想界颇有影响的一位新派人物杨度就公开说，中国的贪官污吏都是慈父、孝子，中国的问题，就在于慈父、孝子太多，而忠臣太少。这些话，立刻让我们想到两千多年前的韩非。因为韩非说过几乎一样的话。这也不奇怪。韩非所代表的法家，用今天的话说，是国家主义者。而杨度为之大声疾呼、想要树立的，也正是国家主义。当然，这两种国家主义在很多方面都有所不同，但它们都把家排除于政治之外，都要建立个人与国家之间的直接联系，都要求个人对国家的排他性的政治忠诚，也都把家与国的这种对立视为关系到国家兴亡的根本问题。实际上，杨度以后中国近代国家的发展，在某种意义上可以说实现了当时那一代中国人提出的国家主义的目标，但是与此同时，这种发展恐怕又超出了他们的规划和想象，而走上了一条极为特殊的路线。这条特殊的路线不是法家的，更不是儒家的，甚至不是传统的，而是近代的。不过，这条近代的路线又确实带有传统的印记，以至于对这一路线的调整也让我们想到历史和传统。我们的讨论可以从既往的治理模式开始。

讲到既往的治理方式，最容易引起的一种误解，就是把它等同于党的领导。对于这种因为思想僵化而产生的误解，前面已经做了澄清和说明，简单地说，党的领导和党的领导的实现方式不是一回事；不同历史和社会条件下，党的领导有不同的表现和实现方式；在今天的社会条件下，法治才是实现党的领导的最合理、最适当的方式；实行法治才符合党、国家和人民当下的和未来的利益。那么，既往的治理方式如何运作，它和法治又是什么关系呢？

以往，执政党不但掌握所有权力，决定一切事务，而且直接管理整个社会。同时扮演立法者、执法者和裁判者的角色。这样说好像与事实不符，如果党就管理了整个社会，那国家和政府呢？这件事需要稍加解释。按照宪法的规定，国家机构并不包括政党，执政党也不例外，这种安排隐含的意思是，国家机构履行法律规定的各项职责，政党，也包括执政党，不能越俎代庖，介入本应由国家依法管理的各项事务。这是党、国分别的意思。但是另一方面，因为中国革命的特殊历史原因，党是国家的缔造者和领导者。党作出决策，国家机构予以执行。党、国之分，就像是执政党内部的分工。在这种情况下，党在治理层面上介入国家与社会事务，进入本应由法律管理的领域，就变得难以避免。但问题是，党的组织和机构不是法律上的"国家机构"，它的职权范围不是由法律来规定，它的决定也不受司法的审查。这种治理方式不是法治的，这是再清楚不过了。

需要说明的是，既往的治理方式虽然不是法治的，但是不一定排斥法律。事实上，观察中国1949年以后的历史，我们可以发现，这种治理方式摇摆于两个极端之间。一个极端是完全排斥法律甚至任何正式制度，另一个极端则是强调法制建设的重要性。关于前者，最好的例子莫过于"无产阶级文化大革命"了。某种意义上说，这场运动指向的就是实行科层管理的国家，所以，一般所谓法律与秩序成了这场运动的牺牲品，这是一点也不奇怪的。不过，尽管在这一时期，包括法律在内的正式制度被粉碎，社会似乎陷入无序状态，我们却不能说，党的领导也被颠覆了。因为在这段时期，中共依然是执政党，党代表大会按时举行，党对国家和社会的支配和控制并没有减弱，相反，在这个时期，党最高领袖的个人权威达到了顶点。但是，同样确定的是，这是一种非常规状态，注定难以为继。于是，当具有特殊人格魅力的半神领袖不在人世之后，反动就开始了。这一次，钟摆自然地摆向另一端。新时期的口号是"民主与法制"。破碎的国家机构得到重建，正式制度重新受到重视，法律的作用变得越来越明显。然而，随着这个过程的展开和深入，推行法治遇到的困难也变得更加突出了。

这里需要说明一点，我这里讲的法治，并不是西方教科书上的概念，而是党自己提出来的概念，是所谓社会主义法制/法治。其主要内容可以用十六个字来概括："有法可依，有法必依，执法必严，违法必究。"当然这是早先的版本，最新的版本是："科学立法，严格执法，公正司法，全民守法。"关于这两个版本的异同，前文有简单的分析，对于其中的某些内容，下面还要做更细致的分疏，这里不作讨论，只指出一点：很多人不满意这样的法治概念，认为这不是真正的法治，跟古代法家主张的法治没有区别。这种批评有点简单化，它忽略了一点：即使是法家的法治，也需要满足一系列条件才可能实现，而这些条件是具有某种普遍性的。比如，要真正实现法家的法治，就必须把法奉为非人格的至上权威，唯法是从，任何人，包括制定法律的人，都必须严格地依据法律行事。这样的法治，我说了，古代的法家政治实际上不可能坚持到底。相反，如果它做到了这一点，也就满足了现代社会对于法治的最低限度的要求。

下一个问题是，既往的治理方式如果不是法治的，那它是德治的吗？这个问题比上面讨论的问题更复杂。传统的德治包含两个方面的内容，一是注重教化，尤其是在上位者的道德表率作用；二是强调以家庭伦理为核心的伦常纲纪。大体上看，前者是形式的方面，主要涉及德治的机制；后者是实质的方面，关系德治的目标，即实现儒家道德秩序。在传统社会，德治这两方面的内容是紧密联系在一起的。但在 1949 年以后，这种联系被完全斩断了。伦常纲纪，作为腐朽有害的旧思想、旧道德，被彻底摧毁和抛弃。而教育、感化和道德楷模等，则被当作培养共产主义新人的有效手段加以利用。不仅如此，被定义为"无产阶级先锋队"的中国共产党，本身就被视为一个道德群体，被认为具有牺牲在前、享乐在后的崇高美德。直到今天，各级共产党员还是在许多方面被要求发挥"先锋模范带头作用"，为人民做出"表率"。就这一点来说，既往的治理模式是有一点德治的味道。遗憾的是，这种条件下的德治并不比法治更成功。原因也很简单，没有足够的制度上的制约，尤其是缺少外部的和自下而上的监督和制衡，对党员干部的道德要求也不过是一种软约束，它能不能发挥作用，更多取决于这些官员自己的良知。这时，如果诱惑足够大，制度上的漏洞又足够多，昔日廉洁奉公的模范官员很容易变成贪污受贿的犯罪分子。规范上仍要求牺牲在前、享乐在后，现实中却成了享乐由己、牺牲归人。事实上，这样的例子俯拾皆是。而一旦德治的机制失灵，那些思想教育、道德楷模之类活动，就变得虚伪和无用。人们说的和想的不同，做的和说的又不同，结果，一种玩世不恭、无所顾忌的态度流行起来。人民不再相信政府官员的道德操守，公开嘲笑各种政治说教，而且，上行下效，许多人追逐个人私利，无所不用其极。腐败自上而下地蔓延到整个社会，享乐之风盛行。社会学家用"社会溃败"的说法来概括这种局面，大概不算过甚其词。那么，要制止这种"溃败"，重建道德秩序，靠什么？很多人的回答都指向同一个方向：法治，或者更一般地说，制度。新一波的法治运动，还有正在进行的"反腐"行动，似乎也都指向了这一点。不过，报告一开始引述的《决定》里的话也表明，执政党并没有把"法治"看成唯一的选项，而是要"一手抓法治、一手抓德治"，让"法律和道德共同发挥作用"。这意味着什么？如果说，"坚持依法治国和以德治国相结合"这种说法不只是某种政治上的语言游戏，而是真的有所指，那么它所指的究竟是什么？这个关于依法治国的新表述，跟汉以后确立的德主刑辅的政治和法律传统有什么关系？

要回答这些问题，我们需要再次回到历史，近期的历史和长时段的历史。

前面讲德治的转换，提到传统伦常纲纪的灭绝。这里要指出，这个过程并非自然发生，而是伴随着从文化运动到社会运动到政治革命的一系列温和的和剧烈的社会震荡，其间有无数的悲剧发生，许多人死于非命。自然，这个过程并不是开始于中共，但确是在中共治下达到顶峰。经过 20 世纪 50 年代的土地改革和新婚姻法运动，经济领域的社会主义改造运动，政治上的反右运动，到 20 世纪 60 年代的"无产阶级文化大革命"，党在全国范围内彻底消灭了旧的地主阶级、资本家阶级，摧毁了旧的家庭组织和社会结构，成功铲除了各种社会中间层，确保国家的政治控制力可以直接达到每一个人。与此同时，通过改造所谓旧思想、旧文化、旧风俗、旧习惯（"破四旧"），甚而抑制和改造人类的基本情感，如亲情、爱情和友情，党成功地建立起全体人民对党和党最高领袖的唯一、绝对的忠诚。这是一个斩断了同历史和传统联系的国家，一个吞噬了社会的国家，一个没有文化支持的单向度的国家。这让人想起了古代的法家政治。实际上，早在 20 世纪 50 年代，就有人以秦始皇为喻对中共的统治提出批评。而据记载，毛泽东不但自豪地接受了这个比喻，而且还反问，秦始皇算什么？我们超过秦始皇何止百倍！不过，在运用规则治理国家方面，这时期的治理不但不是法家，简直就是法家的反面。毛泽东对正规制度极度轻视，他曾自豪地说自己是"和尚打伞，无法无天"。事实也是如此。新中国成立之后在法制方面本来就建树不多。而在 1957 年以后，既有的法律制度和设施也遭到破坏，到了"文化大革命"，剩下的，除了暴民的私刑，就是"专政机关"任意专断的刑罚。另外，如前所述，当时的社会治理不以身体的控制为满足，它更注重思想的控制。改造旧人，创造新人，一直都是中共意识形态的核心。对人的改造也是在"文化大革命"期间达到高潮。当时的口号是"灵魂深处闹革命"。然而，当所有旧的思想和观念都被连根拔除，而新的意识形态又无法植入人心而最终破产，这时，中国历史上最严重的道德危机就不可避免地到来了。也正是这个时候，以发展为主题社会转型开始了。这些，还有其他一些因素，共同促成了上面所说的"社会溃败"：传统支离，社会破碎，道德瓦解，贪欲横流，制度失效，人心离散。这时，提出并且推进法治，对于制止贪腐、实现公正固然具有重要意义，但只是讲法治又是不够的。诚如孟子所说：徒法不足以自行。制度由人制定，靠人实行，因人而发用。同样，政治国家要植根于深厚的历史文化传统和丰饶的社会土壤中才具有强大的生命力。一句话，要实现良善秩序，除了推行法治，还必须重振道德，重构社会，重建传统，再建共识。

## （四）当代德治的三个主题

基于上述认识，我们对于中共关于法治和德治的论述便可以做进一步的观察。在《决定》关于德治的论述中，德的内容依次包括："社会主义核心价值观"，"中华传统美德"，以及"社会公德、职业道德、家庭美德、个人品德"。其中，由中共十八大报告首次提出的"社会主义核心价值观"由 3 组12 个概念，24 个字组成，分别是：富强、民主、文明、和谐，自由、平等、公正、法治，爱国、敬业、诚信、友善。根据官方的解释，这 3 组概念分别对应于国家层面、社会层面和个人层面的价值。显然，仅仅是"社会主义核心价值观"这一项就足够广泛，加上后面提及的各个领域和方面的德目，它像是要把古今中外所有重要德目都囊括其中。这种关于德的面面俱到的表述有什么意义？它作为"核心价值"是否恰当？它在逻辑上是否周延？现实中是否可行？这些问题也许不太重要。重要的是，它表明，今天中共在思考国家和社会治理问题时，已经不再仅仅关注制度和法律本身，它的关注点已经从法律扩展到道德，从国家延伸到社会，由制度推及个人。这种关切的转变转而产生了一些新的思考和论述。我们注意到，中共十八届四中全会《决定》的主题词是"全面推进依法治国"，其中，副词"全面"二字是新增的，这个小小的增加很值得玩味。把道德与法律、社会与国家、政治与文化、现代与传统等要素同时纳入关于国家治理的思考范围，无疑体现了一种"全面"的视野。接下来，在关于"全面推进依法治国"的"总目标"的核心段落中，我们读到一连串具有"全面"意味的排比句，比如，"坚持法治国家、法治政府、法治社会一体建设"。其中，关于"法治社会"的详尽论述，占了《决定》的整整第五部分。这个部分的题目是："增强全民法治观念，推进法治社会建设。"根据另一种分类方式，这个部分也被归入上面提到的法治十六字方针中"全民守法"的范畴。

讲法治观念、全民守法，我们马上会想到"普法"，想到过去30年政府就此开展的各种活动。的确，全民守法不算什么新观念，但是，《决定》的这个部分，因为对应着前面关于法治与德治相结合原则的论述，是这一原则的具体化，不但内容更加丰富，而且有些新的意思，已经不是过去所讲普法或者全民守法所能概括。具体地说，这个部分依次显示了法治与德治相结合原则所包含的至少三个主题，我称为信仰主题、道德主题和社会主题。现在我们就结合《中共关于全面推进依法治国若干重大问题的决定》，对这三个主题作更细致的分析。

第一个是信仰主题："法律的权威源自人民的内心拥护和真诚信仰。人民权益要靠法律保障，法律权威要靠人民维护。必须……建设社会主义法治文化，增强全社会厉行法治的积极性和主动性，……使全体人民都成为社会主义法治的忠实崇尚者、自觉遵守者、坚定捍卫者。"这段话里最引人注意的，大概就是"信仰"这两个字了。人民如果对法治有发自内心的"真诚信仰"，自然能做到"忠实崇尚""自觉遵守"和"坚定捍卫"法治。可见，信仰的作用至关重要。但也正因为如此，这里所说的"信仰"又是一个极高的标准，难以企及。过去若干年，法律与信仰是一个人们很喜欢议论的话题，流行的说法是，法律必须建立在信仰的基础上，否则就不能很好地发挥作用。这种说法大多源自一本讲法律与宗教关系的翻译过来的小册子，所以，这里的信仰与宗教有密切关系。实际上，在汉语里，信仰也主要是一个跟宗教有关的概念。不过，中共的意识形态是无神论的，所以，它讲的信仰应该与宗教无关，而与理想有关，比如，"共产主义信仰"。只不过，"共产主义信仰"只与共产党人有关，法治的信仰却不限于人民的一部分，而与全体人民都有关。关于这种信仰的性质，我们可以通过比较历史上法家和儒家的不同观点来做进一步的了解和说明。

毫无疑问，法家是坚决要求全民守法的，为了实现这个目标，法家非常重视"信"。"信"的意思是可靠，以及因为可靠而产生的"相信"。这里，"信"是跟法律联系在一起的，"相信"则是行为人基于对法律的可靠性（"信"）的判断而产生的主观确信。很明显，这两种意义上的"信"都不是"信仰"。信仰是一种发自内心的品性，它在性质上显然更接近儒家所说的"德"。前面说了，法家不讲德，更不重视德。他们重视的是服从，只要行为合乎法令，行为人的动机可以不问。这个意义上可以说，法家对信仰问题不感兴趣。儒家则不同。儒家重视动机，重视善恶，所以，儒家除了讲礼，还强调仁，强调德，以及诚、敬这类内在的甚至是宗教性的情感，以至于有人认为，儒家学说包含了宗教的成分。中共讲的对法治的信仰，性质上大概类似儒家强调的"德"。那么，接下来的问题是，怎样才能在人民中间建立起对法治的信仰，让人民成为法治的"忠实崇尚者、自觉遵守者、坚定捍卫者"呢？在我看来，要实现这个目标，至少要满足两个基本条件。第一，执政者要把人民视为道德上的主体，尊重他们的选择，实现他们的梦想（至少是在法律不禁止的范围内）。不但不能像历史上的法家那样，限制人民的自由，禁锢人民的思想，驱策他们就像成群的猪、羊一般，甚至也不能像儒家那样，把人民看成是不具有自治能力，只能由圣君贤相来教化和治理的子民。第二，建立法治信仰，执政党必须以身作则，党的各级组织，所有国家机构，各级政府官员，都要尊重法律的权威，严格依法行事。这里面，司法机关和法律人群体尤其要表现出对法律的忠诚，并以这种方式来表现他们对法治的信仰。理论上说，这些本来都是"全民守法"要求的一部分，但是要求执政者、治理者率先垂范，做法治信仰的模范，除了因为这些是法治得以实现的重要条件，也是因为，在中国语境里，这一点具有特殊的政治和文化意义。政治上，这意味着党转向法治的开始；文化上，这意味着依法治国和以德治国相结合的一个成功范例。

　　第二个是道德主题："加强公民道德建设，弘扬中华优秀传统文化，增强法治的道德底蕴，强化规则意识，倡导契约精神，弘扬公序良俗。发挥法治在解决道德领域突出问题中的作用，引导人们自觉履行法定义务、社会责任、家庭责任。"这段话涉及的内容非常广泛，论及法律、道德、习俗，无论传统的还是现代的，还有不同社会领域中人民的道德、责任和义务。它的主旨，是要调和各种不同来源、不同性质的规范，实现法律与道德的相互支持，从而造就一个和谐稳定的国家与社会秩序。很明显，这也是一个宏大的目标，一个不容易实现的目标。困难来自许多方面。首先是认识上的问题，比如，什么是优秀传统文化？"优秀"的标准是什么？谁来确定这个标准？在对待传统文化的态度上，有一个流行的说法，叫作"去其糟粕，取其精华"。这也是中共意识形态部门多年来奉行的原则，但是，去糟取精之声言犹在耳，传统文化却已被毁坏殆尽。可见，不改变相关机制，只是讲"弘扬优秀传统文化"并不能解决问题。更棘手的问题是"公民道德"。前面提到"社会主义核心价值"，那些无疑都是公民应当践行的价值，是公民道德的主要组成部分。但在实践中，"和谐"很容易变成"被和谐"；要求民主、维护自由、追求平等的公民行动，很容易被看成是不稳定因素，而成为"维稳"打击的对象。问题是，自主的公民行动如果不被承认和允许，谈论"公民道德"（即使被等同于"社会主义核心价值"）还有意义吗？

　　道德主题中还有一个原则性的表述很值得注意。这个原则性表述是："发挥法治在解决道德领域突出问题中的作用。"具体地说，法治要能够"引导人们自觉履行法定义务、社会责任、家庭责任"。但是，如果这些义务和责任互相矛盾，法治的引导作用如何实现呢？以家庭责任为例。中共主政以后，传统的家庭伦理受到了前所未有的毁坏。这种毁坏表现在政治上，就是亲情被对党和国家的忠诚所取代，表现在法律上，则是家庭伦理被要求无条件地服从于国家法律，二者若有冲突，必须"大义灭亲"，牺牲亲情和家庭伦理。尽管"文化大革命"结束后，家庭伦理逐渐恢复到正常状态，但是至少在刑事法领域，"大义灭亲"的原则并没有改变。在这种情况下，无所谓家庭责任，因为这种责任不过是法律义务的延伸罢了。

　　道德和法律关系上的另一个重要概念是"公序良俗"，由于这个概念早已写进了法律，所以，"弘扬公序良俗"的说法可能意味着加重司法裁判中的道德考量。然而，从实践的角度看，这种要求至少面临两个方面的困难：一方面，面对日益复杂和多样的现代社会生活，如何确定"公序良俗"，并把这种司法上的判定建立在广泛的社会共识的基础之上；另一方面，如何在维护社会价值和保守法律价值之间找到平衡点，从而把对于社会道德的考量融入而不是强加于司法程序和法律推理。自然，这些并不是中国所特有的问题，甚至在某种意义上说，也不是今天的中国所特有的问题，但是想想中国过去的礼法传统，想想近代革命对这一传统的毁坏，再看看今天中国法律与社会的状态，我们又不能不说，又确实是一个颇具"中国特色"的难题。

第三个是所谓社会主题。我们还是先引一段《决定》里的话："推进多层次多领域依法治理。……深入开展多层次多形式法治创建活动，深化基层组织和部门、行业依法治理，支持各类社会主体自我约束、自我管理。发挥市民公约、乡规民约、行业规章、团体章程等社会规范在社会治理中的积极作用。"这段话的重点是社会组织和社会规范。与道德主题提到的社会责任和家庭责任等不同，这里讲的社会规范主要基于"各类社会主体"的"自我约束"和"自我管理"，因此表现为"市民公约""乡规民约""行业规章""团体章程"等。换句话说，这些社会规范是各种社会组织开展自主活动的产物。从法律社会学的观点看，它所展示的似乎是一幅法律多元的图景。这种看上去是对社会组织自主性和社会规范多元性的认可，与既往极度强调思想、规范和行动一致性的一元秩序形成了鲜明的对照。按照这样的理解，这段论述，加上前面的两个主题，可以被看成是一种从"国家"中解放"社会"，重建社会和个人自主性，恢复和增强社会生机，进而振兴道德的有意识的努力。根据我前面的分析，这也是阻止当下"社会溃败"、建立良好、健全社会秩序的必由之路。问题是，这种解读正确吗？

我们注意到，这里所谈论的"法治创建活动"，无论在什么领域，采取什么形式，涉及何种规范，都是以"依法治理"为前提的。自然，在一个法治社会里，"依法"的要求具有不容置疑的正当性。但在现实中，法律本身的内容和宗旨不同，强调"依法"的含义可能很不相同。如果法律限制结社，对"各类社会主体"的成立施予严苛的标准，又严格管控它们的活动，以便把整个社会生活纳入政府的单一秩序之中，这时的"依法治理"就一定是一元的，铁板一块的，"市民公约、乡规民约、行业规章、团体章程"也不过是政府法令的各种民间改编本，用来填补社会生活的缝隙，补充法律的不足。问题是，这样一种"依法治理"有意义吗？它能成功并且持久吗？能解决当下的"社会溃败"危机吗？说到底，要建立人民对法治的"内心拥护和真诚信仰"，首先要尊重每个人精神上的自由和自主；要让"各类社会主体"参与"法治创建活动"，发挥各种"社会规范在社会治理中的积极作用"，就要先承认和尊重这些"社会主体"的自主性，为它们生长提供足够广大的空间；要在主张法治的同时不废德治，就要尊重所有的道德主体，尊重它们道德上的追求和选择。一句话，要实现上面这些目标，就要承认和尊重差异性，讲求多元而不是一元，强调"和"而不是"同"。我们都熟悉一句古语，叫作"和而不同"。这句话出自孔子，讲的是君子之道。不过，"和"不只是儒家推崇的"道"，它也是中国文化的核心价值，贯穿于古代政治学、伦理学、美学和社会治理等诸多领域。因此，"和"的观念和实践，不但为我们观察和理解中国文明的发展，以及我们今天所处的历史情境，提供了一个很好的视角，而且，作为一种仍然具有生命和活力的古代智慧，它也为我们解决当下的问题，提供了宝贵的思想资源。

# 四　中国法治与文明三波

中国文明发展到今天，粗略地说，经历了三个大的阶段，我称为"文明三波"。第一波文明有个通俗的叫法，就是"三代"，即夏、商、周三代。"三代"文明也被说成是礼乐文明，礼乐文明的社会治理方式，就是前面讲的"德治"和"礼治"。周代，确切地说，西周，是这个文明的典范。这个文明从纪元前22世纪到纪元前3世纪，延续了两千年。第二波文明是我们更熟悉的汉唐文明，这个文明包含的朝代和世代很多，汉和唐只是其中经常被人们提及和称道的两个朝代罢了。汉唐文明实行的不是"德治"，也不是"礼治"，而是德主刑辅的礼法之治。所以，仿照礼乐文明的说法，我们也不妨说汉唐文明是礼法文明。礼法文明从秦汉到明清，也延续了两千年。20世纪初，清朝覆亡，和清朝一起终结的，还有实行了两千年的帝制。这时，随着现代共和制的建立，中国开始进入文明的第三波。我们今天就处在这个新文明第二个一百年的开始。

说我们正处在一个新文明的开端，可能会引起争议。毕竟，到现在为止，这个所谓新文明还面目不清，方向不定，前景不明。社会仍在大转变的过程中，各种观念互相冲突，稳定的文化与社会秩序尚未建立，文化上和政治上的身份认同更是一个亟待解决的大问题。这种局面，用一个比喻来说，就好像一座历史悠久的宏伟建筑因为一场毁灭性的大地震而彻底坍塌，现在灾后重建，未来的新大厦应该是什么样的，众人意见不一；想象中的大厦实际上会是什么样子，更无法确定；甚至，最后究竟能不能建成一座能够与倒塌的旧建筑相媲美的新大厦也不一定。的确，在现在这个阶段，如果把第三波文明视为一个确定不移的事实，是一种缺少根据的乐观和自大，如果有人更进一步，认为新文明以现在的方式就能够完成甚至已经完成，那就干脆是自欺欺人了。不过，我们依旧可以把中国文明的第三波视为一种初露端倪的可能，或者，一种不乏合理依据的"愿景"（借用现在很流行的一个词），并参照历史的轨迹来观察它的走向。

回顾中国文明的发展，我们很容易发现，从第一波文明到第二波文明，以及从第二波文明转向第三波文明，各有一次文明转型过程中的"断裂"。第一次"断裂"发生在春秋战国之际，古人的说法是"礼崩乐坏"：旧秩序开始全面瓦解，新秩序却还在探索之中，整个社会因此陷入严重的混乱和纷争之中。法家政治，还有古代的法治，就出现在这个时期。我们已经说过，法原来是礼的一部分，但是法家把它发展到极致。法一枝独秀，结果是，礼法分隔，道术分裂，法治取代礼治和德治，成了服务于君主和国家的治国利器。但是，正如我们看到的那样，蔑视传统、没有文化与社会支持的国家，貌似强大，其实很脆弱。同样，缺乏道德基础的政治强力，终究无法维持一种长期稳定的秩序。所以，单纯的法家政治不可避免地失败了。后来者看到并且记取了这一深刻教训，回归古代传统，试图通过综合、平衡各种要素，创造一种更具适应性的新秩序。于是就有了后来的儒法合流，礼法融合，德主刑辅，有了建立在这种融合基础上的礼法秩序和文明。

文明转型的第二次"断裂"发生在清末民初，把它与第一次"断裂"相比较，我们马上会发现，这两次"断裂"不但性质相同，规模近似，特征也很接近。它们都是文明的整体性危机，波及精神与身体、个人与社会、思想与制度等几乎所有方面，都涉及秩序的毁灭与重建、文明的死亡与再生这类根本问题，而且，都表现为文明内部各有机成分的疏离和分裂：礼与法的分离，国家与社会的分离，道德与法律的分离，制度与价值的分离，等等。不同的是，第一次文明转型早已完成，第二次转型还在进行之中，而这意味着，重温历史，可能为我们理解中国当下的情境提供一个至关重要的内在的参照基点。

那么，我们能从这段历史中得出的最重要的教训是什么呢？如果就着眼于文明的演进，秩序的建构，或者，更具体一些，礼、法的关系，大概可以说，家、国、礼、法、德、刑等各种文明因子，因天下崩解而分裂，缘秩序重建而融合。文明的再生，秩序的重建，必定是一个再续传统、综合诸端、求取中道的过程，一个包容万有、协和万象的"和"的过程。而文明转型能否成功，新的文明能否持久，就取决于它包容万有与协和万象的能力和程度。

循着这样的思路去观察中国过去一百年的历史，我们分明看到，历史正在重演。尽管时代不同，历史舞台上的人物、服装、语言等种种细微节目俱已不同，需要综合的具体内容也已经改变，但是某些主题却表现出惊人的相似性。比如，先是传统的文化与社会秩序瓦解，文明有机体分崩离析，然后有对传统的激烈反叛，各种激进的社会试验，制度的畸变，最后，在经历了数十年剧烈的社会震荡和严酷的阶级斗争之后，德治的议题出现了，传统美德、家庭责任、公序良俗重新受到重视，"各类社会主体"的"自我管理"似乎也要得到尊重，道德和法律的协调一致被认为是国家和社会治理的关键。甚至，一些过去只能在历史书里面看到的语汇，像是"更化""礼法合治""德主刑辅"等，竟赫然出现在讨论国政的重大场合，而由党的领导人亲口说出。在这些现象后面，还有一个更大的改变。大家可能也都注意到了，最近几年，中共最高领导人在国内外多个重要场合，频频引述古人修身治国的言论及古代政治经验，表现出一种接续传统的自觉意识。也许有人认为，这如果不是政治上的修辞和点缀，就是对传统文化的政治利用，并无其他意味。但是，如果我们了解中共的历史，了解它一直奉行的敌视传统文化的正统意识形态，恐怕就不得不承认，无论出于什么样的理由和动机，这种转变都意味深长。

自然，我并不像一些崇尚儒学的朋友，把这种转变简单看成是儒学的胜利，也不认为有什么"红色新儒家"。历史上的统治者从来都是"霸王道杂之"，不会独宗一家，何况像中共这样的现代马列主义政党。回到这篇报告开始时提到的《决定》，我想说，其中有关德治和法治的论述意味深长。这些论述表明了执政党对于它所面临的挑战的认识和思考，代表了它试图应对这种挑战的努力，以及它在进行这种尝试时所遇到的困扰和困难。而通过对这些论述的分析，我们看到了中国当下存在的某些具有根本性的问题，了解了这些问题的性质，同时也看到了解决这些问题的若干可能性。

# 中国近代法制的世俗理性主义

许章润[1]

本文在近代中国转型的大背景下，自政治哲学视角，秉持历史法学理路，检视其法制的世俗化进程、特征和表现。笔者以"世俗理性主义"概述这一进程及其基本品性，着重梳理其法制的世俗理念转型及其实践操作层面的表现，于两相印证中展开思旅；同时，揭示当代中国市民立法已然引发的超验追问的紧张，而以建构于道德—历史之维的正当性来善予纾解。在此，"道德—历史正当性"是中国式政治正义的重要维度，至少，在意义秩序的意义上，舍此即无法律的正当性，也无政治的正当性。因而，此种正当性勾连于神俗之间，又超越于神俗之际，非神非俗，亦神亦俗，而一以人间性为特征，提供了营建"家国天下"的基本道义资源和信念伦理。其于足堪担当正当性渊源的同时，提供了俗世人生的伦理、政治和法意的解释学。秉此理路，笔者倡说的法学历史主义期于营造一种基于深切历史感的华夏邦国政治，在为奠立于现代中国文明的法制体系提供伦理—政治意识之际，实现其间实在性与超越性的沟通和转圜（许章润，2013a；2013c）。因而，所谓"神—俗"之间的"神"与"俗"，并非对应于宗教的神圣世界与世俗人间，毋宁，一般性、拟制性地譬述精神领域及其现象界，表达的是超越性与实在性的紧张。

在笔者看来，不同于宗教从世俗生活中的撤离，晚近中国法制的世俗化旨在解构传统的"礼法体制"，脱离宰制性的伦理—道德语境，进而营造一个意义自恰而自足的法律规范体系，期望达臻"以法治国"的法律文明格局。虽说对于"以法治国"与"法治国家"之"法""法律"与"法治"或者"法制"的理解经历了不同的阐释阶段，亦存在官民两界的理念落差，一时间似乎亦难实现东西法理的圆融，但是，总体而言，摒除启示性和独断论的宗教与伦理辖制，寄望于纯粹形式理性的法律体系之治，还原法律之为人世绳矩的规范意义，大致构成了这一愿景的基本内涵。由此可见，这也就是一个以"西化"而实现"现代化"的过程，一个看似西化而实则自我更张的自新

① 清华大学法学院教授。

图强大运动的法律之维。它不仅发端于理念，而且见诸体制，最终表达为行动。其之明白无误，恰如它同时就是中华文明的自我复兴，均毋庸讳言。在此，立基于个体主义、平权理想和现世人生，特别是现世人生的安宁、和平、自由和幸福的法治主义取向，伴随着人民共和、立宪民主的宏大立国叙事一起成长，历经清末、北洋、民国和晚近三十年的发展，蔚为国族的主流意志，有望于最近的将来组织起中华文明的伦理—政治精神，汇入中国文明念兹在兹之民胞物与、天人合德的浩远道义憧憬，建构起现代中国的超越意义世界，最终完成"立国、立宪、立教和立人"四位一体的伟大转型。

在此，有关叙事展开的基本语境是中国一百多年来的转型历史，特别是"1911"之后的历史进程，但采撷的主要材料多发生于最近三十来年的世俗化进程，以检视中国法制的相应表现。同时，本文结合清末以还半个世纪的转型历史，在彼此释证和遥相呼应中揭示这一主题。之所以这样处理，不仅是基于政治哲学而非历史叙事的考虑，还主要因为"1978"后的"改革开放"其实是以回归"1911"为内核的重新出发，故而，等于是以快放节奏，浓缩地重温了一遍百年历程，而续向前行。因此，具体而言，本文循沿政治社会学和历史法学的理路，描述和解释两相结合，以揭示近代中国法制的世俗理性主义谱系，从而，辅助性地说明"现代中国"的成长，并致力于"现代中国"的成长与成熟。

# 一　从全能的上帝到全能的立法者

晚近中国，一百多年来，目睹了一个社会与政治的渐次世俗化进程。不过，如前所述，这一进程不是"宗教从世俗生活中的撤离"，并未表现为剧烈的法律、政治与宗教的分离运动。本来，古典中国的法律体系是一种"礼法体制"，非如欧洲中世纪以还那般受制于宗教。毋宁，它是伦理的搭档和伙计。所谓法律的伦理化与伦理之肉身化为律令格式的法律体系，历经两千余年的试炼，渐臻化境，道尽了其间的曲奥。因而，晚近法律的世俗化就是解构这一礼法结构，脱离这一伦理语境及其天人结构，旨在营造一个立足现世人生的意义自恰而自足的法律规范体系，期望达臻"以法治国"的法律文明格局。其之走火入魔，竟至高自标榜"法律的是法律，伦理的是伦理"，或者，一种变相的表述："法律是法律，人情是人情"，使得在解构以伦理辖制法律的礼法体制的同时，断然拒绝回应法律与伦理和人情的内在结构性呼应，不期然间割裂了天人之际的血脉关联，终亦至法律之无法无天，或者，法律本身之无力回天。清末以还之"礼崩乐坏",事因西力东来,王朝政制不敷世用,难当实用,而新兴政体仓促披挂上阵,暂时乏力,上气不接下气,有以然哉。但是,此间之"拒绝"和"割裂",使得舶来西法一时间丧魂落魄,因着无根无底而无效无力,既是表象,也是原因,均为不以人的意志为转移者也。它不仅造成了理念层面的理解障碍,而且隐伏了后来百年间发生于天与人、道德与法律、现象界和超越界、人生和人心之间的诸多尴尬和不幸。

## (一) 从宗教文明向法制文明的转型

为了说明这一问题,首先需要简略归纳一下所谓世俗化的基本意旨,明了其基本倾向,将论述的背景拉开。由于这是一个滥觞自近代地中海文明和大西洋文明的理念,因此,让我们从回首其原初进程起论。

是的,晚近世界,从欧洲到东方,世俗化是一个递次出现的共同现象。四百来年间,自西徂东,大家相继迎来了一个所谓祛魅化的现代性统治的世界,出现了一场整体性的社会与法律的渐次世俗化过程。神俗之间,悲喜交加,祸福杂陈。大致而言,神圣观念为市民政治经济学之取而代之,承认人的欲望的正当性和追逐世俗利益的合法性,祛除法源的神圣含义及其合法性源泉的神格,对法律采取实用主义和工具主义态度,以此在自由和现世幸福作为法律的基本价值目标,成为法律正当性论证的主要坐标,构成了法律的世俗化或者世俗性的基本内涵。就欧洲而言,世俗化特别表现为政教分立,宗教与法律的两清,将教会赶出法律的垄断者行列,等等。实际上,世俗的立法及其正当性论证凸显,脱离开宗教的母体,而另辟一脉叙事,立基于人世,围绕着人的现实权益的取舍展开,构成其世俗化的重要特征(Taylor,2007;许纪霖,2008)。在马克斯·韦伯的笔下,这是近世西方社会与政治的一次理性化、世俗化蜕变,构成了近世西方文化演变的重要脉络和政治取舍的基本特征。

作为这一转型发生的基本背景,也是这一转型的最终结果,西方文明于晚近完成了自宗教文明向法制文明的转型,民族国家成为主权的垄断者,也就是制定法的唯一渊源。换言之,国家这一法政共同体垄断了一切立法权,主权性地排斥了宗教和习俗的立法功能,似乎,也将超越理性和神意政治的立法意义一并驱逐。这一根本性变革决定了此后一切人间措置的基本格局,其烙于自家规则面相的是法律的理性化与世俗化,而表现于理念层面的则是法律实证主义之逐渐取替神义正义论和自然法学说,或者,逼迫后者将自己包裹上一层世俗论述的外衣。在此长近三五个世纪之久的历史进程中,如果说后起的法律实证主义是一种全然耽溺于民族国家及其集体政治意志语境中的关于法的世俗化解说，自然法学说秉持道德理性和良知良能，叙说着人类对于超验价值恒久而弥新的"集体直觉和献身"（哈罗德·伯尔曼的表述），那么，历史法学则介于二者之间，向我们讲述着另外一个叫作"民族历史"与"民族精神"的价值本体的自然生长的故事，其基本品格非神非俗，亦神亦俗，半科学半玄学，使得"法律的旧面纱被揭开之后，又重新被罩上了一层新的面纱"（於兴中，2006：90）。凡此种种，围绕着神俗展开，无不反映了各自的时代课题，因应的是各自的现实焦虑，特别是现代"人类"成长的烦恼。但是，其起点在人间，其功用在人事，而服务和料理着人世，以人心为慰藉的对象，则是明摆着的事。

仅就法制与宗教的关系而言，的的确确，晚近兴起的西方法律社会学以韦伯式的"合理性"和"世俗性"概念作为基本分析工具，将现代民族国家的法律描绘为一种世俗主义和工具主义的图景，认为现代民族国家法律的任务是有限的、物质性的、非人格的，与终极意义和生活目的无涉；法制如同经济制度一样，不过是韦伯意义上一种纯粹的科层制结构，利用人类趋利避害心理来诱使人们按照一定行为方式生活的机器。此间情形，正如以梳理西方近代法制起源名世的伯尔曼所言，自此，法律成为"一件用来贯彻特定政治、经济和社会政策的精心制作的工具"；"法律人"于是如同"经济人"，是一种一味任用理智，即"使用其头脑，压抑其梦想、信仰、激情和对终极目的关切之人"。其势渐长，锋芒所向，甚至连宪法也成为一种工具主义意义上的纯粹利益分配体制，即"一种促成政治、经济和社会目标的工具，而不是一个对其自身目的，即自由、平等和博爱等目的所作的宣言"（伯尔曼，2003：14—15、173）。

但是，事情果真如此简单？历史就这样直线挺进？或者，如此这般即可满足打理人生一切的充分必要条件？如果说人生本身即意味着不可能祛除终极意义和生活目的的话，那么，法律难道不是终极意义和生活目的的有机组成部分吗？法律不仅是一种规范体系，而且是一种意义体系，是且仅是在何种意义立言的呢？

于此，伯尔曼氏反问道："在所有的社会里，法律本身鼓励对其约束力的信仰。它要求人们的遵从，不只诉诸被要求服从法律的人们的物质的、非人格的、有限的、合理的利益，而且诉诸他们对超越社会功利的真理和正义的信仰……因此，法律被赋予神圣性，没有这种神圣性，法律便失却其力量。没有神圣性，任何强制都将无效，因为强制者本身会腐败。"（伯尔曼，2003：

18、140—141）伯尔曼的言说确当与否，姑且不论。但是，它至少陈述了一个似乎具有"普遍性的"现象，即历史形态的转型之际，必有接续之间的藕断丝连之处，因而，神俗纠缠实为正常，且不论对于神圣的向往和提撕是俗世人类的心性良知与心智良能，纵然放下亦难得放下，所谓"肉身有意，而精神屡弱"（伯尔曼语）者也。其间情形，正如疯癫癫的济公和尚临终偈云："六十年来狼藉，东壁打倒西壁；如今收拾归来，依旧水连天碧。"

概言之，此为世俗化和法律的世俗理性主义凯歌高奏的时代畅想曲中的另一旋律。实际上，包括法权学说和法制安排的意义世界在内，一定意义上可以说，现代世俗秩序观不过是神学理论的世俗化形式而已。无论是在具体领域还是就整体结构而言，包括标榜"纯粹法"形态的凯尔森学说之不得不最终诉诸"基础规范"在内，均有自己的非世俗化阴影。一个脱胎自神学意义体系的世俗意义体系，总是无法抹去其胎记。正因为此，卡尔·施密特才一语揭破："现代国家理论中的所有重要概念都是世俗化了的神学概念，这不仅由于它们在历史发展中从神学转移到国家理论，比如，全能的上帝变成了全能的立法者，而且，也是因为它们的系统结构……法理学中的非常状态类似于神学中的奇迹。"（施密特，2003：32）换言之，即基督教文明的宗教文明秩序，至此转型为基于深切宗教感的法律文明叙事。事已至此，仿佛一切了然，包括一百多年来中国法制的世俗理性主义进程等一切世俗化运动，正发生于此整体性宏大背景之下。

## （二）解构"礼法体制"

把背景拉长，则 19 世纪中期开始以"洋务运动"为标志而启动的中国现代化进程，其实是世界范围内的现代化运动和"现代秩序"展开的一部分一环节，演绎的是世界历史的中国场景。自此，那个近世地中海文明和北大西洋文明所定义的"世界历史"和"中国历史"接上了头（许章润，2013b）。中国不仅由此进入现代世界历史，而且，为此"现代世界历史"讲述了一个中国故事。其间，世俗化构成了此波政治、伦理和法律、社会运动的重要方面。在此，相对而言，的的确确，似乎中国社会一贯更为世俗化，或者，更具人间性，而不存在欧西式的沉重基督教化历程，也就不存在一个近代的去宗教化的历史挣扎，无须一个激进的摆脱宗教的解放运动。因而，晚近中国社会的世俗化进程更多地表现在下述层面，如历史观的悬置，将道统立基于现实政治；超越意义的松绑——放弃要求人人成圣的道德训诫，不再一律指令人人斗私批修般的道德自讼，相反，却以承认个体的自私和私利作为法权的起点；进而，承认对于世俗利益的追求本身即为正当性，此岸的浮世荣耀和一己权益不再属于罪恶；至少在理念上逐渐让政治成为人人皆可过问之事，而不再是小民百姓不可与闻的"朝廷大事"；以及，个体之秉持理性的自我立法，将一切启示性真理放逐，等等。具体至法律层面，则清末以还之拆解礼法结构，摒弃伦理对于法制的统辖性，正如前述之"法律的是法律，伦理的是伦理"所描述，以及用政治立法和市民立法来取替"王法"，均为其世俗化转型的主要面相。凡此种种，既构成了中国式世俗化进程的诸多面相，同时引发了中国文化和社会转型中的诸多问题。换言之，自王朝政制解体，王权政治不再，其"奉天承运，君权神授"的神圣性坍塌之后，所谓的"革命""造反"与"打江山"，所谓的共产主义理想及其平民特色的平等主义，所谓的人民共和及其主权分享理念，乃至以"发家致富""奔小康"为世俗旗帜的"改革开放"，特别是"一切向钱看"的极端物质主义，一波接续一波，既是其表象，亦为其落实，更是其杠杆。

不过，"1949"之后的将近三十年里，凡此世俗化进程似乎出现了中断，或者，被迫收敛了。又或，走上了另一种神俗纠结之路。一方面，过往一切权威及其"神圣性"均以"封资修"一言以蔽之，拆解其正当性神话，暴露其伪装在光鲜外表下的凡俗本质甚至是"反动""肮脏"的内里，乃至不惜举国斯文扫地。另一方面，中国社会却又同时经历了一个披上了泛政治化外衣的再神圣化过程，其之登峰造极，就是伟大领袖之神格化，君与师、德与位之一体化，关于既有政体的政治正当性叙事的神话性，对于那个叫作"人民"的芸芸众生依旧置其于予取予夺的"百姓"境地之蒙昧主义。从而，在力争赋予现世政体及其创世记以绝对正当性和合法性之际，等于否定了"1911"以还，特别是"1919"式的试图在所有公共事务上公开运用人类理性的一切启蒙努力，导致出现了在一个"革命时代"，政治和法律的神格意味竟然超过了古往今来一切曾经有过的人间造神运动这一咄咄怪事。而且，一切政法体制悉数统辖于"专政"的一统安排之下，以亿万人生和人血献祭其神圣性。当其时，三十年间，中国社会不仅经历了一个对于无产阶级政权的神圣化阶段，一个对于无产阶级革命领袖的神话膜拜阶段，一个对于无产阶级专政神圣不可侵犯性的信仰阶段，而且，此种人工造神的"圣化"与"神话"，怪力乱神，念经赌咒，几达全民癫狂，可谓空前绝后。今天我们知道，这是新旧杂陈、神俗青黄不接时段，"左翼极权政治"的常态。在一个以唯物主义作为政治圭臬的世代，对于政治统治正当性的塑造居然诉诸神圣性和独断论话语，说明身处中国历史转型的过渡时段，"神俗"之间的"拉锯"说到底还是为了应对新型正当性尚未成型的窘迫，有所然而然，因其然而然，顺其然而然，甚至是不得不然也。因此，"1978"之后的又一个三十年的历史进程，便是以回归常态、重过柴米油盐的庸常生活为指归的重新俗世化，实为不得已，也是一种自我觉醒，故为"拨乱反正"。此种去政治化的政治化进程，以满足芸芸众生的世俗衣食需求为低阶目标，而以"富国强兵、繁荣昌盛"作为高阶远景，最近更演绎出"中国梦"的绮丽版本，道出的都是一种不再神圣，但却同样诉诸人心的世俗性之自我伸张。在此语境下，所谓"告别革命"，一定意义上，实为"告别神圣"。如同清末诉诸"革命"，辗转于"立宪"，同样旨在拆解皇权神圣，以新型正当性将曾经不可侵犯的"万世一系"之颠覆于旦夕。

实际上，当其时，历经三十年的高亢与压抑，革命热情早已为政治幻灭所替代，亿万民众彻底厌倦了在玩偶之家中年复一年地充当阶级斗争的炮灰，不甘于载浮载沉中沦落为政治运动的工具，不愿意仅仅作为统计数据存在而再受愚弄；人人渴盼着恢复常规平静、安分守己的市民生活；吃饭穿衣的市民政治经济学远远胜过革命的神学教义，也似乎压倒了启蒙主义的宏大话语，曾经的壮怀激烈一了百了似的消歇于柴米油盐。在此语境下，以释放人欲换得人们对于政体合法性的认可，用钞票暂时屏蔽对于选票的憧憬，以满足人们对于世俗利益的追求来为政治正当性张本，实际上是一种再度世俗化过程，意味着从"神"到人，从天上回到了地面，以满足肉身来暂时抚慰心灵，将对于美好远景的憧憬坐实为当下满足的现世兑现。因而，一切人世措置和理念博弈，包括法制和法意，围绕着的都不过是这一进程，叙说着的正为此现世主题。也许，过犹不及，这十来年的中国社会再度呼唤理想主义，痛心疾首于"道德滑坡"或者"道德崩溃"，自反面说明了俗世人生和此在人心恰恰不可或缺超越意义的支撑，以及需要甚或更需要神圣向度的感召和鞭策之悲喜交加。其之吊诡，正如神的概念的出世恰恰意味着人的诞生。故而，凡此一百年的世俗化进程，特别晚近三十年的世俗化中国叙事，与前述欧西近世的世俗化运动，正相互勘，而各以其地方性个案表现，展示着同一历史进程的宏大主题。其间，奠立于现世性的法律正当性解释，构成了新型道统努力的重要方面。

## （三）奠立于现世性的法律正当性

在此世俗化进程之中，法律的世俗化主要体现为有关法律正当性的解释之现世性，它不是上达自然之法或者神圣正义，毋宁，诉诸此岸人生和现世人心，个体、平权和自由一类启蒙话语，遂施施然登场与挣扎着重新登场了。换言之，满足原子化个体的人间欲求与世俗秩序的治理需要，构成了一切法律之为法的全部内涵。在此，"现世性"的落脚点随着主导性意识形态的变化而不同，但总归是现世性的，不论它叫"民族、民生与民权"还是"无产阶级专政""改革开放""小康社会"，抑或"人民群众的生产生活秩序和日益增长的物质文化需求"，以及自由、幸福与平权，等等。如前所述，如果说此前西方世俗化的同质过程是一部从宗教文明向法律文明的转型历史，那么，此刻的中国实践则是自伦理文明向法律文明的奋进，讲述了一个礼法秩序向实证主义的政治立法和市民立法过渡的中国历史故事。不过，就粗线条而言，抛开基督教和礼法秩序所赋予的神性或者超越性的差别不论，在祛除政治与法的特定神圣光环、构建民族国家及其实用主义的形式法制、以人意置换天意等方面，二者分享了共同或者类似的政治感受与文化经历，而这就是世俗化的地方化，体现与消融于具体文明场域的世俗性的个别性。因而，20世纪初叶以还，王朝政治的崩溃和工商社会生活方式的渐次登场，不仅将"王法"的神性品格及其背后的政治合法性神圣光环剥夺殆尽，而且，导致随后产生的、竭力填补此一空白的诸种政治意识形态相继瓦解，使得晚期造神运动登峰造极的20世纪，反倒恰恰成为中国社会的世俗化历史。

尤有甚者，最近三十年里，中国大陆以市场化为主导的现代化进程导致整个人生和人心的急遽世俗化与现世化。"钱，钱，钱，命相连"，道尽了其间的一切。置此大背景，中国法律的"现代化进程"——如果在此"现代化"可以恰切地状述这一进程的话——也随之主要表现为一种世俗化和现世化的趋势，世俗理性主义逐渐主导立法进程，权与利的分配，借由有限的立法博弈，嚣嚣然，惶惶然，成为公义叙事的核心内容。一言以蔽之，伴随着社会的世俗化，中国发生了并正在进行着一场政治和法律的"理性化"进程。或者，更准确地说，是在趋向"世俗理性化"，同时，却又越来越多地显现出一种人本主义关怀，对于超越性向度的向往和承载。终归，将此在人生和当下现世的冷暖、得失与痛痒，奉为政治正义与法律正义的核心判准。

在此过程中，虽然政治权力/权威总是希望借由神圣论述来伸张自己的正当性，也不断有各种意识形态诉诸神圣渊源而得以暂时披挂上阵，以堂皇袈裟遮掩色欲肉身，其中一些并载诸宪法，形诸各种法律文本，但是，总的趋向是它们在社会的世俗化进程中被迫自我消解。形势比人强，社会的世俗化过程不允许，可能也不需要，而且无法承受再神圣化。这正像"文化大革命"之后，一切造神冲动都会令人想起童稚心理，叫人对那犹然历历在目的苦难岁月顿生恐惧，在惹人发笑的同时令人愤怒。因此，这一社会与政治的世俗化运动，恰如相声艺人讲述梦游总统府的逗乐小品，在哈哈一乐中，不温不火，即雅即俗，从而，温柔一刀，将一切假模假式的伪神圣解构殆尽，颠覆殆尽，放逐殆尽。——至此，你还装个什么愣!?

回头一看，实际上，希望以彼岸理想为帜，以获得合法性和正当性，进而重建神圣秩序的努力，是在王朝政治轰然解体之后，现代民主政治尚未登场之前，青黄不接时段的一种特殊现象。当年袁世凯复辟帝制，多少是因为感悟到了神圣坍塌，"道丧学绝"，竭需意义填充，而手握大权，私心作祟，于是搬演闹剧，以"准后现代演出"以绐"前现代中国"，结果导致反胃，袁世凯本人被当作垢物，千夫所指，而呕吐出政治历史舞台。本来，在生活世界、规范世界和意义世界三分的框架中，任何政道均需有治道支撑，或者说，离开了意义世界的论证和说明，任何规范世界均独木难支。换句话说，在此时段，世俗社会依然要有超越性的意义来标领人生方向，关键是这"意义"是什么，放置在人心抑或寄托于圣意。其神耶？其俗乎？抑或亦神亦俗，非神非俗？三言两语讲不清，一时半会儿定不下，由此决定了晚近以还将近一个世纪的时光里，包括最近三十年，社会总体进程在日趋世俗化的同时，法律却呈现出一种世俗化与神圣化的交错和拉锯状态。即以现行《宪法》为例，一方面陈言法律旨在保护普天之下的合法权益和财产，另一方面却又人为分立两种不同所有制，从而予以歧视性对待，将"国家财产"和"公共财产"神圣化。至于《婚姻法》司法解释（三）之引入反家庭的市场伦理，导致其与呵护家庭的自由伦理之间存在着无解的紧张，更是无意中将此神、俗拉锯状态高度个案化了，也将立法者之全能性格的内在紧张具象化了（周林刚，2012）。

## （四） 全能的立法者

置此语境下，奠立于现世性的法律的正当性，必然导致"全能的上帝"为"全能的立法者"所取代，而由后者担当起人间秩序和人世规范这一公共产品的唯一提供者角色。就是说，现世法律的正当性不仅需要超越的意义来支撑，而且必将在法源意义上，具象而又抽象地，形诸一个中立而似乎超脱的人间立法者来，特意彰显，以为声势。实际上，百年之间，特别是晚近推行"依法治国"的三十年里，真真假假，"全能的立法者"于不意间登场，是中国文明治道的重大转型。而且，由于此种最高权力托位于"人民主权"这一政治正当性预设，形诸模拟的议会民主这一程序正义，从而，似乎埋伏了跟随转型进程、逐渐坐实的可能性，最高权力终将蔚为权威的自我赋权有可能变成事实，更加强化了这一"全能的立法者"形象。在此，如果说在欧西基督教背景下，人间的全能立法者取代的是上帝及其神义政治，那么，自伦理文明向法制文明转型的中国近代历史所要排斥的便是高高在上的伦理，而以一个贬义的"礼教"打发之，凸显人间最高权力的正当性。由此导致的立法拜物教式的路径依赖，一定意义上，在说明国人对于"法治万能"之一厢情愿的同时，还揭示出了转型时代的现实困境无解，却又必须逐步解开，因而寄望于一个"万能"枢机的实用理性主义和政治理想主义之并行不悖。

首先，"全能的立法者"意味着以人间权威作为第一立法者和一切秩序的基础，排斥凯尔森式的基础性规范和神义政治，拒绝诉诸伦理正义的高渺推理。毋宁，一个"人民主权"式的现世神及其代议体制的议会民主肉身，足以表征一切，也似乎足以驾驭和料理全部人间事务，而不论这个现世神叫作"国代"还是"人大"。人民主权不在别处，就在体现了秉具理性进行周详立法的一个人间立法机构身上，它的机体和功能足以判别是非、盱衡得失，从而，修筑通往分配正义的康庄大道。有意思的是，此种教义式的政治意识形态和法律意识形态，基本理路是一种自由主义的政治设计，但只是一种关于"全能的立法者"这一最高权力的虚拟性的、悬置的设计。就是说，党国一体的总体格局下，此种"法理上的最高权威"与"实际上的最高权威"之并置与分立，而以后者宰制前者，使得此一政治设计多少只具有象征意义，从而，在类此转型国家，如何实现"法理上的最高权威"与"实际上的最高权威"的统一，遂成转型进程中将要解决的一大难题，也是"最高权力"兑现为"权威"的枢机所在。名实之间与文质两端，端看政治诚意和实力比配，走一步看一步，赶一程算一程。

其次，"立法拜物教"几乎成为一种思维定式。基此定式，以为一切社会、政治事务均可诉诸立法，网罗于立法，托付于立法。经由立法，不仅一切社会关系网罗殆尽，甚至精神和意义世界亦可规范其间。刻下汉语世界通常所说的"法治精神"云云，堪为语词表征。进而，生活世界的不完美和欠周详，不是因为法制插足，恰恰相反，是法制尚未进臻于法治，抑或，无法可依，有以然哉。否则，一个法治的世界必将出现，而法治的世界就是美好人世的最高境界。因而，立法，大规模、高密度、盘算利害得失的立法，成为现代之征，亦为现代之累，实为现代早期的理论家们，也是近代中国的立国者、立宪者们有所预见，而终究未曾料想到的现代治道的病症。从清末大规模变法修律，引植西法洋规，到立基于此、再接再厉而编纂"六法全书"式的法律体系，再到津津于"初步建成社会主义法律体系"，其间一脉沿承的是借由法制编织人世、借助立法来护卫统治，从而，以伸展政制的政治功利主义。同时，不期然间表现出建设现代民族国家就是将它打造成一个法律共同体的宏伟德业。现代民族国家不是别的，恰恰就是一种表现、交托于法律共同体的全体国民和平共处的家国天下也！

最后，由此顺流而下，理性，大写的理性，于是成为人间立法者之所以全知全能的奥秘所在。具体而言，之所以"立法"和"立法者"具备此等品格，就在于它们秉具世俗理性主义的法律价值取向和经验理性的法制实践进路。所谓"科学立法"这一惯常表述所表征的，论源头，论机理，正为此种理性主义立法进路主宰立法进程的结果。其之昭然而欣然，却全然忘却了法律不外乎人情，而人情蕴含于传统这一颠扑不破之理。进而，也似乎忘却了，传统，以及一个保存和尊重传统的人世，才能赋予其人民以安定、安宁与幸福，而这恰恰就是法律的衷心所愿。由此，此种"全能的立法者"进路在高扬理性的同时无异于承认对于卑劣的人性没辙这一窘迫，道出了"解放"后的人类却反而无助无力之悲喜交加，进而，它说明任何秩序，特别是政制和政治、法制和法治，必须具备凯尔森式的基础性规范及其神性正义方始享有正当性和合法性的万般曲折。同时，它还抖搂出"自立自主"的人类其实内心依旧渴望归附和依恃之孱弱身份。其实，人类的理性不足以独善其身，也不可能驱逐超越的意义膜拜，特别是无法排斥伦理的根本价值。因此，世俗理性主义的法律价值取向和经验理性的法制实践进路，不仅是对于"全能的立法者"这一正当性世俗转型的迎应，更是对于它的悄然但却决绝的修正。接下来，以百年中国为例，就"世俗理性主义的法律价值取向"和"经验理性的法制实践进路"，分别详加解释。

## 二　世俗理性主义的法律价值取向

百年之间，传统帝制道统坍塌后的各色法律意识形态，不论具体内容如何，总以人事和人世归拢法统，一统于"利害得失"的现世安排，并以此辖制立法和司法，进求完整重缔现代人间秩序。因而，其得谓一种"世俗理性主义"，而于法律价值取向的重大转型之际，展现了背后有关人类的法律形象的认识论变革。就是说，将一切法制安排围绕着俗世邦国、此在人生及其得失、甘苦来打转，构成了晚近中国立法的核心主题。而且，这个俗世邦国是一个远非完善的处所，此在人生更是充满种种缺陷甚至罪恶；特别是构成这个俗世与此在的"人"，彻头彻尾是一种自利的存在。争因利起，法为绳矩，主旨不外禁争止纷者也。当然，这并非无视国共两党治下，政权维续蔚为重中之重，一定意义上，竟或成为一切立法的根本目标所在，反而将邦国与人世撂在了一边。毋宁，只是想说，所重既在"政权"而非"教权"，则纵然一度既欲为君兼复为师，也难以改变其之本身既为俗务复为俗物之性质，从而，无损于法制安排围绕着俗世邦国与此在人生及其得失、甘苦来打转这一基本判称。至于为此而叠加堆砌之纷繁华丽饰词，犹如纸包不住火，正需后人剔抉爬梳，于辨别中求真相。这里，兹分下述四层，递次解说。

## （一） 欲望的正当性与追逐俗世利益的合法性

世俗理性主义以重塑人性来铺展法制，导致汉语法意中法律上的人类形象出现了一种认识论变革。本来，古典中国的传统礼法结构以伦常为本，视芸芸众生为可得塑育的仁性存在，不仅动用法律以止奸宄，而且更在于借此启发和劝引人性向上，将刑礼贯通一体，并最终导向德性人生。由于此种仁性存在立身于人伦之中，则其仁性和人性当然只能显现和发挥于伦常，在血缘和姻缘缔结的人伦圈子里打转。家国天下概念的重要性，正在于为此提供了递次扩展的基本背景。由此，近世西方式的个人概念遂不见于礼法秩序，毋宁，其善恶与仁伪均落于伦常语境下的情义往还，而权利义务自在其中。进而，人间之法不是别的，实乃揆诸天理、准诸人情而后成，所谓"一本于至公而归于至当"，既为自许，亦在自期，而目的还是在于推行道德、弼成教化。其更为深广的背景则是家国合一、政教贯通的大传统。因而，礼法秩序的基本格局是德主刑辅，明刑以弼教，将法律吸纳于礼法结构，并不主张单纯纵用制定法，也不主张一味任用诉讼。虽则在纵深处，立者或许莫不对于人性持有深重的疑虑，但就缔结礼法结构的用世之心而言，还是以悲悯情怀返顾自身，希求于日常礼教的践履中让人性获得应有的教化，于讲求礼仪和礼义中预止争意和争议，实现社会关系的协和，擎领人生的安宁。因而，古典中国的传统法律形式蕴含于律令格式典科比例等多种形式之中，它们以具象规则的林林总总承载并宣谕着礼法秩序的伦常精神。[1]

晚近一百多年来，古典帝制道统坍塌，附着其上的法统亦且解体，包括

---

① 此"礼法结构"，就其一般社会心理效果而言，还是陈顾远的概括最见透辟。如其所述，"以礼为内涵，以法为外貌；以礼夸张恤民的仁政，以法渲染治世的公平；以礼行法，减少推行法律的阻力；以法明礼，使礼具有凛人的权威"（陈顾远，1977：367）。黄源盛梳理清末以还的法制变革，概举四项，以为端绪。此即"由天人感通到人本实证""由诸法合体到六法体例""由家族伦理本位到个人权利本位"以及"由父母官型诉讼到竞技型诉讼"（黄源盛，1998：254）。

清末变法修律、民国政体之构建六法体系与近年之声言"建设法治国家""建设社会主义法律体系"等，实际等于自理念、价值和体系上另起炉灶，再造法统。就初期用力和政体态势而言，其基本用意似乎均在于拆解礼法结构，将法律自伦理精神中解放出来，强调和铺设法制的自足自恰品性。因而，民国政体和红色江山分属两种现代性方案，取径不同，但均为这一浩瀚进程的前后接棒手，而沿承此绪以图现代性意义上的重建和复兴，则属一般无二。职是之故，在基本理念层面，就中国现代法制的主流进程而言，一方面，对于人、人性和人的需要等作为现代法制理念基础的基本概念的正当性重予肯认，将人从一种仁性存在还原至此世性的"恶"的本质，自"斗私批修""狠斗私心一闪念"这种现代"存天理，灭人欲"式的自讼，拉回到社会的人，甚至还原为生物的人。其结果是个人权益变得堂堂正正，私欲、私利、私权、个体尊严等一干项目，成为不证自明的真理。就此而言，自近世西方不断阐释的"自然状态"语境出发，而以中国一百多年来法律上的人类形象的嬗变为例，正不妨说，所谓的世俗性不过是对于人的"自然社会性"的重新适应与现代展示，而且，这是一个复杂的文饰过程，动用了诸如理性、自主性和情感（乃至西式"公民宗教"）等诸多解释工具，使得世俗化的进程同时是一个发掘人的公共性的历史努力。

另一方面，承认人的欲望的正当性和追逐世俗利益的合法性，导致对于法律持取一种实用主义与工具主义态度，法律在成为不折不扣的利益分配规范的同时，具有了可用性和有效性。问题只是在于，如何经由法权安排和程序主义，实现其间之攘让有道、进退裕如。实际上，充溢于整个现代社会的物质主义气氛，对于眼前实利的追求，乃至"物欲横流，人心不古"，赤裸裸的拜金主义、犯罪率上升和社会对立乃至不无夸大的"社会崩溃"，也一起同步登场。以中国晚近三十多年来的市场化进程为例，物质主义，伴随着政制层面的腐败，翩然自得，振振有词，遂于印证这一"人类形象"之际再度推进了其认识论转向，彰显了将世俗主义的伦理诉求递次坐实于法权主义的理性安排的现实意义，而这同时也就是一个培育与发展其公共性的进程。于是，基于人性恶的预设而希求经由法制和道德的联手以达成人性善之预期，遂成较为晚近以来海峡两岸中华文明法制秩序的基本人性论取向。台岛存留的民国政体之下的法意系统于此保留较多，而激进共产革命后的大陆着手此间整合，实为将法律自伦理精神中解放出来后之再度有机整合，并向"传统文化"低头和回归，概为最近十多年间的事情。想一想曾经概为"四旧"和"封建迷信"的清明祭扫和中秋团圆，竟然经由立法而成为法定假日，则其间之转向不言自明。实际上，"以法治国"和"以德治国"在官方话语中之联袂登场，动机和用心均源于此间历史纠结。凡此再度说明，法律概为一种规范体系，但同时必须是一种意义体系，二者合一，方始蔚为完整之法制，也才可能建功而见效。而且，此种"意义体系"必定和总是一种地方性的生活之道，以地方性的生存智慧展现着普世的德性意义。

不过，颇为吊诡的是，这种对于现实人生层面的物质主义的证成，是以对于本质层面形而上的个体，个体的独立、尊严、自由和幸福的自由主义式捍卫来进行修辞的，也是以此来开道的。从而，对于人的物质性乃至生物性的肯认，其实反映了对于人自身的神圣性的膜拜，恰属典型的近代自由主义的个人主义人性范式。通常流行于口语和学术性论文中所谓的"大写的人"，乃是这种自恋性的自我膜拜的俗世文本。所谓法律是以个人及其权益为目的的自由主义法律话语，关于"权利本位"还是"义务本位"这一所谓"法律本位"的伪命题的看似热闹的争辩，特别是对于"权利本位"的辩护之豪情万丈与庄严悲壮，皆因此种问题意识而来，也皆为解决这一看似对立而实则统一的命题的枢机。世俗化旨在肯认人的私性存在，却以开发其公共性为条件，并以此为指归，道尽了"神""俗"之间的藕断丝连。

## （二）法律是安排世俗权益的调处机制

祛除法源的神圣含义及其合法性源泉的神格，是随着人类形象倏转，现代性语境下近世法制所发生的一大转向。由此顺流而下，法律成为世俗权益的安排机制，包括"治国安邦"这一最为宏大的世俗权益在内，道尽了百年来国人对于法律的基本预设和预期。① 而且，愈往晚近，此种世俗化倾向愈益鲜明。通常语词中所谓"运用法律捍卫自己的权益"一类公民主义的庄敬宣示，讲述的不过是将法律视作现世权益的安排机制这一世俗理性主义。此处的"神圣含义"和"神格"，就中华法系及其现代转型而言，更多的是在一种比譬的意义上，而非纯然宗教意义立论。毕竟，中国文明早在周秦之际即已告别法权的神权赋格，而转为一种天道自然的人文主义。其源于神权而后却又祛除宗教色彩，构成了古典中华法系的一大特色。天叙有典、天秩有礼，

---

① 当然，毋庸讳言，"治国安邦"在百年国人心中总能荡起一汪心潮，进而具有某种"神圣"之感，一种油然而不能自己的庄敬之意，有时候，甚至是一种命运相关的悲怆感，就在于"邦国"作为一种秩序的给定者乃至意义的赋予者而非意义的接受者，一种安身立命的地理、历史和文化、政法单元，在此俗世依然享有某种神圣性质。所以，爱国主义和民族主义总能鼓荡豪情，激扬斗志。

本根不在单一人格神，毋宁，乃为一种人事上的自然神，以超越而抽象的天意观念作为自己的精神王国。而且，天人感应，天人相通，遂有"天听自我民听，天视自我民视"之谓，造成古典中国传统法制的自然法精神。"天道自然"构成了古典中国法制的价值取向与精神品格，而落实于自血缘和姻缘下手，以调处家国天下的俗世作业。因而，所谓的"神圣含义"和"神格"，主要意指伦理的绝对正当性与法源之不言而喻的"奉天承运"，从而，祛除法源的神圣含义及其合法性源泉的神格，就主要表现为摆脱伦理的绝对支配性，剥除以"天意"来"自我赋权"的矫僞，恰与前文"全能的立法者"之取替"全能的上帝"互为表里，两相贯通。20 世纪中期以还，相当长时期中，基于历史主义和唯物史观的马克思主义法律观与分析实证主义法理学通行于世，蔚为通说，不仅是政治意识形态强力宰制人间的法制使然，也是世俗理性主义恰好流行于世，二者暗通款曲、合力作用的结果。

实际上，一百多年的转型至今，在一般法理和国民的法制愿景中，对于法律的期待多集中于其俗世功能，亦即组织邦国、打理俗世人生的效力和效率。其中，提供公平正义，让人世有个讲理的机制、讨个说法的程序，进而让人生有个活法，蔚为核心。这是一般国民对于"国家的法律"，也就是此在而又凛然的人间规范的基本要求，凛凛然，战兢兢。从学理上来说，一般性地提供分配正义，特殊性地落实校正正义，普遍性地保护交换正义，具体性地祈求结果正义，是全部法制提供正义这一公共产品的四大论域，也是实现正义的基本机制。由此决定了法律不过是利益博弈的产物，立法成为利益博弈的过程，一如司法是基此实现校正正义的程序主义安排。因此，法制之输送正义，必以对于各种权益的正视及其选择为前提。此种"正视"不仅是指借由制度性安排来分配正义，而且是在已然发生利益纠葛和价值冲突之际，法律作为"灭火器"或者"导流管"，疏导冲突，清理纠纷，重构格局。换言之，利益多元、泾渭分明之际，法律一方面否定、排除或者压抑应予丧失的价值与利益，另一方面肯认应予扶持的权益主张，而对于相互对立、不可通约的各种权益，其基本理路则是竭尽寻绎之力，于肯认每一权益的正当性的同时，抽理出最需肯定的价值，也就是提炼出正义。其实，许多情况下，所谓法律正义只是一种化解"正义的冲突"的机制。正义本身形态纷然，从自然正义、政治正义、法律正义而社会正义，组构出这个纷纭人世的纷繁公共诉求。它们纷至沓来，并进而牵连出隐藏其后、作为宏大背景存在的法律治国、道德立国与自由立国的不同语境，翻转过来影响着对于法律正义的界定，决定了法律调理俗世人生的有限性。

往纵深里看，此一进程亦即以正义、公义伸言法理的过程，也是将法理归附于正义和公义的思想作业，一种将天意消隐于以利益为本质的公义实现进程的运动，展示的是公理观战胜天理观这一现代性转向之影响及于法制的情形。但是，公道即天道，公理即天理，也就是自然。因而，经由公开说理和理性论证来求取公道，带出了立法的民主化和司法的公开性等一系列现代治道项目，可谓顺乎天道自然，而终究成为新时代的天道自然，最终道出的是法为天下之公器这一煌煌公理。

## （三） 实用主义与工具主义的法律观

在"法为天下之公器"的总体谱系中，关于法律的基本品性和功用，晚近百年间同样出现了一种价值论变革。本来，古典中国的礼法格局下，法律在于明刑弼教，定分止争，而以人世生活的和谐为旨归。晚近以还，这一基本思路未见重大转变，但却更具实用主义色彩，乃至变成赤裸裸的工具主义配置。由此，即以晚近三十来年为例，最大的变化就是，一方面，不仅立法者将法律视为调处纠纷、分配权益的实用工具和标准程序，力求其标准、实用、精确和效益最大化，甚至有所谓"定罪量刑软件"的开发与应用这一天真而认真之举，一种赤裸裸的现代商业技术主义边沁式想象；而且，另一方面，"普通民众"慢慢地对于"国法"也不再心怀敬畏，毋宁，自"王法"而递降为"国法"、而"人民的法"、而"当事人的法"之际，法律不再仅仅令人生畏，相反，至少在一部分民众心目中，却是一种可得援引利用的工具。年迈公民将《宪法》捧于心口以抵挡"强拆"机器的场景，虽然彰显的是弱势民众没法子的法子，但何尝不是守法者同时就是、应当是立法者这一公民共和主义的身体宣言呢！

有趣的是，通常对于法律的"阶级本质"或者"权利本质"、法律的精确性与可预测性、立法的适当前瞻与定罪量刑的"教育意义"各式命题所进行的法理层面的论述，正透露出以法律为利器的实用主义心态，同时却又反映了希望法律担当起天下之公器的理性主义工具论诉求，而折射出万众呼求社会公义的价值论公民理想。一部《论语》治天下的古典圣贤主义，悄悄地转换为"依法治国"万事大吉式的实用理性诉求。也就因此，法律不过是民意的表达这一近似共和主义的契约论话语，作为法律是"表现为国家意志的统治阶级意志"的列宁式论断的反拨，虏获了民间和学界，甚至一定程度上也获得了部分官员，尤其是年轻一辈新型官僚阶层的认同，并在近年的一些立法程序上有所体现。在此背景下，这一工具论诉求夹杂着呼求社会公义的公民理想，自学界、官方渐于民间，于是，我们读到了"运用法律武器"保护自己的权益这种表述，也看到了 2004 年北京 63 岁老人黄振沄手持《宪法》捍卫私人产权、抵抗强制拆迁的悲壮场景，听到了运用法律捍卫国家利益，乃至进行所谓"法律战"之类的吼嚣。其行渐远，"法治"被滥用到无以复加的地步，以至于城乡处处出现的"依法治县""依法治乡""依法治校"，乃至"依法治院"（医院）、"依法治场"（火葬场）的各色横幅和标语，令人心潮澎湃。①

进而，同样吊诡的是，"法治"似乎曾经获得或者正在愈益获得其庄严与神圣品格，而且，如果说这一"庄严与神圣品格"在当下中国尚未变成现实的话，那么，在憧憬者的心中，它一定已在世界的某地，如笼而统之的"西方国家"或者"发达国家"获得了自己的定在。要不然，作为一种理想，它肯定具有自己的真际，憧而憬之，心向往之。正是在此背景下，一种简单化约式的思维于是主宰了人们的心灵，以为一部立法即会解决问题的"立法拜物教"，甚至脱胎自"半部论语治天下"的"一部宪法治天下"式思维，曾几何时，挟风带雨，裹胁了整个中国法学界，凡此种种，还是以实用主义和工具主义看待法律的价值论反映。

正是在此相反相成的两面情势夹击之下，如同"改革"大词，"依法治×"俨然成为一种政治正确。于是，随意涨价成为"理顺价格体系"的"价格改革"。例如，汽油涨价即以"与国际接轨"为帜，而正如论者所言，"由于顶着'改革'的名义，并且资源紧缺已成为全球性的难题，发改委主导的油价政策在专家和政治层面获得了充分支持。但如果仔细分析，在过去两年间，以产品油价格上调为特征的'油价改革'，并没有涉及价格机制的核心问题"（岑科，2006）。又如，以剥夺公民的横向联合行动权为特征的所谓"严禁集体上访"和诸多"不得"，反倒呼曰"法制改革"或者"法制完善"，而民众抱以极大兴味和希望的"听证会"，也变味成为推行行政意志的伪程序，北京出租车涨价便是一例。凡此种种，一一假"法治"或者"改革"之名大行其道，将真正指向法治和改革的公民理想击得粉碎。此情此景，多少有些像当年邦雅曼·贡斯当在一部著作中对于德·马布利神父的嘲笑："我们可以把他视为无数善意的或者恶意的蛊惑者的代表，他们在高高的讲坛上、在俱乐部里和在小册子中，大谈民

---

① 2006 年 7 月，笔者在天津街头看到一条横幅，上书"依法建绿，依法治绿，共创美好家园"斗大宋体。同月，有清华法学院学生回乡，目睹村头民宅墙上大书："坚决治超，依法人流。"倘若照此演绎，法律必成为刻薄寡恩的李斯范式，谈何"法治"。

族至高无上，结果是让公民更加驯顺；大谈人民的自由，结果是让每个人都陷入彻底的奴役状态。"（贡斯当，1999：310）

我们知道，立宪主义的精髓不仅在于分权制衡，也不仅在于代议民主或者依法行政，其根本精神其实更在于申说政府权力有限，永远不得侵犯公民的基本宪法权利，所谓天赋的人民权利。以此立照，《突发事件应对法》立法者的辩解，发生在倡言法治的总体时代背景下，并且于此寻求或者获得了实在法的合法性，也都在"法治"百货店里购买到了绚烂行头。凡此种种，迫使思想不得不转向对于世俗化进程中的改革本身及其诸多具体举措的合法性和正当性的追问。其中，鉴于法律与国家的血肉关联，国家是一种什么样的存在，"为何要有国家""如何才有国家"与"国家应当为何"，是法制的世俗理性主义必须面对和回答的重要问题。

## （四）国家作为立法者，以及一种立基于公民共同体的法律共同体

就近世西洋语境而言，"世界"坐实为"国家"，实为世俗化进程的最大成果。就中国文明谱系来看，置身晚近五百年现代文明大转型的滔天洪流之中，奉天承运的家族"王朝"一变而为"人民共和国"，将此国家具体化、此世化和政治化了，也"现代化"了。由此，爱祖国甚于爱灵魂。进而，国家/朝廷不再是神圣不可侵犯的超越存在或者绝对权力，相反，不过是公民的政治共同体与国民的法律共同体，一个公共产品（包括立法）的提供者和维护者而已。换言之，人世总需公共产品，置此时段，国家担当此责；若果国家力不恪责，则另择他者，亦在情理之中，并无万世一系、不可更易的神圣存在和唯一秩序源泉。因而，国家和国民，政府与公民，各自两相对应，不仅是基于"命令与服从"关系组织起来的统治意象，一种政治共同体，而且是一种奠立于契约关系的法律共同体，决定了国家只能是一种世俗存在，而非伦理共同体。"行走于地上的精神"这种黑格尔式国家，似乎只是一种后现代式的嘲讽了。其间，国民的赋权之形成国家与公民的赋权之组建了政府，是民族国家与民主国家这一"双元革命"的最大政治成果。它们作为一种思想遗产，早已成为亿万国人的国家观和政治观，并表达为经由立宪而立国的法律观。

如此这般，此在国家，不管它有什么名头和行头，也不论诉诸何种意识形态修辞，早已不再是什么神圣存在了，无法再装神弄鬼了。毋宁，是国家政治中"公民的自我组织化生存"的巨型结构，也是国家间政治场域中"国民的自我组织化存在"的法律形式，演绎的是现代民族国家从出现于中华大

地到迅疾进入庸常时段的百年进程，还是一个世俗理性主义的故事。不论是何种存在，其为世俗存在，一个具有自己的利益和诉求，并且需要回应其成员的利益和诉求方能存续的俗世存在，则为确凿的事实。在此，如果说两岸分治后与"一国两制"架构下的一部分公民"用脚投票"，表明的是公民自觉进行的政治认同的话，那么，"移民"所表现的则为国民趋利避害的国家认同选择。情形有别，道理则一，就是说，国家丧失了对于其人民的人身和心灵全盘辖制的合法性，仅仅是一个世俗的政治和法律存在而已。实际上，国家主权的法律建构特性和历史、文化归属的法权满足形式，以及立法者借由法典实现国家政治安排的现代治理机制，在将其浩瀚复杂尽情展示的同时，反倒成为其世俗性格的自我说明。特别是主权及其组织形态必须具有自己普遍主义的法律形式，不仅说明了民族国家是特定共同体的历史—文化归属的法权满足形式，而且表明一切法权安排实际上不过是表现为当下存在的历史存在（许章润，2008a）。

进而，不仅政治不再是不可过问之事，国家作为俗世的立法权垄断者，却绝非第一立法者，也是昭然之事实。就是说，国家之上，尚有"天道自然"；国家之外，还有国际公民社会与全球伦理。所谓的国家理性不仅是国家心智的高尚形式，也是国家心性的政治表达，而且，是公民理性规训国家的渠道，也是立宪理性组织国家的机制。实际上，"现代中国"一百多年来的自我呈现大业，同时表现为立国、立宪、立教和立人的同一进程，既在印证这一认知，同时，并将其作为一种世俗事务的性质，展现得淋漓尽致。其间，就本文的主题而言，不意间循守经验理性的法制进路，以组织国家、开展政治和作育法治，突出彰显了世俗理性主义的实践能力和行动性格。

## 三　经验理性的法制实践进路

如前所述，仅就"1978"之后的又一个三十来年的历史进程来看，以回归常态、重过柴米油盐的庸常生活为指归，构成了法制和政制的市民历史，而引导出一种政治进程，正不妨以"世俗理性主义"运动统而归之。实际上，三十多年的"法制现代化"建设进程，对此表现得淋漓尽致。

20 世纪 70 年代后期以还，法制话题渐成时代主题，不仅意味着人心思定，普通百姓寄望俗世规范提供秩序功能，安宁过日子，过安宁日子，而且它更主要地意味着中国政治回归常识理性，明白过日子是包括所有人在内的人世第一要务。如同"二加二等于四"之确凿无疑，过好日子是一切俗世势力或者神圣权威所不可压制的永恒人间愿景。在此语境下，究其正面效应而言，不妨说"法制建设"不是别的，不过是以世俗理性归拢人事、收束人世的必然选择，还生活世界于市民大众。借此努力，旨在重启政治进程，导引社会建设，重构俗常的政治、社会与庸常的万民世态，进求全体公民的政治和解与和平共处，为"过日子"和"过好日子"铺垫规范基础。也就因此，今天回头一看，晚近三十多年里，论是非，论策略，其所循沿的并非什么玄奥思妙想，倒恰恰是一条秉持经验理性，而以世俗理性主义为内核的庸常进路。算来算去，当此俗世，就算法制还可靠，还可能靠得住。于是，经验理性的法制进路蔚为倚靠，雏形初定。

## （一）终点明确的试错式立法

在此，首先比较一下整体的转型进路和具体的"法制建设"进路的异同，不无意义。回眸前路，不难看出，虽然晚近三十多年的中国转型的实际进程是以回归"1911"来往前迈步，但并非一开始即清晰无误地刻意追求某种政治、社会模式，甚至并无什么既定的政治、社会模式愿景。萦绕国人半个多世纪，而于 20 世纪 70 年代中期即已再度写入政纲的所谓"四个现代化"，代表的依然不过是"器物"层面富国强兵的追求。毋宁，这场标示为"改革开放"的社会文化转型，其基本立意在于更张体制活力，以有限度的变革赢回或者重建体制的合法性，以向世俗人生的有限度低头，进求体制本身的延续。一定时段内，它是并且只能是体制自身的有限度调适而已。经过疾风暴雨式的革命，政体转型有待临门一脚，中国社会有望渐入常态政治，虽然这是一个温吞的过程，也不见期待中的政治决断，但也并非坏事，至少，一定程度上体现了审慎这一政治德性。

因此，其基本进路秉持"摸着石头过河"的经验理性，向着"发展是硬道理"的前景努力，在试错中逐步前行，走一步，看一步。所谓"有斗争，有反复"，而其间至少两度危急，需要最高权势人物出面疾呼"坚持改革开放不动摇"，以求回旋纵深，便是对此所作的最佳说明。包括甚至一度不得不采行"南巡"的方式重启"改革开放"，说明铁腕人物的政治意志不仅直接决定了改革进程，而且，也是于"审时度势"之际，以"摸索"和"感觉"为凭，而后决然出手的。同时，愈往后来，愈益注重"理论总结"，希望于反思前路中得出一些规律性结论，以便堪为继续前行的绳矩。但是，不仅此种总结只能后来为之，而且，它们也还多半停留于"模式"或者"共识"一类的大框架，而不脱"经验"与"体会"的痕迹。即便如此，往下的路程同样取

决于继续 "摸索" 与 "感觉"，而绝不会为此 "模式" 或者 "共识" 所捆绑，也是可以预期的。帮闲文人式的嚷嚷 "模式" 之所以不受待见，官民双方、保守派抑或自由派都不领情，其因在此，而不止于此。

在此情形下，相较而言，就文本宣示一脉来看，中国法制的转型从起步阶段即已明确目标，即建立 "社会主义民主和法治"，似乎是经由设计，而非自然演化来强力推行法制 "路线"。此种发展，甚至一度有演变为 "立法拜物教" 的势头（许章润，2004：158；陈瑞华，2010）。但凡政治、经济、社会乃至科教文卫一切事务，大到治国平天下，小到整顿菜市场、调解夫妻关系，似乎均指向立法解决路径。从 "依法治国" 到 "依法治村"，一如 "以科学发展观指导××事务" 一样，层层铺展，一应俱全。从 "赶紧找人"，到年轻一辈百姓俗常话语中多以 "通过法律解决" 表达权利期待，城市新兴白领阶层更以 "有事找我的律师" 标榜或者自嘲，伴随着并且说明了这一社会历史背景，说明立法拜物教式的法制进路，至少在国民理念层面造成了巨大冲击，进而可能影响到国民的基本生活方式。就国家行为而言，连续二十年的全民 "普法" 和若干 "五年立法规划"，将此推向浪漫，将近世中国建设现代民族国家、缀合法律共同体的长程努力，演绎得悲壮而宏大。而且，整个中国的法学界，占压倒性的主流学思是以乐观的进步论为基础的法制现代化论，因而，法律移植遂成为立法思维中的不二法门，也是实际立法过程的凭借，甚至是主要凭借，反映了并且说明着这一 "立法先行" 理路。这一点，只要看看《物权法》和《反垄断法》等私法、社会法的起草过程，其之主要援引 "发达国家" 的立法例为据，即一目了然。

正是在此过程中，也仅仅在此过程中，对于西方法理念的接受常常先于对于其载体的规则的移植。理念和知识层面的反复铺垫，经久渲染，不仅唤回了 1949 年后积压长达三十多年的 "五四" 启蒙遗产，而且慢慢形成了规则移植的认识基础和舆论氛围，于是有规则和实践层面的落实。无论是宪政文化作为一种新型政道和治道之形诸宪法文本，还是 20 世纪 50 年代以还对于苏式犯罪构成理论的全盘接受，致其成为整个中国刑事司法定罪量刑的基本思维模式，进而影响到立法层面关于罪刑的基本设计，均反映了此种从理念到规则，进而下落至实践的纠缠。至于西方马列主义或者自由主义对于中国政法制度和市场经济各种选项的影响，更是东、西学人，华、洋两界，都耳熟能详的公案。

## （二）"成熟一个，制定一个"

可能规则已然建立，却无理念支撑，以致不得不再去寻绎理念资源，于理念和规则你追我赶的机制推动下，逐步缝缀、接洽二者，填充其间的空隙，最终蔚为制度和制度性实践。近年来，有关市场经济的诸多立法，包括"两税合一"和《劳动法》修订所涉及的法律规则的调整，堪为其例。其间，固有文化因素必然逐渐渗透，特别是经济、政治和文化心理的逐渐转型，为规则的成活并显效，提供环境条件，于规则和制度的本土化进程中，最终达臻秩序之外植而内生的蜕变。此种情形，正如王泽鉴教授在纪念《民法典》颁行五十周年的讲座中所慨言，法律文化的差异，必然影响继受法的适用，"移植的外国法需要在安定之政治社会中，经数十年之长期调整适应，始能落地生根"（王泽鉴，1991：8）。台岛情形为民国历史经历一番生聚后之时空变换的善果，大陆此刻似乎亦正在作此演绎，说明所谓转型虽无现成轨辙可循，却有类似的演化轨迹。

但是，话说回头，即使是这一"路线"，也是立基于经验理性和实践智慧，而以功效最大化作为追求目标，其实并无具体而确切的蓝图或者硬性"规划"的。前文说过，起步伊始，即已倡言"社会主义的民主与法制"，但对究竟何为"社会主义的"，不仅理论上难言清晰，实践上也是走走停停，一边做着，一边看着，仍然不脱经验理性主义的套路，总以找到一条活路为原则。因此，与其说是定语式的"本质"界定，不如说是宣言性的姿态，抑或，一种表达为偏正结构的合法性的饰品。而轰轰烈烈的"立法规划"与若干个"五年普法"，如同一切"计划"或者"规划"，它们总是赶不上变化，也奈何不了变化的。于是，总体而言，邓公式的"摸着石头过河"思路，如果不说是一以贯之的话，那么，也是在相当长的时期内，是包括"法制建设"在内的整个中国的改革路径依赖。实际上，仅就以立法为标杆的法制建设而言，所凭于此实践理性，实较其他为多。本来，置身急遽转型的当代中国，一切计划皆赶不上变化，"立法规划"一类的蓝图，终究是纸上治平。因此，从一开始，中国近三十年的法制建设既放弃追求形式完美的法制形态，也不采行整体性的解决方案，而秉持经验理性和现实主义，以所谓"成熟一个，制定一个"的方式，锱铢累积，行行复行行，逐步编织法网。迄而至今，仅从字纸层面来看，已然颇见成效，与"实效虚空"看似矛盾，而实则并行不悖。

也就因此，中国大陆迄今尚不具备"六法体系"，特别是私法领域仅以"民法通则"担纲，《物权法》虽已"出台"，《民法典》却迟迟不见落地，正是此种经验理性主义和现实主义进路的反映，而不完全是长期法律虚无主义的遗产，亦非否认完整的法律体系之为一种可欲的目标，或者缺乏立法技术性力量有以致之。否则，就不会津津乐道地自我标榜"初步建成了社会主义法律体系"云云。实际上,鉴于中国的地权制度改革迟迟难以坐实,一切物权其实均不过是有限所有权这一现实,以类似于当年民国政体下制定《民法典》的方式逐编递次展开,不失为一种明智之举。当其时,成熟一编,颁行一篇,最后整合成型,蔚为法典,事实证明,实为内乱连连、战火频仍之际,编织法网的可行之策,体现的同样是一种实践理性智慧。至于公法领域承接宪法规范的诸多下位法律之迟迟难见出台,"淹死霹雳春",则又另当别论了。

就法学理论的储备和法律技艺的磨砺而言,承接清末以还百年法意与法制的传统,积晚近三十年的经验,在立法层面上制定一部民法典或者承接宪法规范的诸多法律,编织整全法网,是中国智慧刻下所能担当与必须担当的。其实,只要看看当年对于《香港基本法》《澳门基本法》的高度重视,并以类似于 19 世纪普鲁士制定《德国民法典》般的理性主义进行整体性构造,图谋一种整体性的一劳永逸式的解决方案,而为"1997"和"1999"之后的一切预作安排,求得"万无一失"的立法寄托,则一切不难理解。问题只是在于,"政治的立法"是否乐见此种"市民的立法"单兵突进,如此而已。

## (三)政法不分

在此情形下,晚近三十多年间,借由人为理性对于程序正义和专业化的运作方式的培育,以法言法语作为法律交往理性的言说载体的努力,其实并不十分明显,而后随着经济和法制的发展,学界、民间和"接轨"压力的增大,方始逐步加大力度。就决策层的意图而言,甚至有意回避或者轻忽形式理性的建构,而更看重是否调动起来如臂使指,是否忠诚于自己的政治纲领。其与民间更为着意于实质理性和实质正义,学界之注重形式理性和程序正义,均不啻南辕而北辙。流行"行话"所谓"罪与非罪"看法律,"判与不判"看政治,说穿了其间的隐曲,道尽了个中奥秘。当然,其间尚存分际。即常态之下,或者,对于一般案件,尚能奉守程序理性,按部就班,就事论事,"按法律办事"。倘若判认事属非常,或者,身处非常之际,则不免图穷匕见,将程序正义抛却一边,"依领导的话为准"。民间诉议"打黑"蜕变为"黑打",正为有感于此而发,并非绝然空穴来风矣!其实,这不是"黑打",毋宁,一种不受控制的政治野心傲然发酵后,以天下万物皆役于我之目空一切、肆无忌惮、指东打西也!不料想,时移世易,此番表演和运作出现了"时代的错误",遂至不可收拾矣!

至少,就初期情形而言,此种取向极为明显。职是之故,长期以来,法律和司法以一种较为粗放的、非专业性的"机关"方式，甚至"运动"方式，① 兼行法律和政治功能，即"政法"任务，参与负担民族国家建设和政制稳定的当务之急，协助处理"改革、开放和稳定"之间的平衡，离不开"法制建设"和"维护大局"关系的思考。迄至解决农民工欠薪白条、城市拆迁、涉法涉诉上访、奥运安保等，均须法院分担，则司法之为"清道夫""杂役工"，其实不言自明了。的确，在一个人口大国，以有限的资源提供法制这一公共产品，导致政法不分，一定程度上是对资源的有效调度，展现出应对眼前危机的现实智慧。但是，长远看来，则终究不敷真正的法治之用，乃至于走向法治的反面，也是可以料定的。

整体而言，此种工具理性取向和技术理性进路，其优点在于"务实"，秉持俗常理性和实践智慧，贯彻循序渐进思路，"不争论"，常常是退一步进两步，对于避免法律颁行之日即自我放逐之时，保有清醒的自觉。法律形式和内容"先进"，也"与国际接轨"，但却毫无规制实效，颁行之日即失效之时，这是近世西法东渐过程中，诸多后发亚非国家经由法律移植而构建自家法制之际，都曾经历的共同尴尬，也是中国自清末变法以降迭曾遭遇的难题。远如 19 世纪末土耳其和埃及的移植西方法律运动，近有 20 世纪的《埃塞俄比亚宪法》为例。正是在此背景下，清末变法在事实尚不具备之际，却将经由移植的规则和盘托出，以彰显中国之为"法治国家"，期于自新自强中摆脱外侮，其与民国政体之汲汲于"六法体系"，阶段不同，进境有别，而基本理路则一。两相比对，则当下中国的经验现实主义和世俗理性主义倾向，其理昭然。实际上，如前所述，民国政体下以逐编颁行的方式，积攒数年之功而最终形成《民法典》，也是一种经验现实主义智慧，各应其难，而利泽则一，即法律的可行性而非仅仅编撰形式之美，于此获得了立法者的体认，说穿了，不过是没法子的法子罢了。一旦现实政治层面告急，则法制设置，哪怕早已摆放了最为"先进"的法制条条框框，均随时可能倒退，至少，于搁置中宣告此前努力之付诸东流。在最好的意义上，其为一种工具，担当起缓冲机制而已。

## （四）法制作为一种缓冲装置

在此时段，政治资源的高度垄断一定程度上使得"调度有效""政治稳定"，社会基本处于有效整合状态，同时提供了诸如"优化资源配置"等经济

---

① 除开"严打"这一典型个案，其他如"集中执行月""集中解决超期羁押""集中解决拖欠农民工工资"，以及集中处理"毒鼠强"和"治爆缉枪"案件等，均为一种"运动式"司法。

发展所必需的基本秩序和公共产品。晚近二十多年来，年均两位数的 GDP 高速增长，亦且为此提供了实际佐证。最近三、五年间以"北京共识"为话题，关于"中国模式"或者"中国道路"的诸多议论，对此也有一些认真的学术性检视，在肯认其正面意义的同时，并将视野拓展，心胸放宽，从多元思路进行全面思考。

但是，不论如何，一个不可否认的事实是，由于低度的政治参与，普遍的无声状态，对于改革的大众参与的排斥，导致缺乏权力制约机制，结果造成权力私性化，腐败成为常态，国民的腐化随同政制腐败联袂而来。如同国际视野中强权驱迫，导致恐怖势力横行，战争和武装力量出现了私人化，权力的部门化和私性化，是近年来中国出现的一个严峻事态。事实上，凡此已经构成了对于体制建构努力的最大挑战，可能也是导向无政府状态的"抢劫式政治"，从而危及既得利益的社会政治解体的导火索。我们看到，在中下层官员的行政和执法过程中，权力的部门化和私性化几乎呈现为人身特征，利用手中的权力寻租成为转型时段的普遍现象，一种带有末世逃亡性质的歇斯底里。正如有人指出的那样，诸如张家界等风景名胜或者历史遗产，名义上属于公共资源，只应服务于公益，实际上却早成特定部门的"提款机""印钞机"。景区管理和经营者将公益资源当作私产盘剥，见证的是公共资源的恶性私化（张贵峰，2006；王飞，2006）。因此，一处一室，一所一院，一企业一公司——当然是国有性质的，简直就像是他自家的产业，横竖成了他私人的用品。①

凡此现象，说明现代官僚科层制及其基于特定职责的权力责任观念（accountability），尚未达及体制与人心，佐证了"政治中国"之为一个法律共同

① 甚至连大学校长这一职位，亦复如此。笔者不止一次亲闻校长大人们视校园如私产的土豪式宣示，形诸类如"我国""我公司"措辞的"我大学"如何如何。譬如，在一次教育部召开的大学校长国际论坛上，四川大学校长即一口一个"我大学""我大学"的，等因奉此，不一而足。更为下层的院系级党政芝麻官，譬如在下于役的法学院的恶霸党委书记，动辄以"我的一亩三分地"自嘲复自得，对教师凶神恶煞，迹近"土围子"山大王。在此围攻之中，教师于是成为疲于应付各种各样考评的不折不扣的"被管理者"，天天支出嘴力、上课的东西而已。看看当今中国大学校园里究竟哪些人说话腰硬气粗，哪些人掌握着批条子签字盖章的权柄，就知道谁是真正的校园弱势群体。说来悲哀，当今中国，大学教授们如果没个一官半职——而绝大多数教授们恰恰是老百姓——一个个近乎沦为校园里的弱势个体，真正是匪夷所思。——仅此观之，即与文明通则相悖，"世界一流大学"云乎哉！大学如此，中小学更是如此。所谓的"主管部门"出于自身利益考量，损害教师权益的事情，比比皆是，更不用提"上级领导"，哪怕是上级部、处一个嘴上没毛、满口龅牙的愣头青或者二傻子，驾临校园之狐假虎威，旗帜盛哉。在此官本位的全能主义集权体制之下，这也就是许多本来做学问的知识分子非要往上爬，混个一官半职的现实原因所在。

体仍然有待整全的论点。同时，它对转型时段的权力规制机制及其有效性，提出了严峻挑战，要求以开放政治参与来缓解权力的自我腐蚀倾向，而以社会多元化来分担社会、政治责任。在此基础上，方能运用法权安排来落实建制努力，整肃体制的离散，从而遏制公共权力的私性化势头。

另一方面，正是在此背景下，特别是鉴于急遽而全面的民主化过程可欲却不可能招之即来，也未必一定即刻具有建设性意义这一困局，于是，法制或者法治在此或可担当缓冲装置，并在一定程度上行使对于权力的驯化机制，有限度地，但却是充满意义含量、提供向往空间地，满足了各界人等的清晰或者莫名的渴望。略微往远看一点，香港在英人统治下固无民主可言，但却以法制遏制腐败，造成较为廉洁的政制和公务员队伍，保证了社会与经济的有序发展，并且随着殖民体制的终结，"政改"之势不可挡，必将最终迎来民主，堪为一例。实际上，纵观中国大陆过去二十多年的转型历史，政治强力的保障固然是延续政统，并提供基本秩序的最大因素，但是，所谓法制或者法治在此实际上扮演了不可或缺的作用。后者不仅为前者提供了合法性，而且缓解和释放了前者的诸多内在紧张，包括改革本身引发的诸多矛盾和紧张，至少是延迟了其不得不解决的时间，而合作上演了一出"以时间换空间"的喜剧。这也是中国近十多年基本实现政治、社会安定，从而获致高速经济发展的基本条件。其间情形，正如有人在总结"中国改革开放的基本经验和独特发展道路"时指出的，"不搞强制性制度变迁和'激进式'改革，而搞诱致性制度变迁和'渐进式'改革"，是中国转型的经验所在。"诱致性制度变迁和渐进式改革"具有较大的柔性，在改革过程中建立起一个个"缓冲带"，有利于缓冲和化解生活矛盾，将新体制增量推进，最后水到渠成，新体制确立。譬如对于公有制经济特别是国有经济，不搞"雪崩式"私有化，而是渐进式多元化，让新体制逐步蚕食旧体制，促进新体制的悄然滋长。（邹东涛，2005：409）其间机制之一，即"法制建设"也。

具体而言，以"法制建设"作为缓冲器，一方面抵挡和局部满足民众的民主化要求，另一方面则抵挡官场反弹和既有势力的抵抗。因为积二十多年的努力，法治已然成为最大的政治正确，特别是民心所向。而且，它是维护国家稳定，保障国际经济、政治交往的条件。一如发展经济，将蛋糕做大，成为各有利益，也各持己见的一切人等的共同的天下大事。因此，即便对"法制建设"不满，特别是对随此而来的限权、维权结果不满，也不会和不敢直接表达出来，更不会和不敢诉诸公开的媒介。正是在此语境下，一方面将政治问题化约为法律问题，包括作出程序主义的技术处理，如所谓的乡镇直选和行政诉讼，有限度地对于"民告官"作出法权回应，以免大家上火或者憋火，两败俱伤；另一方面，以"法制建设"贯彻政治理念，将政治意志表达为国家意志，使民族理想换形为公民理想，实施法制主义的政治统治和经济战略。同时，以"加强法制"或者"变法"作为政治的悄然而公开的形式，多多少少释放了政治紧张和社会矛盾，使得虽然温吞而缺乏政治决断，而且堕落到"花钱买稳定"式的政制依然为人们所容忍，事实上最后达臻的乃延祚之效。可能，事后再看，这也是一种"以时间换空间"也。

从而，中国的政治体制变革不是以政治革命，而是以经济转型为前提，以社会进步为依托，而以法制的增量性推进来逐渐渗透和有机发展的。法制的程序性和普遍主义形式化特性，回避了直接的政治改革可能引发的意识形态之战，避免了社会、政治生态的紊乱可能带来的灾难性后果，而将价值理性的推导付诸技术理性安排。也就因此，举例而言，"司法改革"以其程序性和技术性特征，首当其冲地成为"法制改革"的第一序列课题，一如其后由于号呼政治话语打破了"只能做，不能说"的游戏规则，激起政治敏感，终至事实上悄然停顿，乃至某种"反弹"。今天，立法体制似乎已然而且必将成为司法改革停顿之后，填补法律领域的实质性改革空白，获得人们青睐的改革对象，则游戏规则的熟悉和遵守，对于一切有志改革、"建设新中国"的参与者，实构成一道关乎政治智慧的严峻考题。

另一起突出个案，社会分层和"断裂"所逐渐积攒起来的，而以公民参与的缺乏累积、刺激而成的高度社会、政治紧张，最后却以《物权法》草案引发的思想交锋来展开，是谁也不曾料及的一种危机释放形式。对于贫富差别扩大、社会出现"断裂"这一病痛，以税制改革为切入点实施调节，并以加大对于民生的倾斜来促使政府公权力调度税收的二次分配，强化公共产品提供的力度和范围，以避免将此病痛隐藏的价值冲突和利益对抗死抵到头，终至崩裂，其实是一个较为不坏的路径，也是一种稳健而有效的法制主义社会改革路径。但是，《物权法》草案引发的政治讨论，恰可谓逆此路向而动，偏偏以反"不争论"的方式，将彼此均心照不宣的一层遮羞薄纱哗然撩开，而使化脓伤口展露于朗朗乾坤、光天化日之下。当然，揭示矛盾，梳理格局，追寻原因，才能最终解决问题，造成一种新的格局。但是，这是典型的政治方案，一种社会改革进路，其与彰显普遍主义形式化特征，而以程序理性疏导矛盾，并纳入规范的法制式思维，大相径庭。因此，其于问题的实质性解决固无助益，恰恰相反，是以法律人而承担了知识分子的天职，但就进路而言，却非专业法律人的选择。孤臣孽子，钻冰求酥，也是明明白白的。在此，有意思的是，一些自诩自由主义民主、法治拥趸的人士，对于从非法律人的定位而勇敢揭示《物权法》草案无法解决，因而只能回避的社会病痛之举，径以"反对改革开放"这种上纲上线的意识形态话语作简约化处理，往政治化牵连，或者以模棱两可的什么"左"这种定位将作者格式化，然后展开自己不着边际的批判，却忘了如此作业恰恰是一种"左"——如果此"左"即"文革"之"左"而非西方左派之"左"，而且，它违背了自己虚矫的"为民请命"的自由主义，实则民粹主义或者社群主义的基本承诺。至于以"不是搞民法的，不懂专业"为据强作解人，而罔顾清理和回应对方的实质辩由，更是入主出奴，冢中枯骨，自郐以下矣。当年金岳霖说科学是思想的节省，思想是生活的节省，认识和事实不过是自然的节省（金岳霖，2005：225）。借用这一表述，我们不妨说法律是社会的奢侈，是生活的复杂化，但却是政治的节省，更是思想的规避。论者用其奢侈，而弃其节省，更不懂规避，遂将一切复杂化矣。

因此，当此之时，在权力特别是中下层官员的权力出现私性化倾向，中央政府享有合法性，但却不足以制约地方官员的胡作非为，而意识形态的制约日渐式微乃至于无，有限的社会多元化并不足以形成对于权力腐败的强力制衡——此时此刻，凭借刚性的全能型政治为后盾的法制强力，调理公、私权力边界，抑制政治领域的"苏丹化"苗头与精英的寡头化倾向，消解下层阶级日益亢奋的民粹主义势头，提供基本的社会公义等公共产品，可能是未来十年左右的时段里，法律对于社会所能作出的交代，也是政制挽救自身的政治。也就因此，无论是从政治哲学，还是从法律之为一种世俗的人工理性和实践理性的角度立论，对于涉及重大价值分歧和利益冲突的社会、政治与伦理问题，均应诉诸公开、理性和具有广泛参与的争论，而不能径以"不争论"这一策略性修辞加以掩盖。退一万步说，即便秉持法律工具主义，那么，为真正发挥法律的规制作用，必要的争论其实也是有助于辨明做什么"工具"、如何用作"工具"等前提性问题，从而有利于"工具"效用的实现的。更何况，中国社会的发展已然到了应当大声发问"为谁"当工具、"为什么要做这样的工具"的时候了，如何能够"不争论"呢?!——千头万绪，亿万人的身家性命，正需要集思广益，怎一个"不争论"就能打发得了的。面对谁也无法逃避的生存困局，能够经常发生争论并且容忍争论的邦国，才是生气勃勃、充满希望的土地。否则，法律的工具效用也将因为前景晦暗不明而丧失正当性支撑，以致无法实现自己的既定目标，更不用说法律的价值前景了。

就此而言，立法本身对于社会公义的价值忠诚，分配公、私权力的调理能力，特别是通过保护社会弱势群体的基本权益，既防止社会分配差距扩大造成民粹主义对于基本社会秩序和改革进程形成破坏性冲击，同时遏制精英的进一步寡头化，便构成了转型期法制安排应有的基本格局，一种经由"致中和"而换得的解决问题的"时间"的吊诡机制。因此，其与俄罗斯在冷战结束以后完全秉持自由主义法律观，借助产权制度快速全面的私有化这一休克性疗法来实现公、私权力的重新调配，或者如东亚后起的发达经济体中曾经出现过的威权主义政体，以精英寡头化来实现利益分配和社会转型，异趣而旨同。

由此，我们可以看出一个颇为吊诡的现象。即在"改革、开放"的最初时期和最为隐秘的动机中，法制或者法治可能更多的是一种合法性危机的挽救装置，是提供新型合法性的宣谕橱窗。其实，"文革"之后中国政府之所以迅速重拾合法性，不仅借助于"平反冤假错案"这一出气机制与抚心手法，而且，同时也借由满足全民族痛定思痛，要求人世生活规则化并且具有可预测性这一心理需求，以法制为幡鸣锣开道。但是，究竟在多大程度和范围施行法治，以及对于法治本身与既有政治体制的相容与否等等，当其时，人们其实并无过多的理论准备，毋宁，姑认法制是专政的工具，也是改革的工具，以求两安。这也就是为什么每当出现秩序危机之际，在"专政"与"法制"之间，前者便浮出水面，或者借由后者以行前者之实。无论是以"严打"收拾秩序，还是以"扫黄打非"行钳口之效，均为应急之举，而无一不是以法制名目推行。正如贪官供述，"法制"是用来糊弄群众的，别当真。

## （五）从"假戏假唱"可能过渡到"真戏真唱"

但是，问题在于，既言法制或者法治，则名实之间势成双刃之剑。久而久之，"信仰的姿态"变成"无言的爱"，法制成为朝野一致的共同认同，尤其是民众借以护身的现代符咒，也就是顺理成章的了。用黑格尔式的表述来说，所谓物自体的自我发展以对于自我的定在而告终。君不见，北京的老大爷将宪法捧于心口，欲凭肉身抵挡蛮横拆迁的钢铁铲口。活跃于乡村的"赤脚律师"，更是以法律为护身符，讨"说法"，要"活法"，而无一不是凭诸"立法"。即便是大小官员，一方面特权弄法，另一方面却也指认"外国法治好，办事规规矩矩，反而危险性小得多！"只不过基于自身利益，能不守法就不守法罢了，可是也确实认同"法治"是一种较好的秩序安排方式。由此导出的一个基本经验是，对于法律从业者和一般民众双方而言，在类如此刻中国这样一个转型社会中，不要因为政府初期对于法制的"借用"（梁漱溟，1992：457）而对法制行于国中顿失信心。须知，此为双刃之剑，积久生信，"假戏假唱"逐渐变而为"假戏真唱"进而一变为"真戏真唱"——那时节，所谓"人生大舞台，舞台即人生"矣！考诸台、港，情形似乎亦且如此；放眼韩、马，格局正不出此格。

可以看出，愈往后来，此种"经验理性"进路的缺点愈益明显。迄而至今，凡此缺点已然成为进一步改革的障碍，非唯缺憾，直是有害。因为晚近以来，特别是邓小平 1992 年南方谈话以后，随着中国加入世贸组织，日益融入世界经济体系和政治体系，乃至在未来不得不担当大国责任，于 G8 与 G20 之外再摇身一变出来个 G2，于"太平洋文明"时代迎接一个世界历史的中国时刻，要求在国家政治方面转变治理方式，更多地循沿程序理性，势在必行。不仅国内经济和社会发展对于权利保障及其可预测性提出了更高要求，而且国际社会对于中国之为一个正在崛起的大国的基本政治价值及其法制安排，同样赋予了更高的期待。虽然中国的一些基本法律早已具备，但法律体系尚待整全。特别是诸多市民社会的事实（Physis）已然出现，却无规范（Nomos）可得规制，导致不仅社会生活由此无以措手足，因而或者师出无名，好事难办，或者导约无矩，坏事横行，而且，整个社会生活缺乏可预期性，特别是政治参与热情缺乏导约的程序主义法权安排，最终势必影响经济发展与社会进步，从而，危及政制与政治本身。

实际上，晚近三十年里，法制和法治成为全体国民的政治和社会愿景，反映了转型收尾时段公民憧憬之逐渐政治化，也逐渐趋向于成熟，要求政治社会和正派社会登场，吁求承认政治与尊严政治。仅从法律实证主义和规范论观察，不妨说，现代法制初步成型，其标志是：首先，法律文献大量出台，基本覆盖了社会生活，社会基本生活有法可依。虽说作为市民生活的百科全书的《民法典》尚付阙如，但是，民事法制的基本进程尚算良好。其次，法律的系统化、体系化过程正在进行之中，而且，随着人们对于它的期待趋于正常，反而使得技术性操作有可能从容进行。再次，具有职业司法人员和职业律师阶层的等级制司法初步成型。最后，一个受过学术训练的法学家阶层出现于学术共同体和社会生活共同体，发挥着意想不到的启蒙作用，其于养育法律职业共同体的同时，成为法律理性的坚定守护者。实际上，法学家阶层的出现，在印证了刻下汉语文明人文知识分子的整体性衰朽的同时，表明随同移植型法制而来的法意熏陶下的法学家集团的自由主义价值立场，早已成为中国社会的核心价值。当然，虽说如此，基于下列诸项原因，同样还是在规范实证主义立场观察，距离成熟的法制和真正的法治，尚有相当路程。第一，有法不依成为社会通病，在表征法律的无效和政制的腐败的同时，说明全民性的物质主义同样是国中一景。第二，司法不具备独立品格。第三，法律文献的基本品格依然为舶来性质，如何切合现实人生与人心，尚待砥砺。第四，尚有诸多社会生活处于法律真空，特别是私权保护、合宪性审查等领域。从公法来看，作为现代国家治道与治式一体化的宪政文化尚付阙如，更是对此提出了严峻质问。从私法来看，《民法典》之所以迟迟不能出台，不仅是因为转型社会，一切尚未最终定型，特别是涉关社会—政治形态的某些根本制度性设置，如土地所有权定位，尚未走到水落石出的地步，因而难以规则形式提前做出归置和规制；同时，又何尝不是因为基于将自我利益置于邦国整体利益之上，人为阻遏，使得更为深层的社会和政治变革难能启动，有以然哉！特别是产权关系囿于政治安排，无法做出符合市民生活一般交往需要的突破，使得作为市民生活百科全书的《民法典》左右失据，并无深层制度性设置支撑，无法排闼出世。第五，家长式的法及其有限性。第六，特别是缺乏"最高法"的概念及其人性概念和信仰体系，阻碍了法治文化之深植于人生和人心。

基此，"立法"——以规则反映甚至预先设定事实，并非全然"观俗立法"，依然是今后相当长时期内中国法制的基本进路。此一进路并非上佳之选，毋宁乃不得不然。由此，关于法制或法治之为一种自生秩序，于演进中慢慢长成的定说，与外植的进路如何深融于本土的变迁，而渐渐浑然一体，中国文明近百年的实践，特别是台、港的区域性成功经验和近三十年大陆的摸索，正在并必将对此做出新的诠释，而呼唤一种具有深切历史感和庄敬伦理的法律文化。

## 四 市民立法引发超验追问

上文所论，展示了"中国问题"的法律意义的复杂性，由此决定了现代中国法制进程的一波三折。也正是在此背景下，饶有意味的是，正如晚近西洋国家与法的世俗化进程伴随着财产和契约的超俗化乃至神圣化，一个多世纪以来的中国法的世俗化，其实同样伴随着另一种神圣化过程，包括对于个体自主、平权主义、意思自治、私权神圣、私有合法财产神圣不可侵犯、契约神圣等精神价值和法律理念的膜拜，并予以繁复的话语再造。民族国家成为心灵中最为圣洁的供物，也是包括整个东、西方在内的最大的人造神祇；

爱国主义成为一种让人热血沸腾的集体认同，反映的是另一种造神运动，另一种以世俗之物反世俗化或者拆解世俗化的努力。凡此一切，总体招供的不外是人世缺失了超越之维，则人世反而失去了放置之所；人世若无神圣价值，则人生顿失意义；法律没有超越之维，则法律亦将不法。总体而言，即无法是因为无天，无天自然无法。这说明世俗化不仅未曾一了百了地解决现代性的全部问题，相反，暴露或者添加了许多新的问题。其中，一个悬而未决、有待解决的最大问题是，人生需要超越性的意义标准和核心价值，关键在于这"意义"和"价值"是什么？以及，"为什么"？"中国问题"内涵的四大指标，即"发展经济—社会，建构民族国家，提炼优良政体，重缔意义秩序"，以"意义秩序"最为艰难而耗时最久，必待前述三项已成而后成，缘由不止于此，而主要在此。

## （一）独断论话语与神圣性论断充斥法典

粗略检索晚近三十年的立法便可看到，一方面，随着意识形态的被迫祛魅化，因为直接承担着现实的权力规制、提供公共产品的责任，特别是需要有效应对市场化的现实冲击，使实际的立法和司法不得不直接诉诸权利话语和利益考量，而将往昔的浩远"政治"说辞放置一边。诸如《环境保护法》《交通安全法》《食品卫生法》《自然资源法》《民刑事诉讼法》乃至《立法法》等诸多法条的陈述，秉持着高度的现实主义和市场理性，对现实的利益关系予以彻底的法权安排，而以秩序、功效以及衡平作为至高鹄的。如此这般，进求导向以正义的实现或者有限度的实现为终极目标的进程，似乎是要于现世人生的"利害得失"算计中坐实浩渺公义的理想，活脱脱展示的正为一种世俗理性主义。

另一方面，载诸《宪法》序言等法律文本中的神圣性论断比比皆是，以彼岸信仰为特征的伪理想图景隐含的是意识形态统辖的内置，而铺展为条文形态。特别是"四项基本原则"入宪，表明对于意识形态符号系统的尊重，为一切游戏划出底线，而保证了执政党对于转型时期的控制和政治稳定，从而形成所谓的"后全能主义型的技术官僚权威政治"（萧功秦，2005）。此种权威政治为经济的高投入高产出提供了基本秩序，并积攒下形成自己的社会基础的中产阶级的财富资源。实际上，所谓"私产入宪"与"人权入宪"同时进行，以及围绕于此而出现的高调争论，记录了中国社会基本力量对比的结构性变迁以及执政者据此做出的战略性调整。

## （二） 向历史记忆和民俗惯性低头与前现代、家父式表述共存

一方面，对于法律理据的说明既诉诸神圣论断，同时却更多地表现出一种世俗理性主义，而一转身向历史记忆和民俗惯性低头认同。另一方面，关于诸如《行政强制法》《行政许可法》等立法理由的理性说明，常常牵强于诸如"体现了党和政府对于人民的关爱"之类前现代、家父式的独断表述。至于"修宪"这一最具象征意味的重大政体调整行为，更是家务事，不容外人置喙，通过对于左、右两翼的抑制来保障政治设计的垄断性，实现对于整体改革进程的掌控和推进。若果"推进"触及底线，则及时刹车。

2005 年北京市人大常委会关于燃放烟花爆竹，以"禁改限"一言以蔽之的立法，即为佳例。它表明立法者从"改天换地"的宏大话语退守，以对于中国历史文化记忆无可奈何的认可，对于民俗这一集体记忆和认同形式的妥协，而一统于"执政为民""建设和谐社会"这一政治意识形态解说，从而，自我解套而解脱。而且，2006 年春节过后，有关各方和全国各地对此作出的多元反应，特别是广东省人大代表以"进步"与"倒退"为帜的叙说，更是将法律的世俗化与神圣化的冲突推向意识形态叙事（许章润，2008b：317—324）。

在将燃放烟花爆竹等同于"落后""开历史倒车"的叙事背后，潜藏着的是近代中国特有的"革命"与"进步"的单向历史进步观与法律的保守性这一天然固有属性的冲突，是视立法为实现进步的手段这一法律工具论与"观俗立法"这一基本法理的捍格。而将民意区分为"科学的"与"不科学的"两类，更是近代唯科学主义的幼稚病在社会历史领域的发作。我们知道，"民意"是一种集体感受与公众情绪，一种感性认同和价值偏向，社会的基本价值和伦理底线与一时一地的舆情常常杂陈其间，常理、常情和乡愿也不免共处一室，恰恰要求立法者慎思明辨，善予甄别，有所取舍，但却与"科学"不搭界。尤有甚者，上述广东人大代表的这种思维甚至进一步延扩至具体的人身特征，而指认"具有一定文化水平和现代意识的人"为进步、科学的象征，将其他自由个体予以类种族主义或者类种姓氏归类。经此周折，法律的社会公义价值诉求遂于具体人身特征的指认中一笔勾销。若从"进步"史观立论，这才是地地道道的"倒退"呢！进而，它说明在有关一切法制的争议表象背后，冷不防就会牵扯终极意义的追问，被迫将"立法"的正当性诉诸一定的"说法"，再深溯至国族悠远而真切之"活法"。

### （三）无法回避终极意义追问

首先，一方面，继续以"全民意志""共同利益"或者"社会公益"等公义大词陈述法律的合法性；另一方面，法律的利益本质促使政府部门和社会强势利益集团实际上主导着立法，而随着近年来治理模式更多倾向于自政策之治向法律之治的转型，遂出现了利益部门对于立法的公然垄断和强力操纵势头。至于跨国资本之介入立法以主导利益分配格局，早已不是什么秘密。此种情形，亦即有的论者指出的"权力部门化，部门利益化，利益法规化"（汪全胜，2006），配合前述之"权力的私性化"，正在无情销蚀着对于法律公正价值的大众期待，摧残着关于"法治中国"的公民理想。

因此，大量的行政立法正在成为部门利益的实现手段，甚至权贵资本的合谋游戏，亟须最高立法机关即全国人大行使合宪性审查权，以平衡分配正义。而这不仅是对于分配正义的公民期待的制度性回应，也是最高立法机关使自己真正成为"最高"的制度契机，而且是民族国家的自保需要。事实上，诸如《邮政法》的修订和《反垄断法》的制定，已经成为部门利益和公、私权界的博弈场所，一不小心，公义大词下销售的便是赤裸裸的利益垄断用心。而《监督法》之所以注定必将是一部"软法"，就在于在此博弈中应该"最高"的恰恰难以名副其实。

综观近年经由立法而进行利益角逐的纷纭现象，可以肯定的一点是，过去主要以左右政策出台为运作导向的利益博弈，今后将越来越多地诉诸立法市场。由此，立法市场可能先于政治市场形成并成为启动政治市场的先导，亦未可知。如果说格劳休斯的"上帝也不能让二加二不等于四"这句名言昭示了近代西方对于法律的神性渊源的解构的话，那么，刻下中国诸如《反垄断法》的制定过程所彰显的利益垄断用心，便是对于前述大词的无情嘲弄，而提醒我们在避免让立法的公义消隐于空洞大词的叫嚣的同时，阻止其沦为强者的盛宴的必要和急迫。

其次，饶有意味的是，就汉语法学本身对于法意的阐释来看，多数情形下，一方面伸言法律不过是打理日子的活法，讨一个说法是为了有一个活法，而法律就是一种说法，甚至是一种完全现世主义的政策工具，围绕着人生和人心打转，因而应当体现"民意"和"公义"；另一方面，却被迫诉诸类似于"法律爱国主义""法律信仰"这样的表述。同时，也正因为重申法律不过围绕着人生和人心打转，以归置世事来料理人世，因而，人心所向，其情感和价值便不可避免地指向一个更为超越的向度，而使得意义追问排挞而出。

其于法政视域的指向之一，便是以"人民"及其"主权"充当最终立法者的启蒙主义，此种思路，由于未曾获得一个将其层层化解的法权政治解释作业、一种成熟的汉语思想历练，使得它至高而至虚，依然不脱"革命"时期或者启动"改革"初期的话语策略水准。由此可见，法权安排作为技术手段对于落实政治理想具有重要意义，要求汉语法意卧薪尝胆，逐渐走向思想成熟和政治成熟。但是，即使如此，其于此刻中国人心中的神圣意味，却不减反增，似乎也是一个明摆着的事实。经此思路，如此这般，当下中国法的超越性意义资源的苍白和现实生活对于这一意义的渴求之迫切，法律的神、俗紧张等等，遂暴露无遗。

尤为突出的是，以"国家的名义"和以"政党的名义"联袂登台，所谓"党和国家"如何如何、怎样怎样所招致的内在理路的紧张，其与"党和国家"自己倡导的法治主义进路的捍格不凿，随着国家利益合法性的转向，更是不可回避，愈益凸显。"三个至上"之突兀而不顾基本逻辑，执意强拧，就在于本根凿柄不投，没办法，只好如此。因而，小而言之，2006 年新春在北京爆发、延续两年之久的有关"物权法草案"究竟是否"违宪"的争论，[①]表面看来似乎关于物权法的基本价值导向乃至具体技术性条文的争辩，实则涉及包括"改革开放"三十年来的所有法律在内的全部规范系统，特别是近年来一系列关于公私权界及其利益分配的立法，其权贵资本性质随着市场经济的深化而愈益彰显，在此转型时期对于公、私权界和分配正义的调理功效，唤醒了对于"法律究竟为谁服务？"这一似曾相识的问题的拷问，进而涉及"究竟什么是法律和法？""什么样的法律才是优良和公正的人间规范？""法律和法度的边际何在？""谁有权担当最高的立法者？"的种种追问，以及对于"改革"本身及其政治信念的价值评判。

上述分析表明，总体而言，经验现实主义和世俗理性主义似乎正在成为一种主流心态，主导着关于法制安排的基本取向和具体操作进路。实际上，它也是刻下中国的一种基本政治心态和行政思路，一种后全能主义政治体制下法制的自我理论武装。它表明中国政治和法律正在逐渐抛弃 19 世纪的西方政治浪漫主义理念和 20 世纪的苏式政治实践，而复归到人间，而且是中国人

---

① 事缘北京大学法学院巩献田教授发表在网络、致全国人大委员长吴邦国的一封公开信《一部违背宪法和背离社会主义基本原则的〈物权法〉草案》，引发民法学界的强烈反弹，导致一场超出法律和法学本身的激辩。随后巩教授并接连发表了《谁？用什么"平等保护"国家、集体和私人所有权？——兼驳〈物权法〉草案"没有违宪"说》等文，并发表谈话、讲演，民法学者们则似乎觉得正义在胸、真理在手，纷纷披坚执锐，以个人撰文声讨和集体研讨还击等方式，发表观点，表达愤怒。

对于现世美好生活的意义定位上。因而，它在讲述一个集体大我为理想而奋斗的百年故事的同时，似乎表明了某种更加"务实"与"开放"的姿态。所谓更加"务实"，正说明"务虚"尚未完全退场，用大词和字纸屏退现实困境，在搪塞中希求延祚，仍然是不得不用的政治策略与法律技巧；所谓更加"开放"，正说明"封闭"或者"垄断"是更为习常的状态，而有待于形成真正的政治市场与立法市场，以消解其内在困境。另一方面，公民的政治热情和参与愿望正在推动着这一市场的发育，其基本指向是要求开放权力，扩大民意表达空间，强化立法的民意基础，建立政治的正义性。凡此种种，展现出当下中国转型时代特有的世俗化、现世化与神圣性的交错、拉锯状态，将当下现实功效诉求与对于超越性价值承诺的两难，和盘托出，淋漓陈述。

正是在此，最为技术性的市民生活立法却终于引发出了对于法律本身及其政治导向的意义追问，乃至对于超验价值的追问，将工具理性指导下的"可以做，但不可以说"的游戏予以学术化的公开展示，并最后几乎导引向意识形态抉择，彰显的同样是神圣化与世俗性的冲突，似乎非人格的、工具主义的、物质性的法制对于价值追问之承诺与否的"大是大非"。百年来的现代法制进程，亦且不脱此辙。隋炀帝"春江花月夜"诗中尾联，"流波将月去，潮水带星来"两句，仿佛概乎其态。现实推进中的"中国法制"以经验理性应对，曲折现身，正说明非常政治尚未终结，常态政治有待临世，转型社会依然是一切法政叙事的基本语境。当此之际，它更需要的恰恰是自己的超越之维，一种法制的意义世界的建构和显现。

## 五　建构道德—历史之维中的世俗理性主义

首先，如前所述，伯尔曼曾经指陈现代西方法依然保有神圣性，而且，这种神圣性不是别的，"就是法律的宗教向度"。如果说如其夫子自道，此处的宗教是一种宽泛意义上的、涉及生活目的和意义世界的共同直觉、信仰乃至献身的决绝，关乎创造与救赎、超验价值、人类本性与命运的共同情感，那么，这也应当是一切信仰体系的共同特性。就当今中国而言，法律的神圣性意义本体不是某种一神信仰，也不是自然神论的超验体，当然更不是某种自命为至高无上的政治意识形态。毋宁，它是一种深蕴于历史本体之中的道德本体，一种展现为道德本体的历史本体。总而言之，它是一种超越于物质自利和政治权力追求的精神本体。这一精神本体作为意义世界，提供了一种关于生活目的、人类命运和道德理想的超验价值，其要旨在于引导出对于超越性意义体系的公民理想与大众忠诚。我们说法律是一种规则体系，同时是一种意义体系，则"意义"在此，在于法律料理人事而造福人世，将民族国家成员的文化忠诚和公民个体的价值选择善加安顿，一统于宪法爱国主义为核心的法律信仰，为现代中国文明的法制体系提供伦理—政治意识。其中，深切的历史感和庄敬伦理，特别是对于人世善好的光明心态和积极期待，蔚为关键。这是中国历史在现时段的自然展开，也是中华子民在此历史时段实现生命价值的政治自觉形式。也就因此，以基于深切历史感的政治来组织政制，于政治积德中实现邦国天命，浓缩了历史法学和法学历史主义的基本政治抱负（许章润，2013c）。

此间曲折，正如钱穆所言，生命是一现实，同时也就是一理想。此种理想与现实，构成世道人心，而存诸历史。每一个体对于生命的践履，形成为生命的个体体验，汇入人类大我的生命经验，而蔚为世道人心。小我汇入大我，才有所谓的不朽。因此，"世道人心，实在便已是中国人的一种宗教。无此宗教，将使中国人失却其生活之意义与价值，而立刻要感到人生之空虚"（钱穆，2004：8、13、22）。而世道人心存于历史，见诸历史，"无历史，即不见民族意识之所在"（汪荣祖，1988：31），即不见民族精神之所在，超验的精神本体及其集体直觉和献身云云，顿失寄托。因此，如果说今日中国法的"神俗"紧张之"神"在于此精神本体，此种精神本体即为一种自然之法的话，一种超越于法律之法度的话，那么，这一紧张将会永远伴随着法律的成长，逼使实在之法不断趋近应然之法，将"天理良心"转圜为立法的分配正义和司法的矫正正义的法权安排，特别是实现正义的法权程序安排。

其次，综观历史，可以说晚近法律中这种理性化、世俗化和神圣性的交错与拉锯状态，是所有国族在向现代转型时段所共同遭遇的问题。今日汉语学界喜闻乐见、玄玄乎乎的韦伯学说，即多因应此题而善加发挥。今日"中国问题"的特殊性在于，由于中国法律的近代转型主要诉诸法律移植，自移植而养植，因而，法律的历史、伦理和宗教维度悉付阙如，需要在新的土壤中重新培植。问题在于，所谓法律的神圣性不仅是指法律的合法性安置于宗教圣殿这一神性渊源，而且，如前所述，深含于历史与道德的脉络之中。而就中国文明语境而言，这就是超验性价值所在。历经"全盘反传统主义"的洗劫和西化浪潮的过滤，凡此"历史与道德"资源在法理层面多所丧失，有待于重申其旨中，阐明其意，揭橥其义。

的确，"道德—历史合法性"是中国式政治正义性的重要维度，舍此即无法律的正当性，也无正当性的法。由此，法律移植的过程即为原有神圣性的丢失和新的合法性的再造历史，而一时间难恪其功，新法又不可能没有合法性渊源以为辅助，遂诉诸意识形态，不论它是三民主义还是共产主义，自由主义抑或民族主义。这不仅是中国的经历，实际上也是整个东亚社会的共同遭遇（於兴中，2006；林端，2003；李猛，2001）。而此刻汉语法学需予着手、迫在眉睫的作业，就是重缔中国文明的意义本体，将中国法的合法性安置于以中国"道德—历史"为背景的精神本体的圣殿之上。

再次，需予重申的是，笔者虽然肯认即便经过了近代的世俗化过程，俗世的实在之法依然保有其神圣性含义，即其中国文明语境下的道德—历史之维，但是，这并不意味着，而且丝毫也不意味着连带肯认立法者和民族国家同时领有灵界和俗界的最高权威。法律是"关于神界与人世的知识"，现代法律更希望借由国家权威发挥引领民众生活的政策导向功能，不等于民族国家作为制定法的唯一源泉垄断了人类的心灵和信仰，法律寄身其中的终极意义和生活目的从来就不是世俗之法的领地。况且，即便是在今日，国家制定法亦非唯一法源。如果我们俯下身来，检索全部的人类法律，依然需予承认的是大量的规则源自习惯法和道德理性的指令，而任何习惯法和道德理性都是特定民族历史的产物，其为民族生活的常态、常规和常例，是因应此时此地此人的生活需要、渐次发育滋长的打理日子的常识、常理和常情。迄而至今，国际化和全球化没有也不可能消弭法律的地方性诉求。在看似任由立法者自由挥洒的表象之下，民族生活这一第一立法者，如同奔流不息的长江大河，牢牢固定着法律之舟的航向。

将法律作为意义体系能够通达精神本体的含义与立法者的世俗身份两清，将一定意义上国家作为伦理本体的位格与国家之为中立者的间架性设计两相剥离，不仅旨在剥夺僭篡第一立法者的一切世俗冲动，而且要求立法者绝对忠诚于这一精神本体，恪守国家的德性，在履行自己的伦理功能时不得逾越个体自由，即个体的道德选择和信仰之绝对不受干预这一自由主义价值底线。法和法律之不同，或者，法律与法度的根本性区别，其意在此，其义亦在此。

最后，也就因此，需要指出的是，如果说近世西方法的世俗化与神圣性之间的纠缠，以"传统的祛除"或者"去传统化"（de-traditionalisation）表达了对于宗教性的执意弃绝和流连忘返、欲罢不能，那么，刻下中国法的"神—俗"之间的拉锯状态，反映的则是认同的危机和找寻新认同的精神努力。换言之，即对于中国法的价值世界的建立和中国文明的超越性意义本体的重构。其间，表现为法律信仰的主客体关系，一种对于政治国家的公民忠诚和大众信仰，将会伴随着中国文明超越性意义本体的重构而一并成长。经此努力,上述中国法的"神—俗"对立转换为实在之法永远逼近应然之法境界的道德紧张,法律向法度之皈依与永恒进发的努力,而促动、推导着以文化自觉为基础,而以人类的永久和平为职志的中国法的自我发展。其中,立基于历史文化传统的法治体系具有高于现实政治势力的权威性,人类历史必定是一个趋向善好展开的无限自我启蒙进程等基本判断和信念,构成了汉语法学和法学历史主义重申奠立于法治基础之上的全体公民政治上和平共处的可能性,其所营造的以公民相互立法为枢机的人的联合的必要性,以及必将造就一个正派社会和良善人生的现实性的德性资源。

## 参考文献

Taylor, Charles. *A Secular Age.* Harvard University Press,2007.

[美] 伯尔曼:《法律与宗教》,梁治平译,中国政法大学出版社 2003 年版。

岑科:《误入歧途的油价改革》,《权衡》2006 年第 7 期。

陈顾远:《中国法制史概要》,台北三民书局 1977 年版。

陈瑞华:《制度变革中的立法推动主义——以〈律师法〉实施问题为范例的分析》,《政法论坛》2010 年第 1 期。

[法] 贡斯当:《古代人的自由与现代人的自由》,阎克文等译,商务印书馆 1999年版。

黄源盛:《中国传统法制与思想》,台北五南图书出版公司 1998 年版。

金岳霖:《道、自然与人》,三联书店 2005 年版。

李猛编:《韦伯:法律与价值》,上海人民出版社 2001 年版。

梁漱溟:《梁漱溟全集》第 7 卷,山东人民出版社 1992 年版。

林端:《韦伯论中国法律传统》,台北三民书局 2003 年版。

钱穆:《灵魂与心》,广西师范大学出版社 2004 年版。

[德] 施密特:《政治的概念》,刘宗坤译,上海人民出版社 2003 年版。

汪全胜:《论立法的正当程序》,《华东政法学院学报》2006 年第 2 期。

汪荣祖:《康章合论》,台北联经出版事业股份公司 1988 年版。

王飞:《张家界再次涨价为限客?游客成景区"提款机"》,《广州日报》2006 年 8 月15 日。

王泽鉴:《民法学说与判例研究(5)》,台北三民书局 1991 年版。

萧功秦:《从发展政治学看中国转型体制》,《浙江学刊》2005 年第 5 期。

许纪霖主编:《知识分子论丛》第 8 辑,《世俗时代与超越精神》,江苏人民出版社2008 年版。

许章润:《说法 活法 立法:关于法律之为一种人世生活方式及其意义》,清华大学出版社 2004 年版。

　　许章润：《论现代民族国家是一个法律共同体》，《政法论坛》2008a 年第 3 期。

　　许章润：《六事集》，法律出版社 2008b 年版。

　　许章润：《转型时段的历史意识——关于历史法学及其中国情形的发生论说明，并以德国近代历史作为比较个案》，《清华大学学报》2013a 年第 2 期。

　　许章润：《世界历史的中国时刻：关于"中国问题"的"中国意识"》，《领导者》2013b 年第 2 期。

　　许章润：《法学历史主义论纲：命题、理论与抱负》，《中外法学》2013c 年第 5 期。

　　於兴中：《法治与文明秩序》，中国政法大学出版社 2006 年版。

　　张贵峰：《张家界涨价：见证公共资源的恶性私化》，《北京青年报》2006 年 8 月 16 日。

　　周林刚：《个体的失败》，载《清华法治论衡》第 15 辑，清华大学出版社 2012 年版。

　　邹东涛：《"华盛顿共识"、"北京共识"与中国独特的发展道路》，载俞可平等主编《中国模式与"北京共识"：超越"华盛顿共识"》，社会科学文献出版社 2005 年版。

# 20 世纪中国的现代化和法治

朱苏力①

20 世纪的中国历史可以说是一个现代化的历史。然而，中国的现代化过程是作为近代世界性的现代化过程的一个组成部分而发生的，② 它不是或至少不完全是这个社会自身的自然演化的结果，因此它不是而且也不可能是欧洲国家现代化过程在中国社会的一个重演。中国首先是被西方列强凭着它们的坚船利炮拉进了世界性的现代化进程；但是，现代化最终又成为中国面对西方列强殖民、扩张的一种自我选择。中国的现代化伴随着这个民族救亡图存的社会运动和社会实践，伴随着这个民族一百多年来富国强兵的梦想。中国近代以来的秩序和法治问题是在这一大背景下提出的，并且具有其特点，因此，也只有在这一大背景下才可能理解。

这意味着，中国面临的第一位的任务是必须"变"，或者是主动的变，或者是被动的变，无论如何她都不可能依赖旧方式，维持现状，独立在世界的现代化之外。的确，当外敌侵来，连老祖宗的国土都守不住了，还谈什么老祖宗之法呢？（张国华、饶鑫贤，1987：359）因此，从 19 世纪末开始，中国社会的统治阶层和有社会责任感的知识分子一直集中关注的是"变法"的问题，要"改造中国"，变法是为了"球籍"，为了使中国能够成为一个现代化的强国，"自立于世界民族之林"（毛泽东语）。一个多世纪以来，这个问题以各种方式自觉或不自觉地延续着，改良、维新、革命、战争、改革无不打上这一烙印。即使 20 世纪末最后 20 年中国的改革开放，也是这一历史的延续，是这一梦想的延续。

但是，尽管称为变"法"，实际上近代中国的问题绝不是一个法律问题，也不是仅仅靠法律就可以解决的问题，尽管其中有法律的因素。变法不仅意味着要发展工商业、发展经济、建立新式军队，而且要创建富国强兵得以实

---

① 北京大学法学院教授。

② 毛泽东在 20 世纪 30 年代就指出，自 1840 年鸦片战争以来的中国人民的革命是世界革命的一部分（毛泽东，1991：647）。

现的一整套社会条件，建立新的教育制度、科学体系和知识传播制度，要变革官制，要移风易俗，要使小农经济下的每个人都被整合进这个巨大的现代化工程，成为现代化工程的有机组成部分。这是一个全面的秩序破坏和秩序重建，这是一个结构性的整体的变迁。用康有为的话来说，就是要"全变"和"尽变"。而在这一现代化过程中，法律的主要作用并不是要确认社会秩序。转借孙中山的话就是，法律被当作一种"建国方略"，而不是"治国"方略。因此，"法律是主权者的命令"的理论在中国传统的"宪令著于官府，赏罚必于民心"（韩非语）的"法"文化传统之中很快得到接受，并进入实践（朱苏力，1997）。法律所扮演的角色，就总体来看，就是要推进对现有社会秩序的全面改造和重新构建。即使在最讲求"法治"的情况下，也只是国家以"立法"的形式来推进这一现代化工程。

这也就意味着，变法是与现代国家的重建、国家权力的必要扩张结合在一起的。由于历史的不可重复性，我们今天已无法判断，中国社会内部是否可能自发地演进式地实现现代化，形成新的适应现代化进程的社会秩序和制度。但至少可以从社会的基本秩序必须从社会内部中产生出来、其基础是社会的生产方式和组织方式这一点推论出，在小农经济占统治地位的中国传统社会中至少不可能在短期内自发地演化出现代的工商社会，并形成相应的秩序。因此，我们很难想象，无须一个新的权力结构以及这个权力结构的支撑，一个社会可以通过"无为而治"或"自由放任"就可以自动地实现意图中的"全变"。因此，变法意味着必须建立一个新的、强有力的国家政权，要建立强有力的行政管理体制、财政体制，要将国家进行社会动员的网络或触角向下延伸（从清代的县延伸到乡村），要将一个传统的文化共同体的中国改造成一个现代民族国家（梁漱溟，1987：18；Giddens，1985；Foucault，1977），要建立一种强有力的关于现代国家的意识形态，在每个人的心中建立一种民族国家的认同。

还必须注意，这一宏大的现代化工程不可能一蹴而就，而且20世纪不断变动的世界格局也不允许中国按照既定的方略从容不迫地细致展开和落实。因此，在20世纪的世界现代化进程中，中国不仅必须不断调整自己的变法方略和计划，同时，作为一个后进国家，中国要想救亡图存，要想重新屹立于世界民族之林，要想赶上和超过世界上的发达国家，中国社会的变革、转型和发展都必须"只争朝夕""继续革命"（毛泽东语），至少也必须"步子更快一点"，"力争隔几年上一个台阶"（邓小平语）。这也就意味着必须不能满足于现状，而必须持续地、频繁地进行变革、发展和调整。

20 世纪中国的法治或法律实践正是在为了中国实现现代化这一历史的语境中构成的，打下了这一具体时空和情境的印记。当历史拉开了距离，使我们有可能比较从容地回顾这一历史进程中的中国法治时，我们就会发现，它的困难、它的成就也都无法脱离这一历史语境。

## 一　悖论之一：变法和法治

马克思在分析法律时曾经指出，法律就是将现状加以神圣化，"而只要现状的基础即作为现状的基础的关系的不断生产，随着时间的推移，取得了有规则的和有秩序的形式，这种（将现状神圣化的）情况就会发生"（马克思，1975：894）。① 在这里，马克思隐含着一个重要洞察，即提出了法治的时间维度。当马克思强调"随着时间的推移"之际，他不是将时间仅仅视为法治发生的一个场所，因此是可以同法治的逻辑构成分开讨论的一个外在因素；而是将时间作为法治的一个构建性的内在变量，是法治的一个固有的或内在的要素。这种分析问题的方法显然是与马克思所追求的历史和逻辑的统一分析方法相一致的。其他许多法学家在分析法治的时候，也都曾以不同的方式隐含地提到过时间的问题。② 由此可见，法治不仅仅是一个逻辑化结构的社会关系，时间是法治的内生变量。

但是，如果从这一维度上看，变法与法治有一种内在的紧张关系，从短期看，这两者甚至是不可兼容的。即使变法对中国的现代化是必需的选择，从长远来看是唯一的选择，但是从制度建设的层面上看，至少在一段时间内，却是不利于秩序的形成，因此也就不利于法治的形成，因为，在一个急剧转型的社会中，往往会发生普遍的、长期的社会动荡和社会变革，而这些动荡和变革本身就意味着打乱现存社会秩序。它会打破一个社会中正式的制度，即国家已经确立的法律的有序运作，例如，革命和战争都往往迫使一个民族放弃常规生活中所使用的制度，利用各种便利的紧急措施、颁布各种临时性

---

① 恩格斯在谈论法律起源时，也提到了时间的构建性作用，"在社会发展的某个很早的阶段，产生了这样一种需要：把每天重复着的生产、分配和交换产品的行为用一个共通规则概括起来，设法使个人服从生产和交换的一般条件。这个规则首先表现为习惯，后来便成了法律"（马克思、恩格斯，1972：538）。

② 例如，萨维尼认为法律的发展和语言的发展更为相似，是历史地构成的（萨维尼，1983）；而霍姆斯认为普通法是一个民族多少个世纪以来的故事；有许多"荒谬的"制度，例如"对价"，是由于其历史而获得不可改变的法律地位（Holmes，1948）。又如，哈耶克提出了社会自发性秩序的演化理论（Hayek，1973/1976/1979）。

规则来组织社会生活，维持社会秩序。这不仅会涉及机构的废立，而且最重要的是会改变活动的规则，改变贯彻规则的人员。

社会动荡和变革也必然会触动甚至摧毁社会中的其他非正式的制度维持的秩序。例如，因社会动荡或因城市化带来的人口流动，会使原先在稳定的社会关系中相对有效的社会控制方式不稳定甚至完全失效，由此社会学意义上的不法、越轨行为急剧增加。然而，中国过去百年间的现代化过程正是通过这种社会变动的方式进行的，并且几乎是一种不断的变革中进行的，因此这种紧张关系就进一步加剧。

频繁、剧烈的动荡、变革不仅会打乱旧的秩序，甚至会打乱在现代化进程中可能正在形成和生长着的回应现代社会生活的规则，使社会生活无法形成秩序。正如仅仅许多优秀教师的汇集并不能马上变成一个好的学校，仅仅汇集了许多单个看来训练有素的士兵也不能成为一支有战斗力的军队一样，即使有一些个别看来是良好的秩序和规则，也并不必然能构成一个总体上得体、恰当、运作有效的社会秩序。尤其是在一个动荡或迅速变革的社会中，即使从长远看来可能是有生命力的秩序、规则和制度，也仍然可能由于没有一个相对稳定的社会环境来发生、生长、发展，因此而无法以自己的得以验证的生命力获得人们的青睐和选择，也无法通过其制约力量进入人们的心灵和记忆中，很难成为长期有效的规则和稳定的秩序，更无法作为制度积累下来。频繁的社会动荡、革命、变革甚至会使社会中各种生长着、本来可能符合现代社会生活的正式和非正式制度一次次夭折。这样一来，即使假定人民渴求稳定，当政者力求依法而治，希望将某种秩序以制度化的方式固定下来，并且也形成了文字，但由于社会秩序本身没有形成，或缺乏正式和非正式制度的配套，秩序将无法真正出现，法律将仍然是形同虚设。

人们常说，人是因为有未来才能生活，其实没有昨天的未来是完全不确定的，人之所以能够期望明天，是因为他或她有对于昨天的记忆。在生活实践中一切对于未来的预期都必须建立在对于昨天的确认和记忆上，正是这种比较恒定的预期给人们带来的一种秩序感，一种规则感。而任何变革，无论是如何精心安排和设计，都必定具有超越至少是普通人掌握和预测的能力之外的变化，都可能破坏普通人基于对昨天的记忆而建立起来的预期。因此，可以说，在人们对于未来的渴望这种看起来不安定因素中实际上也隐藏着一种也许是更深层的保守主义倾向，而法律以及其他正式和非正式制度的设置，就其总体来看，就是人的这种倾向的产物。因此，法律上要求信守诺言，契约必须遵守，特别关注"被依赖的利益"，都是人的这一基本要求的反映。而变革，即使从长远看是必要和合理的变革，都会打乱人们的这种基本预期；即使是社会经济的调整、发展和繁荣，都可能破坏普通人基于对昨天的记忆而建立起来的预期，使人感到不安和急躁。① 对于生活在变革时期的一个个具体的、生命有限的个人来说，他们的感受往往是，频繁的变法不是在建立秩序，而往往是在破坏秩序，频繁的变法不是在建立法治，而往往是在摧毁法治。

## 二 悖论之二：法律与立法

现代社会中，国家的立法以及相应的司法和执法活动已经成为现代法治中最显著、最突出的因素。许多学者在讨论法治时，集中讨论的几乎完全是宪法、立法以及有关机关的活动。然而，所有这些都不能涵盖法治。一个社会生活是否在规则的统治之下，一个社会是否有序，并不必定需要以文字体现出来，而是体现在社会生活之中的。因此，社会生活的秩序在任何时候都不可能，而且也不应当仅仅是由国家制定的法律构成的。任何制定法以及有关法律机关的活动，即使非常详尽且公正，即使我们承认法律语言具有超越其符号的力量，也只能对社会生活的主要方面做出规定，并以国家强制力来保证社会生活的主要方面基本稳定。例如，即使在声称对公民权利保护最为重视的国家，其宪法也只是规定了人们的基本权利，而没有规定每个人的每项权利；之所以如此，非不为也，乃不能也。我们无法设想以立法文字的形式将人们的日常生活、社会运转的一切都规定下来。

因此，我们即使承认制定法及与其相伴的国家机构活动是现代社会之必需，我们也不能因此误以为现代法治必定要或总是要以制定法为中心。社会中的习惯、道德、惯例、风俗等从来都是一个社会的秩序和制度的一部分，因此也是其法治的构成部分，并且是不可缺乏的部分。② 它们之所以能长期存在，绝不可能仅仅是人们盲目崇拜传统的产物，而没有什么实际的社会功能。作为内生于社会的制度，可以说它们凝结了有关特定社会和环境特征、人的

---

① 迪尔凯姆关于自杀问题的研究发现，社会的无序并不仅仅来自社会的灾难，而且也可能来自"某种令人获益但过于突然的变化"，例如权力和财富的突然增加，会使某些人难以忍受（Durkheim, 1951：252）。这种状况最典型的也许就是"范进中举"；人们也常说，"最难熬的并不是最后结果，而是等待本身"，以及改革以来的"端起碗来吃肉，放下筷子骂娘"的现象，都是这个道理。

② 例如，作为普通法国家司法之核心的遵循前例原则就是一个惯例；英国宪制的一部分就是历史形成的、至今不见诸文字的惯例；美国统一商法典也总是跟随商业习惯变化，而不是相反。

自然禀赋和人与人冲突及其解决的信息，是反复博弈后形成的人们在日常生活中必须遵循的"定式"。任何正式制度的设计和安排，都不能不考虑这些非正式的制度。如果没有内生于社会生活的自发秩序，没有这些非正式制度的支撑和配合，国家正式的制度也就缺乏坚实的基础，缺乏制度的配套。这样，不仅谈不上真正有社会根基的制度化，甚至难以形成合理的、得到普遍和长期认可的正当秩序。

立法之局限还在于，即使有国家强制力的支撑，它也不能彻底废除任何一种流行于社会中的习惯性秩序。只要社会还需要，只要没有其他的制度性替代，即使为立法所禁止或宣布无效的规则就仍然会发生作用。并且，由于规则是在社会生活中体现出来的，我们甚至觉察不到它的存在，就像鱼感觉不到水的存在一样。而又正如力量只有在受到阻碍时才可测度一样，只是在我们试图使社会或人们按立法来规范行为方式时，社会中的习惯性规则才以立法的无力或者无效或社会对立法的有意或无意的（更多的是无意）拒绝的方式体现出来。

尽管法治的原则之一是立法不溯及既往。然而，事实上任何立法必定为在某种程度上改变现状而立，而且只要它不停留在纸面上，就总是具有溯及既往的效果。一个税率的改变实际上改变了一个企业或企业家实际占有财产的价值，尽管这个税率也许要等到明年才开始适用。一个禁止在公共场所吸烟的规定也会影响吸烟者已经形成的习惯，使他感到某些场合的不便。因此，绝对的不溯及既往是不存在的，也是不应当的。如果社会要发展，有些现状是必须改变的，通过立法来改变现状在原则上是正当的。然而，恰恰是由于立法总是具有这种溯及既往、破坏既定预期的效果，因此，不能过分相信立法，更不能频繁地立法或修改法律。立法不溯及既往的意蕴之一就是不应当大量立法和频繁地修改立法。

正因如此，哈耶克提出要区分法律和立法的概念，以澄清近代以来人们关于法律的误解（Hayek，1973/1976/1979；1978：8—9）。在他看来，法律不必定形成文字，甚至无法形成文字，它是内生于社会生活的普遍规则，出现在现代立法机关诞生之前，往往是对自发秩序的承认和认可，国家政权仅仅对保证法律得以实施起到一种辅助性作用。尽管这种法律只要有发展、变化，也必定具有某种溯及既往的效力，并且事实上在某种程度上改变现有的利益格局。但是，由于这种内生的法律规则的变化往往来自个人之间合作、互利，因此是一种帕累托改进，而不是纯粹的再分配性质。并且由于这种法律基于经验，得到更大程度的普遍的和自觉的认同，也较少需要国家暴力强制执行。相比之下，立法（制定法）则是国家通过深思熟虑制定的强加给社会的规则，往往用来实现某个目标，创制某种期望的秩序，尽管经过立法机关的法定程序，然而，这一过程不足以充分利用受立法影响的个体的具体的知识，而依赖一般的理性原则，因此往往会与社会的自发秩序相对立。尽管哈耶克并不一般性地拒绝立法，但他确实指出立法的危险。这种危险，不仅在于近代以来立法一直是同国家的合法暴力相联系，更重要的是一种对于立法者或法学家的理性的过分迷信，将法律等同于立法，同时将那些社会自生的习惯、惯例、规则完全排除在外，视其为封建的、落后的、应当废除和消灭的，这种做法实际上是不利于社会秩序的内部生成和自发调整，社会变成一个仅仅可以按照理性、按照所谓现代化的目标、原则而随意塑造的东西。

然而，中国近代以来的法律活动可以说是一直着眼于立法，基本着眼点在于把中国改造成为现代化的国家，法律往往是一个被称为立法机关或规则制定机构通过一定的制作程序制作出来的产品。这种对立法之重视，不仅是由于当年中国知识界的急于求成和天真，过分相信现有的科学和知识及其解释力，因而常常以愿望的逻辑完全替代了对具体问题的细致分析，① 更重要的是，在 20 世纪中国，它具有相当程度的语境化的合理性。在世界现代化的大背景下，中国要想以国家权力来改造中国和推进现代化，制定法几乎是唯一的最便利的形成规则的方式。但是，问题在于一旦把法律等同于立法时，就会出现，一方面是成文法的大量制定和颁布，执法机构的增加和膨胀；而另一方面是成文法的难以通行，难以进入社会，成为真正的规则，同时不断改变社会中已经或正在形成的规则，破坏了人们的预期。结果往往是，如同费孝通多年前所言，"法治秩序的好处未得，而破坏礼治秩序的弊病却已先发生了"（费孝通，1985：59）；而这种状况往往又成为一种进一步"加强法治"的正当根据和理由，制定新的立法或修改立法，甚至会陷入一种恶性循环。

## 三 悖论之三：国家与社会

因此，中国 20 世纪的现代化和法治建设又呈现了另外一个悖论，对于变法的强调意味着必须有一个强大的国家权力来保证这一工程的实施，对立法的强调意味着要以更多的强制力才能使立法得以落实。但是，在进入这一世

---

① 一个典型的例子是清末立宪，几乎所有的人都认为只要实行了立宪，就可以迅速地富国强兵（萧功秦，1997）。

界性现代化格局之际，中国并没有成为一个强大的国家。事实上，正是由于当时国家不强大，军队不强大，财政不强大，官僚行政机构缺乏效率，无法有效动员社会，才引出了变法的主张。因此，中国的变法或现代化同时又是一个国家重建的过程，是建立和强化国家政权的行政管理、财政税收、军队和警察，并以此保证国家推动社会现代化的过程。就整体上看，这一基本的倾向在很长时间一直没有改变。①

然而，以这一思路实现现代化，以及它在某些方面的成功，带来了一些意想不到的或意想到了但为了尽快"现代化"仍然不得不这样做的问题。在这种建立法治的努力下，尽管社会可能呈现出有序，但是这种秩序是由国家强制力保证的，与社会缺乏内在的亲和性，往往无法有效调动个体运用他个人的知识采取有效行动，促成人们之间的相互合作，形成、发展、选择更为人们偏好的、有效的秩序，因此这种秩序缺乏自我再生产、扩展和自我调整的强大动力，也无法对不断变化的社会作出灵活有效的反应。结果是，社会显得相当僵化。更重要的是，在这种法治建设的进程中，法律主要不是或不仅仅是作为对国家权力行使约束而发生的，而是作为强化国家政权的力量对社会改造的工具而发生的。国家权力不仅大大膨胀了，而且社会难以对政治权力的行使构成强有力的制约。特别是在计划经济体制下，一切都被国家统管起来，整个社会的自主管理、规制的空间日益狭小，不仅经济缺乏活力，更重要的是社会中其他机制调整社会秩序的作用受到了大大的限制，有的被当作"四旧"清除了。在这种条件下，已很难谈论社会内部自发地秩序，而且也不会有人去关心和考察社会内部的合作是如何进行的，秩序和规则是如何形成的。以致 20 世纪 70 年代末，安徽凤阳县小岗村的农民不得不以坐牢托孤的决心、以秘密协定的方式开始一场新的变革。

20 世纪 70 年代末以来，中国政府和中国共产党实行了改革开放的基本政策，国家权力开始在许多领域退出，不仅经济建设取得了举世瞩目的成就，而且整个社会也更具活力。社会空间在扩大，社会团体和职业团体在不断增加，在农村，乡规民约受到了重视，许多企业和行业内部也开始注意逐步积累形成自己的"企业文化"或行业规范。尽管如此，我们必须看到，在法治建设方面我们仍然过分强调国家立法主导，往往以为只要是通过法定程序，以民主投票方式通过的立法就是社会需要的法律，就可能建立法治。一旦社

---

① 在这个层面上看，计划经济体制在中国自 20 世纪 50—80 年代的建立，具有其内在的历史必然性和合理性，而不能仅仅视为一种政治决策的"失误"，也不仅仅是对苏联模式的天真效仿。

会中出现了一些混乱，无论是政府官员还是普通百姓，都很容易想到国家干预，行政性的或者是以法律形式（立法或执法）的干预。在许多场合，仍然趋向于强调以国家垄断的方式来维持秩序。这几乎成为一种思维定式。例如，当出现"王海现象"时，有关国家机关声称公民个人无权"执法"；当一些商家尝试以"偷一罚十"这种带有传统意味的规则来警示和处罚某些行为不检点的顾客时，许多政府官员和法学家都声称只有政府才有处罚权。而在这种保护公民权益的正当口号的背后实际上是主张国家对强制力的垄断，一种对国家权力的迷信。①

也正是在这样的背景下，法学界提出了"市场经济是法治（或法制）经济"的口号。表面看来，这种观点强调了法治的重要性，然而其要旨是，不相信市场本身作为一种制度对于社会秩序形成和规则形成将起到基本的作用，而更相信政府的作用，相信国家立法机关或行政机关以立法形式对市场的干预和规制。我并不一般地反对国家干预，也并不一味迷信市场，在当前中国市场经济的发展和形成中，国家的确起到了甚至必须起重要作用。例如，没有中央政府的大力推动，即使是农民自发创造的家庭联产承包责任制也绝不可能很快在全国展开。但问题在于，恰恰因为这种以国家权力的退出的成功改革，容易遮蔽我们的视野，以为这主要是法律或政策的结果，只要政策和法律"对头"（所谓"对头"，不是理解为创造条件促成社会自发秩序的形成，而是理解为国家通过大力干预创造秩序），市场和秩序就可以形成。事实上，以政府的力量构建起来的市场，也可能因为政府的力量而萎缩和缺乏活力；同样，以国家权力推行法治也可能会以另一种方式强化国家的权力，而不是有效地规制国家的权力。

必须强调，尽管现代社会中的法治已经与国家权力不可分离，但从根本上看，法治所要回应的是社会的需要，而不是国家的需要（国家在一定意义上讲，只是社会的一部分）。因此，法治不可能仅仅依靠国家创造出来，也不应当依靠国家来创造。无论立法者有何等的智慧或者法律专家有何等渊博的知识，也无论他们可能是如何没有私利，他们都不可能对中国这个特定社会中秩序的形成、秩序构成条件和复杂的因果关系有完全的、透彻的并且预先的了解；他们所拥有的知识只能是历史上的或外国的、已经或多或少一般化的知识，这种知识，即使是《圣经》，那也已经意味着它不可能同时又是操作

---

① 这并不意味着笔者就完全同意王海"知假买假"的做法，或者某些商家在执行"偷一罚十"时可能出现的过度。我所反对的是国家在建立和维持社会秩序上的垄断。

手册。在这个意义上，法治是不可复制的，即使我们希望重复某个历史过程，由于时间和空间的不可复制，也不可能。法治的唯一源泉和真正基础只能是社会生活本身，而不是国家。

## 四 悖论之四：理想与国情

就总体来看，法治是一种实践的事业，而不是一种冥想的事业。它所要回应和关注的是社会的需要（当然，这并不排除法律在某些情况下可以以推动变革的方式来回应社会的需要）。然而，当中国近代社会的主要目标是要实现现代化，法律被视为建立一个未来的理想社会之工具，用来推行各种改革并回应未来社会之际，法律的主要功能就发生了一种根本性的改变。立法者和法学家往往不是强调法律回应社会，将社会中已经形成的秩序制度化，而是要求社会来回应法律，希冀以国家强制力为支撑来人为地和有计划地创造一种社会秩序的模式，并且主要是以"先进"国家为标准，然后将中国社会装进这个模子中。正是在这个意义上，我们才可能理解"法治"或"法制"何以能成为一个"建设"项目，一个以立法数量、受案率、法官的文化程度以及律师的增长作为衡量指标的工程项目。

现代社会已不可能没有对于未来的一般设想和追求目标了，处在不断变动中的中国为保持法律的相对稳定，法律有时甚至必须有某种"提前量"。然而，如果法律的兴废、修改首先并集中关注的是如何实现国家的"现代化"，如何满足未来的需要，势必会忘记或忽略社会当下的需求。法律不再是经验性的了，而是成为某个理想的社会、经济制度的逻辑需求的延展，成为一种具有普适性并且在理论上不容忍地方性知识的原则。这样一来，法学家必然以法条为中心，以书本为中心，以对外国法条之知代替对中国社会之知，法律所必须回应的社会现实问题势必会被遮蔽，甚至被有意识地牺牲了。这也势必造成许多法律制定出来之后，难以在社会中实际发挥有效的和积极的作用，而只是一种看上去漂亮的"间架性结构"（黄仁宇语）。从这个角度来看以及从法律的总体设计来说，都主要以是否符合理想的现代化、符合中国即将进入的现代化阶段为标准，强调法律的前瞻性和纲领性。当计划经济被社会认为可能是现代化之路时，法律关注的是如何建立和保证一种理想化的计划经济的运作；当市场经济被认为是现代化之路时，法律又围绕着理想化的市场经济来设计。一个奇怪又不奇怪的现象是，在中国当代，司法部门常常说立法部门脱离实际，立法部门又常常说法学研究部门脱离实际。而一些实际调查发现，许多法学知识在实际生活中缺乏用处，而常常沦为一种"案件制作术"（强世功，1997）。

必须认识到，尽管 20 世纪中国已发生了巨大的变化，但是，中国最广大的区域仍然是农村，最广大的人口仍然居住在农村，那里的生产仍然是以家庭为主要生产单位的农业经济，（20 世纪 50—70 年代的集体化仅仅是以行政手段迫使人们一起劳动），基本上仍然是一个熟人社会、乡土社会。中国的城市地区已经相当程度的现代化了，陌生人的关系增加了，但由于单位制，由于绝大多数普通人的生活世界总是相对稳定并追求稳定，以及由于大量农民进入城市，熟人社会的行为习性在城市地区也并不罕见，即使是商贸交往上也无法避免。在这个意义上，中国城市是一个"关系社会"，或者称为"网络化熟人社会"。在这样的社会中，那种以陌生人为前提假设的理想型现代法律就很难发挥立法者所预期的作用。如果交易是在熟人之间进行的，或者是交易方保持一种持续性的关系，那么合同就基本是可有可无，强制推行，就只会成为交易者的负担，而不是带来便利。[1] 假如斗殴者是熟人，即使造成了依据制定法可以处罚的伤害，那么，只要伤害不是十分严重，熟人之间还不准备彻底撕开脸面，他们就不大可能像陌生人之间的伤害那样轻易诉诸法院，而会寻求其他解决方式。[2] 只要儿子还必须和父母住在一起，他在婚姻上就不可能不考虑（并非听从）"父母之命"；而如果父母只能而且也准备依赖儿子养老，作为大家庭的一员，作为利益相关者，他们也就不可能在儿子的婚姻问题上保持一种自由主义的不干涉制度。只要乡土社会的社交面还比较狭小，那么自由恋爱就必定需要媒妁之言的补充，或者是媒妁之言需要自由恋爱的补充，[3] 即使知道本村某村民偷盗了国家的电线，但只要"兔子不吃窝边草"，那么他的乡亲乡友就不大可能愿意出庭作证支持公诉。[4] 在这种条件下，

---

[1] 这并非中国的特点，即使在西方发达国家的工商经济中，也有这种状况。例如，麦考雷 1963 年的实证研究发现，在美国威斯康星州，经常交往的厂商之间有 60% —75% 的经济活动并不通过合同，而是依据公平交易（fair dealing）的规范，并且这种商业规范与合同法同样有效（Macaulay，1963）。

[2] 因此，秋菊对村长打伤其丈夫只是要个"说法"，而不理解为什么"把人给抓了"（朱苏力，1996）。同样，婚内强奸尽管应当受到谴责，却很少被真正定为犯罪；而且除了夫妻决心彻底分手，甚至无人报案。因此，即使是"公正"的法律终究还是要受到当事人之选择的限制。

[3] 因此，城市人的婚姻似乎比农村人更为"自由"。然而，这并不是由于人们对"权利"的认识或者是"法治观念"不同的产物，在我看来更多的是社会生活的制约条件不同的产物。

[4] 因此，所有国家在法律上都允许不同程度的"子为父隐，父为子隐"，而其功能在于保护社会最基本的社会组织和秩序，由此也就维护了社会秩序（范忠信，1997）。

如果过分强调法律的"现代性"或前瞻性，强调回应现代陌生人社会，法律就会与普通人的生活失去联系，而说句也许是愤世嫉俗的话成为社会的某些利益集团事实上的谋求自我利益的工具（例如，法学家以此获得立法的影响和社会声誉，律师可以收取更多的诉讼费用），而这样的法治也就失去了其真正的基石功能。

另外，如果法律以移风易俗、改造社会、重组社会为关注，势必带有更大的强制性、压迫性。当然，所有的法律都必定具有，也必须具有某种强制性。人并不会天生就信守合同，信守合同是一种以社会强制力为后的教化的结果；人也并不可能自然而然就遵守交通规则，注意公共卫生，所有这些在现代社会提倡的"公共道德"，在某种程度上都必定是社会的强制力影响的结果。然而，当社会现有的秩序尚不具有潜移默化的教化力量，或者社会本身的秩序形成是与正式法律相悖的另一种教化、养成的是另一种习性，法律要改造社会势必需要有更大的强制力，甚至是公开的暴力才可能得到贯彻。并且，即使运用了更大的国家强制力，法律也仍然会受到抵制，无法真正进入社会，而往往只是停留在字面上。这样的法律，即使是为了整个社会的长远利益或未来利益，也难在短时期获得人们的认同，甚至视这种法律为异己的压迫力。例如，即使是依据正式的法律、法规在农村集资修路、办学、推行计划生育、建设精神文明村等，有时也会在立法意图中的最终受益者那里受到各种抵制，被乡民视为政府的事，与乡民的直接生活无关或关系很小。① 法律以另一种方式表现出异己性。

## 五　悖论之五：普适性和地方性

现代法治的一个重要原则是，除了某些法律认可的范畴（例如军人、妇女、未成年人、残疾人）之外，在一个国家内，对人们的行为要求基本是相同的，人们可以依赖的行为规则、人们必须遵循的秩序规则和社会实际贯彻

---

① 但是，乡民的感觉并非完全没有道理。如果放在现代化的大背景下，在所有这些乡村的经济、政治和社会文化建设和改造中，又的确带着浓重的建设现代民族国家的色彩，以增强总体的国家的经济实力，建立现代民族国家的意识形态，增强国家的社会动员能力。当那偏远的山村小学使用着国家统一规划的教科书，举行升国旗、唱国歌的活动之际，我们看到的并不仅是"文化下乡"，而且是国家权力末梢的延展，看到了这是中国从一个文化共同体变成一个现代民族国家的无数事件中的一件。用小说和电影《凤凰琴》中的山区教师张英的话来说，是山区小学的艰苦生活使他"第一次听懂了国歌"。

的规则是基本相同的。这就是法律的一般性原则，也是法律面前人人平等的原则。因此，在市场经济的不断扩展中，在法治的形成中，各国（殖民地国家除外）都有一个打破"封建制"的过程，就是要扫除"地方保护主义"和"胳膊肘向里拐"的现象〔而在对外扩张和殖民过程中，则导致以武力为后盾的法律秩序的强制性移植（imposition）〕。从中国现代化和市场经济发展的要求来看，要逐步消解地方秩序，法律必须统一，具有普适性。但是，要回应具体社会中纷繁复杂的生活问题，法律秩序和规则又势必是具体的，因此必须具有地方性。这种法治空间维度上的一个两难，一直是现代化过程中的一个悖论。然而，与历史上的西方国家或日本这样地域相对狭窄的国家相比，如果这还不是一个"中国的"问题，那么在中国也格外地凸显出来。

这不仅是因为中国的现代化是后发的，许多人希望尽快走完西方人在三百年内走完的历程；而更重要的一个基本国情，就是毛泽东同志早在 20 世纪20 年代指出的，中国是一个大国，各地区政治经济文化发展不平衡。尽管这一判断已成为老生常谈，在许多言说者那儿已失去了思考的意蕴，但在我看来，这仍然是今天我们在思考中国法治问题时必须铭记的关于中国国情的基本判断。

同样是"国家"，对于在概念层面思考的人来说，它们是同样的一个分析单位，但对于现代化实践来说，同样的概念无法掩盖这个概念背后的这一片和那一片疆域的巨大差别。一个大国和一个相对来说的小国在法治的统一和确立的难度上会有很大不同。大国意味着有更为繁复的小型社会的秩序体系，意味着形成统一的规则的艰难，也就意味着更漫长的时间，意味着立法者必须考虑更多既成的地方性秩序的利益，意味着有更多的地方性秩序会以各种方式反抗为了现代化的进程而强加给它们的据说是为了他们的利益或他们的长远利益的法律，而这些为了现代化的法律至少在目前以及在未来的一段时间内不可能对这些尚未现代化的或正在现代化的小型社会或社区带来利益，甚至可能带来损害或不便。因此，一个社会的地域空间并不仅仅是一个空间的问题，它还意味着形成统一法治所面临的难度和所需要的时间。

中国 20 世纪初的政治经济文化的不平衡状况到世纪末已经有了相当大的变化。但这种变化是否足以保证现在在全国实现统一的现代法治，笔者仍然持一种谨慎的态度。从经验上看，当代中国社会，除了东部沿海和大中城市外，在广大农村甚至许多小城镇，熟人社会仍然是一个不争的事实，尽管这种状况也正在变化。当然，从理论上假定中国必定走向现代化，中国广大农村的熟人社会将会变成陌生人社会，那么，现代法治的建立作为一个目标是可取的，也是应当争取的。但是，目前我们有两个无法确定的问题：第一，中国的市场经济发展是否必定导致中国农村小型社会的解体，对此我觉得不应当依据一个西方国家现代化历史进程而低估了中国社会发展的复杂性，以一种过去的、外国的经验代替对中国现实的分析。第二，即使假定中国的农村社会也将随着人口的难以想象的规模高度流动起来，最终将陌生化，这可能也需要几十年的时间，而在这一期间，中国广大农村社会生活的秩序将依据何种模式来制度化？就算这是一个过渡时期，但仍有一个如何过渡的问题。并且在城市，熟人社会问题也并非完全消失了。不仅新近进入城市的农民的习惯难以在短期改变，而且一些行业当中，由于职业的关系，由于同乡关系，也出现了新的熟人社会。例如，夫妻店式的公司，家族化的商业经营，以及"浙江村"那样的城市居住区。如果真正相信个人的偏好是他的效用的真正衡量标准，如果真正相信在社会互动的制约下每个人的自由选择最终将导致社会福利、财富或效用最大化，那么即使从社会繁荣和福利的角度出发，我们也应当遵循这种也许并不完全符合现代法治理论的社会现实。至少，我们不应当简单地并轻易地以现代化为由来牺牲中国农村社会目前所需要的秩序。而如何协调现代化的城市和传统的乡村社区对相对不同的法律和法治的需求，这是一个需要中国的法学家和法律家认真面对的问题。这不仅是一个技术性问题，而且也是一个道德问题。

## 六　中国法治的前景

上面所列举的这一系列悖论，仅仅是中国现代化进程中，由于中国特殊的国情而形成的一些难题，而不是全部的难题。事实上，本文不是试图揭示所有的这类悖论，而仅仅以这些悖论为例，试图重新展现和理解中国现代化背景下法治的复杂性、艰巨性、特殊性以及与此相伴的长期性。我不敢说这些难题究其性质来说是"中国的"，但起码从其规模来说，这些问题又确确实实是中国的。而且我们可以看到，即使在学术分析层面上，我们都无法以一个整齐的、简单化了的公式来解开这些悖论，强调现代法治的某一个方面就很可能会损害现代法治的另一个同样值得珍重的要素，甚至会损害这一方面得以实现的条件。更何况中国的法治是一个艰巨而伟大的社会实践性事业，是一个社会的秩序重建的过程，而不可能只是一个学术性的活动。尽管中国的现代法治建设是一个艰巨的事业，然而，我个人认为，中国现代法治形成的一些基本条件也许已经具备。这就是，经过中国人民的百年艰苦奋斗，中国的社会转型就总体来说已经基本完成。

经济上，中国社会从小农经济为本已经基本转向以工商经济为本。政治上，中国已经从一个传统的"文化共同体"基本形成一个现代的民族国家，公民的意识已经开始形成。在文化上，也许这种变化更为突出，由于白话文，由于现代教育制度的创建，由于广播、电视的普及，由于科学的巨大实际效用以及因此而出现的深入人心，已经从根本上改变了中国的文化。在这个层面上，我们可以说，中国已经基本完成了社会转型。

就中国 20 世纪的这一巨大变化和成就而言，中国的法治现代化似乎是"滞后"了。尽管从 20 世纪初，中华民族就开始了一个以修宪立法为标志的大规模的"变法"，但到了 20 世纪末，我们又一次面临着大规模的以立法为标志的社会变革。尽管已经制定了大量的成文法，人们却仍然感觉有大量的领域缺乏规则，即使已有立法的领域，也有不少法律的空白之处。尽管现代的法律职业在 20 世纪初已经出现，但是到 20 世纪末，中国的几十万法官的平均文化程度还只是接近大专，而其中经过法律专业系统训练的还不占多数。就法官的工作而言，他们在许多时候仍然是在解决纠纷，而不是在确认规则。在这个意义上，他们的工作更类似于传统的调解，而不是在审判。有相当数量的基层法院的派出法庭，甚至必须承担不少完全是法律专业之外的工作（例如扶贫）（夏勇，1994：212）。司法的专门技术远未形成，许多所谓的司法原则都还停留在哲学、社会学、经济学、政治学原理的演绎，甚至是政治口号的照搬上。尽管就总体来说，目前律师的平均文化水平和专业水平要高于法官、检察官的平均水平，但至少到目前律师的主要工作仍然不是法律的，而是关系的；关系重于专业能力（夏勇，1994：135）。

然而，如果从学理的方面来考察，法治的"滞后"在很大程度上并非一个真问题，至少不是一个有意义的问题。所谓真，所谓有意义，在这里是指可以通过人为的努力加以解决或避免的问题。当我们说法治"滞后"，并将之作为一个问题来研究时，我们实际上是隐含地接受了这样一个很值得怀疑的理论前设，即在同一时段内，法治的确立是与社会的政治、经济、文化变革完全兼容的，可以完成共时性的变革。而这一前设，实际只是我们的愿望的凝聚，并在一定意义上与那种要求社会变革的愿望同源：都希望中国在短期内完成一个社会范式的转换。而正是这种关于法治的愿望，可能使得我们急切希望以唯理的设计变革的方式、政治推动的方式、急风暴雨的方式、只争朝夕的方式、群众运动的方式来"建设"法治；而这种方式恰恰是与现代法治本身要求的回应社会、秩序内生于社会、规制社会也规制国家权力的行使、维护社会长期稳定难以兼容和两全的。

因此，正是在这个意义上，我要说，就一个社会的总体来看，制度的形成和确立必定是后续性的。① 并且，从这一分析的角度来看，从秩序出现、形成和确立的历史演进的可能性来看，而不是从我作为普通人的一员同样渴求秩序的愿望来看，20 世纪中国的法治并不存在一个"滞后"的问题。我的这一论断并不是否认法治的必要和迫切，也并不反对各种法治建设的努力，也不否认具体的、地方性的法律制度与社会变革之间的互动关系，我想强调的只是，作为一个现代社会的法治（而不是局部的和暂时有序的），只有在这个社会经济、政治和文化转型并不致形成了秩序的基础上才有可能。法律本身并不能创造秩序，而是秩序创造法律。

也正是在这一点上，也许可以说 20 世纪中国社会的巨大变化为中国社会现代法治的最终确立已经奠定了最深厚的基础。没有这个社会的根本转变，法治就将是对旧秩序的维护；没有这个根本转变，任何字面上先进的法律和法令以及组织安排都将只是一纸空文；没有这个根本转变，主要依靠国家强制力建立的"法治"和秩序都将是不稳固的；没有这个根本转变，已经进入了世界性的现代化之中的中国人也不会以他们的行动——而不仅仅是语词——参与秩序，因此也是"建设"法治的人。

但是，细心的读者可能会注意我在作出这一断言时用了"也许"二字。这并不是模棱两可，而这种对当下之历史的断言太容易出问题了。事实上，这一判断是无法进行论辩的，无法诉诸任何东西来论证这一判断是否正确。我无法给出确定无疑的理由说，我的确不过是对自己的愿望的一种正当化。在这个意义上，先知是不存在的，先知是当人们偶尔回头一瞥时的一个构建。然而，更重要的是，昔日的历史仅仅构成一个指向，而现实是开放性的，不具有必定性。因此，中国社会的秩序形成，中国法治的确立，并不会像诗人的语言那样"大步向我们走来"。我们面临着许多 20 世纪中国法治的许多悖论，而且这些悖论并不会由于我们重视了"法治"，强调了"依法治国"，强调了"有法可依、有法必依、执法必严、违法必究"，或者是做了一些可以数字化的"法治"工作就会消解。

法治话语的流行反映的是对秩序的渴求。然而，秩序的真正形成是整个

---

① 这并不是否认法律在某些时候可以作为社会变革的工具。这里首先要区别法治与具体的法律，其次是要区别已经成为制度的法律和意图成为制度的立法。作为变革工具之立法具有成为制度的潜能，但未必能成为制度，它必定要经受时间的检验和公共的选择。

民族的事业，必须从人们的社会生活中通过反复博弈而发生的合作（广义的）中发生，因此它必定是一个历史的演进过程。秩序需要制定法以及与之相伴的有关机关的实践，特别是在城市地区和经济活动中。但在许多情况下，制定法和国家的活动甚至并非保持在社会秩序之中。由于人们事实上总是拥有多种可供选择的解决纠纷、进行合作和维持秩序的手段（协商、调解、自助、疏远甚至威胁等），由于获得法律救助高昂的信息费用（法律太多，无法了解），由于律师费用的高昂以及普遍对于律师的不信任（似乎各国均如此，并历来如此），以及政府受人力、财力的限制而不可能向社会提供足够并且"对路"的法律的公共产品，[①] 制定法事实上对社会秩序的影响并不如同法学家想象得那么大，有时甚至是毫无影响；即使在最好的情况下，它也仅仅是促进人们合作的一种机制。因此，当人们渴求秩序、呼唤法治之际，立法者和法学家的眼光也许应当超出我们今天已习惯称为"法律"的那些文本以及与之相伴随的国家的活动，看到、关注并注意研究任何社会中总是存在且并不缺乏的那些促成人们合作、遵守规则的条件，那才是一个社会的秩序的真正基础。"法律制定者如果对那些会促成人们合作的社会条件缺乏眼力（unappreciative），他们就可能造就一个法律更多但秩序更少的世界"，当然，这句话的主语后面也许还应添上法学家。

## 参考文献

Durkheim, Emile. *Suicide*: *A Study in Sociology*. Free Press, 1951.

Foucault, Michel. *Discipline and Punish*: *the Birth of the Prison*. Vintage Books, 1977.

Giddens, Anthony. *The Nation-State and Violence*. Polity Press, 1985.

Hayek, F. A. *Law*, *Legislation and Liberty*. 3 vols. University Chicago Press, 1973/1976/1979.

Hayek, F. A. *New Studies in Philosophy*, *Politics and Economics and the History of Ideas*. University of Chicago Press, 1978.

Holmes, Oliver Wendell. *The Common Law*. Little, Brown and Company, 1948.

Macaulay, Stewart. Non-Contractual Relations in Business: A Preliminary Study, *American*

---

① 即使不谈法律所要求的普遍性与地方习惯可能有矛盾的问题，就中国目前农村地区来说，一般是一个方圆几十里、人口 10 余万的乡设一个派出法庭，审判人员 2—3 人，一名事实上号称专职实际并非专职的司法助理员，没有什么现代化的交通工具和通信工具，在我所了解的一些山区法庭，法官们甚至连自行车都没有，因为根本用不上。

*Sociological Review*，Vol. 28，1963.

Macaulay，Stewart. The Use and Non-use of Contracts in the Manufacturing Industry，*Practical Lawyer*，Vol. 9，1963.

范忠信：《中西法律传统中的"亲亲相隐"》，《中国社会科学》1997 年第 3 期。

费孝通：《乡土中国》，三联书店 1985 年版。

强世功：《乡村社会的司法实践：知识、技术与权力》，《战略与管理》1997 年第 4 期。

梁漱溟：《中国文化要义》，学林出版社 1987 年版。

［德］马克思：《资本论》第 3 卷，人民出版社 1975 年版。

［德］马克思、恩格斯：《马克思恩格斯选集》第 2 卷，人民出版社 1972 年版。

毛泽东：《毛泽东选集》第 2 卷，人民出版社 1991 年版。

［德］萨维尼：《论当代立法和法理学的使命》，载《西方法律思想史资料选辑》，北京大学出版社 1983 年版。

夏勇主编：《走向权利的时代》，中国政法大学出版社 1994 年版。

萧功秦：《近代中国人对立宪政治的文化误读及其历史后果》，《战略与管理》1997 年第 4 期。

张国华、饶鑫贤主编：《中国法律思想史纲》下册，甘肃人民出版社 1987 年版。

朱苏力：《现代法治的合理性和可行性》，《东方》1996 年第 3 期。

朱苏力：《法本质理论的接受与中国传统的"法"和"法治"》，《比较法研究》1997 年第 2 期。

# 中国的法治道路：正规化与非正规化视角

朱景文①

伴随着中国特色社会主义道路的形成，中国法治发展也经历了曲折的过程，经历了一个选择法治，推进法治，反思法治，坚定走中国特色社会主义法治道路的过程。通过什么方式解决纠纷，各种解决纠纷的方式之间，特别是正规化的现代纠纷解决方式司法与传统的非正规化的调解之间是什么关系，随着经济与社会的现代化，正规化的纠纷解决方式的加强是否一定意味着传统的非正规化纠纷解决方式的衰弱，是中国法治道路探索中一个非常重要的方面，它们非自改革开放起，自从清末西方的现代法律制度引进到中国以来始终伴随着中国法治道路的探索，一百多年来从未中断。本文将以纠纷解决的正规化与非正规化为视角，描述新中国成 60 多年，特别是改革开放 30 多年中国法治道路，其中的经验、问题和反思。

## 一 法治化进程：从非正规化到正规化

在传统上，由于儒家思想的影响，中国是一个厌诉的国家。改革开放前，中国只有很少的法律，主要集中在《宪法》《组织法》《土地法》《婚姻法》《镇压反革命条例》等少数领域，社会纠纷主要通过人们所工作的单位或者所居住的居民委员会或村民委员会解决，如果不同的单位的人员之间发生纠纷，则通过双方共同的主管部门，法院在解决纠纷中的作用是很有限的。由于商品经济不发达，个人财产关系简单，当时的民事案件主要是婚姻家庭纠纷。而刑事案件与历次政治运动有着密切关系，最突出的是反革命罪。行政案件，所谓民告官的案件，几乎不存在。法院受理的各类案件，除了新中国成立初期特殊情况，大部分年份只有几十万件。法院规模有限，审判人员缺乏，文化素质低。

---

① 中国人民大学法学院教授。

## （一）解决纠纷方式：从非正规化到正规化

改革开放以来我国的诉讼数量逐年增加，人民法院一审各类案件，包括民事、刑事、行政案件的收案数量都有了迅速的增加，其中民事案件的数量1979年为39万件，2006年为438万件，增长了10.2倍；刑事案件从12万件增加到70万件，增长4.8倍；行政案件从1983年的527件增加到9.6万件，增长180.4倍；各类一审案件总数从1979年的51万件增加到518万件，增长9.2倍。

仔细分析新中国成立60年的诉讼曲线，如图1至图4所示，我国一审诉讼总量的发展曲线呈"U"形，我们可以发现三个拐点，第一个拐点是20世纪60年代中期，从50年代各类案件的数量一二百万件转变到60年代中期以来一直到70年代末80年代初期，我国诉讼数量在50万件上下，大多数年份只有三四十万件，1978年诉讼数量只有44万件。这是我国"U"形诉讼曲线的低谷期。第二个拐点是改革开放。70年代末80年代初我国诉讼曲线开始上扬，1988年诉讼数量229万件，超过改革开放前最多的1958年228万件的水平，到1996年超过500万件的水平。

我国基层的村民委员会和居民委员会的人民调解在解决民事争端中一直起着重要的作用，改革开放前缺乏统计数字，1981年780万件，同年民事一审收案67万件，只相当于调解数量的8.6%。可见当时我国调解的主导地位。1981—2006年人民调解总数为16783万件，而同期人民法院一审民事案件的收案数量为8004万件，只相当于前者的一半。但是，必须看到改革开放以来我国民间调解作用在弱化，无论在调解的绝对数量上还是在与法院一审民事案件的比重上都下降了。民间调解的数量已经从80年代初期的800万件左右下降到2006年的462万件；民间调解的比重从占90%下降到只占50%。因此，虽然民间调解在解决民事纠纷中起着重要的作用，但是这种作用变得越来越小。

调解在法院解决民事案件中起着重要作用。改革开放前缺乏统计数字，但绝大多数民事案件是通过调解结案的，估计在90%左右，1978年民事一审的调解结案率为72.3%。1978—2006年人民法院一审民事案件共结案8099万件，其中调解结案3925万件，调解结案率为48.5%。但是，法院调解作用在日益下降。我国法院民事一审案件的调解结案率1978—1989年基本保持70%以上。1991年我国民事诉讼法修改，将民事诉讼的基本原则从"人民法院审理民事案件应当着重进行调解"修改为"应当根据自愿与合法的原则进行调

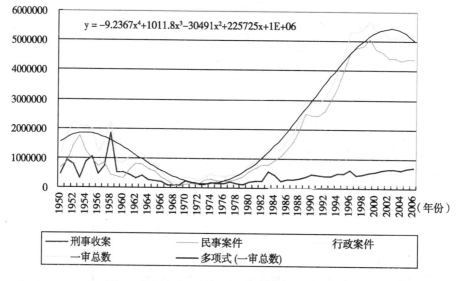

$$y = -9.2367x^4 + 1011.8x^3 - 30491x^2 + 225725x + 1E+06$$

图1　人民法院一审案件收案数量（1950—2006）

资料来源：1950—1985 年数字见北大法意网，统计数据：《1950—1998 年全国法院刑事案件一览表》，《1950—1998 年民事案件一览表》（http：//www. lawyee. net/OT_ Data/Judicial_ Stat. asp）；1986—2006 年的数字见《中国法律年鉴》1987—2007 年各卷。根据上述资料提供的数字绘制。

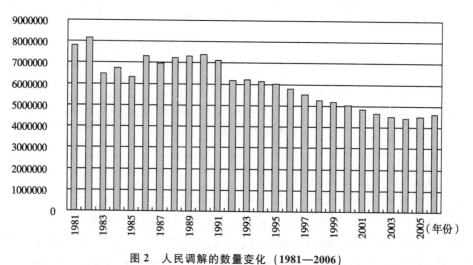

图2　人民调解的数量变化（1981—2006）

资料来源：根据《中国法律年鉴》1987—2007 年各卷提供的人民调解的数字绘制。

解，调解不成的，应当及时判决"。从此民事诉讼调解结案率直线下降，直到 2003 年调解结案率下降到不足 30%。2004 年中央强调建设社会主义和谐社会，对调解作用的宣传力度开始加大，但是从调解结案率的曲线看，还没有

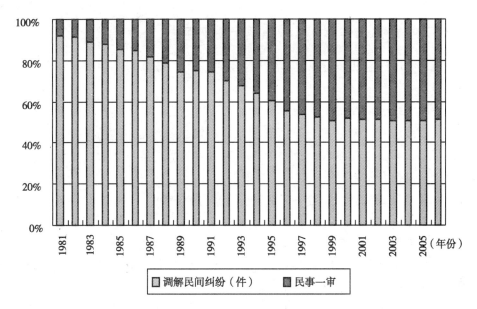

**图 3　民间调解数量和法院一审民事案件数量的比例（1981—2006 年）**

资料来源：根据《中国法律年鉴》1987—2007 年各卷提供的人民调解民事一审案件的数字绘制。

看到拐点。

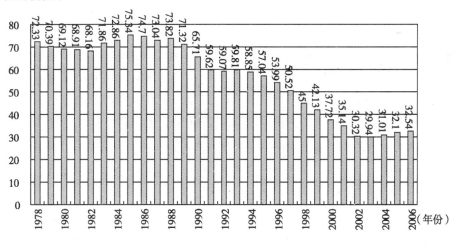

**图 4　人民法院民事一审案件调解结案率（%）（1978—2006）**

资料来源：根据《中国法律年鉴》1987—2007 年各卷提供的民事一审案件结案数和调解结案数计算。

## （二）法律工作者：从非正规化到正规化

衡量我国法制从非正规化向正规化发展的另一项指标是法律工作者的正规化程度。

中国法律工作者就专业化要求而言可分为三类：第一类正规化的法律工作者，包括法官、检察官、律师和公证员；第二类半正规化的法律工作者，包括基层法律服务工作者，企业法律顾问、仲裁员；第三类非正规化的法律工作者，包括人民调解员、基层治安保卫人员。

### 1. 正规化的法律工作者——法官、检察官和律师

改革开放前，中国法律工作者远非职业化的，法院在解决纠纷中的作用很有限。美国华裔学者李浩曾经把改革开放前的中国法律模式分为两类，一类是内部模式，一类是外部模式。所谓内部模式是我国在城市、农村的工厂、机关、学校、人民公社中广泛存在的人民调解委员会，它们实际执行着西方国家法律的大部分社会控制的职能，这些调解人员是在没有受到正规的法律教育又缺乏正式的法律的情况下，使用非正式的程序通过自愿从事着这方面的工作的，他们处理包括离婚、小偷小摸、伤害、家庭纠纷、未成年人犯罪等各种案件。调解制度几乎不需要时间去搜集证据，因为人们在日常的生活中相互了解十分清楚。调解决定能够十分迅速而又不需要花费金钱的情况下做出，不需要律师和其他专家参加。因此，它们与西方社会耗费时间、金钱、精力的形式化的法律制度形成了鲜明的对照，形成了一种"没有律师的法"。所谓"外部模式"则是指国家颁布的正式法律规则，它们由专门从事法律职业的国家干部执行。20 世纪 50 年代内部模式曾经占统治地位，在司法改革的运动中中国从事法律职业的人员几乎全部清除或被迫改行。这一运动使中国法的外部模式处于几乎没有法律书籍、没有人能从事专门的法律工作的境地。而随着"文化大革命"的结束，法的外部模式逐渐地超过了内部模式，占据主导地位（Li，1978）。

改革开放给中国社会所带来的重要变化就是社会关系的复杂化和利益的多元化。如果说在社会关系相对简单的时期依靠没有受过专门训练的法官、检察官和律师，审判工作、检察工作和法律服务还能够维系，大量的纠纷集中在单位或依靠人民调解，通过法院之外的途径解决，是一件很自然的事；在社会关系复杂化、利益多元化的条件下，人们活动的领域远远超过单位或所居住的地区，从争端的复杂性程度讲，无论刑事、民事、行政纠纷，都需要专门的法律知识，受过专门的法律训练的人才能成为纠纷的仲裁者。

改革开放以来，随着我国法治化的进程加快，法律工作者的数量和文化素质都获得了很大的提高，我国法官的数量已经从 1981 年的 6 万人发展到 2004 年的 19 万人，具有大学本科学历的法官达到 51.4%（朱景文，2007：34）;① 检察官的数量从 1986 年的 9.7 万人发展到 2004 年的 12.6 万人，具有大学本科学历的检察官达到 44%；律师数量从 1981 年的 8571 人发展到 2006 年的 13 万人，具有大学本科学历的律师达到 70%。作为培养法律职业的后备军，高等法学教育机构已经从 1976 年的 8 所上升到 2006 年的 603 所，每年大专以上法律专业毕业生的数量已经从改革开放前不足 1000 人发展到 2005 年超过 10 万人（朱景文，2008b）。从而大大改变了缺乏足够的法律执业人员，已有的法律执业者文化素质低的状况，为推进我国法治化进程起到了重要的作用。

我国正规化的法律工作者专业素质的提高和近年来在各行业中推行的职业准入制度有着密切的关系。在法律职业中，我国最早实行职业准入考试的是律师，从 1986 年起司法部开始实行律师资格考试制度，每两年举行一次；从 1993 年起，改为每年举行一次。参加律师资格考试的学历要求是大专以上。2001 年九届全国人大常委会第 22、25 次会议修改、通过的《法官法》《检察官法》《律师法》规定，"国家对初任法官、检察官和取得律师资格实行统一的司法考试制度，国务院司法行政部门会同最高人民法院、最高人民检察院共同制定司法考试实施办法，由国务院司法行政部门负责实施"。参加司法考试的学历要求也相应改为大学本科。2005 年通过的《公证法》对公证员的准入条件也做出了规定，必须通过国家统一司法考试。到目前为止，要求通过国家司法考试的职业包括律师、法官、检察官和公证员。与此同时，《基层法律服务条例》和《企业法律服务条例》也分别对基层法律工作者和企业法律顾问的准入条件做出规定，他们都必须通过相应行业的执业资格考试，参加基层法律服务人员执业资格考的学历要求是高中或中专，而企业法律顾问执业资格考试的学历要求是大学本科（朱景文，2007：37—38）。

---

① "法官法、检察官法实施 10 年来，全国法官中具有大学本科以上学历的，从 1 万余人增至 9 万余人，占法官总数的比例从 6.9% 提高到 51.6%"（吴兢，2005）；"2001 年，全国各级法院法官中具有本科学历的 6.93 万人，具有博士、硕士学位的 2579 人；截至 2005 年年底，全国法官中具有本科学历的人数已经达到 11.5 万人，具有博士、硕士学位的 6216 人，占法官总数的比例分别比'十五'前上升了 37.6% 和 2.5%"（陈冰，2006）。按此计算，2005 年我国法官大学本科以上学历的百分比应为 66.5%。

2. 半正规化的法律工作者——基层法律服务工作者

作为半正规化的法律工作者，基层法律服务工作者承担着大量的诉讼代理、非讼代理、法律咨询、法律顾问、代书法律文书和协办公证等由我国正规化的法律职业律师和公证员所执行的职能。其发展过程中的最大问题是与律师、公证员等正规化的法律工作者职能的重叠。2000 年以前基层法律服务工作者数量的迅速增长是由于律师、公证员数量的不足，在当时的情况下基层法律服务工作者正好能够填补这一空缺。1987—2003 年，基层法律服务工作者增长了 52%，而律师增长了 291%，远远超过基层法律服务工作者的增长率。在这种情况下，二者之间的互补关系逐渐转变为律师与基层法律服务工作者之间争案源的紧张关系。2008 年 6 月开始施行的《律师法》规定："没有取得律师执业证书的人员，不得以律师名义从事法律服务业务；除法律另有规定外，不得从事诉讼代理或者辩护业务。"从而为基层法律服务工作者退出诉讼领域奠定法律基础，基层法律服务工作者承担诉讼业务成为不合法。值得注意的是，上述种种转变对于规范法律服务市场、改变基层法律服务的混乱状态虽然具有积极意义，但是它是以保证律师对法律服务的垄断地位和以城市为中心展开的，在这一过程中构成对律师法律服务挑战的基层法律服务工作者被边缘化甚至不合法化，保证了律师的案源，支付得起律师费用的发达地区和大城市人口的法律服务得到保证，但广大贫困地区和农村人口的法律服务则逐渐沦为"被人遗忘的角落"（见表 1）。

表 1　　中国基层法律工作者和律师的数量与比重的变化（1987—2003 年）

| 年份 | 律师 | 基层法律服务人员 | 律师比重 |
|------|------|------------------|----------|
| 1987 | 27280 | 61823 | 0.306163 |
| 1988 | 31410 | 81520 | 0.278137 |
| 1989 | 43535 | 90333 | 0.325208 |
| 1990 | 38769 | 98292 | 0.282859 |
| 1991 | 29540 | 98905 | 0.229982 |
| 1992 | 34515 | 103848 | 0.249453 |
| 1993 | 47194 | 107398 | 0.305281 |
| 1994 | 60901 | 110770 | 0.354754 |
| 1995 | 63088 | 111295 | 0.361778 |
| 1996 | 68122 | 113612 | 0.374845 |
| 1997 | 66269 | 119155 | 0.357392 |
| 1998 | 68966 | 118359 | 0.368162 |
| 1999 | 78843 | 119000 | 0.398513 |

| 年份 | 律师 | 基层法律服务人员 | 律师比重 |
|------|------|------------------|----------|
| 2000 | 84756 | 121904 | 0.410123 |
| 2001 | 90257 | 107985 | 0.455287 |
| 2002 | 102198 | 98500 | 0.509213 |
| 2003 | 106643 | 93970 | 0.531586 |
| 增长率（1987/2003） | 291% | 52% | 22% |

注：律师比重＝律师数量／（律师数量＋基层法律服务工作者数量）；增长率指 2003 年比 1987 年数量增长的百分比。

资料来源：《中国法律年鉴》1987—2004 年各卷。

### 3. 非正规化的法律工作者——人民调解员

1981 年我国居民委员会和村民委员会共有人民调解员 476 万人，1991—1997 年人民调解员的数量曾经达到 1000 万人，后来数量下降，2006 年我国共有人民调解员 498 万人。人民调解员不需要任何学历要求。如果对人民调解员的决定不服，可以向人民法院起诉。

人民调解员在我国解决民事纠纷中一直起着十分重要的作用。1981—2006 年人民调解总数为 16783 万件，而同期人民法院一审民事案件的收案数量为 8004 万件，只相当于前者的一半。如果没有人民调解的作用，把这些民事纠纷都集中在法院解决，无疑将极大地增加法院的诉累。

然而，改革开放以来一个引人注目的发展趋势是调解的弱化与审判的强化（陆思礼，2001；付华伶，2001；范愉，2007：476—477），1981—2004 年我国人民调解员的数量增长了 4.5%，而 1981—2004 年法官的数量增长了 216%。民间调解员数量的下降与调解效率低有着密切关系，我国 1981 年有人民调解员 476 万人，调解民事纠纷 780 万件，每名调解员每年的调解纠纷的数量为 1.63 件，而 2006 年我国有调解员 498 万人，调解纠纷 463 万件，每名调解员每年调解纠纷 0.93 件。大大低于我国法官的年均审判量，1981 年为 19.5 件，2004 年为 29.5 件（朱景文，2007：18）。[①] 当然，这与调解员是业余的，而法官是专业的有关；同时也与对于调解员的定位有关，我国调解员

---

① 考虑到我国相当一部分具有法官职称的人不承担审判职能，如院长、办公室、政工、人事、纪检、后勤以及执行等部门的负责人，大都有法官职务却不从事审判工作，执行案件不在审判案件统计之中，扣除上述人员，我国从事审判业务的法官数量要少得多，每名法官的年均审判量要比 30 件更多。而且我国法官年均审判数量分布很不平衡，比如北京、上海、深圳等大城市年均审判量超过 100 件，北京的朝阳、海淀、宣武等区甚至超过 300 件。

的数量大起大落，最多的年份超过 1000 万人，而最少的年份只有 400 多万人，我们估计，许多村干部或居民委员会干部，从来不实际调解民事纠纷，但也算在调解员的统计数字中。否则，每年调解不到 1 个案件，无论如何也说不过去（见表 2）。

表 2　　　　　调解委员会调解的民事纠纷与法院一审的民事
案件数量的比率（1981—2006 年）

| 年份 | 调解员<br>（A） | 民间调解的<br>数量<br>（B） | 法官 | 法院一审民事<br>案件数量<br>（C） | 民间调解比重<br>C/（B＋C） | 每名调解员<br>每年调解量<br>B/A |
|---|---|---|---|---|---|---|
| 1981 | 4767700 | 7805400 | 60439 | 673926 | 0.921 | 1.63 |
| 1982 | 5339498 | 8165762 | 76906 | 778941 | 0.91 | 1.53 |
| 1983 | 5557721 | 6477494 | 83688 | 799989 | 0.89 | 1.16 |
| 1984 | 4576335 | 6748583 | 88135 | 923120 | 0.879 | 1.47 |
| 1985 | 4738738 | 6332912 | 95247 | 1072170 | 0.855 | 1.33 |
| 1986 | 6087349 | 7307049 | 99820 | 1310930 | 0.847 | 1.20 |
| 1987 | 6205813 | 6966053 | 117647 | 1579675 | 0.815 | 1.12 |
| 1988 | 6370396 | 7255199 | 119529 | 1968745 | 0.786 | 1.14 |
| 1989 | 5937110 | 7341030 | | 2511017 | 0.745 | 1.23 |
| 1990 | 6256191 | 7409222 | 131460 | 2444112 | 0.752 | 1.18 |
| 1991 | 9914135 | 7125524 | 138459 | 2448178 | 0.744 | 0.72 |
| 1992 | 10179201 | 6173209 | | 2601041 | 0.703 | 0.61 |
| 1993 | 9766519 | 6222958 | | 2983667 | 0.676 | 0.64 |
| 1994 | 9997616 | 6123729 | | 3437465 | 0.640 | 0.61 |
| 1995 | 10258684 | 6028481 | | 3997339 | 0.601 | 0.59 |
| 1996 | 10354000 | 5802230 | | 4613788 | 0.557 | 0.56 |
| 1997 | 10273940 | 5543166 | | 4760928 | 0.538 | 0.54 |
| 1998 | 9175000 | 5267194 | 170000 | 4830284 | 0.522 | 0.57 |
| 1999 | 8803000 | 5188646 | | 5054857 | 0.506 | 0.59 |
| 2000 | 8445000 | 5030619 | | 4710102 | 0.516 | 0.59 |
| 2001 | 7793000 | 4861695 | 240000 | 4615017 | 0.513 | 0.62 |
| 2002 | 7161600 | 4636139 | 210000 | 4420123 | 0.512 | 0.65 |
| 2003 | 6692000 | 4492157 | 194622 | 4410236 | 0.505 | 0.67 |
| 2004 | 5144200 | 4414233 | 190961 | 4332727 | 0.505 | 0.86 |
| 2005 | 5096500 | 4486800 | | 4380095 | 0.506 | 0.88 |
| 2006 | 4981900 | 4628018 | | 4385732 | 0.513 | 0.93 |
| 增长率 | 4.5% | | 216% | | | |

资料来源：1986—2007 年各卷《中国法律年鉴》，并据此计算。

### （三）法治发展的不平衡性

中国法治化进程经过 30 年的努力所取得的成就举世公认，不可否定。但是也应该清醒地看到我国法治发展的不平衡性。我国正规化的法律资源，法律职业、法学教育发达的地区都集中在东部地区和大城市，西部地区和广大农村很少法律资源。2007 年北京、广东的律师数量已经超过 15000 人，而西藏、青海、宁夏等地区只有区区几百人（《中国司法行政统计年鉴 2008》）；2005 年北京每 10 万人口法学专业毕业生的数量为 39.4 人，上海为 20.4 人，而内蒙古、广西、西藏等地不足 3 人（朱景文，2007：54）；2006 年北京、上海每 10 万人口的诉讼数量分别为 1722 件和 1237 件，而西藏、江西、安徽、广西、湖南、四川、云南、山西、海南九个省、自治区只有 200 件左右。① 这种不平衡集中表现在近年来出现的西部地区法律职业的短缺上。

我国法律工作者职业化的进程具有双重作用：一方面它提高了执业者的专业素质，促进了司法的专业水平和效率；另一方面由于我国正处在变革的过程中，新旧交替，近年来所推行的执业准入的考试，已经使我国一些地区出现了"法官荒""检察官荒"和"律师荒"。尽管对于西部一些省份全国统一司法考试的分数线已经有相当大程度的照顾，但是在现职的法官、检察官队伍中仍然没有足够数量的人员通过司法考试的分数线，使得他们不可能安心现职工作。而那些通过司法考试的人员，一旦通过，马上又要求调到条件更好的地区或者转到其他法律职业。② 再加上我国法官和检察官队伍实行像公务员一样的退休制度，就更加重了法律执业人员的短缺。

在律师执业中前几年也有类似的现象，一味强调律师准入，反对"土律师""赤脚律师"染指任何律师业务。但是，大量的实践表明，律师和律师事

① 各地诉讼数量参见 2007 年《最高人民法院工作报告》附件二，载《全国人大常委会公报》2007 年第 2 期。各地人口数量参见 2008 年《中国统计年鉴》。

② 关于西部地区法官荒，参见 2007 年 11 月 19 日至 12 月 3 日《法制日报》系列报道：《四大难题导致宁夏法官队伍短缺，在这里我是一名"光杆司令"》（《法制日报》2007 年 11 月 19 日），《"马背上的法庭"还有多少，云南边疆地区法院法官奇缺》（《法制日报》2007 年 11 月 20 日）；《这里需要后备人才，贵州法官队伍人员缺失情况调查》（《法制日报》2007 年 11 月 21 日）；《我们这里"有编制没人"，新疆基层法院少数民族法官不足尤为突出》（《法制日报》2007 年 11 月 22 日）；《一个县级法院只有 4 名法官》（《法制日报》2007 年 11 月 24 日）；《老法官提前离岗 新"法官"难以进来 陕西省西安市郊县法院"法官荒"堪忧》（《法制日报》2007 年 11 月 26 日）；《我们这里法官确实缺得厉害，凉山、甘孜、阿坝三个少数民族地区法官断层及流失相当严重》（《法制日报》2007 年 11 月 30 日）；《我们的尴尬：进人难留人难》（《法制日报》2007 年 12 月 3 日）。

务所主要集中在城市地区，在广大农村地区很少有律师，农民得不到法律服务，而当地的各种"土律师"自然会填补这一空缺，满足法律服务市场的需求，尽管他们的服务质量可能不如正规化的律师。问题在于，正规化的律师不愿意到农村去。而当地从事法律服务的人员一旦通过司法考试，获得律师资格，又会离乡背井，远走高飞。中国的律师行业发展很不平衡。虽然中国的律师数量 2006 年已经达到了 13 万，在北京、上海、广州等大城市甚至有人惊呼"律师爆炸"，但是在全国还有大量的企业没有律师，还有相当多的农村地区没有或很少有律师，据 2004 年司法部披露的一个数字，我国仍然有206 个县没有一名律师（王比学，2005）。即使有律师的农村，律师事务所也都是在县城。例如，2007 年在甘肃省的 46 个国家级贫困县中，从 10 年前的平均每县 3 名律师到现在的不足 2 名，其中有 6 个县竟无一名律师（李开南，2007）。

如上所述，我国改革开放以来所培养的法律专业大学毕业生的数量已经是改革开放前的 100 倍，每年大学本科、专科毕业生的数量超过 10 万人，和改革开放初期由于没有足够的法律专业毕业生而造成的"复转军人进法院"的状况已经不可同日而语。由于越来越多的法律专业毕业生，就业问题已经成为摆在国家和毕业生个人面前的一个十分敏感的问题。根据教育部高校学生司 2002 年发布的数据，国务院部委院校法学专业的学生的综合就业率为77%，在全部 214 个专业中排在第 187 位，2002 年以后法学专业毕业生的就业形势更加严峻，2005 年成为垫底的专业（孙继斌等，2008）。为什么一方面法律职业毕业生就业困难，而另一方面却出现了西部地区法律职业的严重短缺？这么多的法律专业毕业生到哪去了？

从就业的地区走向看，扣除待就业、出国留学和考研的比例，华北占22%，华东占 25.8%，中南占 35.2%，东北占 6.5%，西北占 4.8%，西南占4.9%。也就是说，我国法律专业毕业生大部分集中在华北、华东和中南地区，占 83%，三地区人口占 67.3%；而东北、西南和西北地区法律专业毕业生占 17%，人口占 32.7%。无论从绝对比例还是从与人口比例的关系看，明显体现出法律专业毕业生就业走向的不平衡性（朱景文，2007：45—46）。2008 年由麦可思人力资源信息管理咨询有限公司披露的"中国高等教育追踪评估调查结果"显示全国法学毕业生流向的地区则呈现"一边倒"的趋势，东部和沿海发达地区 55%，中西部中等发达地区 37%，东部和沿海中等发达地区 6%，中西部不发达地区 2%（孙继斌等，2008）。由于历史的原因，我国法律职业的分布本来就不平衡，改革开放以后法律专业毕业生数量大大增长，但是它不但没有改变这种不平衡，而且使其更严重。

## 二 纠纷解决机制：诉讼、调解与行政管理

在改革开放以后，诉讼数量呈快速上升的趋势，20 世纪 90 年代中期已经超过 500 万件。但此后，诉讼的年均增长率变得平缓，甚至有下降趋势，诉讼曲线出现了拐点，增长速度减缓，甚至出现下降（见图 1）。从实际统计数字看，1979—1996 年的诉讼的年均增长率为 15.4%，而 1997—2006 年增长率变为 -0.2%。

表 3　　　　不同阶段一审各类案件的年均增长率（1979—2006 年）

| 时期 | 刑事案件 | 民事案件 | 行政案件 | 一审案件 |
| --- | --- | --- | --- | --- |
| 1979—1996 | 12.6 | 16.9 | 93.3 | 15.4 |
| 1997—2006 | 2.1 | -0.45 | 2.4 | -0.2 |
| 1979—2006 | 9.7 | 10 | 53.8 | 9.6 |

许多国家的经验表明，随着社会和经济的发展诉讼数量会相应增加，尤其是在社会转型时期，社会矛盾的增加，会有越来越多的争端涌向法院。但是随着社会结构趋于稳定，社会本身由失范转向规范，诉讼的增长率趋于平缓，甚至有下降的趋势。[①] 中国也不例外，随着改革的深入，在一些领域确实出现了规范化的趋势，从而促使这些领域的诉讼增长率下降。但中国所面临的总的情况是：社会转型远没有结束，改革开放以来积累的社会矛盾，如东西部之间、城乡之间、贫富之间的差别进一步扩大，原有的市场经济、产权制度、分配制度等经济体制改革的任务远远没有结束，教育改革、住房改革、医疗卫生改革、社会保障改革等所暴露的问题又进一步表面化。在这种情况下认为我国诉讼增长率下降是由于社会从失范走向规范，是没有充分说服

---

① 许多学者的研究都显示了诉讼的这种发展趋势。美国学者卡甘指出，美国债权债务争端在十八九世纪一直在法院审理的各类案件中占第一位。在许多州差不多都在 50% 以上。但是，20 世纪以来这类案件的数量开始下降，特别是在 50—70 年代下降的幅度更大，在许多州的上诉法院这类讨债案件不到 7%（Kagan，1984）另外，美国学者肯沃斯、马考利、罗格斯指出，20 世纪 70 年代初以来美国汽车工业由于激烈的竞争、不稳定性和不确定性促进了公司的短期行为，带来了诉讼数量的迅速增长，持续了十几年。但从 20 世纪 80 年代后期以来，汽车工业的大公司和它们的供应商、零售商之间的关系趋于稳定，避免诉讼和运用仲裁等非诉讼的纠纷解决机制成为占主导的方式，诉讼数量明显下降（Kenworthy，MacAulay and Rogers，1996）。

力的。

## （一）诉讼

诉讼数量的起伏变化，可能受到多种因素的影响。就法院内部因素而言，大致包括不受理的司法政策、诉讼费用改革和法院的公信力三个因素。

1. 不受理的司法政策

不受理的司法政策即法院由于某种原因规定对某类案件不予受理，从而把这类案件推到法院之外，使诉讼数量减少。由于处在改革开放时期，涉及一系列新旧政策的交替问题，如国企改革、分配制度改革、股份制改革、证券市场改革、住房制度改革、医疗卫生制度改革、教育制度改革等，所有这些改革都涉及千家万户，社会的各个阶层。有些是旧体制下形成的问题，有些则是体制转轨过程中形成的问题，这些问题的共同特点是具有普遍性、全局性，涉及面广，敏感性强，往往牵一发而动全身。许多问题新的政策没有落实，旧的政策已不再起作用。虽然中央有整体的规划和解决这些问题的时间表，但是不可能马上得到解决。这类纠纷往往有一般政策，但缺乏法律的明确规定，也缺乏有关的司法解释，所以法院审判无法可依。许多地区的审判实践表明，有些案件受理后因种种原因长期不能审结。因此，法院对这类问题一般都采取不受理的司法政策，把它们留给地方政府或企业、事业单位自行解决。① 我们缺乏法院不受理这类纠纷的具体数字，但由于它们涉及的是改革开放以来所形成和积累的社会矛盾，恐怕不会比法院受理的案件的数量少，可能是一个相当可观的数字，而且从信访的数量和所涉及的问题以及新闻媒体的有关报道的比重来看，有相当大部分都是属于这类新产生的问题。

2. 诉讼费用的改革

正如物价是一种经济政策，用它来调整人们的消费一样；诉讼费是一种司法政策，诉讼费的调整也可调整诉讼量，即调整对诉讼的消费。但是诉讼费在中国又有着特殊的作用。它不仅涉及当事人的诉讼消费，而且涉及法院对诉讼费的支配，涉及法院的办案经费，以及工作人员的收入，在利益的驱

---

① 此外，近年来其他一些法院所规定的不受理的纠纷还包括业主委员会内部的纠纷，政府采购的招标投标纠纷、房屋拆迁纠纷，因落实政策而引起的房屋纠纷，因单位内部建房、分房等引起的占房、腾房等房地产纠纷，大学生作弊受处分而告学校的纠纷，事业单位与其工作人员因职称、职级、职务、考核考评等产生的争议，事业单位与其工作人员因技术入股、知识产权的权属以及利益分配等产生的争议，事业单位与其工作人员因承包问题产生的争议，政府主管部门在对企业国有资产进行行政性调整、划转过程中发生的纠纷，证券民事赔偿纠纷，拆迁补偿纠纷等。

动下，它会直接或间接地影响到法院的业绩——诉讼数量。法院对诉讼费的征收有一个从自收自支到收支两条线的过程。自收自支政策在国家投入不足的情况下弥补了法院经费的不足，也激励了法院的办案热情，办越多的案件意味着会带来更多的收入；而收支两条线的政策通过政府财政的措施保证法院办案经费，切断了依靠诉讼费改善法院办案经费和工作人员生活待遇的路径，遏制了办案的利益冲动。而这两个政策的转变过渡期恰恰发生在90年代中期，直到现在还没有结束。

另一个值得注意的问题是诉讼费用的提高或降低对诉讼数量的影响，2007年国务院的《诉讼费用交纳办法》大幅度降低了诉讼费用，如果说有关实行收支两条线的举措，有利于防止法院从自身利益出发而加重当事人负担，从而遏制诉讼数量进一步增大的趋势，那么减少诉讼费用的举措，在便利老百姓打官司的同时，是否可能使诉讼量进一步增大，从而使法院有限的审判能力无力应对可能到来的新的诉讼高潮？实际上，2008年正是由于大幅度调低了诉讼费，特别是劳动争议案件的诉讼费只有50元，使当年的诉讼数量，特别是劳动争议案件的诉讼数量大幅度上升，同比增长93.93%（2009年《最高人民法院工作报告》）。

3. 司法的公信力

20世纪90年代中后期法院诉讼增长率的降低与法院判决的公信力有密切的关系，而法院的公信力在当前直接表现在法院判决是否公正，法院判决的执行是否困难上。如果司法腐败严重、司法判决执行难，人们自然会远离法院，选择其他的方式解决争端，从而使法院诉讼的数量减少。与司法政策针对诉讼的截流作用相反，法院公信力的降低是人们寻找其他纠纷解决方式的一个负面原因。

（1）司法腐败问题。司法腐败有些是由于执法人员的素质造成的，表现为利用审判权和执行权，徇私舞弊、贪赃枉法，这类司法腐败从改革开放以来一直是司法队伍整顿的重点，虽然人数不多，每年违法违纪受到惩处的司法人员只占整个司法队伍的百分之零点几，[①] 但是影响极其恶劣，特别是担任法院领导职务的法官的司法腐败，更会对法院的声誉造成极大的伤害。另外

---

① "五年来，全国法院违法违纪人数逐年减少，已从1998年的6.7‰下降到2002年的2‰"（2003年《最高人民法院工作报告》）。而2002年以后，法院惩处的违纪违法的人数继续下降，2003年为794人，2004年461人，2005年378人，2006年292人（2004—2007年《最高人民法院工作报告》）。

一些司法腐败则是由于制度因素造成的，即由于制度不健全或者制度上的毛病使法院的公信力发生了变化，比如自收自支的司法政策，法院经商办企业、创收，地方保护主义和部门保护主义，缺乏回避制度，等等。这两种形式的腐败往往相互结合，推波助澜。司法人员以权谋私在任何条件下都可能发生，无论制度是否健全，只不过在制度有毛病、不健全的情况下以权谋私的现象可能更多一些，而在制度健全情况下它们不可能大规模的蔓延。制度性因素所造成的腐败则可能是全局性的，它不仅改变了法院的性质，甚至使好人也可能在制度允许的情况下变坏。由此可以看出，司法腐败所涉及问题关系到审判是否公正。人们之所以选择法院作为解决争端的机构，是因为除了法律，法院没有自身的利益，如果法院有自身的利益在其中，能够通过行使审判权或执行权，谋取更多的利益，那么法院一定会选择使自己利益最大化的方式。问题在于这样一来法院就不再是与当事人利益无关者，势必导致公信力的降低。

（2）执行难问题。执行难是多年来一直困扰审判工作的棘手问题。按照最高人民法院的解释，所谓执行难是指被执行人有履行能力，但由于种种原因却得不到执行的情况。对于那些由于被执行人确无可供执行的财产而无法执行的案件，不是执行难问题，而是市场经济条件下必然存在的交易风险和正常现象。对这些案件只有通过提高被执行人的履行能力才能得到执行。但对于当事人来讲，无论哪种情况都直接影响法院的公信力。

衡量法院判决执行难的指标是强制执行率，即在执行的案件中有多少需要强制执行。法院的强制执行率在 1992—2006 年在 15%—24% 之间。2000 年以前强制执行率呈下滑趋势，从 23% 下降到 15%；而 2000 年以后则呈上升趋势，从 15% 上升到 21%（见图 5），说明随着强制执行案件比率的增加，诉讼数量减少。对当事人来讲，如果法院的判决无论通过什么方式都履行不了，带来的必然是涉诉上访的增多，借助私力救济的方式乃至黑社会的力量，甚至在市场上变卖执行不了法院的判决。如果这样，法院的公信力必然大打折扣。

（3）信访的作用。改革开放以来随着诉讼数量的增长同时出现多次信访高潮，信访数量甚至远远超过诉讼的数量。信访问题所涉及的领域，群众反映的热点、难点问题相对集中，涉及政策性、群体性的现实问题较多。

有些信访问题属于法院不受理的领域，涉及的往往是体制改革中的政策性、全局性问题，有关行政部门处于风口浪尖，通过诉讼很难得到解决；有的则属于与诉讼直接相关的领域，即所谓涉诉信访。到党政部门的信访中包

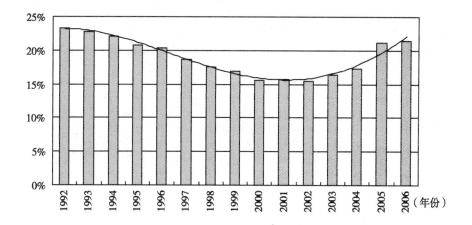

**图 5 强制执行率（1992—2006 年）**

资料来源：根据《中国法律年鉴》1993—2007 年各卷提供的数字绘制。

括这类，而到司法机关的信访则主要反映的是这类问题。在某种程度上涉诉信访数量是人们对法院审判评价的风向标。我们可以把这些年到法院的信访数量与诉讼的数量做一个对比：1986—2006 年法院一审、二审、再审的收案总量为 9690 万件，而法院信访的总量为 13779 万件，远远超过诉讼的数量，这不能不引起人们对法院审判是否公正、有效率的警惕。虽然，2002 年以来法院的信访数量有了明显的下降，低于诉讼的数量，相当于诉讼数量的 60% 多，但这只是就法院的信访而言，须知到党政部门、人大以及工青妇、新闻媒体的信访中还有相当大的比例属于涉诉信访的范围，数量可能远远大于法院的信访量（见图 6）。

## （二）调解

20 世纪 90 年代中后期以来诉讼增长率的降低是否说明中国在向传统解决纠纷方式——调解的回归？

调解对诉讼的影响属于常量，它在相当大的程度上起到减轻诉讼压力的作用。1981—2006 年民事纠纷通过人民调解解决的占 67.2%，通过法院解决的占 32.8%。但是 1997 年后人民调解的作用日益变小，其比重由 1996 年以前的 76.9% 降到 51.4%。从增长率看，1997—2006 年民事一审的年增长率变为负增长，为 -0.45%。而同期人民调解的增长率也为负增长，甚至比民事一审的增长率还低，为 -2.2%。也就是说，1997 年以后当诉讼增长率降低时，人们并没有回归到传统的解决纠纷机制人民调解（见表 4）。

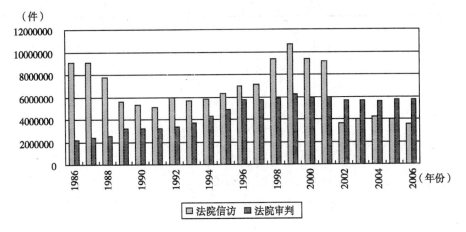

图 6　法院信访与诉讼数量的变化（1986—2006 年）

资料来源:《中国法律年鉴》1987—2007 年各卷。审判总量包括一审、二审、再审的数量。

表 4　　　　　不同阶段民事纠纷的人民调解与民事一审的
年均增长率与比重（1981—2006 年）

|  | 人民调解增长率 | 民事一审增长率 | 人民调解比重 |
|---|---|---|---|
| 1981—1996 | -1.6% | 14% | 76.9% |
| 1997—2006 | -2.2% | -0.45% | 51.4% |
| 1981—2006 | -1.8% | 8.2% | 67.2% |

资料来源: 根据《中国法律年鉴》1987—2007 年各卷提供的人民调解和民事一审收案的数字计算。

　　传统的调解是建立在居委会、村委会的基础上，而在城市化过程中人们之间关系的性质已发生了很大变化，许多纠纷并不是以居住为基础产生的，居委会、村委会在处理这些纠纷时所发挥的作用有限。但是，居委会、村委会人民调解的削弱并不是调解本身的削弱。实际上，调解在单位、妇联、工商行政管理、消费者权益保护、房管、劳动争议、物业纠纷，以及治安、司法、仲裁等机构解决纠纷的过程中都起着重要的作用（范愉，2007：476—576）。以消费者权益保护为例，消费者投诉，无论通过法院、工商管理机构还是消费者协会，在近年来的民事纠纷中都占有相当大的比例。据消费者协会的统计，1999—2005 年共受理消费者投诉 496 万件，解决 474 万件，解决比率为 96%，支持起诉 73996 件，支持起诉率为 1.5%。无疑，在消费者权益保护方面，消协起到了极大的分流作用。否则，这些案件集中到法院，通过诉讼解决将是不堪设想的。我们手头缺乏法院近年来受理的消费者权益保护案件的资料，但是同一期间法院所受理的一审民事案件中属于权属、侵权纠纷案件的总数为 312 万件，其中包括相当大的比例的不属于消费者权益保护的案件，可见消协在处理消费者权益保护纠纷方面所起到的重要作用。

长期以来在学术界一直存在着这样一种理论，似乎随着社会发展和人口流动，人们之间的关系将变得疏远，建立在熟人关系基础上的非正规化解决纠纷方式，特别是调解衰退，正规化的解决纠纷方式，特别是诉讼将逐渐占据主导地位（Gluckman，1969：349；Black，1976：41；涂尔干，2004；朱景文，2003）。实际上这种理论是站不住脚的。大量的经验表明，即使在现代经济的条件下，人们之间长期形成的商业信赖仍然是制约商人交易的主要原则。在有着长期交往的企业之间，当他们之间发生纠纷，保持它们之间的长期合作和信赖比一场官司的胜负重要得多，因此调解或妥协仍然是现代企业解决纠纷的首选方式（Macaulay，1963；1991）。再加上正规化的解决纠纷方式成本高，诉讼费用和律师费用的考虑，非正规化的解决纠纷方式更具有明显的优势。这种情况不仅发生在像日本这样的有着儒家传统的东亚国家，即使是美国这样有着好诉传统的西方国家，20 世纪中期以来 ADR 的兴起也表明非正规化的解决纠纷方式在现代社会的生命力。

## （三）行政管理

如上所述，在改革开放的条件下，法院不受理的相当一大部分案件正是通过行政机构解决的。行政管理是一个极其广泛的领域，其主体不是司法机关而是行政管理机关。但它所涉及的范围远比司法大。这里只选择工商行政管理和治安管理来说明它们的发展与司法的关系。

工商行政管理在解决合同、侵权、权属纠纷中，能够从法院的诉讼中分流相当大的一部分纠纷。从 1997 年到 2002 年，工商行政管理机构的行政纠纷案件的总数是 954 万件（朱景文，2007：28—29）。相比之下，人民法院所受理的一审民事案件中的合同案件、侵权与权属案件由 312.9 万件降低到 286.7 万件（朱景文，2007：221—222）。在此期间，工商行政管理案件的年均增长率为 33%，而法院的合同、侵权、权属案件的年均增长率为负增长，为 - 1.50%，二者的相关系数为 - 0.71，表明当法院受理的合同、侵权和权属案件的数量变小时，工商行政管理部门所受理的行政执法案件增大（见表 5）。

表5 工商行政管理案件与合同、侵权、权属诉讼年均增长率、
相关系数和比重（1997—2002 年）

|  | 工商行政管理增长率 | 诉讼增长率 | 相关系数 | 比重 |
|---|---|---|---|---|
| 1997—2002 年 | 33% | - 1.50% | - 0.71 | 32% |

资料来源：根据《工商行政管理统计汇编》1997—2002 年各卷和《中国法律年鉴》1998—2003 年各卷提供的数字计算。

治安管理。从治安案件的内容看，按照《治安管理处罚法》第一章第二条的规定：扰乱公共秩序，妨害公共安全，侵犯人身权利、财产权利，妨害社会管理，具有社会危害性，依照《中华人民共和国刑法》的规定构成犯罪的，依法追究刑事责任；尚不够刑事处罚的，由公安机关依照本法给予治安管理处罚。值得注意的是，这些治安案件在美国、欧洲西方国家许多都算作犯罪，情节轻微者也被视为轻罪，但是在中国却按照治安案件处理，这意味着治安案件的非罪化。如果这样大规模的治安案件进入刑事程序，即使是其中的 1/10，刑事诉讼的数量也会翻番，对刑事审判将会产生极大的影响。[①]

1986—2006 年公安机关所立案的治安案件 7966 万件，而人民法院一审刑事案件 1055 万件，治安案件所占的比重为 86.7%。而且，治安案件所占的比重有越来越大的趋势，1986—1996 年治安案件所占的比重为 84%，1997—2006 年为 89.5%（见表6）。这说明通过治安管理"非罪化"的趋势越来越大，大量的案件在进入刑事审判程序以前通过治安管理程序就解决了，从而大大减少了刑事审判的数量。1997 年以后的这种发展缓解了刑事审判的压力。

---

[①] 在比较不同国家的刑事诉讼率时，经常会遇到这样的现象，比如美国和中国的刑事诉讼率差别很大，中国比美国低得多，根本不在一个数量级。但仔细分析就会发现，问题的关键在于对"什么是犯罪"中美定义不同。中国不把治安案件算作犯罪，而治安案件超过 700 万件，远远高于刑事诉讼的数量。人们经常指责中国的治安案件剥夺了被告人的正当接受审判的权利，但是不要忘记美国的刑事诉讼也有相应的表现，美国刑事诉讼案件很多，但是 90% 的刑事案件，特别是属于轻罪的案件（相当于中国的治安案件）通过辩诉交易解决，法院的作用只限于给交易盖上合法的印章。也就是说美国法院实际经过审判的刑事案件只有不到 10%。因此如果我们不是着眼于"犯罪率""诉讼率"之类的概念，而是着眼于功能的话，无论从数量上还是从性质上中国和美国的刑事案件都有可比性（Krislov，1979：573—581；朱景文，2005：88—108）。

**表 6**　　　　不同阶段公安机关治安案件与法院一审刑事诉讼年
均增长率、相关系数和比重

| 年份 | 治安案件增长率 | 刑事诉讼增长率 | 相关系数 | 治安案件比重 |
|---|---|---|---|---|
| 1986—2006 | 10.35% | 5.1% | 0.925218 | 86.7% |
| 1986—1996 | 12.1% | 8.17% | 0.805777 | 84% |
| 1997—2006 | 8.56% | 2.1% | 0.957237 | 89.5% |

注：治安案件比重 = 治安案件数量/（治安案件数量 + 刑事诉讼数量）。

资料来源：根据《中国法律年鉴》1987—2007 年各卷所提供的治安案件和一审刑事收案数字
计算。

当然，治安案件不经过刑事诉讼处理也会带来另一个问题，可能助长公安机关在处理这类案件时的恣意，使受到治安管理处罚的人员可能无法获得正当审判的权利。实际上，这已成为近年来刑事诉讼法改革、治安管理处罚改革的一项重要内容。2005 年通过的《治安管理处罚法》已经把"实施治安管理处罚，应当公开、公正，尊重和保障人权，保护公民的人格尊严"作为基本原则写入到法律中。

## 三　中国法治模式：正规化、半正规化与非正规化的衔接

经过 60 年的发展，中国正规化的解决纠纷方式——司法的规模已经变得越来越大，改革开放前的由于缺乏统计数字，我们只好以有统计数字的 20 世纪 80 年代初期为例说明当时的司法规模。1981 年我国拥有法官 60439 人，当年人口 99338.5 万人，每名法官服务人口为 16435 人，每 10 万人口拥有法官 6.08 人，当年民事一审结案数量为 662800 件，刑事一审结案数量为 231982 件，一审结案总量为 894782 件，每名法官的一审案件数量为 14.8 件。2004 年我国拥有法官数量为 190961 人，当年人口 129988 万人，每 10 万人口拥有法官 14.7 人，民事一审案件 4332727 件，刑事一审案件 618826 件，行政一审案件 92613 件，一审结案总量 5044166 件，每名法官一审结案数量 26.4 件。所有这些指标都说明中国司法规模有了很大的发展，司法在解决纠纷的过程中起到越来越重要的作用。

**表 7**　　　　中国的法官数量和审判量的比较（1981/2004）

| | 1981 年 | 2004 年 | 增长率 |
|---|---|---|---|
| 法官人数 | 60439 | 190961 | 2.16 |

续表

| | 1981 年 | 2004 年 | 增长率 |
|---|---|---|---|
| 每 10 万人口法官数 | 6.1 | 14.7 | 1.41 |
| 民事一审案件数量 | 662800 | 4332727 | 5.54 |
| 刑事一审案件数量 | 231982 | 618826 | 1.67 |
| 一审案件总数 | 894782 | 5044166 | 4.64 |
| 每名法官一审案件数量 | 14.8 | 26.4 | 0.78 |

但是，上述比较只说明中国法官数量和审判量在原来较低的基础上的大发展，与发达国家相比，我国法官的数量是最多的，即使按照人口计算，每10 万人口拥有的法官数量也处在前列，只少于德国（每 10 万人口 22.2 人），远远高于美国（5 人）、英国（1.8 人）法国（8.1 人）和日本（1.7 人）。我国一审民事案件的数量 422 万件，仅次于美国 1500 多万件，高于其他国家；刑事案件近 61.8 万件，低于美国 1400 万件和德国 83 万件；一审案件总量我国 500 多万件，而美国近 3000 万件，而日本只有 50 多万件。值得注意的是，每名法官的一审案件总量中国只有 26.4 件，而美国高达 965 件，德国法官数量比中国多，但每名法官的审判量也高于中国，达到 140 件，作为小司法制度设计代表的日本每名法官的审判量也高达 177 件（见表 8）。各国法律传统不同，审判方式不同，案件性质不同，审判人员的构成也不同，因此很难说哪个国家的司法更有效率。但是，面对社会发展和社会矛盾的增多，所有国家都面临着越来越多的诉讼压力。日本面对诉讼压力没有片面扩大司法规模，而是采取分流的措施，促使案件通过院外解决，只有院外不能解决的情况下，法院才受理；美国诉讼数量爆炸，但是所有诉讼只有不到 5% 通过审判，95%以上的案件是通过法庭附设的多元化纠纷解决机制解决，这样才出现每年每名法官审理将近 1000 件案件的数字。中国的法官数量已经由 6 万人发展到 20万人的规模，几乎增长了 2.5 倍，诉讼数量由几十万件发展到 500 多万件，增长了 4.7 倍，而每名法官的审判量仅增加了 64%。如果单纯增加法官数量以应对越来越大的诉讼压力，不采取截流、开源、改变审判方式等方法，把大量的争端都集中在法院来解决，早晚有一天法院要被越来越大的诉讼压垮。

表 8　　　　　　　　六个国家法官数量和审判量的比较

| 国家 | 美国 | 英国 | 德国 | 法国 | 日本 | 中国 |
|---|---|---|---|---|---|---|
| 法官人数 | 30888 | 3170 | 20999 | 4900 | 2899 | 190961 |

续表

| 国家 | 美国 | 英国 | 德国 | 法国 | 日本 | 中国 |
|------|------|------|------|------|------|------|
| 每 10 万人口法官数 | 5.0 | 1.8 | 22.2 | 8.1 | 1.7 | 14.7 |
| 民事一审案件数量 | 15670573 | 2338145 | 2109251 | 1114344 | 422708 | 4332727 |
| 刑事一审案件数量 | 14124529 | 91110 | 829710 | 425158 | 89634 | 618826 |
| 一审案件总数 | 29795102 | 2429255 | 2938961 | 1539502 | 512342 | 5044166 |
| 每名法官一审案件数量 | 965 | 766 | 140 | 314 | 177 | 26.4 |

面对社会关系的复杂化、专门化，面对利益的多元化，面对社会经济的迅速发展，没有一个经过系统训练、具有专业知识和职业素质的法律工作者队伍是根本不可想象的。行政管理是现代社会必不可少的社会治理和解决纠纷的方式，人们可能一辈子没有机会和法院打交道，但是从生到死却离不开行政机构。而且人们也认识到，凡是法院能处理的问题，行政机构都能够处理，而行政机构所处理的问题却有许多法院没有能力处理。而且行政管理具有高效率的特点，往往是司法解决所不能比拟的。因此必须充分重视行政管理在当代社会解决纠纷中极其重要的作用。但是也必须看到行政管理这种解决纠纷方式的不足，特别是行政机构直接参与到某项社会纠纷中，是当事人的一方，或者是纠纷的始作俑者，由他们或他们的上级机关来解决纠纷对于其他参与者是不公平的。因此，在利益日益多元化的情况下，一个公平的、受过专门法律训练的、没有自己的利益参与其中的司法机构的存在是任何其他机构都不可替代的。另外，无视我国法律职业建设中所出现的新问题，一味坚持以正规化的法律工作者队伍为中心的"大司法"路线，甚至排斥其他解决纠纷的方式，排斥一切半正规化、非正规化的法律工作者，只能使越来越多的纠纷涌向法院，不但引起诉讼爆炸，使法官不堪重负，而且加重了当事人的负担，使法院的环境越来越恶化。因此，现在解决问题的办法既不能因噎废食，放任自流，中断职业进程，也不能不顾具体条件，一味坚持教条，而应该跳出只把问题局限在正规化的法律制度，局限在法院、检察院、律师事务所的思路，而应该从解决争端的总体布局的高度思考我国正规化、半正规化、非正规化的法律制度和法律工作者的分布

首先，把正规化的要求主要在城市和发达地区实行，坚持全国统一司法考试的标准，保证法官、检察官、律师、公证员的质量，他们的公信力不仅在于他们是正规化的法律工作者，而且更在于"名至实归"，他们能明法辩理，提供比半正规化和非正规化的法律工作者更高质量的纠纷解决和法律服

务。要建立正规化、半正规化和非正规化的法律工作者之间的梯层结构，保证司法的公正、高效、权威。为此，不应该使正规化的法律工作者的数量过大，受理的案件过多，法律工作者的数量可以通过司法考试调剂，案件数量可以通过诉讼费用或律师费用调剂，否则正规化的法律工作者人数过多难以保证质量，案件过多任何优质的服务都会被洪水般涌来的案件冲垮。降低诉讼费用的做法可以起到便民、利民的效果，但是会使案件数量增长，使一些地区特别是大城市本来就紧张的人民群众的司法要求与司法机关有限的解决纠纷的能力之间的矛盾更加突出（朱景文，2008a）。

其次，农村和不发达地区案件少，法律需求不同，大可不必采取城市和发达地区的法律模式，但是农村和不发达地区有自己特殊的法律需求，应该把基层法律服务建设的重点放在农村。基层法律服务工作者在收费等措施上与律师要有明显差别，形成等级系列，而不是竞争关系。即使农村的正规化法制建设，也应把重点放在便利百姓的人民法庭、司法所和派出所（"一庭二所"）的建设上。对这些机构的人员则应该采取更为灵活的措施，通过一些措施，鼓励年轻的法官和检察官到边远地区去工作。实际上，许多发达国家的审判制度在进入正规化的法院之前都设立了"治安法院""平民法院"之类的制度，那里的法官和正规化的法官有很多不同，他们没有受过专门的法律训练，也没有参加过律师考试或法官考试，如英国的治安官、美国的陪审员、德国的混合法庭中的非职业法官（王晨光，2002）。他们所审理的案件一般都很简单，普通人的正义观念足以应付。如果是复杂的案件，他们会转到正规化的法院审理。回顾改革开放初期的情况，我国绝大部分法官没有受过大学法律教育，而是来自复转军人或其他职业，但是他们照样能承担审判的职能，其原因也和当时案件比较简单，普通人的正义观念足以胜任审判的要求相关。随着职业化的进程，一部分已经担任审判员、没有受过专门法律训练的人员经过自己的努力通过司法考试，成为正式的法官；还有一部分通不过司法考试，凭借他们多年的审判经验，他们完全可以继续担任简单案件的审判工作，须知简单案件在广大农村和不发达地区是案件的主要构成部分。上述区分也可以作为律师和基层法律服务工作者职能分工的依据，前者主要在正规化的法院从事是辩护或代理，而后者主要在审理简单案件的机构提供法律服务，这样就不会存在二者之间争案源的紧张状态。

再次，人民调解的萎缩是一个值得注意的问题，它表明随着现代化进程，随着人口流动，以居住地为基础的纠纷解决方式的重要性正在降低。消协的兴起表明人民调解在现代社会仍然有极其广泛的发挥作用的空间。要认真研究非正规化的法律工作者与正规化、半正规化的法律工作者之间的联系，我国大量的纠纷解决应该立足于非正规化的法律工作者，立足于纠纷当事人的自行解决和非正规化的纠纷解决方式，只是在这种解决方式不能奏效的情况下，才诉诸半正规化的法律工作者，通过基层法律服务工作者，通过基层的"一庭二所"，而只把少量的争端，即那些严重犯罪和争议标的大的争端，那些复杂的争端留给正规化的法律工作者，法官、检察官、律师解决。实际上，我国人民调解制度已经创造了正规化、半正规化与非正规化法律工作者连接的经验，一方面我国基层人民调解委员会都设有司法助理员，指导和协助人民调解工作；另一方面，近几年我国正在创造"大调解"的经验，把人民调解、行政调解和司法调解有机地联系起来。

最后，不能把法制建设只集中在正规化方面，与此相适应法学教育也不能只集中在正规化的大学教育。我国法学教育必须以法律工作者为导向，但是法律工作者是多层次的，因此法学教育同样也应该是多层次的，大学法学教育的目标可以瞄准正规化的法律工作者，法官、检察官、律师，而大专、中专的法学教育则可以瞄准基层的"一庭二所"和法律服务工作者，他们的需要量应该远远超过大学本科教育。还应该看到，现在大学法学教育已经从精英教育的模式转变为大众教育，即使是大学毕业可能也会有相当多的人员到基层去从事法律工作，而不能立即成为法官、检察官或律师。因此必须鼓励大学毕业生到农村、到不发达地区去，并建立从半正规化向正规化的法律工作者过渡的机制，比如可以规定大学法律专业毕业生必须在基层的"一庭二所"或基层法律服务所工作一定年限，然后才能到正规化的法院、检察院和律师事务所工作。

## 参考文献

Black, D. *Behavior of Law*. Academic Press, 1976.

Gluckman, Max. Concept in the Comparative Study of Tribal Law, in Laura Nader ( ed. ) *Law in Culture and Society*. Aldine, 1969.

Kagan, Robert. The Routinization of Debt Collection: An Essay on Social Change and Conflict in Courts, *Law and Society Review*, Vol. 18, No. 3, 1984.

Kenworthy, Lane, Stewart MacAulay and Joel Rogers. The More Things Change: Business Litigation and Governance in the American Automobile Industry, *Law and Social Inquiry*, Vol. 21, No. 3, 1996.

Krislov, Samuel. Debating on Bargaining：Comments From a Synthesizer, *Law and Society Review*, Vol. 13, No. 2, 1979.

Li, Victor H. *Law without Lawyers：A Comparative View of Law in China and the United States.* Westview Press, 1978.

Macaulay, Stewart. Non-Contractual Relations in Business：A Preliminary Study, *American Sociological Review*, Vol. 28, 1963.

Macaulay, Stewart. Long-term Continuing Relations：The American Experience Regulating Dealerships and Franchises, in C. Joerges (ed.) *Franchising and the Law：Theoretical and Comparative Approaches in Europe and the United States*, Nomos Verlagsgesellschaft, 1991.

陈冰：《历史和战略性的转变：全国法院教育培训工作综述》，《人民法院报》2006 年 2 月 26 日。

范愉：《纠纷解决的理论与实践》，清华大学出版社 2007 年版。

付华伶：《后毛泽东时代中国的人民调解制度》，载强世功主编《调解、法制与现代性》，中国法制出版社 2001 年版。

李开南：《西部律师在贫瘠的土地上守望公平》，《法制日报》2007 年 12 月 2 日。

［美］陆思礼：《邓小平之后的中国纠纷解决：再谈毛泽东和调解》，载强世功主编《调解、法制与现代性》，中国法制出版社 2001 年版。

孙继斌等：《法学就业辉煌不再 中国法学教育走下神坛》，《法制日报》2008 年 4 月 13 日。

［法］涂尔干：《社会分工论》，三联书店 2004 年版。

王比学：《律师 11.4 万但分布不均衡 我国 206 个县无律师》，《人民日报》2005 年 6 月 8 日。

王晨光：《法官的职业化及精英化》，《人民法院报》2002 年 6 月 10 日。

吴兢：《我国法官整体素质不断提高，出现三大转变》，《人民日报》2005 年 7 月 17 日。

朱景文：《解决争端方式的选择：一个比较法社会学的分析》，《吉林大学社会科学学报》2003 年第 5 期。

朱景文：《法社会学》，中国人民大学出版社 2005 年版。

朱景文主编：《中国法律发展报告：数据库和指标体系》，中国人民大学出版社 2007 年版。

朱景文：《中国诉讼量分流的数据分析》，《中国社会科学》2008a 年第 3 期。

朱景文：《中国法律工作者职业化分析》，《法学研究》2008b 年第 5 期。

# 中国的法治难题

郑永流[①]

大家知道，在对中国近代科学的研究中有一个"李约瑟难题"。我借用这个名字来谈谈中国的法治难题。法治于 1999 年入宪，叫作"依法治国，建设社会主义法治国家"。中国的宪法史，大致可从 1908 年钦定宪法大纲开始起算。法治入宪之后十年，立宪之后百年，中国的法治还是没有完全确立起来，或者说，中国还仅仅是刚刚走上法治之道。黎巴嫩诗人纪伯伦有一段话，这段话应该是对中国当代法治状况的一个很好的描述。他说："你们乐于立法，更乐于破坏它们。如同海边玩耍的孩子，不倦地搭建沙塔，再笑着破坏它们。"好像，我们也是这样的状态，在沙滩上搭建法治的沙塔，我们在不断地搭这个塔，再嬉笑着把它毁掉。

## 一　"李约瑟难题"及其在法治上的移用

宪法已有百年历程，差不多每十年就会颁布一个宪法，从 1908 年钦定宪法大纲开始，到 1982 年宪法，中间经历了中华民国临时约法、五五宪法草案，再到我们的共同纲领、五四宪法、七五宪法、七八宪法，最后是现行有效的八二宪法，几乎是平均十年一部宪法。在世界制宪史上，这是非常频繁的制宪活动，仅次于法国大革命时期——它连续颁布了四部宪法。从整个百年历史来看的话，中国是制宪最多的国家。

但是，有宪法不等于法治，中国近代百年制宪史已经充分说明了这一点。我这里还有一些数字可以说明。一方面，截至 2009 年，中国现行有效的法包括 229 部法律、600 多部行政法规、7000 多部地方性法规；我们有 19 万法官、14 万检察官、14 万律师、每年有 10 万法科毕业生，这些人都在从事法治建设。从数字看，我们应该感到有一点高兴。然而，另一方面，我们在搭建法治沙塔的过程中，还像小孩一样在不停地毁掉沙塔。这方面的例子就更多了，

---

[①]　中国政法大学教授。

我只从"官"和"民"两个角度去说。世界上有一个组织叫透明国际，它是研究腐败指数的，每年都发布一些清廉指数，也叫 CPI，这个跟我们国家统计局公布的 CPI 是不一样的。中国的 CPI 指数是 3.5。这个指数越大，说明腐败的程度越严重。如果用描述性语言来说的话，中国处在较为严重的腐败状态，最腐败的指数是 4.5，我们是 3.5。绝大多数国家，尤其是西方国家，都是零点几或者一点几。在透明国际统计的一百多个国家中，中国的腐败指数或清廉指数是比较靠后的。这是从宏观层面对法治状态做的数据上的统计。那么老百姓又是怎么对待法治呢？大家到中关村看看就知道了，桥上桥下路两旁的人都在追着你问要不要光盘、要不要发票、各种各样的证件。

无论是从官方来看，还是从民间来看，我们都是一边在造法，一边在毁法。这不仅是官方行为，也是民间行为。这点引起了很多人——包括我的思考。为什么我们特别强调的法治，却在中国很难建立起来？这到底是什么原因？我想用因果分析来讨论这个主题。在社会科学或法学领域，因果分析是非常困难的。因为所谓的因果分析，本质上是一种自然科学的方法，讲究的是一个事物与另外一个事物的联系。在人文社会科学要做因果分析，是比较困难的事情，有很多因素在影响着它的结果。而且，对象本身是不可控的，很大程度上受人为因素，认为什么重要什么不重要，什么是它的原因什么又不是，都受到主观或分析者的影响。这跟自然科学不一样。自然科学相对来说比较客观，能发现什么东西影响到什么，得出一个什么样的结果。尽管很难，但我们又不得不做出分析。像"法治难以建立"这样一种结果的出现，我们总要试图去找出它的原因，然后努力从原因上消除这种现象的产生。

我想借用"李约瑟难题"来说明原因。因为，它也是一个因果分析，分析的是中国近代为什么没有产生西方意义上的先进科学技术。李约瑟长期研究中国科学史，他认为中国科学技术在古代居于世界领先地位，但是到了近代，中国的科学技术却大大落后于世界。他致力于分析这个原因：为什么中国到了近代落后于西方？中国的科学技术在古代遥遥领先，比如说我们的数学或算术，是远远领先于欧洲的。欧洲只是到 13、14 世纪的时候，才把数学广泛应用到生活当中。中国的基础学科，在汉朝就比较发达了。这使我想起欧洲的数学，尤其是日常生活中的算术，是非常不好的。我举一个例子。你买一个东西有一个零头的时候，比如说是 5 块 8，我们中国人的习惯是不想要零头，这时你会给我 10 块 8，我找你 5 块钱就够了。但是在欧洲的话，你要小心。当你给他 10 块 8 的时候，他会觉得很奇怪，为什么要给他 10 块 8？10块钱就够了。他会把 8 毛钱先还给你，再找你 4 块 2。我常常碰到这种情况。

## 二 中国法治难题的原因分析

要做社会科学的因果分析非常困难，因为它的要素变量特别多。对李约瑟提出的这个问题，很多中外学者都提供了自己的答案。这些答案角度不一样。有些人是从先进的科学技术产生的先决条件这个角度入手研究的。比如，有人提出工商社会是近代科学技术产生的必要条件或充分条件，另外一个条件是资本主义。这是从先决条件研究。但是，更多的人是从阻碍先进科学技术产生的条件入手的。第一个是自然经济。我们长期处在自然经济的状态，没有商品经济，也不是工商社会，而是农耕社会。不过，这一点很大程度上已经被证伪了。现代研究认为，中国在宋代就已经进入商品经济社会，在明清中国商品经济发达程度比西方要高。更有甚者，是几个美国的学者——我不知道他们是怎么算出来的——说中国当时的 GDP 总量占到了全世界的20%，是最高的。我们暂时不管对中国经济状态的这种界定是不是合理，再来看其他的回答。第二个是官办手工业。这也是阻碍中国近代科学技术产生的一个很重要的原因。还有封建专制的政治制度、周期性战乱。然后是明清以来对理学的崇拜，束缚了人们的思想。也有人归结到中国的科举制度上去了，说它严重阻碍了人的创新性思维，因为科举都是考人文的知识，没有创新的东西在里面。还有人归结到直觉顿悟式思维方式，它缺乏理性逻辑思维方式，这两种思维方式是相对的。甚至有人把原因归于中国的表意文字，认为中国的音形意三结合的文字束缚了人的思想。五四运动的时候，钱玄同提出"打倒孔家店"，首先要废除中国的文字，因为文字是文化的载体，是思维方式的家，像海德格尔所讲，"语言是存在的家"。所以，钱玄同说中国要进步，不废除汉字是不可能的，然后主张引进拼音文字。这些原因中，前面两个（工商社会、资本主义）是从正面看科学技术产生的前提，后面几个都是从负面看，就是说，它们阻碍了中国近代产生先进科学技术。

这里主要不是去分析"李约瑟难题"，而是借用它来谈中国为什么至今仍没有形成法治的问题。"李约瑟难题"到今天还是没有很好地解决，有很多人在孜孜不倦地关心着这个问题，提出自己的答案。我想移用"李约瑟难题"到法治层面，然后形成了两个问题。第一个问题是，为什么中国古代没有法治。这和"李约瑟难题"稍微有些区别，因为它是问中国近代为什么没有，在中国古代是有先进的科学技术的。在法治问题上，中国古代就没有完整的法治。第二个问题是，为什么中国现在还是没有形成法治。这两个问题是关联在一起的。

学界是如何回答这两个问题呢？像回答中国近代为什么没有产生先进科学技术的问题一样，中外学界的回答可以分为两类：缺乏论和阻碍论。第一类缺乏论，是说中国缺乏一些形成法治的前提条件。这一类主要有这样几种观点。

一是很多人用韦伯的研究成果做出的回答。大家知道，韦伯有一本非常有名的著作叫《新教伦理与资本主义精神》。他把资本主义的产生与新教伦理紧密地联系在一起，然后得出一个"韦伯命题"——资本主义只能产生于信仰新教的国家。这个命题后来引起了很大争论，或者说，在某种程度上已经被证伪了。以东亚日本、韩国这些国家为例，它们也产生了资本主义，但是它们完全不信奉新教，相反的是信仰佛教或儒教这种准宗教。"韦伯命题"跟法治有什么关联呢？韦伯讲到，资本主义精神当中有一个很重要的因素，是可计算性、可预测性和可操作性。恰好这也是法律的特点，因为法律比较具体，可以作为人们具体的行为规范，具有可计算性、可预见性，比较精确。它有一个引申命题，亦即，近代的法治与资本主义之间具有因果联系，或者说，理性的法本身就是资本主义精神当中的一个很重要的因素。所以，韦伯得出一个结论，理性法也只能够产生于具有新教伦理的资本主义国度。也就是说，理性法只是西欧的产物，在其他国家不可能产生近代形式理性的法。这个命题，在西方也受到了很大的质疑。韦伯的学术领域中有个英国法问题。英国同样产生了现代的法律，但是它跟大陆法系具有高度形式化的法律相比，形式和外表是不一样的，可它们在精神上是一样的。所以，英国法在部分上又把韦伯的命题证伪了。这就是所谓的英国法问题。回到我们的问题上来，很多人借用韦伯的观点，认为中国没有新教伦理，也没有资本主义精神，所以不可能产生近代的法治，或者说，不可能产生具有形式理性化的法治。

二是昂格尔的回答。他在《现代社会中的法律》讲到，中国古代的法缺乏几样东西。首先是自然法，就是超实证法的自然法的元素。然后，也不存在集团的多元主义。最后，他认为中国不存在普遍的宗教，尤其是西方意义上的宗教。中国是一个缺乏国教的国度，尽管我们本土有道教，还有不严格意义上的儒教，但是它们都没有成为普遍的信仰。佛教是后来从印度传过来的，但是，也不能说大家都是佛教徒，只是"平时不烧香，急时抱佛脚"，这不能算作是佛教徒。

三是日本学者滋贺秀三的回答。他说中国缺乏竞技性诉讼，也叫对抗式诉讼。在日本，他是研究中国法律文化的一个代表性人物。他是从中国传统文化中的中庸、调和、调解的角度，去研究中国法律文化的，认为在这种文化背景下，中国是不可能产生法治的。我们强调天理、国法、人情多元的标准，而不是将法律作为至上的界分标准。

这是国外的学者或者我们借用国外学者的回答，因为有些学者是直接回答中国问题的，有些是我们借他们的嘴来说出他们自己的分析。还有，近几年主张权利论的人认为，原因在于中国是缺乏个人权利的国度，我们是义务本位而不是权利本位的国度，而法治的精髓恰恰是保障个人权利。如果强调义务的话，至少与现代法治的精神不相吻合。此外，近年来兴起了市民社会的研究，有人从这个角度回答，认为中国缺乏广泛的、具有高度自治性的市民社会。所谓"市民社会"（civil society），强调市民自主、自立、自治，而中国是缺乏这些内容的。中国所有的人都是皇帝的子民，跟当局和政府是从属关系，没有自主的空间。而法律，尤其是近代法律中的民法，主要是调整市民社会的关系，不是调整人与国家的关系——那是后来出现的宪法和行政法的目的。在此之前，发挥法律主体作用的是私法、民法，这正好是和市民社会相契合的。这些是缺乏论的观点，这些作为法治产生的先决条件，我们都没有，所以就没有法治。

另一类思维方式是阻碍论。最主要的是研究中国文化的本土学者提出的一些观点，比如说文化论者所讲的家国一体。但这和市民社会的分析具有异曲同工之妙，只是角度不一样，一个是讲我们缺乏一个市民社会，另一个是讲我们有的东西，是家国一体的，所以就阻碍了法治的产生。还有一个比较流行的说法是以礼入法，或者说，中国的道德比法律发达。中国是靠孝、德来治天下，如经常说的"半部《论语》治天下"，这都不是靠一种明细的、可操作性的、可预见性的规则来管理国家。

这大致是中外学界对中国没有产生法治的回答。我只是列举了最主要的观点，可能还可以在这个清单上再加一些内容。这里，我想把自己的回答添列到这个清单上去，看能不能作为一家之言。

## 三　法治不彰与应激型现代化

我的分析着重于中国今天为什么没有形成法治，这和其他学者讲的不太一样。我认为，最重要的原因是中国正处在应激型现代化的过程当中，它带来的结果是心灵的躁动和权威的失落。有一幅对比和反差鲜明的图，画面上有一个很现代化的卫星天线，旁边配了农民工住在破房子里面，他却用了最现代化的通信设备。这正好表现出中国社会所处的状况。接下来，我详细谈什么叫应激型现代化，为什么应激型现代化是我们难以形成法治的最重要原因。

我们先来看看所谓的应激型现代化。应激型现代化是与内生型现代化（或自发式、自然式）对应而生的，而现代化是指传统走向现代的过程。中国从鸦片战争以来，首先学习的是西方的先进科学技术，觉得有了科技之后就可以保护中国不受欺负。但是，甲午海战失败后，人们开始反思，认为落后的原因不是技术而是政治制度的问题，因为技术在不同政治体制下发挥的功效是不一样的。所以，中国又派大量学生去日本学习法政，后来发现还是不行，政治制度与文化相连。五四运动后，中国又对文化进行了反思，认为要变革政治制度首先要变革文化，鲁迅是一个很重要的代表。因此，中国的改革有三阶段，从物质到政治，再到思想文化。中国又长期处于战乱当中，到1949 年之后战争才算基本结束，没有一个充足的时间来完成现代化的任务。我们是启蒙和救亡的双重变奏，救亡要抵御外族，启蒙要确立包括法治在内的基本价值观。这两者交替进行，所以启蒙的任务没有很好地完成。这和日本的情况有些不一样。日本也是被迫的开放门户，但它有自觉转变的过程，所以它表现的没有像中国那么激进。

现代化的实现有很多衡量指标，大概我们可以从社会结构、经济形态、政治形态等几个方面进行衡量。比如说，一个社会是从农耕社会走向工商社会，经济状态是从自然经济走向市场经济，政治上是从家族部落或世袭式的政治制度走向民主制。率先实行现代化的国家首先产生在欧洲，我们把这样的国家都叫作内生型现代化国家，或者说，它们到今天早已实现了现代化。它们实现现代化用时比较长。英国花费了 183 年，从 1649 年到 1832 年，现代化的大部分内容是在这一百多年的时间内完成的。法国等 13 个欧洲国家平均用了 73 年才完成现代化。美国用了 89 年。这些老牌强国花的时间都比较长。我们再来对比一些 20 世纪上半叶到中叶实现现代化的国家。21 个后发国家，平均只用了 29 年。这一类实现现代化时间比较短的国家，就叫作应激型现代化国家，其现代化是在外界刺激下产生的。它是一种挑战、应战式的。西方国家先形成现代化，对它形成很大的压力和生存的挑战，它因此被动、被迫地走上现代化的道路。

这是从实现现代化的时间来看。还可从另外一个指标，看出这两类国家社会状况变化速度的巨大差别。我这里借用的数据都是国外学者如亨廷顿、多伊奇、布莱克等人长期研究的成果，这个很重要的衡量指标是社会动员率，或者，社会变化率。他们在综合了各种指标，比如迁徙、人口增长、GDP 的增长等十几项指标的基础上，得出的结论是，19 世纪实行现代化的国家，每年的社会变化率是 0.1%。因为它们用的时间比较长，社会的变化是渐进式的，不那么剧烈。而在 20 世纪实现现代化的国家，社会变化率是它们的 10 倍，1%。很多国家都搞土改，土地一下子从私有制变成公有制，这就完全改变了。所以，用这个指标来衡量财产所有制变革的话，社会变化是非常剧烈的。中国在国家统一的问题上用了 38 年时间，从 1911 年推翻帝制到 1949 年大体统一中国，建立统一政权。然后，中国学者借用国外的指标体系，研究从 1949 年到 20 世纪 90 年代末这个时间段中国的社会变化率。他们得出的结论分两个阶段计。一个是从 1953 年到 1978 年改革开放以前，这 25 年的社会变化率是 2.4%，比 20 世纪实现现代化的后发国家要高。而从 1979 年到 20 世纪 90 年代末的变化率就更高了，达到了 5.2%。这么高的变化率，带来了社会的动荡、人的不适应性等很多问题。所以，中国更属于应激型现代化国家，它的变化率是西方国家的 50 多倍。关于这一点，我有很深的感受。我要是出国一段时间，等我再回来时，就觉得北京很陌生了。但是，我到欧洲去，每年去都是这个样子。所以，我常常感慨，中国是一个历史最悠久的国家，但是在中国看不到多少历史，无论在城市还是农村的大街上都看不到历史。相反，欧洲大陆的历史比中国短得多，但是你走过去一看好像到了中世纪一样，它的建筑都保持了很原始的风貌。中国处于急剧变动的现代化的过程当中，尽管我们对这个数据还持有一种怀疑性的态度，但这只是量上的怀疑，质上还是有可信度的。如果一个社会的变化率是如此之高，可想而知，这种急剧变化的社会造成的结果是什么，这种结果与法治又是什么关系。

这种变化首先造成的结果是人们心灵的普遍不安宁或者躁动。这种躁动在政治上、经济上、人格上都可以表现出来。我举政法大学学术造假的例子，因为我是法硕学院学术委员会的主席，也是法学院学术委员会的副主席，我每年都参加处理造假者或涉嫌造假者的申诉活动。大学应该还是一片净土，但在急剧变动的社会，最后的一个精神家园已经被玷污了。再来看看这几年追查出来的法院高官腐败的数字。我这个数字不一定非常准确，只是供参考。从 2003 年到 2008 年追查出来的有 12 位中级法院的院长和副院长，7 位高级法院的院长和副院长，一位最高法院副院长。这些人已经被判刑或在审查当中，主要是因为腐败、贪赃枉法。在一个国家，这么多中级、高级法官出现问题，由此可见法治的状态是怎样的。这都是和应激型现代化带来的心情的浮躁、缺乏信仰、道德沦丧直接关联在一起的。每个人可能都会受到应激型现代化的冲击。比如，现在北京、深圳、上海房价那么高，而中国还有一个心理是看涨不看跌，越是贵的越要买，觉得那么多人买，这个东西肯定是好的，有价值的，由此把房价抬得那么高。当然这也有政府行为在里面，但是它和老百姓没有平和之心、没有理性的思维方式是分不开的。所以，国务院开常务会议要抑制房价，如果听任房价发展下去的，有可能造成大的经济危机。经济学家研究过，20 世纪七八十年代以来大大小小的经济危机，都是和房地产市场关联在一起的。最近的一个例子是迪拜事件，也是由房地产引起的，房地产的泡沫太严重了，导致了经济危机。无论是作为官员还是普通民众，都在急剧现代化的过程当中，受到了很大冲击，如果把持不住的话就很危险。当然，普通人没办法用权力腐败，但如果陷进股疯、房疯中去不能自拔，可能会导致很严重的后果。

这是第一个结果。第二个结果是权威的失落。这是一个普遍的现象，无论是在中国还是在后发国家，大家都面临这个问题。旧的权威被打破了，新的权威还没有建立起来，而又通过改革不断地产生新的东西。尽管从理性上来分析，有的新的东西可能是好的，但当它还没有来得及形成权威的时候，又被一个新的东西所替代。中国的经济体制改革就是这样一个过程。关于这个过程，亨廷顿做了一个很好的分析，主要研究的是后发国家。他写了一本书叫《变革社会中的政治秩序》，变革社会不是指西方，而是指后发国家，20世纪实行应激型现代化的国家。他得出一个很有名的论断：落后国家长期处在不稳定的状态，各种各样的冲突——经济冲突、政治冲突，更严重的就是内战，它的最根本性的原因不在于落后，而在于应激型现代化。他认为这个是导致落后国家不稳定，也可以说是缺乏权威的最主要原因。也就是说，过去部落头领说话已经不管用了，新贵又还没有确立起自己的权威。此种应激型现代化，容易产生不稳定或权威失落。首先，由于落后国家经济水平低，国家会优先考虑经济增长，而经济的增长有赖于体制，以满足人的期望值，调整不公正的分配关系。其次，政府在短期内又无法建立比较健全的体制，这样就使人们的期望受挫，引起人们对社会价值的怀疑和不满。再次，大众交流媒介尤其是一些激进的主张对不满的放大，加之政府的软弱和官员的腐败，使得政府成为迁怒对象，改革政治体制的要求高涨。最后，落后国家缺乏恰当的有效手段去处理上述问题，政府在这种巨大的社会压力面前，或者停滞不前，或者倒退，因而激起民众更大的不满，暴力冲突或稍为温和一点的抗拒秩序的行为由此发端。总之，中国法治不畅有其必然性的原因，应激型现代化带来的种种后果是难以避免的，但是，法治应当与现代化共进退。

尽管中国法治遇到了很多困境，但我还是坚持国家法的主流性和正当性，不主张再建立一套好像能适合我们本土的行为规则。今天的中国不可能再是一百多年前的中国了，我们只是地域上的中国，文化上的中国已经彻底改变了，或者说，改变了很多。我们接受了西方的很多东西，比如说，我们今天的教学方式，在古代根本就没有，大学也不是本土的东西。再要回到传统文化意义上的中国是不可能的，所以要找"中国理想图景"，只是一种乌托邦式的想法。想要回到文化意义上的中国，就像我们已经坐在这个火车上，要是半路跳下来一定会摔死，只能考虑怎么操纵火车使它开得更平稳一些，带来的波澜更小一些。恐怕我们只能做这样的工作，而不是把火车停下来，重新选择一条道路出发，这是我的立场。

还有，中国的法治实践，既要考虑到法治最一般的共性的东西，同时也要针对中国层面的困境。这种困境正是我们在实现法治、实现普适性的过程中出现的问题。我们提出的一套方案，应该既符合法治普适性的要求，同时又满足中国特殊性的要求。法律人处于事实和规范之间，总是要按事实找到一个恰当的规范，但是规范是有缺陷的。从普适性的角度来看，任何国家的法律都有不能够满足个案规范的方面，这可以通过法律方法来解决。但是，中国还面临着特殊的问题，除了个案事实与规范不对称这一普适性的问题，还有社会事实与规范的不对称问题。社会事实包括比如社会结构、东中西部政治经济文化的发展水平差异等内容。一个西部的法官，说他们办得最多的案子根本不是计算机犯罪，而是盗窃罪。这和北京海淀高科技的案件完全不一样。所以，那里的法官不需要学金融法、财税法，他们需要的是另一套东西，比如说简易程序，不要把程序搞那么复杂。"谁主张谁举证"的方法在他们那里可能也会存在问题，这都是中国特殊问题造成的。我们不同地区的人之间的同质性不是那么高，而异质性比较强。法官面对这样的社会环境，不能用一套同样的规范处理不同的事实。所以要有针对性地面对中国的事实，这就是中国的实践。在中国，讲规范既要考虑个案事实，也要考虑社会事实，这两方面的因素要结合起来。当然，我不是说西方不考虑社会事实，但是它的社会事实的同质性要比中国高。这是我要讲的实践法律观，它既有普适的一面，同时也有中国特殊的一面。

实践法律观直接对应另外两种法律观：规范法律观和事实法律观。规范法律观包括法律实证主义强调的国家法和自然法学强调的原则和理念。尽管自然法理论和法律实证主义是对立的，但是它们在思维方式上是同一的，都认为自己的知识体系是自给自足的，能够解决所有的问题。它们的不同只是表现形式,一个表现为原则性东西,另一个表现为实证法的条文等。它们的思维方式相同,认为自己的东西都能满足事实的需要。但实际不是这样,恰恰是任何缜密的法律都不能完全满足丰富多彩的事实的需要。就像歌德所说的,"理论是灰色的,而生命之树常青",体系再庞大完备也不能满足事实的需要。靠自然法的原则更不可能满足这一需要。自然法的衰落正是由于这个原因,因为它太抽象了,不能满足多种多样事实的需要。无论是自然法,还是比较严密的国家法律体系,都不能完全满足事实的需要。正是看到这一点,法律现实主义、耶林的利益法学等学派,主张考虑规则以外的要素。规则以外的要素,统统可归到事实法律观中。法律现实主义怀疑法律,主张靠法官个人的判断来解决,最终从法律怀疑走向事实怀疑,认为完全凭是法官心理来判决的。

这两种法律观,都存在问题,各执一端。事实法律观完全把规范抛弃掉了,而规范法律观又没看到活生生的现实。我提出实践法律观,这是第三条道路。我不否认事先预设的规范体系存在的价值,但是不能对它寄予全部的希望。我们应该在关照个案事实或社会事实的基础之上形成一种新的判断,这种判断是真正影响到判决的。这种将预设规范与个案事实或社会事实勾连了之后形成的判断才是法,才是真正意义上的法,才是真正约束人的行为、指导人的判决的法。在此意义上,法是实践智慧,是把预设规范和事实来回关照之后形成的判断。这里,实践不仅仅是应用,日常语言中实践只是指对理论的运用,这是实践的一个含义。我讲的实践,有两层含义。一是践行和应用;二是反思和开新或创新。更重要的是反思。反思和开新是在践行、应用中的反思和开新,而不是不关照事实的创新。在反思中要提出判断事物的标准,这就是开新。这个标准可能和既定的、预设的法律有一定距离,因为既定的法律不能满足事实的需要才要创新。

# 中国的法治方式

季卫东①

中国今后的政治体制改革必然以法治作为突破口，因为，法治是市场经济发展的内在需求，也是多元社会治理的基本方式，最容易达成共识，事实上也已经成为举国上下的一个核心共识。但是，司法界发生了不少很严重的问题又让我们深感法治之路的艰难曲折。司法改革已经迫在眉睫，否则就无法避免一场突如其来的司法危机。为此，必须通过平反重大冤案和公审反腐要案来树立司法的权威，进而在制度化反腐的过程中推动法院体制改革，然后再导入"司法审查"的制度以进一步加强司法独立原则的基础，形成有效的权力制衡关系，这是必须自上而下立即实施的举措。

与此同时，要以清理地方政府债务为抓手，尽早自下而上导入"预算审议"和"问责审计"的相关制度，深化行政改革和税制改革，并通过预算审议与问责审计的互动关系形成"预算议会"的民主政治机制。在这个过程中，要把改革红利作为诱因，促进地方法治竞争，并根据制度条件的成熟度来承认地方分权和居民自治。在地方自治的框架里，形成人民代表和行政首长都通过直接选举产生并对居民负责，但把立法权与执行权严格区别开来的格局。这样的制度安排，会刺激人民代表提出法案、审议预算案、监督行政执行权的积极性，使地方法治竞争所产生的政策导向效应和制度创新效应进一步放大。人民代表大会与行政首长都很强势，可以互相制衡，但却不会影响地方的行政效率，因为行政首长也有民意作为合法性基础，并且享有广泛的自治权限。

## 一　通过法治重塑权威体系

现代市场经济运行良好的国家都以法治为基础。因为投资者、贸易者、劳动者、消费者——无论个人、团体还是企业，无论各自的利益诉求有多么

---

①　上海交通大学凯原法学院教授。

巨大的差异——只有明确地知道行为准则以及违反规则的后果，才能做出合理的规划和决定。这里，更为重要的是，规则要平等地适用于任何人，政府既不得偏袒某一方，也没有超越于规则之上的特权，否则不同群体之间的关系就难以协调，通过竞争产生效率的机制也就难以启动。正是同时约束所有行为主体的法治秩序，可以使市场经济的参与者不必担心其他人任意侵犯自己的合法权益，无须就生产和营销中碰到的各种问题和纠纷解决逐一与政府官员进行谈判，因而可以全神贯注于各自的事业和绩效。由此可见，不仅限制公民侵权行为，而且还限制政府滥用权力行为的那种现代法治原则，才是财产权和契约履行的可靠保障，才能构成自由竞争、公平竞争的前提条件，才会有利于减少交易成本、提高办事效率、防止寻租行为。中国在确立市场经济体制之后推行法治，乃改革开放时代制度变迁的必然逻辑（季卫东，1998，2001；江平、季卫东，2010；吴敬琏、马国川，2013：301—302）。在一定意义上也的确可以说，市场经济就是法治经济（张文显，1994）。

不言而喻，市场竞争机制会促进功能分化和利益集团分化，导致社会的结构和思想状况具有越来越显著的多元性。实际上，当"强势群体"与"弱势群体"这样的区别第一次出现在中国官方话语（2001 年 3 月九届全国人大五次会议《政府工作报告》）和大众传媒中时，抽象的"人民"概念就开始裂变，既有的整体主义国家理论和一元化制度设计就开始被重新审视，不同群体的利益如何表达、如何协调之类的问题就被提上议事日程。特别是在不同利益诉求发生冲突之际，有关政府究竟代表谁的问题及其在使用规则时能否保持不偏不倚的质疑层出不穷，形成日益强大的舆论压力。这意味着在社会多元的格局中，国家权力的中立化、客观化、媒介化以及治理方式的转换势在必行。也就是说，强势群体与弱势群体相对峙的格局以及解决利益和价值冲突的现实任务，决定了政治体制改革已经无从回避。政治改革的目标是兼顾自由与平等的民主制，但改革的最佳切入点却是注重程序公正的法治。经济市场化和社会多元化对依照规则管理公共事务的内在需求也为法治国家的建构提供了基本动力。把这样的政治议题放到结构大转型的宏观背景中考察，可以发现正是法治将成为中国开启另一个轴心文明时代的关键。

回顾帝制中国的两千余年历史，可以发现各种合力作用的基本结果是：通过秦律形成了以皇帝为顶点的一元化权力结构（强制的秩序），通过汉儒形成了以三纲六纪为框架的对称化权威体系（承认的秩序），并借助君父大义和修齐治平的推演方式使这样的权力结构和权威体系耦合在一起。从 19 世纪中期开始，在西方现代文明的冲击下，中国传统的权力—权威框架不断动摇乃至溃散。1905 年废除科举制度，是传统权威体系开始分崩离析的标志。1911
年辛亥革命，则引起了传统权力结构的解体。两种巨变叠加在一起，造成军
阀混战、地方割据、宗族裂变的事态，社会长期无法整合。中国共产党作为
一种极其强大的整合力量，在把个体从血缘和地缘的共同体以及关系网络中
解放出来后又将其再次组织起来，重塑了一元化权力结构；同时，在一定期
间内将能够有效凝结个体、动员民众的革命意识形态与超凡领袖相结合作为
新的权威，或者制度性权威的替代品。但现在我们面临的问题状况却是：在
全球资本主义大潮的冲击下，大量个体以原子化的形态游离于既有的社会结
构之外，新的权威或者制度性权威的替代品已经失落，而一元化权力结构也
再次濒临瓦解的险境。经济绩效本身并不能从根本上解决执政合法性的危
机，[1] 只能推迟危机的爆发，而在延宕的过程中倒很有可能促进社会的结构性
腐败，为新的社会革命创造条件。

　　显而易见，为中国重新塑造妥当的权力结构和权威体系就是我们这一代
人的神圣使命。既然中国已经处在市场化、多元化以及国际化的发展道路上，
那么新的权力结构和权威体系当然要以此为参照，适应社会发展的需要。这
样多层多样、变动复杂的局面很难继续采取一元化的绝对权力来控制，因而
政治体制改革的方向应该是扩大公民个人自由、团体自主以及地方自治的空
间，防止权力的滥用。由此可见，在确保有效整合的前提下适当放权和分权
就是题中应有之义。在某种程度上这意味着权力结构的多元化，会诱发整合
困境，因而政治体制改革的任务绝不仅仅是放开规制那么简单。为了兼顾多
元和整合这两个方面，需要进行顶层设计，通过合理的制度安排解决中国现
代政治中始终存在的所谓"一放就乱、一统就死"的问题。另外一项重要任
务则是树立一个真正能得到人民内心认同、自愿遵循的权威体系，防止出现
各行其是、无法合成公共选择的乱象。而能把限制权力与加强权威，保障自
由与维护统一有机联系在一起的正是现代法治秩序。[2]

　　概括地说，重新塑造权力结构和权威体系的作业可以分为两个步骤。第
一，通过激活现行宪法的方式，把平等、自由、民主、人权等现代文明的普
遍性价值与高度集中的现行政府权力结合起来，在加强法律规则的执行力和

---

　　[1]　有学者认为绩效也是合法性的一种来源，但会遭遇不断升级的承诺压力，因而绩效合法性的
基础是很脆弱的（赵鼎新，2012）。

　　[2]　需要注意的是，对法治的理解存在着本质性对立，会造成政治体制改革中"同床异梦"现
象。因此，在推行法治之际首先必须厘清概念，明确理解有关的制度究竟是如何运作的，并善于在不
同选项中进行明智的取舍，还需要保持必要的反思理性。

确立司法独立原则的基础上实现权力的合理化、效率化、正当化，建构一个立宪主义的法治国家。在这里，现代文明的普遍性价值构成了权力的正当性基础，而在启蒙体制乃至所谓"发展型独裁"（developmental dictatorship）体制下形成的高度集中的权力则能够突破既有利益格局的限制，在大转型的过程中确保社会的整合性。当然，普遍性的现代价值与高度集中的国家权力之间，会存在这样或那样的紧张和冲突。所以，在这个阶段的顶层设计应该以"矛盾的制度化"和程序公正为基础，并通过司法独立原则及其他各种方式和手段来协调矛盾，保持不同构成部分之间的衔接和平衡。如果权力过于集中甚至绝对化，就会践踏现代文明的普遍性价值；如果权力过于分散甚至弱势化，就会导致整合机制失灵，现代的价值体系也就失去了现实的制度载体。

第二，在法律共同体已经形成和巩固的基础上，再回过头来改造高度集中的权力结构，把普遍性价值与互相制衡的权力关系进行合乎立宪理念的重新组合，更准确地说是精心选择不同的宪法设计。① 其中一个非常重要的举措，就是在加强人民代表大会功能（特别是预算审议功能）的基础上，修改选举制度，落实民主主义政治原则。与此同时，导入对违宪法规和违法行政举措的司法审查制度，以加强法院系统的权威和功能，从而真正落实司法独立原则。这种司法性的违宪审查制度可以防止可变的力量对比关系不断干扰立法、造成制度解构，从而维护国家秩序的稳定性和连贯性。换言之，司法机关的审查、推理以及判断在制约立法权与行政权的同时也发挥着整合和正当化的功能。在上述意义上，民主选举以及不同层面、不同方式的分权制衡会造就一种新型权力结构，而充分反映民意的法律秩序，特别是值得信赖和期待的公正司法则构成一种新型权威体系。

在此有必要严格区分权力与权威这两种不同的概念。权威与权力的不同在于前者的强制性必须基于社会承认，从而形成一种优越的价值或者道义性，导致自发的遵循。简单地说，权威就是能让他人产生基于信赖而自发服从的力量。权威也不妨被理解为建立在正当性、合理性以及必要性基础之上的"服从的自愿化"和"服从的制度化"。法治之所以具有权威性，是因为通过一视同仁的规则适用限制政府权力与强势群体，确保任何个人的权益都不受侵犯。对理性的公民而言，这种通过限制自由的方式来保障自由的制度安排是可以承认和接受的，因而感觉不到这是对自由的限制，因而无须强制就可

---

① 罗伯特·达尔认为，在民主的基础条件不太有利或者很复杂的情况下，选择哪一种宪法设计是很关键的。一部构思拙劣的宪法可能导致民主制度的失败（达尔，1999：147）。

以形成和维持法治秩序，因而也就可以大幅度减少权力运作的成本。尤其是在立法的民主程序原则得到充分落实的情况下，规范约束力的基础是选择自由与责任自负的逻辑关系，比较容易被内在化，变成一种重然诺的自觉行动，无须频繁动用物理性强制手段就可以使规范产生实效。

由于在很多场合权力与权威被混淆了，所以时常有人把权威与民主对立起来，试图贬损权威，这样的认识是错误的，至少是很片面的。实际上，与其他任何政体相比较，民主制都更需要权威。因为民主制不等于群众专政和倾向性舆论，而以自立的公民为前提条件；如果没有与自律兼容的权威，民主制就不可能稳定、不可能持续，在有些场合甚至还无法做出重大的政治决定。① 在议论纷纭的场合，需要权威的声音来凝聚共识；在竞选者势均力敌时，需要权威的决定来化解对投票结果的质疑、回避国家分裂的危机。权威来自理性，来自睿智，来自规范，来自信誉。没有权威，民主就很容易在政治力量对比关系的不断变化以及朝三暮四、出尔反尔的情绪性波动中陷入危机。

现代国家的法治可以通过程序正义来消弭实质性价值判断的相异所引起的对抗，为决定提供各方承认的正当性基础；可以通过权利的认定和保障来防止多数派专制对公民平等、自由的伤害。② 严格遵循和公正执行各种规则、强调理由论证以及限制权力的法治主义精神可以向社会提供必要而充分的信任，从而防止民主政治的不稳定。因此，法治就是非人格化的权威，其基础是系统信任。只有在把对人格的信任转化为对系统的信任时，法治才能确立其权威，并有效运作起来。当然，民意的多数支持也可以树立强大的权威，特别是加强主权的权威性，当然也可以加强法治的权威。实际上，只有当民主政治与法治的权威结合在一起时，这种民主才是稳定的、成熟的、可持续的。这是对民主与权威之间关系的一个最基本的判断。从权威而不是权力的角度来把握法治，我们就能够预防中国古代法家思想中存在的严刑峻法的偏向，确保构建现代法治秩序的作业不掉进旧体制的窠臼。

---

① 从柏拉图、亚里士多德开始，自由与暴力、民主与专制之间的辩证关系就成为政治学的一个重要议题；为了克服民主政治的恣意性，具有专业知识和智慧的权威被认为是必要的，并由此引申出"专家治国"的主张。从美利坚建国纲领《联邦党人文集》可以看到，在托马斯·杰斐逊的民主论与亚历山大·汉密尔顿的权威论之间存在着对抗和制衡关系，美国宪政的各种制度安排都是以这种张力为基础的。随着20世纪60年代大众民主主义的勃兴，权威对于民主政治的重要性再次引起西方各国的关注（克罗齐、亨廷顿、绵贯让治，1989）。

② 所以达尔认为权利是民主制的最关键的建筑材料，而民主制在本质上就是一种权利体制（达尔，1999：56）。

如果通过法治重新塑造的权力结构和权威体系，能够有效地替代帝制时代形成的传统以及辛亥革命以后层出不穷的变局和混沌，从而构成一种普遍认同的秩序和制度模式，那么我们就有理由相信中国正在通过法治走向民主，并随着世界经济重心的转移和社会结构的转型而进入一个全新的轴心文明时代。由此可见，作为"中国梦"的制度载体，除了法治与民主，我们别无选择。当然，在法治民主的模式、各种具体制度的设计、功能等价物、不同组合方式、操作手段以及推进的路线图和时间表上还存在甄别取舍的余地，还需要公共选择的决断。

从这个世纪之交开始，全球格局就在经历百年甚至几百年一度的大转型，世界经济重心逐渐从西方转向东方，亚太地区的国际秩序也随之发生地壳变动。在天旋地转的过程中，中国所取得的成就非常耀眼，"中国模式"论也因而横空出世。但是，现实主义者却在冷静分析得失和客观条件之后得出结论：中国的高速发展正遭遇瓶颈，既有景气难振的近忧，更需结构性改革的远虑。

如果把政治经济的形势分为近期、中期、长期三个阶段来看的话，那么近期（大约 2016 年之前）在中国首当其冲的就是内需不足的问题。世界规模的萧条出现之后，政府在 2009 年投入 4 万亿元人民币的财政资金和 10 万亿元以上的地方政府融资进行救急。尽管收效明显，但也造成了基础设备、不动产、制造业的投资过剩和产能过剩等严重的后遗症。这意味着两年到三年内，以财政投融资方式拉动经济的原有机制难以再发挥效用。虽然《劳动法》和《环境法》的修改属于必要举措，但前者导致薪酬水准提高，后者导致排放容忍度降低，均在客观上加大了企业的成本负担。更令人担忧的还有潜在的地方政府债务危机。近年来各地基础设施建设的绝大部分投资，并非来自长期政策融资项目，而是来自商业银行的短期贷款，自 2012 年起就陆续进入偿还期。在金融政策紧缩、房地产市场冷清的情况下，地方政府很难以贷还贷；而考虑到造成大量不良债权的风险，地方政府也不可能通过土地转让来获得偿债资金。由此可见，对近期问题的处理失当将导致经济泡沫破灭，从而酿成金融系统的震荡并诱发社会的各种矛盾。

中期（大约 2017 年至 2021 年期间）的主要问题是贫富悬殊。根据联合国 2011 年的统计数据估测，中国的基尼系数已经超过 0.5，远远超出国际公认的警戒线。当然，我们不妨在城乡分治、存在大量灰色收入等特殊国情的背景下对这个计算值进行质疑和修正。但是，即便将农村区域基尼系数的统计结果定为 0.39，也能看到该数值已经接近阶层分化的临界点，这还无法掩盖城乡差距为 3.3 倍以及城市区域基尼系数不可计算的事实。实际上，不得不分别借助两种不同的基尼系数进行调整和解释的做法本身就揭示了社会二元结构中的整合困境。为了克服社会两极分化，同时也为了解决东南部"民工荒"的问题，必须尽量把农民转化成市民并提高国民的整体收入水准，这就意味着中国已经悄然通过"刘易斯拐点"①。今后如何形成新的发展机制，确保以超过薪酬和物价上涨幅度为标准来明显提高产业效率和附加价值率，将成为时代的挑战。对此，政府有着明确的应对战略，即推动城镇化、第三产业化、贸易和资本的自由化、企业的民营化，以扩大内需、加强活力、激活创意。但在城镇化过程中也存在一个风险，就是与产业和移民相脱节的造城运动可能导致房地产泡沫恶性膨胀。为了防止诸如此类的流弊，政府推出了保障性住房政策。但廉租房和廉价房的过多投放可能会导致房地产市场发生大异变，使商品房所有者的资产价值急剧缩水、不良债权不断积累，甚至引起社会不稳。由此可见，对中期问题的处理失当将使中国陷入所谓的"中等收入陷阱"②。

长期（大约 2022 年之后）的问题则主要表现为过于迅猛的人口收缩。2010 年 10 月 9 日的《经济观察报》刊登了任职于威斯康星大学的专家易富贤关于在"十二五"期间停止"一个孩子政策"实施的建议文章，引起了国内外的关注。易富贤立论的根据是 2000 年举行的第五次人口普查，其结果显示中国每年的出生率已经急剧下降到 1.22%。这意味着，从 20 世纪 80 年代末到 90 年代末的短短十年间，每年的新增人口数已经减半。可以预计，未来中国将面临陡然出现的少子高龄化局面，各种社会问题将随之喷发出来，影响社会稳定。按照 2005 年人口抽查的结果，中国人口规模的减少将提前到 2016年。也就是说，在不久的将来，我国人口将按每年减少 1000 万的速度缩小规模。而 2010 年人口普查的最新数据显示，中国人口出生率已经低于 1.2%。这是一个惊人的数据，不仅意味着中国无法再继续享有人口红利，甚至还有

---

① 这由经济学家威廉·阿瑟·刘易斯在其1968年的论文《劳动无限供给条件下的经济发展》中提出，是发展经济学的重要概念，意指劳动力从过剩向短缺的转折点，具体指工业化过程中，随着农村劳动力向非农产业的逐步转移，农村富余劳动力逐渐减少并最终枯竭的过程以及对经济发展的影响。

② 世界银行在《东亚经济发展报告（2006）》中首次提出"中等收入陷阱"（Middle Income Trap），意指在一个国家的人均收入达到或接近中等水平（人均 GDP 3000 美元）后，由于不能顺利实现经济发展方式的转变，导致经济增长动力不足而最终出现经济停滞的一种状态。一般来讲，当新兴市场国家突破人均 GDP 1000 美元的"贫困陷阱"后，下一步就会很快奔向 1000 美元至 3000 美元的"起飞阶段"；但到中等水平附近后，由于快速发展中累积的矛盾集中爆发，固有体制面临转型，很多发展中国家在这一阶段就会陷入所谓"中等收入陷阱"。拉美地区和东南亚一些国家即是陷入"中等收入陷阱"的典型代表。

可能反过来引起经济的恶性循环；也意味着即使现在改变人口政策，也无法力挽狂澜于既倒。在这样的情形下，所谓"未富先老""老无所养"的不安会笼罩多数人的心境，如何尽快建构一张社会保障网就成为突出的政治议题。由此可见，对长期问题的处理失当将导致国势一蹶不振的严重危机。

在世界经济持续不景气和金融危机的背景下，为了消化过剩产能、扩大市场内需而加速城镇化的做法，既可以为经济增长提供新的驱动力，也构成一系列非经济改革举措的突破口。城镇化将把更多的农民转变成市民以及中产阶级白领，提高民众的购买力和消费水准，并导致社会二元结构的解体和治理模式的更新；城镇化在大幅度减少高楼空房率的同时也将大幅度增加基础设施的利用率，使刺激经济的财政投融资能在相当程度上产生实际效益。2010 年对《选举法》进行的第五次修改中，废除了对农民参政权的制度性歧视，实现了同票同权，使得城市和农村都按相同的人口比例选举人大代表，有利于克服社会二元结构的弊端。为了进一步鼓励和帮助农民进城，为了在高速铁道使全国各地的距离变近之后诱导制造业向中西部进行更大规模的投资，还有必要尽快实施酝酿已久的户籍新政，适当承认迁徙自由这一宪法上的基本权利。由于有调查数据显示，大多数市长对户籍制度改革持反对意见，因此如何说服官僚集团接受新的宪法修正案就成为对政治艺术和决断力的一场严峻考验。另外，人口政策的适当调整等长期问题的解决也需要纳入立法计划。

除了拆解二元社会，向医疗、教育、社会保障等公民福利事业投资也是拉动内需消费、体现分配正义、迎接老龄化时代的重要举措。2011 年生效的《社会保险法》，就是以"安身、安心、安全"为目标的制度变迁的一个重要标志。但受到"未富先老"等客观条件的限制，"钱从哪里来"之类的问题显得尤其突出。要及时建立和健全各种福利制度，就需要把国有企业所持股份的相当部分甚至绝大部分转让给民间，用出售国有股份所获得的巨额款项来填补支付缺口，完备基本的社会保障系统。这意味着在企业界改变"国进民退"政策，掀起新一波的民营化浪潮，刺激私人资本的长线合理行为，造就一批新型经营者，从而在提高生产效率和附加价值率的同时，实现经济结构和社会结构的同步转型。除此之外，还可以通过第二次税制改革，把过度集中的征税权适当分散，增加地方政府的经费来源，防止在土地财政受到严厉压制之后发生地方政府债务危机。此外还应该按照精兵简政的方针，尽量压缩地方政府的编制和开支。如果能在近期采取这些开源节流的举措，官僚主导型国家资本主义的流弊就有可能减轻甚至防止，一个小而强的政府与大而全的社会相结合、中央统筹与地方搞活相结合的新体制就有可能自然而然地树立起来。与此同时，也可以为解决中期问题创造必要的制度条件。

但是，重庆发生的李庄律师被捕事件、尼尔·伍德谋杀案、"打黑英雄"副市长出走美国领事馆的丑闻等，以极其戏剧性的、颇有点黑色幽默的方式表现了既得利益集团的能量和肆意妄为，彰显了经济体制改革的难度，并引起了权力结构的裂变以及政府诚信危机。因此，从2012年开始，社会对拨乱反正和政治体制改革的期盼显著升温。正是在这样的背景下，中共十八大报告强调在处理改革、发展以及稳定之间关系方面要运用"法治思维"和"法治方式"。从上下文的脉络中仔细品读这八个字的微言大义，可以发现政治体制改革的新思路具有如下基本内容。

第一，根据法自上而犯之的严重问题，明确了"党要守法和摈弃特权"的治国方针。原文的表述是"党领导人民制定宪法和法律，党必须在宪法和法律范围内活动。任何组织和个人都不得有超越宪法和法律的特权，决不允许以言代法、以权压法、徇私枉法"。这段话的出处是1982年宪法。时隔三十年重新提出来，当然是因为现实不符合理念，所以特意着手把禁止治外法权的命题付诸实施。可想而知，为了达到上述目标，必须具有某个中立的、权威的第三者来判断任何组织或个人是否超越了宪法和法律。在这里，设立违宪审查机构以及确保司法独立显然就是顺理成章的，否则这段话就会变成没有意义的空气震荡。

第二，设立违宪审查机构的宗旨，十八大报告表述得很精彩，就是要"维护国家法制统一、尊严、权威"。这里值得注意的是从权威的角度来理解以法限权的意义。宪法被视为根本规范，可谓社会基本共识的结晶。法制统一必须以宪法为标尺，通过对是否合乎宪法基本原则的审查活动来防止立法权被各种利益集团或政府部门绑架，防止法律体系的碎片化乃至自相矛盾。要限制行政权力，要禁止组织或个人的治外法权，也必须祭出"护宪"的大纛。

第三，为了防止司法独立蜕变成司法腐败的催化剂，十八大报告提出的对策是"司法公开"，"让权力在阳光下运行"。这意味着必须落实公开审理的原则，允许公民旁听诉讼案件（特别是大案要案）；必须加强当事人之间的对抗性辩论，以使案情、证据和主张都透明化；必须具体写明判决理由，以便对照事实与法律进行检验；必须编辑和公布判例供律师和法学研究者进行研究和评析。

第四，提出"党要守法"和取缔特权的意图很清楚，就是要"保证人民依法享有广泛权利和自由"。由此可以看到一幅"权力 vs. 权利"的构图，其中法律的作用就是通过制约政府权力来保障个人权利。这正是现代法治国家的根本原理。根据就是人民主权的经典思想。推而论之，个人的自由和权利、人民的基本权利应该成为法治秩序的基石，法律的正当性来自民意。正是从这个命题出发，十八大报告才提出了"拓展人民有序参与立法途径"的任务，相比起十七大报告时强调"将党的意志反映上升到法律"的确有长足进步。

第五，在一定程度上可以印证法治基于自由权命题的论据，就是十八大报告在社会建设这一部分提到的"依法自治"的管理机制创新以及保障人民知情权、表达权、参与权的承诺。可以说，通过信息公开、言论自由、社会自治、政治参与等一系列公民权利的宣示，中国正在逐步加强个人在实施法律中的作用，试图通过维权的具体行动和诉讼个案来推动规范的执行和完备。

概括起来可以说，中国似乎在"法治民主"上已经达成了基本共识。剩下的问题是如何落实从法治到民主的设想，实现政治体制改革的软着陆。因为经济发展是解决我国所有问题的关键，所以国家转型应该以正确处理政府与市场之间关系作为切入点，侧重限制权力以保障投资和贸易领域竞争的自由和公平，把增进人民的福祉和树立法制的权威作为主要目标。从这样的视角来考察现阶段中国的法治方式，我想提出"三审制"方案的初步意见供大家批评和讨论。

## 二 作为法治方式的"三审制"

这里所说的"三审制"，包括政治体制改革的以下三项重大举措：加强人民代表大会的"预算审议"功能，通过全面而严格的预算制度来决定政策的优先劣后顺位，改善治理的绩效；扩大审计署的职责和权限，使国务院的内部监察机制与人大的预算、决算审议通过等外部系统以及问责机制联动起来，把"问责审计"作为杠杆推动比较彻底的行政改革，达到重组事权与财权、精简机构和编制等目标；进而通过对违宪法规和违法行政举措等的"司法审查"来提高法院以及整个法律体系的权威，并按照司法审查的需要来倒逼司法体制改革的深化。下面具体说明预算审议、问责审计、司法审查这三大改革的内容。

### （一）自下而上的"预算议会"化

即使仅从运用国有资产确立社会保障的角度来看，或者仅从资源再分配的角度来看，我在 2003 年提出的"预算议会"的设想显然都具有关键性意义（季卫东，2005：302—333）。"预算议会"的制度设计，是要切实贯彻和加强宪法和法律中规定的人民代表大会的预算审议职能，进而有步骤地把各级人大转化成主要对税收、拨款、各种津贴以及财政再分配的预算进行实质性审议的公开论坛。[①] 不言而喻，有意促成这样的特征绝不意味着全国人大将削弱根据宪法规定而行使的立法权、决定权、任免权以及监督权，[②] 只是强调把以预算审议作为突破口来切实改变所谓"议会不议"的现状。所谓预算，就是资源分配方案，也是政策的货币表现形态。而根据政策目标分配资源正是政治的中心工作。换个表述，也就是要让作为国家权力机关的人民代表大会的制度改革以实施"财税民主"作为出发点，通过刷新资源管理方式来重塑政治生态。这样的财税民主不妨首先从直观性较强、与群众利害的相关性也较强的地方开始，自下而上逐步推行。例如选民有兴趣并且有能力立即参与的乡镇人大以及县级人大应该尽快全面实行预算议会的做法，然后再渐次扩大到省、直辖市、自治区乃至全国。

为了维持经济发展的速度和效益，需要采取有利于向企业倾斜的资本积累政策；但为了维护统治的正当性，又需要通过充实福利保障制度来争取广大人民（尤其是低收入阶层）的支持——在这里，社会上不同阶层和集团的分化以及国家机关内部的政策争论在所难免。为此，当然需要利益磨合、意见竞赛的场所，也需要规则以及代理人的配套。在这个意义上，推行预算议会的做法不仅要改变各级人大的工作重点，而且还必须改变其活动方式和成员构成。通过预算议会的制度设计，可以很好地把国有企业改革、社会福利制度整备以及治理方式的转换有机结合起来，也可以很好地把政治改革与经济改革衔接起来，还有利于各种利益群体和政治势力在编制和审议单纯的财政预算的程序中学会妥协的技巧，逐步提高人民代表从事政策竞争和参与政

---

① 在这方面，日本的经验很值得借鉴。日本议会中实行的是"预算中心的政治"，主要决策均围绕财政再分配进行。

② 恰恰相反，为了更有效地行使这些基本权力，全国人大还应该根据《宪法》第 57 条、第 67 条第（6）项和第（14）项、第（15）项、第（18）项的规定，加强全国人大常委会在外交和军事方面的监督权；为了落实《宪法》第 71 条规定，应该通过宪法修正案赋予全国人大常委会特定问题的调查委员会一项特权，使之有权进入国家任何机关直接获得必要资料，并承认常委会的一般性行政调查权；要为行使《宪法》第 63 条规定的全国人大罢免权以及《宪法》第 73 条所规定的全国人大及其常委会的质询权，提供必要的配套性制度和操作程序；根据实际需要大幅度延长全国人大常委会的会议期间，对重要事项进行公开答辩和听证；适当增加常设性小委员会的数量；把全国人大常委会办公厅法制工作委员会改为人大常委会法制局以进一步加强代议机构的立法功能，等等。

治决策的能力。假如预算的审议结果真能直接牵涉不同集团的切身利益，那么对于利益代表的重视程度就会迅速提高，从而能够促进人民代表大会制度的功能强化和改革。

需要强调一点，"预算审议"不会把政治的对抗轴置于敏感的体制和意识形态问题上，它不会涉及党团问题和独统问题，也不会涉及其他非常容易引起情绪化反应的问题，而只涉及民生问题；它使经济改革与政治改革可以在"做大馅饼"与"分匀馅饼"的含义上进行无缝对接。假如把预算审议作为政治改革的主轴，有利于人大代表的专业化，因为怎样看懂各种数字报表和计算结果，需要专业知识和洞察力；也有利于群众的参与，因为财政预算牵涉老百姓的切身利益。同时，在不同利益的权衡中进行选择与决定的实践还有利于培养公民的政治商谈能力。当预算审议一旦产生实质性效应，公民就会更关注人大的活动，更重视讨论和决定的在场，更进一步追问谁真正代表纳税人的利益、谁真正代表我的诉求之类的问题。这就会促进选举制度改革、人大代表与选民的互动以及人大审议的实况转播。也就是说，公民会对法定权利更较真，而一旦在技术层面较真，制度逻辑的连锁反应就会出现，政治体制改革就会波澜不惊地逐步推进。

预算议会不仅有利于有效地加强民意代表对行政权的监控，也有利于加强政府独立面向社会承担责任和政治风险的能力。何况在政治改革初期阶段，以预算为中心的议会有利于通过适当限制和逐步调节民主化的范围和速度的方式，保持经济发展所需要的社会稳定。更重要的是，对全国预算案的实质性讨论势必刺激地方政府以及各种社会势力有兴趣到中央的公共论坛来进行讨价还价，从而有助于在推动地方自治的同时保持中央的凝聚力。基于这样的认识和预测，有必要尽早开始准备省市人大代表的直选并择一适当时机实施，从而一举在全国层面实现财税民主政治。

## （二）行政问责与"大审计"模式

政治体制改革的方向首先是要以法律限制权力滥用的行为，建设"法治政府"。所谓法治政府，就是不仅要以法律作为手段进行治理，也要树立依法行政的方针，还必须承认法律优越的原则，承认法院在具体案件审理方面做出终局性决定的权力，承认在法律解释方面审判权高于行政权。关于法治政府的制度设计，最基本的宗旨是确保国家权力的中立性，通过独立的、专业化的公务员系统和行政过程透明化来防止公共决策偏袒某个利益集团，防止出现选择性执法的流弊，防止公器的私用和滥用。因而在通过反腐重振纲纪、刷新吏治的同时，必须加强对行政权的制度制约和监督，严格追究并惩治一切违法行为。对于国家权力中立化而言，改革党派性太强的公务员制度以及在审判独立的前提下健全行政诉讼制度具有非常重要的意义。这一系列改革都涉及行政权的重新定位，最终都将落实到行政问责机制的形成和健全上。

20世纪80年代，中国经济学界最风行的是匈牙利经济学家雅诺什·科尔奈提出的"企业预算制约软化理论"（科尔奈，1986）。这个理论认为在政府的父爱主义氛围里，无论企业经营得是好是坏，政府都会出面兜底，都会在困难时伸出援手，所以企业效率无法提高。当时经济改革的基本思路就是加强企业预算制约的刚性，让经营者感受到经营失败的风险、亏损和失业的压力、倒闭清算的责任，以提高效率。破产制度的导入引起那么广泛的关注，就和预算制约的刚性化主张有关系。其实中国预算制约的软化不仅可以在企业看到，也可以在政府看到。地方政府之所以敢盲目上大工程，是因为它知道出事之后中央政府会埋单、会救济。这种对中央帮忙收尾的期待，造成极大的浪费，使地方政府的经济决策和管理失去合理性和效率。为此，我们需要通过"问责审计"的方式来防止行政的预算制约软化，通过财务报表等技术手段的法治化来限制行政权力。

在这里，需要强调一点，我们要达到的目的不是简单地限制行政权力。打破既得利益格局的彻底改革要求比较强大的、有效的权力，但与此同时又要限制权力滥用。问责审计的好处是既可以限制行政权力，又可以提高行政效率。这使公务员机构将人力、能力、经费、设施、权限、责任都充分动员起来以用于政策目标的实现。通过问责审计可以把政治镶嵌到行政中，再把行政镶嵌到财政中，把对政策目标的命令式调整转变成间接的调节或者财税资源的分配，为此需要特别留意合理的评价标准和行之有效的监督方法。这样一来，政治资源和行政权力都变得可计算了。既然它是可计算的，那它也就是可问责、可预测的。从这个意义上来说，问责审计这项改革对于建设法治政府是非常重要的。特别在当前面临地方政府债务危机的情况下，不弄清资产负债表就无法做出正确的判断并采取对症的举措，所以清理地方债是一项紧迫的任务。要完成这项任务，必须以审计为抓手。通过审计问责，就能有效地推动行政改革，而精简机构、裁减冗员、惩治腐败、清除浪费等一系列动作也会更加有的放矢。

市场化、多元化、风险化的格局使得行政内部的评价标准更加复杂，而全球化则促进国际通用标准的采用，这一切都要求加强预算编制工作的计划理性和技术理性，并促进审计制度、程序、规则的改革。在决定政策或举措的优劣顺位以及对不同部门的利益和活动进行统筹、调整的意义上，预算和审计是现代政府进行有效治理的最重要方式，也是加强行政可预测性和首脑领导力的关键。审计是提高预算执行效率和加强行政内部监察的一种手段。如果要通过审计进行问责并放大问责的效应，就必须把审计与人大的决算和监督程序更密切地结合起来。[①]

一般认为，审计只是会计检查上的技术问题，这种观点即便不错至少也是过时了的。实际上，作为预算与决算中间环节的审计制度既涉及技术问题，也涉及政治问题，因而可以渗透到所有行政活动之中。正是基于这样的认识，一些发达国家导入了根据不同政策目的编制预算并对有关成果分别进行指标化评价的政策预算制，同时也对决算在财政监管中的作用重新加以认识，从而出现了让参议院在决算审议中发挥更大作用的提案（木村琢磨，2003；2004）。在财政监管方面还出现了从政治监管到法律监管的变化，例如法国就是通过预算法律和决算法律来规定财政的原则，确立了公务员在财政方面的个人责任制，并通过财政裁判和宪法诉讼对有关规则或举措的合法性进行审查和追究相应的责任（木村琢磨，2008：90—92）。

在英美法系国家，审计署是国会的附属机构。在法国，审计署本来是直属国王的。日本受法国影响，在"二战"之前曾经把会计检察院定位为天皇的直属单位；现行宪法虽然仍然规定会计检察院的检查报告必须通过内阁提交国会，但却切断了它与元首的关系，成为一个独立性很强的行政机关。然而法国近年来的制度演变趋势是重视审计署作为国会"辅助机关"或者"信息提供机关"的定位和作用，并加强审计署在政策评价等方面的管理活动（木村琢磨，2008：121—124）。没有审计署的帮助，民意代表的预算审议活动很难深入和具体化，在这个意义上可以说，财税民主的本质在于一种基于信息的统治。因此，"预算议会"与"问责审计"紧密相连，需要作为政治体制改革的配套措施一并提出。与此相应，重新梳理事权和财权关系的行政改革其实在很大程度上也可以通过复式簿记和财务报表法治化的方式来推进。

行政改革还有一项重要内容，就是按照市场经济发展的需要减少审批项目，提高治理的效率和公正性。不言而喻，政府减少对经济和社会的干预只是出于国家权力合理化的需要。但在一个"官本位"的社会，放权、松绑、瘦身式的行政改革其实具有革命和自我革命的意义，往往会招致主管部门的

---

① 这种问责审计的发展趋势，可以从美国审计总署（the General Accounting Office）在 2004 年 7 月 7 日更名为政府责任办公室（the Government Accountability Office）的制度变迁中看得很清楚。

激烈抵抗或者巧妙歪曲，也很容易在官官相护的关系网中半途而废、消于无形。为了防止这样的结局，加强行政改革的实效，必须借助民意的支援来压制抵抗势力，适当加强舆论监督。只有通过信息公开和言论自由对权力造成有力量的制衡，用法律规则来约束政府行为的设想才能真正付诸实施。站在这样的立场上看行政改革，首先需要在政治层面准确地界定信息的公开度和言论的自由度。由此可见，讨论已久的新闻出版法草案应该及时出台，借此对思想和表达的空间拓展产生实质性影响，进而逐步形成一个轮廓清晰的"意见市场"。

## （三） 通过司法审查激活宪法和各项制度

法治政府是否真正形成，可以把审判权的存在方式，特别是"民告官"的程序公正和胜诉率作为标准来进行检测。通过审判权来制衡行政权，防止强制手段被滥用、公民权利被侵犯，使政府和个人在法律面前地位平等，这是宪法政治的一项关键性制度设计。在这个意义上，审判机关尤其是最高法院或者宪法法院应该扮演宪法卫士的角色，只有这样才能获得制衡其他权力的根据和力量。而宪法正是个人、社会以及政府之间的核心共识，是现代国家秩序的柱石。一部得到全民拥护的宪法，可以避免一事一议、分别交涉的烦琐和成本上升，让那些有着不同身份、教育、种族、政党以及宗教的公民们团结起来，并且为社会生活提供基本的框架。而要把宪法真正付诸实施，就需要奉行"宪法至上"的原则，同时加强审判权的功能。为此，应该让最高法院或者宪法法院享有对宪法的最终解释权和对违宪行为的最终审查权。这就是对法规和行政行为的合宪性进行"司法审查"的制度设计。

通过司法审查，可以真正保证法制的统一性和正当性；通过司法审查，可以加强审判权，可以激活宪法、激活公民依法维权的行为，可以树立法制的权威。司法审查还有一个重要的功能，就是把法律体系变成确实可以预测、可以计算的，使法律规范之间的逻辑关系变得严密清晰，法律推理就可以做到环环相扣，从而使不同利益的权衡更加有理有据。没有司法审查，微观层面的具体违法和违宪行为就无法发现和纠正，法律体系的内在矛盾也就无法化解，因此就会产生混沌现象；没有司法审查，审判权就很难真正抬头，审判独立原则就很难真正确立，法治政府的建设以及宪法的权威也就无从谈起。反之，如果司法机关可以按照宪法和法律的规定对立法权、行政权进行适当的制衡和纠正，那么审判也就可以成为弱势群体、少数人乃至个人推动社会进步、推动制度变迁的渠道。所以，司法审查对中国的法制改革乃至政治体制改革也是非常重要的。

从现行制度上看，为了落实《宪法》第 5 条第 2 款关于宪法最高效力的规定，以及第 62 条第（2）项、第 67 条第（1）项关于宪法实施的监督的规定，2000 年制定的《立法法》第 90 条、第 91 条为全国人大常委会审查和判断行政法规和地方性法规的合宪性提供了具体的程序。[①] 根据这两个条文，国务院、中央军委、最高人民法院、最高人民检察院、省级人大常委会均有权向全国人大常委会提出对法规条例进行合宪性和合法性审查的要求，作为常委会事务机构的法制工作委员会必须把上述要求转交有关的专门委员会进行审查。除此之外的国家机关、社会团体、企事业单位乃至公民个人均有权提出相应审查的建议，由法制工作委员会负责研究处理，如果认为必要也有可能送交有关的专门委员会审议。专门委员会在确认审议对象有与宪法和法律相抵触的场合，则应向法规制定机关提出书面审查意见，并要求该机关在两个月内做出是否修改法规的答复；如果制定机关不予修改但却不能说服有关专门委员会，那么由委员长会议决定是否最终付诸常委会会议审议决定。

不得不承认，《立法法》所规定的行政法规和地方性法规审查程序与现代违宪审查制度的原型还有很大的距离，最基本的不同表现为三点。首先需要指出的是，尽管承认公民个人享有提出审查建议的权利，使得对行政法规和地方性法规的合宪性审查颇有那么一点司法化的意思，但依旧属于法规制定机关自我审查的范畴，根本不容许任何一级法院在合宪性判断方面置喙，即使最高人民法院也只是享有审查要求权而已，是否接受要求取决于全国人大常委会的判断以及法规制定机关的态度。至于对法律本身是否违宪的审查则完全是国家立法机关的内部业务，最高人民法院连提出审查要求的权利也不具备；实际上，法律（包括基本法律和一般法律）是否符合宪法的问题已经被排除在《立法法》规定的合宪性审查的范围之外。

其次要注意到，全国人大专门委员会审查后如果认为对象法规有与宪法抵触的内容，也并不径直做出法规违宪的判断，而仅向该法规的制定机关提出书面意见敦促其自行修改；如果得到修改，则法规违宪的问题就得以化解。换言之，对法规是否违宪、如何归责等问题做出明确判断的可能性被最大限度地回避了。因此，别说分权制衡，即使所谓最高权力机关的合宪性监督机

---

① 从宪法实施的监督权到合宪性审查程序的法制发展是中国宪法学者们长期努力的心血结晶（胡锦光，1985；陈云生，1988；杨泉明，1990；蔡定剑，1991；王叔文，1992；包万超，1998；李忠，1999）。

制也很容易被公然消融到官场上盛行的那种互通声气、彼此关照的乡愿之中。

更重要的是第三点，只有在制定机关拒不修改的情况下才可能出现人大常委会正式出面审查并做出法规是否违宪的判断或决定的情形，可以说，真正意义上的"违宪审查"在中国是从这里才开始的。但在现有的权力结构没有改变的条件下，其发生的概率恐怕是微乎其微。即使碰到国务院出现"睥相公"、地方诸侯敢于违抗中央这样罕见的事例，实际上也属于极端例外的场合下不同权力机关之间根据力量对比关系的变化而展开的"斗法"，结果往往只是以效力等级更高的法律来取代行政法规而已，对法律体系整合性的推理论证并不具有决定性意义。这也意味着中国的合宪性审查及其判断在本质上始终遵从立法权的自我逻辑关系，并不以宪法解释为基础。

尽管如此，我们还是不能低估立法法规定合宪性审查程序的划时代性意义。特别是有了第 90 条第 2 款所提供的操作性杠杆之后，企事业单位、社会团体以及个人就有可能通过反复行使建议权的方式来逐步撬开在推行宪政和引进合宪性审查制度方面的拦路石。除此之外，2001 年 8 月 13 日起施行的《关于受教育基本权利的法源性的司法解释》（法释〔2001〕25 号）也提供了另一条操作性杠杆，使得法院可以把宪法条文作为审判规范而援引，可以在一定范围内受理人权诉讼，[①] 进而在审理具体案件（特别是行政诉讼）的过程中对法律法规的适用行为以及权力者的活动进行合宪性审查。实际上，在"宪法司法化"的呼声影响下，已经出现了一些真正意义上的人权诉讼，甚至有向宪法诉讼发展的趋势。例如，被称为"中国平等权诉讼第一案"的蒋韬诉中国人民银行成都分行招聘限制身高行政诉讼，已经得到受理，并在 2002 年 4 月 25 日开庭审理；对于处理历史遗留的私有房屋产权的政府抽象行为的异议活动，则是随时有可能转化成宪法诉讼的。

从中国已经存在的涉及合宪性监督的法律现象、诉讼活动以及舆论要求

---

① 在此之前，虽然也可以看到援引宪法条文的个别判决书，但似乎有在无意之间"越轨"之嫌，因为过去明示的审判规范援引范围并没有包括宪法在内，在中华人民共和国成立初期甚至发布过禁止以宪法作为定罪、量刑的根据的司法解释。在日本，围绕宪法序言是否具有审判规范性存在着不同的主张，但对于宪法本则不存在异议。当然，在公法私法二元论的框架中，宪法能否直接适用于私人相互关系中的权利保障还是大可争执的，一般认为只能间接适用；但是，这样的主流学说正受到有力挑战（山本敬三，2000；王磊，2003；夏勇，2003）。另外有必要顺便指出的是，《中国人权百科全书》（王家福、刘海年，1998）罗列了 53 件人权案例。虽然各当事人并未提出明确的人权诉求，所有判决书也均未援引宪法条文，因而这些案例很容易被归类于一般诉讼，但该书编者和作者有意进行这样的专项安排，对于推动人权的司法保障以及促进人权诉讼、宪法诉讼的社会认知具有非常重大的意义。

中可以发现，在宪法保障机制方面，除抵抗权、紧急事态法制以及宪法修改及其特别程序之外，在公民个人行为层面有两种启动合宪性审查程序的基本模式也隐约成形。一种是公序式合宪性审查的请愿或呼吁，主要是根据现行制度向立法机构诉求，以保障宪法秩序的实效性和法制的统一性为目的。另一种是私权式（private rights model）（Monaghan，1973；芦部信喜，1981；田中英夫、竹内昭夫，1987）合宪性审查的提诉，例如中国的平等权诉讼、围绕受教育权的一系列案件，[①] 主要是以保障人权、公民的基本权利以及私人之间权利相互调整方面的具体的公道和公平为目的；迄今为止，从基层法院到最高法院的四级司法机构，均出现了处理这类"准宪法诉讼"的先例。此外还有按照民事审判程序进行的集团诉讼，也蕴藏着按照人权命题改变或创造法律规范以及政策的潜能（Liebman，1998）。这意味着中国已经拥有在不同权力机关、不同级别启动合宪性审查程序的完整的尝试性经验，公民中间已经出现了维护人权和基本权利的自觉意识和强烈要求，建立司法性宪政委员会或宪法法院的条件不仅已经具备，而且是完全成熟了（甚至可以说开始出现烂熟的迹象）。

那么究竟是什么因素在妨碍因势利导的制度化作业呢？除了统治理性和决心方面的问题外，还有些客观的困难也应该纳入视野之中进行考察。首先需要指出一个深刻的两难境况，即现代合宪性审查制度设计的基本理念能否实现，关键在于公民有没有提起宪法诉讼的资格；但个人如果有权自由启动相关程序就有可能出现案件数量的激增而引起宪政委员会或宪法法院爆满，甚至出现滥诉的现象。仅从围绕受教育权出现了大量诉讼、按照审判监督程序对生效判决提出再审的案件一直居高不下、信访的涨潮始终在持续等信手拈来的实例就可以看出，对违宪问题的追究的确是很有可能导致制度不胜负荷的。但是，这样的困难并非无从克服。除了通过政治体制和法律系统的改革减少弊端和不满之外，也可以通过具体的制度安排（例如明确规定宪法诉讼受理的严格要件、暂时利用国家信访局作为个人申请合宪性审查的过滤装

---

① 例如山东省青岛市有三名考生在 2001 年 8 月 22 日就全国高考录取分数线的地区差异向最高法院提出了中国第一起宪法诉讼，主张保障公民的平等受教育权，但最后被以等级管辖（应向中级法院起诉）和行政诉讼的审理范围（限于具体行政行为）为由驳回，见《新闻周刊》2001 年 9 月 1 日号；河南省新野县人民法院在 2002 年 3 月 20 日开庭审理、6 月 26 日做出判决的案件中也引用了宪法教育权条款，为"宪法司法化"的实践从高级法院扩展到基层法院开创了先例，见《法制日报》2002 年 8 月 22 日报道；围绕北京市未婚先孕大学生被校方开除而剥夺受教育权的事件的法律争论，见《北京青年报》2002 年 12 月 1 日报道；等等。

置等）来缓和事实对规范的冲击力。在某种意义上也可以说，正因为社会中存在不满情绪的高压，才需要尽快通过对违宪现象进行审查和纠正的程序来逐步释放其能量，特别是通过回应民意的结构调整把爆炸力转化成制度创新的推动力。

还有一个问题是权力机关之间的相互关系如何保持协调。鉴于中国传统政治的基本原理是在权限区分并不十分清楚的前提之下严格追究过错责任，对违宪现象的审查容易出现以下窘境：①要不要对违宪的行为以及法规也严格追究过错责任？如果回答是否定的，那么中国权力结构的组织原理就需要彻底改变，不然在其他方面的过错责任制就难以为继——人们会质问，既然连违宪这样的根源性罪过都能纵容，凭什么制裁普通的违法行为；如果回答是肯定的，那么就要确定由谁负责，首先需要明确权限所在。②合宪性审查以分权制衡为基础，主要按照不同于"斗争哲学"的对抗逻辑——例如审判领域的当事人对抗主义，政治领域的竞争性主张的对抗轴——进行法治秩序的建构，但中国传统政治由于具有权限不清的特征、非常强调权力之间的协调，因而很容易流于《立法法》所规定的那种非正式性审查和修改，甚至经常达成内部合谋，以官官相护的权力关系网来束缚人权保障机制的运作。这也就证实了我们所期待的"三权协调"绝不能建立在牺牲人权的基础上，更不应该成为阻挠建立合宪性审查制度的理由。

另外，现行体制上的缺陷以及宪法文本的内在矛盾，也使有关方面在相当程度上对合宪性审查的结果以及连锁反应抱有深深的疑虑和戒惧。但是，关键的问题在于，这样的事态是否合理？能不能长期存续下去？如果承认政治体制改革不可避免，那就会发现没有比合宪性监督和宪法解释更符合渐进式改革要求的操作方式。因为只要激活现行宪法，就可以在没有大幅度社会震荡的情况下推进政治体制改革，实现改造国家权力结构和权威体系的大多数目标。舍此则无异于守株待兔、坐等社会压力累积到社会稳定的临界点，甚至还颇有些因对违法者不作为和纵容违宪事态而诱发激进革命的潜在危险性。

中国引进合宪性审查制度，应该坚持司法本位的原则。也就是说，我们需要的是对违宪法规、违法行政举措的司法审查。但从成文法体系的客观条件来看，这种司法审查应该采取集中化的制度设计，也就是建立宪法法院。考虑一步到位或许有困难，我曾经建议不妨以人民代表大会体制为前提，采取分两步走的方式，先设立直接对全国人大负责的宪法委员会，然后再使之演化成宪法法院（季卫东，2002）；并且强调，即使在第一步的阶段，也不能仅仅由宪法委员会对与宪法有抵触的法律进行解释性修改，或者提请全国人大以成文的方式明确修改基本法律，而应该采取这样的做法：先由宪法委员会做出相关法律条款是否违宪的审查结论，如果全国人大常委会对认定某一法律条款违宪的审查结论不主张提交全国人大复议，就可以立即生效，反之则留待下次全国人大讨论决定。无论结局如何，宪法委员会都必须服从全国人大的判断，这与现有体制是相衔接的。为了方便全国人大行使在合宪性审查方面的最终判断权，可以明文规定：宪法委员会对法律是否违宪的提诉的审查结论应尽量在每年 3 月上旬全国人大开会之前或者在会议期间做出。为了维护宪法委员会的权威，也应该明文规定：全国人大要否决合宪性审查的结论必须取得全体代表的 2/3 以上多数的赞成，即与通过宪法修正案的加重多数表决的条件相同。另外，为了预先防止提诉案件的爆炸性增加造成合宪性审查制度功能麻痹的危险，除了规定非常严格而细致的受理要件之外，在第一阶段似乎不妨首先只承认机关的提诉权；至于保障人权和公民基本权利方面审查程序的启动，则暂时由国家信访局来归口进行，等等（季卫东，2003）。

但是，鉴于政治体制改革停滞太久所带来的各种问题，也许我们不得不加快制度改革的进程，现在就着手直接设置宪法法院。在最高人民法院之外另设宪法法院的主要好处是可以有效减轻来自国家权力一元化的现行体制的巨大压力。在普通的法院系统内，审判人员的主要任务是严格按照现行法律审理具体案件，服从立法权是制度设计的基本要求，因而他们对违宪法规进行司法审查的动机很容易被压抑，对宪法问题也缺乏足够的专业兴趣和判断能力。在日常审判工作很繁忙的状况下，法官也没有余裕关注宪法异议或者宪法提诉，往往会倾向于司法消极主义，使得合宪性审查名存实亡。另外，宪法问题的集中审议也可以提高判断的效率，有利于加强对公民基本权利的保障。

## 三 落实法治方式的主要驱动力

以上论述的是关于中国法治方式的基本思路。怎样才能落实有关举措并驱动相应的机制？一般而言，政府从市场撤退、削减审批事项后所留下的权力空白，需要司法和律师来填补。为此必须启动司法改革，特别是让审判机关具有充分的社会信任度和权威。要对违宪法规和违法行政举措进行审查，司法权、至少是其中一部分（例如最高法院或者宪法法院）的威信必须达到极高的程度。要创造这样的条件，当然离不开顶层设计和顶层推动。无论多么大胆的司法改革，只要是在既定的制度框架内进行，总是有利于法律秩序的统一和稳定，所以制度失败的风险性是比较小的，在全国范围内自上而下进行应该没有什么障碍。但在另一方面，对政府的问责审计需要与人民代表大会的预算审议联动并借助决算认定程序而产生实效，财税民主则应该从公民有兴趣、也有能力参与的乡镇、县、市层面开始。托克维尔早就注意到乡镇自治、地方自治对公民社会发育的重要性，并把这样的社区规模的自由作为健全的民主政治的前提。因此，加强人民代表大会的"预算审议"功能以及对政府的"问责审计"功能，应该从基层开始逐级倒逼高层。不言而喻，涉及立法权和行政权的改革是触动体制根本的，影响制度设计的变数非常多也非常复杂，采取自下而上推动的方式和步骤，就可以增加试错、创新的空间以及各种政策选项，降低失误的风险，还有利于群众参与。

## （一）以人民代表大会为舞台的地方法治竞争

在行政权过强、司法权过弱的现阶段中国，能够有力撬动政治体制改革并迅速推进的杠杆是立法权，更准确地说是在人民代表大会制度中开展的中央和地方权力关系的重构，并围绕"预算审议""问责审计"以及"司法审查"等法治化举措促进地方政府之间的改革竞争。为了提供适当的诱因，可以把新一轮税制改革（税源重新分配）和分权化与地方政府的法治进度挂钩，允许已经具备制度条件的地方享有一定程度的自主征税权及其他种类的政府自治权和居民自治权。在这里，非常关键的举措是让地方行政首长也接受当地居民选举的洗礼，使群众的声音直接反映到地方政治过程中，减少中央政府监管的成本。当地方人民代表和地方行政首长都由直接选举产生时，只要把立法权与行政权严格区分开，首长的决定可以直接以民意为后盾，那么因权力制衡而产生的"扯皮"现象会减少，政府的效率以及正当性、合法性会提高。所以，地方立法一定要杜绝行政主导方式，坚决采取所有议案、法案都只能由人民代表提出的制度安排。这样的状况势必导致地方人民代表大会的议决权越来越重要，从而形成一个自下而上改变中国政治生态的机会结构。

当前的形势很有利于地方民主的推进。在房地产政策调整导致持续了二十年左右的"土地财政"发生巨变之后，地方政府债务危机正在迫近。新一届中央领导人势必像20世纪90年代大刀阔斧清理国营企业"三角债""连环债"那样，集中精力解决地方政府的债务问题。可以说，处理地方债务就是推动地方民主的最佳切入点。通过"预算审议"和"问责审计"彻底梳理地方政府的事权与财权之间的关系，把公共事务优先分配到离公民更近的地方；可以加强预算制约、推行"精兵简政"的政策，进而实施全面的、根本性的地方行政改革。严格的财政预算审议、审计以及问责还是防止地方官员腐败的重要手段，并且可以顺理成章地把治标的惩罚举措与治本的信息公开、官员财产申报等一系列制度建设结合起来。实际上，官员渎职的蔓延与权力和财源过分集中于中央政府的格局也有着非常强的因果关系，在地方的政府自治和居民自治加强之后，"跑部钱进"的利益驱动型政治的余地就会大幅度缩减，群众监督的机制就会有效运作，结构性腐败就有可能得到有效遏制。

从 20 世纪 80 年代开始，政府的权力向地方下放以及加强居民自治成为世界的普遍趋势，即便以中央集权和官僚机构著称的法国也从 1982 年起开始采取地方分权的举措。于 1985 年 7 月 27 日通过并于 1988 年 9 月 1 日生效的国际公约《欧洲地方自治宪章》是西欧和北欧地方化运动的一个标志性成果。以此为背景，国际地方自治体联盟（IULA）在 1985 年 9 月也通过了《世界地方自治宣言》，修改后在 1993 年 6 月又重新公布。从 1987 年开始，联合国社会经济理事会开始审议《世界地方自治宪章》草案。这些国际文件认为，迄今为止的各种类型尚未得到全面表述的地方自治原则是当代民主政治不可或缺的组成部分，包括如下基本内容：①地方政府的法定权限原则上是排他性、不受限制的；②除了地方政府自治之外，还应强调当地居民的自治；③有必要在公共事务分配上采取乡、镇、市优先的原则；④确保地方政府有足够的财源行使权限，对贫困地区的财政要通过中央政府调整功能进行扶助；⑤要承认地方政府的自主征税权；⑥要保障地方政府之间就共同事务建立联合组织的权力；⑦除了明文规定除外的事项，地方政府应该享有全权；⑧地方政府为确保自治有权寻求司法救济。上述不同于联邦制的地方自治制度的基本设计所提示的政治改革方向，对中国也有相当程度的借鉴意义。

在地方分权的思路中考虑地方政府之间的法治竞争机制的形成和发展，首先需要重视浙江、江苏、上海等省市的"法治指数""法治白皮书"等富有创新意识的实践活动。这些地方政府在追求善治的过程中围绕地方法治的理论和实践进行探索，一方面是根据当地的特殊条件和需求，在与选举、地方人大立法、行政审批事项、行政复议、行政诉讼、民事侵权诉讼、刑事诉讼、廉政举措、法律职业、院外解纷机制、社会保障、环境保护、消费者保护等相关制度的安排上表现出差异；另一方面又反过来通过"法治政府"的各种举措改变了当地的条件和需求，形成了在国内的制度竞争优势，使得不同地方之间在经济和社会发展上的差异性更进一步显露出来。由此可见，通过改革释放红利的命题，应该也完全可能通过地方法治竞争来落实和验证。如果把地方自治和税源再分配的政策与法治政府建设的绩效挂钩，将会有力促进自下而上的制度创新，并能把分权与整合有机地结合起来，实现政治体制改革软着陆。在这个推动地方法治竞争的过程中，学者和律师可以发挥重要的功能，当事人的维权诉讼活动以及社会舆论（尤其是网络舆论）的促进作用也不可忽视。

### （二）个人依法维权的诉讼

我国是人民当家做主的国家，主权在民，但人民怎么主张其权利，公民个人怎样享有当家做主的权利，都不是很清楚。一般而言，个人能够切实主张的只是诉权。因此，合理的诉权体系就是现代法治秩序的核心。对于大多数普通公民而言，法律是抽象难懂的，也是遥远的，他往往通过看得见摸得着的具体案件的审判来感受法律。对法律体系或者法律秩序的评价，也往往基于个案感受。审理是不是公平，判决是不是符合他对正义的理解、他的公正感，这样的感性认识决定了他对法律制度的理性认识。所以诉讼案件具有很高的社会关注度，会成为舆论热点。中国法律文化传统里有去讼、厌讼的元素，但在现代法治国家，诉讼的正面意义得到更高的评价。例如德国的著名法学家耶林在提出"为权利而斗争"这个命题的时候，意在鼓励维权诉讼，并且特别强调这样的诉讼不仅是公民的权利，更是公民的义务（耶林，2007）。把维权诉讼理解为公民的义务，这是公序良俗的视角，的确意味深长。诉讼不仅是为了维护自己的个人权利，还为了维护法律秩序与社会正义，所以碰到侵权行为就一定要不平而鸣，就一定要诉诸法庭，否则就没有尽到一个公民应尽的义务。这样的思路，与"乡愿，德之贼也"的论述其实也是相通的。这说明个人诉讼本身就是有公益性的，更何况公益诉讼。

这也说明个人应该而且有可能在法律实施中发挥积极的作用。没有诉讼，法律体系就根本运作不起来。可见通过诉讼来强化公民个人的权利主张是具有重要的积极意义的。虽然健讼并非为我们所鼓励，但在既得利益集团太强大、阶层几乎固化的现在，压抑维权诉讼就会使弱势群体求告无门，绝非明智之举。相反，要为老百姓的维权诉讼提供适当的诱因，提供方便的条件。例如要使现有制度中规定的依法维权的各种要素都能配置得更加合理，包括提供充分的法律信息、降低诉讼的社会成本、明确法律行为可预期的利益和损失究竟在什么地方等。所以，我们在考察一个社会的法治程度时，要看制度设计是不是方便公民诉讼，有没有足够的律师为公民维权提供专业服务。

## （三）律师"技术死磕派"的辩护活动

2007 年 10 月 28 日修订后的《律师法》，在第 2 条第 1 款里对律师的定位进行了一项重要的调整，给出了"为当事人提供法律服务的执业人员"的正式表述。从"国家的法律工作者"（1980 年《律师暂定条例》），到"为社会提供法律服务的执业人员"（1996 年《律师法》），再到现在的为当事人服务，逐次展现了律师业的不同层面。当然，要完全固持其中某一特定属性的立场都是困难的，也存在片面性，因而我们需要某种多维的理解。因此，现行《律师法》第 2 条第 2 款紧接着要求律师发挥三种职能，即维护当事人合法权益（客户代表）、维护社会正义（公益载体）以及维护法律的正确实施（司法角色——相当于美国律师协会职业行为准则里所说的作为 an officer of the legal system 的那一部分责任）。

但无论如何，在这里，律师工作的重点已经转移了，适当转移到律师与当事人之间的关系上来了，颇有那么一点客户本位的意思。虽然现在还只是话语上的变化，作为法律职业的规范其影响却是非常深远的。当然，律师加强与当事人之间的关系，也有赖于一些基本条件。其中最关键的是司法的技术合理化、对抗制因素的增值以及程序公正观念的树立。从某种意义上说，把律师界定为客户代表，也等于基本承认了两者有权缔结攻守同盟，以共同抵制权力者或社会强势群体对公民自由以及合法权益的恣意侵犯。律师的客户本位尽管不必像布鲁厄姆勋爵主张的那么绝对，要求"律师在履行职责时只应该知道一个人，即自己的客户；要把不惜任何代价、甘冒任何危险并采取一切手段和办法解救客户作为首要的甚至唯一的义务"。但毫无疑问，就职守属性而言，律师还是应该忠于客户的，应该成为真正值得当事人信任和委托的"权利卫士"，尤其是在刑事辩护案件中，更需要有那么一点为客户上刀山、下火海也在所不辞的胆识。

另外也要意识到，在律师与客户合体化程度提高后，或多或少会存在两种潜在的危险，绝不容许等闲视之。一种是在客户解除戒备之后，或多或少具备权力契机（起源于司法角色的职能）和营利性（作为在法务市场中竞争并自负盈亏的执业人员）的律师假如心术不正，其实很容易上下其手侵犯当事人的利益。换个说法，也就是律师对客户既可以保护，也有机会加害；尤其当两者之间的关系带有明显的竞争色彩时，很可能产生现实威胁。还有一种危险，就是律师出于私益的考虑与客户勾结起来玩弄法律条款，以违背职业伦理的方式损害国家秩序或社会的公共利益。假如这两种危险变成现实，结果大都相同：所谓"圣职"的光环势必消失殆尽，部分律师将堕落成浑身散发着铜臭气的奸商或者趋炎附势的政治掮客。为了防止这样的事态发生，除了必须加强法务市场竞争的自由度和公平性、打破身份关系壁垒之类的对策外，还必须进一步加强职业伦理教育、整顿纲纪、陶冶高尚品格、提倡自律和公益活动。

对律师而言，职业伦理的精髓在于通过为客户服务的方式来实现和维护社会公益以及正义。在执业过程中，除了对当事人的"党派性"忠诚之外，还要向业内同人、法院、检察院以及整个社会负责，始终采取光明正大、坦率执着的态度做事为人。在盈利和取酬方面，要始终坚持诚信原则，不掩盖真假，不颠倒黑白，不采取违法手段为客户谋私。总之，"君子营利，取之有道"是律师道德的最基本要求。除此之外，中国《律师法》第42条还规定了法律援助义务，促使律师超出执业的范围去积极参与法律援助以及其他各种公益性活动。换句话来说，"君子奉公，损益不计"构成了律师道德的另一个重要方面，与前述的作为司法干部和公益载体的职能相对应。

在这里特别要强调的是，帮助公民个人诉讼的、精通法律专业知识和技能的律师很重要。律师的规模越大，就越有可能专业分化和分工，维权的服务就越有保障。律师的社会地位越高、作用越大，就越有可能把维权的事情做好，也就越有可能把法律落到实处。更重要的是，律师的态度越认真，在程序、证据以及适用规则上反复挑剔的活动越到位，冤假错案发生的概率就会更低，判决以及法院的权威性也就更高。因此可以说，爱在法律技术上不断挑毛病的律师死磕派构成落实法治方式的另一种最重要的操作杠杆。所谓"死磕"就是较真，律师必须较真才有可能把客户的合法权益保住，才有可能切实推动法律实施，才有可能避免冤假错案、提高办案质量。

但是，在2012年我们看到的情况似乎有些相反，较真的律师受到打压，律师与公检法司等机关之间的关系变得更紧张了，甚至可以说司法界已经分成了朝野二元的格局。结果是律师抱团取暖、集体斗争，从李庄案到平度案，可以清晰地看出律师自我认同在野化、对抗化的趋势。例如2010年的贵阳小河案，由于公检法之间的权力关系极其复杂而又缺乏合理的处理机制，最后导致史上空前规模的88人律师辩护团的崛起。又如广西的北海律师伪证案，引得全国20个律师组成辩护团来声援。还有最近的山东平度案，出现了25名法律专家组成的顾问团、40多个死磕派律师组成的观察团，从全国不同地方齐聚反拆迁现场，再加上公众媒体的跟踪报道，引发了极大的社会影响。这是从来没有的事态。这个案件或许会成为司法史上一个划时代的案件，在政治上也具有象征性意义。这也意味着我国司法格局正在发生实质性变化。

### （四） 新媒体的舆论监督

新媒体时代导致我们的传播环境发生了非常大的变化。传统的公众传媒是一个专业化的等级结构，而新媒体是大众参与的平面结构。每个人都可以自由地发布信息和接收信息，话语权下放了，自我中心主义的倾向变强了，这样的平面互动会造成社会的涟漪效应。在这样的背景下，对司法的舆论监督无处不在，带来了一系列的变化。在司法与公共舆论之间关系演变的过程中，首先可以看到一个很好的动机。由于我国司法制度还不完备，社会信誉度还不高，有关当局试图通过对审判的舆论监督来确保司法公正。随着公民权利意识和法律意识的增强，对诉讼案件的社会关注也在不断增强，而新媒体为公民观察、参与以及监督审判提供了非常便捷的手段。结果是围绕审判的网络舆论越来越活泼化，俨然形成了一个虚拟法庭、影子法庭。

这样的司法舆论带来两方面的结果：一方面是办案法官以及整个司法系统被置于聚光灯下，接受公众的审视和品头论足，法律问题成为社会热点，审判权似乎从边缘转移到中心；但另一方面，法院的一举一动都在舆论的监督之下，最后是舆论左右审判结果的事态时有发生，甚至出现了舆论审判的现象，这是需要预防和矫正的。因为舆论本身一旦成为权力或规范，就会使严格依法审判和独立审判的原则发生动摇。而在这样的舆论场里，人们都从传统的社会结构、正式的国家制度以及实证的法律规范的重负中解放出来，可以自由集散，但也可能被某种权力策略所吸引和操纵。因为这里不存在哈贝马斯特别强调的"理想的发言状况"，信息是不对称的，事实是不透明的，结论是不经过质疑的。正如美国著名媒体人士沃尔特·李普曼早就在《公众舆论》一书中尖锐指出的那样，"在所有错综复杂的问题上都诉诸公众的做法，其实在很多情况下都是想借助并无机会知情的多数的介入，来逃避那些知情人的批评"（李普曼，2002）。

总之，我认为中国政治体制改革要从法治起步，司法改革则是落实法治方式的一个极其关键的切入点。在司法改革与既存的权力结构发生冲突时，需要借助民意的支持。为此，有必要自下而上推动财税民主化，所以预算议会构成落实法治方式的另一个极其关键的切入点。这两者相向而行、相辅而成，可以加快中国转型的进程。现代法治国家的本质在于，让权力和权利受到适当制约的同时特别防止政府滥用权力，除此之外还强调理性、自由以及公正，并且以承认原则为规范效力的基础。正因如此，法治可以被视为适应社会多元化态势的一种新型的权威体系。这就是在现阶段中国对权力和权威进行重构的基本路线图，所有作业都为了一个目标：法治民主。

## 参考文献

Liebman, Benjamin L. Class Action Litigation in China, *Harvard Law Review*, Vol. 111, 1998.

Monaghan, Henry. Constitutional Adjudication: The Who and When, *Yale Law Journal*, Vol. 82, 1973.

包万超：《设立宪法委员会和最高法院违宪审查庭并行的复合审查制——完善我国违宪审查制度的另一种思路》，《法学》1998 年第 4 期。

蔡定剑：《国家监督制度》，中国法制出版社 1991 年版。

陈云生：《民主宪政新潮——宪法监督的理论与实践》，人民出版社 1988 年版。

［美］达尔：《论民主》，李柏光、林猛译，台北联经出版事业有限公司 1999 年版。

胡锦光：《论宪法监督制度》，《中国法学》1985 年第 1 期。

季卫东：《中国：通过法治迈向民主》，《战略与管理》1998 年第 4 期。

季卫东：《法治中国的可能性——兼论对中国文化传统的解读和反思》，《战略与管理》2001 年第 5 期。

季卫东：《合宪性审查与司法权的强化》，《中国社会科学》2002 年第 2 期。

季卫东：《再论合宪性审查——权力关系网的拓扑与制度变迁的博弈》，《开放时代》2003 年第 5 期。

季卫东：《宪政新论——全球化时代的法与社会变迁》（第二版），北京大学出版社 2005 年版。

江平、季卫东：《对谈：现代法治的精神》，《交大法学》2010 年第 1 卷。

［匈］科尔奈：《短缺经济学》，张晓光等译，经济科学出版社 1986 年版。

［法］克罗齐、［美］亨廷顿、［日］绵贯让治：《民主的危机》，马殿军等译，求实出版社 1989 年版。

［美］李普曼：《公众舆论》，阎克文、江红译，上海人民出版社 2002 年版。

李忠：《宪法监督论》，社会科学文献出版社 1999 年版。

［日］芦部信喜：《憲法訴訟の現代的展開》，東京有斐閣 1981 年版。

［日］木村琢磨：《財政統制の変容（上・下）——国会と会計検査院の機能を中心とした研究序説》，《自治研究》2003 年第 79 巻 2 号と 3 号。

［日］木村琢磨：《フランスにおける予算会計改革の動向——日本法への示唆を求めて》，《季刊行政管理研究》2004 年第 106 号。

［日］木村琢磨：《ガバナンスの法理論——行政・財政をめぐる古典と現代の接

合》，東京勁草書房 2008 年版。

　　［日］山本敬三：《公序良俗論の再構成》，東京有斐閣 2000 年版。

　　［日］田中英夫、竹内昭夫：《法の実現における私人の役割》，東京大学出版会 1987 年版。

　　王家福、刘海年主编：《中国人权百科全书》，中国大百科全书出版社 1998 年版。

　　王磊：《宪法实施的新探索——齐玉苓案的几个宪法问题》，《中国社会科学》2003 年第 2 期。

　　王叔文：《论宪法实施的保障》，《中国法学》1992 年第 6 期。

　　吴敬琏、马国川：《重启改革议程——中国经济改革二十讲》，三联书店 2013 年版。

　　夏勇：《中国宪法改革的几个基本理论问题》，《中国社会科学》2003 年第 2 期。

　　杨泉明：《宪法保障论》，四川大学出版社 1990 年版。

　　［德］耶林：《为权利而斗争》，郑永流译，法律出版社 2007 年版。

　　张文显：《市场经济与现代法的精神论略》，《中国法学》1994 年第 6 期。

　　赵鼎新：《当今中国会不会发生革命?》，《二十一世纪》2012 年 12 月号。

# 法治转型及其中国式任务

孙笑侠①

中国的法治化与社会转型共时相伴，一方面是社会转型带动法治化，另一方面是法治化推动社会转型，其间的互动与冲突并存。如今，法治不只是社会流行的公共话语主题，而且已成为社会变革问题上不同利益主体和不同意见各方难得的共识。然而，毕竟法治不仅是法律人的专业概念，还是一个复杂的社会运动，是一个处处被解释又可能时时被曲解的对象。因此，如何理解中国的转型期法治，成为国家与社会的一个重大课题。布莱克认为，在观察和思考法或法治的方法上存在法理学（jurisprudential model）与社会学（sociological model）两种模式（Black，1989：288；Luhmann，2008：457）。在目前中国社会转型期的法治问题上，也同样反映出这两种模式的思维差异：政治家和社会大众偏向于"社会学模式"，而多数法律人则囿于"法理学模式"来看待法治问题。这样极易导致不同群体对同一法律问题的理解不同，导致对转型期法治的幻想或曲解，进而影响对法治的信念和信心。

正如布莱克所言，"法理学模式"一般从规则、逻辑、普遍主义、参与者的角度来解释法治。这也是哈耶克所谓的"行为规则系统"与"事实性的行动秩序"之间的紧张关系（哈耶克，2000：167）。对中国法治现状的准确把握固然要从"法理学模式"来解释，具有职业专家的立场视角，才能引领法治的方向。但如果中国法治只按这种模式理解，就会局限于法律人作为法治建构职业专家的角色思维，会局限于既定规则与法理逻辑，而无法回应社会转型与变革；就避免不了照搬法治的某些普遍主义的理想和某些外来标准；或人为地、机械地设置一种衡量中国法治的所谓理想标准，而这又把我们带到西方固有法治模式上去。因为，目前所有关于法治的标准都是西方学者阐述的，或者是由中国学者根据西方标准演绎的"标准"。对中国法治现状的分析固然要从"法理学模式"来解释，但更重要的是还要依从"社会学模式"，从社会结构、行为、变量和观察者角度来考察。以"社会学模式"来观察和

---

① 复旦大学法学院教授。

描述中国法治，是根据中国社会转型来解释这一法治化运动。这是我们判断中国法治成熟与否最重要的视角。"社会学模式"是法律人之外的民众和政治决策者的思维模式，它从社会结构及人的行为出发，注重事物发展的各种变量。因此，它会更多地考虑中国国情等因素。总之，我们对中国转型期法治的考察，应当把社会学与法理学两种思维模式加以整合，既从中国社会出发，又从法理逻辑入手。这样的整合也正是本文的研究方法和论证路径。

在中国近代百余年历史中，社会的制度化是阶段分明、因果关联的漫长过程。中国社会转型的起点有多种解释，学术界对"转型期"有不同的理解。中国仍处于社会主义初级阶段，社会基本矛盾没有变，发展中国家的地位没有变。鉴于此，为了有针对性地探讨，本文把"转型期"的起点定位于1978年以来的社会转型。今天的中国，更处在这个转型期的关键点和转折点。在社会格局转型的同时，法治秩序缓慢演进，其过程蔚为壮观也异常复杂，波澜起伏，峰回路转，令人兴奋又不断心生疑虑。如果抓准并抓紧法治建设任务，我们是能够在 2020 年建成"小康社会"的同时，完成蜕变，成为成熟的中国法治。因此极有必要对当代中国转型期的法治化过程进行全景式的观察和结构性的描述，来拨开云雾缭绕的中国转型期法治的面纱。

# 一　法治化的社会和法律因素

基于人们对秩序与安宁的需要，法律须具有安定性价值（拉德布鲁赫，2005：73），然而法治并不拒绝发展和变动。法治是一种秩序状态，而法治化是向这种秩序状态逐步接近的过程。我们的法治不是"完成时"，而是"现在进行时"，虽然"转型期法治"不是一种成熟的法治类型，但它确实是一种社会转型中的法治化运动。易言之，我们暂时还没有成熟的法治，但我们已存在"法治化"。因此，本文把法治（rule of law）更多地理解为"法治化"（legalization），这有助于我们把法治看成是社会运动的动态过程，也避免"转型期"概念的滥用和误用。目前在使用"转型期"概念时存在一些错误倾向，比如把"转型期"当作社会落后和制度弊端的借口，把"转型期法治"理解为"临时性法治""落后的法治"。实际上，转型期法治具有历时性、阶段性和转折性。法治问题历来存在理论上的理想模式或称法治原理，诸如法治的原则、法治的条件、法治的构成要件等，它从法治的内部结构出发寻找其要素。而这往往给中国法律人带来坚定信念的同时也带来幻觉。对中国转型期法治进行考察和描述，需要找到从根本上影响它的外部因素，而不仅仅只是从法治本身的内部结构因素来描述。国情是法治的客观本土条件，是中国法治有别于理论形态的法治和西方意义上的法治的"变量"，我们应当结合国情的若干要素来描述法治的特点。这种决定中国法治特点的外部因素可被称为中国转型期法治的"国情性因素"。后文将把转型期法治的内在因素称为"回应性因素"。法治的国情性因素是国情客观条件对法治的一种挑战，它是回应性因素的基本前提和客观条件；回应性因素是法律人主观上从法律制度对策的角度对国情性因素做出的政策性选择。如果不以国情性因素为前提条件，不进行"社会学模式"的思考，那么法律人关于法律制度的思考模式就会落入"法理学模式"的窠臼。

从事物的发生来看，时间、空间、环境与主体无疑是相对固定的要素。法治的国情性因素离不开特定的时间与空间，也离不开环境与主体。我们究竟是在社会转型期来建构中国式的法治，抑或是说，我们正通过法治化来推进社会转型？这个问题涉及法治的主体与法治的环境两个问题。对法治本身而言，其动力主体与环境背景都是外部因素。从人的主观能动性意义上讲，我们与其说是在社会转型期来建构中国式的法治，毋宁说是我们正通过法治化来推进社会转型。因此笔者把法治的国情性因素确定为时间进程、空间格局、环境背景、动力主体四个因素。这四个方面决定了中国法治的特殊性，通过这四个方面的描述，可以全景式地把握中国转型期法治的现状。

法治本身作为制度范畴，必须对转型社会做出回应。社会转型期是法律创制、制度革新的活跃时期，一方面法律创新是为了回应社会需求，另一方面又带来法律不稳定等转型期难题。西方学者的法治类型转型理论是根据西方经验设计的，[①] 他们没有中国问题背景，更没有中国三十多年社会变革与转型的特定经验，难以解决中国式转型期法治的问题。那么，中国法学家是如何回应转型社会带来的客观问题的？

中国自 20 世纪 80 年代以来的法治课题与理论成果，大体上是就法治内部对转型期法治国情性因素的回应，这个时期的法学研究大致上可划分为四类主题。一是关于法治观念或法治精神的研究，包括张文显等人倡导的权利本位观（张文显，1990）、李步云和徐显明等对人权观的推动（李步云，1991；徐显明，1992），梁治平等研究的中国传统法意和法律文化观念（梁治平，1997），公丕祥、朱景文等研究的法治全球化观念（公丕祥，2000）；朱

---

① 比如，塞尔兹尼克提出的从压制型法、自治型法到回应型法的转型（诺内特、塞尔兹尼克，1994：29—81）。

景文，2006）等。二是关于法治的社会转型研究，比如龙宗智的"相对合理主义"（龙宗智，1999），顾培东提出"从追仿型法治向自主型法治转变"（顾培东，2010a），就是研究法治折中性过渡策略的代表性学者和观点，有这种特点的学者观点遍及各部门法的研究领域。三是关于法治发展进路研究，比如苏力以进化论理性主义主张本土资源论（苏力，1996），季卫东主张建构论理性主义（季卫东，1999）。四是关于法治运行环节的研究，比如张志铭等的司法改革、法律体系和司法方法问题研究（张志铭，1998）、李学尧和刘思达的法律职业研究（李学尧，2007；刘思达，2008）等。正是这个时代客观上促成了这样四类课题的产生——法治的观念形态（中国社会观念变革思潮下树立什么样的法律观念？）、过渡策略（如何从策略上兼顾法治理想与现状？）、发展进路（中国法治如何在演进式与建构式之间选择？）、运行环节（转型期法治的具体环节有什么重点和难点？）。总之，中国法学家通过这四个要素来分析中国转型期法治"应当"如何从主观角度回应中国法治的国情性因素。

## 二　转型期法治的国情性因素

从"社会学模式"来观察中国，转型期法治受多种因素的制约，其中最主要的是时间要素、空间要素、环境要素及主体要素四个方面的制约，这是不可轻视的"变量"，我们法律人无法仅仅从"法理学模式"的规则、逻辑、普遍主义和参与者角度给中国法治提出标准化要求。分析这些要素，不仅是为了把握转型期法治的外在的国情性因素，更重要的是提示我们如何更好地认识中国未来法治的特殊性，摆脱长期约束我们思想的消极等待的"国情论"，更快捷地走向成熟的法治。

### （一）转型期法治的时间进程

"法治不仅仅是一个逻辑化结构的社会关系，时间是法治的内生变量。"（苏力，1998）然而，转型期法治不是被动的演进，也需要抓住时间流水中的机遇，转型期法治是在一些重要的机遇期中得到发展的。最近的主要机遇是经济高速增长与全球化。机遇对中国社会的挑战也应该是转型期的国情。全球化本身不是中国国情，但中国在转型期要应对全球化，这便成为我们转型期的国情。

19 世纪末以降摸索而来的"效仿式"的法制，在 20 世纪 80 年代末以后的十余年里仍然以一种"摸石头过河"的"效仿式"法制形态再现。中国转型期法治在起步时正值经济持续高速发展时期。在过去三十多年的社会转型中，我们通过"法制"到"法治"转变，保障了社会稳定局面与经济持续发展，但经济发展与法治化的关系并非完全成正比的，相反，经济与社会发展促使法律制度被动地突破与更新。中国的法律制度建设出现"简单效仿引进"与"自主创新建构"的结合状态（顾培东，2010a）。国际化和全球化①的大背景，法治出现"机遇与挑战并存"的局面。另外，出现了法治的传统法律难以防范和控制"风险社会"带来的国内与国外双重围困的"非传统安全"问题，"全球性的法律重构"又产生了另一种风险——制度风险（李文祥，2008）。

直到最近的 10 余年（2003—2013 年）中，时间进程上出现一些状态，实行了五六年的法治被突如其来的外来的金融危机和内部的群体性动荡所困扰。此时出现两种"法治观"，一部分人相信法治，认为社会失序现象不是法治自身导致的，而是法治不健全导致的，主张继续搞法治；另一部分人开始怀疑法治，以为社会失序现象是法治自身的问题，认为要搞法治但不能过于迷信法治，甚至在政治决策上出现了逆反法治的举措，比如地方治理中的重庆现象，比如司法领域抵制职业化现象，等等，这都与"法治怀疑论"有关。虽然上下左右的人都主张法治，法治成为大家的共识，可是搞什么样的"法治"却形成分野。因此，中国法治进程正处在左右摇摆时期。

## （二）转型期法治的空间格局

转型期法治必然在全国范围内出现不平衡发展，法治不平衡问题的主要原因在于"东西差异"和"城乡差异"，各地法治化程度不一致，水平不统一。带有"移植性品格"的法律在原本就有自身内在秩序的乡村社会引发了不适效应（李德瑞、吕德文、申端锋，2011）。而且，并非所有地域都有条件、有需要实行典型意义上的法治方式。可能在某些地域某些非法治的传统治理方式发挥着更为有效的作用，比如在传统乡村中，调解可取代法治下的法官审判方式；并非所有的区域都急切地需要诉讼和法官；并非所有的事务

---

① 中国在改革开放之初就迎来了国际化和全球化，1990 年后中国加入或接受的属于国际私法的或与国际私法有关的国际条约（含双边条约）就有 80 个左右，迄今仅在人权方面就加入了 20 项国际公约。目前中国正面临着全球化这一国际秩序转型。理论界也有认为全球化本身也是一种转型，称为"转型论"。此外还有"怀疑论""超级全球化论"（吉登斯，2004：72）。

都有必要或适合采取法律治理的方式。然而，我们不能把这些地域与"落后"画等号，更不能与不文明画等号。在法治各环节中，法律制度资源对不同区域、不同社会群体、不同个人的分配与共享，目前存在不平衡、不合理的现象（顾培东，2008）。我们在全国性立法中不应该把东部的法律经验普遍适用到西部，在地方性立法中不应该把适用于城市的标准强加给农村。

转型期"先发"地区更有条件和动力去推进法治化，部分区域事实上已出现"先行法治化"的实践。我们不得不正视这个现实。"先行法治化"其含义包括：①先行法治化的"化"，是动作之过程而不是结果；②先行法治化的特征包括尊重规则、尊重权利、尊重司法、尊重秩序等；③法治不等于单纯依法律的治理，而是"规则之治"，即依包括法律在内所有既定规则的治理。这些特征通常现在陌生人社会特征明显的地区。陌生人社会通常又出现在经济先发地区，这些地区的工商界人士、政府官员以及人民群众的规则意识与秩序意识较强，他们对规则和程序的敬畏较早转化为生活习惯，特别是以工商企业界人士为代表的广大中等收入阶层对法治的需求较高，他们是中国法治最大的"需方"和"消费者"。这些地区有可能成为探索当代中国社会主义法治理论的天然试验田（孙笑侠，2009）。

### （三）转型期法治的环境背景

中国转型期法治不仅背负着沉重的历史与现实负担，而且还受目前环境背景的制约，因此，转型期法治的进程一直是艰难的。从转型期法治的环境背景来看，法治与经济、政治、社会、文化出现较大程度的分离。这主要表现在以下几个方面。其一，经济发展比法治过程的速度快得多，法律在应对高增长的经济变革中变得比较被动。政策启动和调控频率很高，法律制度变迁调整的频率也很高。其二，现行政治体制和机制总体上是改革前计划经济时期形成的，目前已逐渐暴露出体制和机制的诸多不适应。其三，转型社会导致结构性的社会矛盾，给法治化带来巨大冲击。产生当今中国诸多经济社会矛盾和问题的是"结构性原因"（陆学艺，2010）或"基础性社会矛盾"（顾培东，2010b）。因此司法机关面对的难题，不是司法机关自身所能够解决的。其四，制度建构与文化绵延同时并存且时有碰撞。社会转型期要做到制度建设的计划性是有难度的，因此，我们转型期法治出现"模糊计划"与"循序试错"的特点。基于这些原因，我们的社会管理领域采取了"综合治理"的模式，但尚未被完全纳入法制轨道。

### （四） 转型期法治的动力主体

1978 年以来，最初的法治推动力是自上而下的官方推动。[①] 中国转型期法治存在着一种政治领导力。中国共产党在三十多年里，以类似于"转型正义"的方式，推动着中国的法治化运动。经过十多年的发展，法治被中国共产党首次确定为治国理政的基本方式，强调要更注重发挥法治在国家治理和社会管理中的重要作用。未来的法治建设中，党政领导干部也要"运用法治思维和法治方式"来提高"深化改革、推动发展、化解矛盾、维护稳定的能力"（胡锦涛，2012）。

原来并不突出的民间推动力量——民众自下而上的作用在近 10 年来日益凸显。权利意识的强化预示着人们对法治的强烈需求。我们这三十多年的最大变化是中国公民权利观念的增强，没有权利意识的勃兴就没有法治。中国农民特殊利益主体，他们对权利平等、权益保障、收入公平等问题的诉求，需要引起高度重视。

法律职业正在形成过程中，但至今没有形成自治性的职业或专业共同体，在正式法律制度中没有被认可为"职业"，而只是"行业"。[②] 如果说民间力量是原动力，官方的推动力是主导力，那么法律职业的推动力是一种自主的独立于其他两个方面的具有专业性建构作用的力量，可称为法治的"建构力"（孙笑侠，2010）。

## 三　转型期法治的回应性因素

近 30 年来，我们在法治上的宏观或细微的变化，大抵都表现在观念形态、过渡策略、发展进路和运行环节这四个回应性因素上，它们具体表现为以观念更新来调整政策与策略，再以政策策略调整来带动法治发展两种进路的兼顾，最后再通过制度创新和机制革新落实到法治的各个环节上。这些变

---

① 有学者称为"政府主导型的法制"（蒋立山，1995）。

② 职业不同于行业，"Occupation 通常分为两种，一是"所谓 Trades，它不需多事训练，如工匠之类；至于医士、教师，则为 Profession，须多量之修养，又其努力之对象，不为小己之利益，而为群之幸福……"（郑晓沧，2000：52）。我国现行《律师法》第 2 条规定，"本法所称律师，是指……为当事人提供法律服务的执业人员"，而不是"职业人员"。第 46 条规定律师协会的职责之一是"制定行业规范和惩戒规则"，而不是制定"职业规范"。现行《法官法》和《检察官法》中只在涉及"恪守职业道德"时，才使用"职业"二字。

化都是对法治国情性因素的回应，有些是积极的，但也存在不少客观上和理论上的问题。有些回应是具有可持续发展的，但有些回应是临时应变的；有些问题的回应是需要时间的，有些问题的回应是需要决心和智慧的。

### （一）转型期法治的观念形态

转型社会制度变革总是在先进的意识、观念和理论的引导下展开的。在转型期任何一个时段，法治观念或意识总是领先于法律制度的实施。部分知识精英、社会活动家和政治家，善于观察中国社会变化，善于接纳人民群众的心声，善于总结历史经验教训，善于借鉴外国社会文明进步的成分，他们率先在法治方面倡导某种时代精神，并相继起到启发、启迪和启蒙的作用。比如 20 世纪 70 年代末出现的"邓小平民主法制思想"（邓小平，1989：146）；80 年代倡导法治的初潮；80 年代末开始"权利本位观"的争鸣；90 年代的程序主义法治观念的勃兴；等等。近年来，法学界还从"法治精神"或"法治理念"的层面，对法治作了逐步清晰的表述。目前已把法治作为与自由、平等、公平并列为社会主义核心价值观（胡锦涛，2012）。

当今中国社会变化加剧，各种思想观念并存。在厘清各种观念中，还迫切需要确立一些重要的观念：从国家观念看，与法治相关的若干基本的制度理念需要予以确立，包括民间自治观（社会与行业）、司法独立观（审判与检察）等；从干部观念看，要讲究以法治的方式和法治的思维来满足"人民群众的新期待和新要求"，这成为十分重要的干部观念；从百姓观念看，法治观和权利观都需要更新。存在的问题是，一方面民众随着对法治的需求量急剧增加和期望值的迅速提高，民众主观愿望与法治秩序的实际供量之间存在不一致；另一方面对法治秩序的需求带来对权利的渴望，但也带来对权利的滥用和对他人权利的不尊重。

### （二）转型期法治的过渡策略

转型期法治观念形态在艰难地渐变，这也带来法治的过渡策略的采用。中国转型期法治存在着自身的、内部的和总体上的转型。这些转型还在进行中，我们的回应就是策略性的折中、兼顾和平衡。我们可以把改革分为"初期型改革""深化型改革"，与之相适应地，转型期法治存在着"半法治"向法治过渡策略，主要包括：

首先，社会转型期是法律创新的活跃时期，这个时期的制度断裂现象也最为显著，即改革前的旧制度与改革后的新制度并存且冲突，未来趋势是有所减少但不会完全消除。转型期法治仍然有"双轨制"的过渡策略，特别是对于因制度改革而处于社会最不利地位的利益主体，应当给予特殊的制度安排（罗尔斯，2003：60—61）。其次，转型期法治是新旧制度交叉和过渡，因而常常出现合法但不合理的混合。再次，转型期法治的形式特点不完全符合法治"内在道德"① 的要求，还不完全是规则的治理、程序性的控制和职业化的运行。最后，转型期法治在涉及理想与现实的价值冲突取向上，总是以一种折中、妥协的办法来处理协调。诸多矛盾冲突的时候，唯有采用"统筹兼顾"方法，② 这是转型期执政策略的特点。然而，用折中、妥协的办法来协调多元价值冲突，也应当有一种过渡策略的制度性机制。否则会使"半法治"沦落为人治。

## （三）转型期法治的发展进路

折中和兼顾的过渡策略，促使我们在法治进路上有了或自发或自觉的选择。理论上讲，法治化存在演进式与建构式两种类型（哈耶克，2000：1），在实践状态下，它们又具体化为多种多样的发生方式。目前转型期法治发展的基本进路，偏重于推进式，它属于建构式中的一种有效率但较机械的方式。的确，转型期法治发展进路并非靠自上而下地官方推进或无为被动地自然演进，而应该是演进式与建构式的结合。法治在历史的自然演进中获得发展，这固然是客观事实，但是人作为主体在历史面前并不是无所作为的、被动的，而是能动的。要在自然演进的过程中注入主体积极主动的理性因素，推动"建构型法治"。

转型期法治的建构性发展始终依靠改革，是以改革作为法治发展的根本方式。③ 我们常说的中国改革的"渐进式"，不同于社会的自然演进，而是包含有一定建构理性的。转型期的制度建构与文化绵延并存，且时常发生摩擦碰撞。转型期法治应当充分考虑本土资源的适应性演化，这种演进式法治带

---

① 富勒意义上的法治内在道德，包括：1. 一般性，对一般人都适用的，平等而普遍地适用；2. 公布；3. 非溯及既往；4. 明确；5. 不矛盾；6. 可为人遵守；7. 稳定性；8. 官方行为与法律的一致性（富勒，2005：55—96）。

② 毛泽东 1956 年在《论十大关系》一文中提出"统筹兼顾，各得其所"。1957 年他在《关于正确处理人民内部矛盾的问题》一文中进一步强调"统筹兼顾"。邓小平也强调"统筹兼顾"的思路。中共十六届三中全会提出"五个统筹"，实际上讲的就是统筹兼顾。中共十七大报告在"五个统筹"的基础上，进一步提出要统筹中央和地方关系、统筹个人利益和集体利益、局部利益和整体利益、当前利益和长远利益，统筹国内国际两个大局。

③ 徐显明在浙江大学参加全国"转型期法治"研讨会上的发言，2009 年 12 月 13 日。

来的优势是显著的。其实这种情况在一百年前的"法理派"与"礼教派"的争论中就已经显现出来，即使在今天来看，礼教派的观点并不是完全没有见地的。中国社会秩序确实存在着特殊性，比如被费孝通称为"教化权力"的那种现象，它既非民主又异于专制（费孝通，2006：70）。"在考虑中国历史文化传统、现状、福利国的影响和现行宪法规范的前提下，在某些领域以法律父爱主义作为立法原则是正当和可行的。"① 因此，应当区分不同的领域和问题，根据民众生活的接受程度，分别应用制度建构与制度演进两种方式和进路。

## （四）转型期法治的运行环节

在建构与演进二元并重的法治发展路径上，转型期法治在诸如立法、行政和司法等运行环节的表现，也受观念形态、过渡策略和发展路径的影响，具有回应国情挑战的特点。中国转型期法治的初期建构在运行环节的机制上是由立法来引导行政和司法的，也是由立法来引导民间社会来被动接纳这种新秩序的。这是典型的自上而下的推进式的法治建构路径。但它是采取国家主义②粗放式建构的策略进行的。法律的粗放必然增加其内容的模糊性和不确定性。

我们这 30 年来之所以经历过从粗放式立法向精细化立法转变的过程，就是因为我们基本上选择了一条建构式的法治路径。目前，中国特色社会主义法律体系虽已建成，但立法任务依然艰巨而繁重（吴邦国，2011）。立法重点必然会发生变化，可以预测到，今后的中央立法将会是从"部门法中心"的立法思路，转向"行业法中心"的立法思路，重视各行业"特别法"的完善，诸如《金融法》《农业法》《劳动与社会保障法》《医事法与公共卫生法》《资源与能源法》《文化与教育法》，等等。同时带动地方立法也重视地方性行业法律的制定。

转型期法治在纠纷解决机制方面、司法人员方面，都出现了大众化与职业化既相互矛盾又"双管"齐下的要求，国家和社会要求司法权以适度的能

---

① 法律父爱主义是在尊重公民人格与主体性基础上、为了相对人自身利益而对其自由进行温和限制的理论主张（孙笑侠、郭春镇，2006）。

② 张志铭认为中国法律体系建构的技术特点及缺憾，即理性主义的建构，但忽略了法律秩序的自然生成；国家主义色彩，但却对社会自治、国家认可缺乏足够的认识；立法中心—行政辅助的运作模式，但却对司法对立法的意义没有足够的重视；简约主义的风格有利于形成全国统一的法律秩序，但却会掩盖问题的复杂性和多样性（张志铭，2009）。

动性①作为对传统的被动性司法的补充，以调解等非正式解纷机制作为司法职业化的纠偏。为了回应社会情势，最高人民法院于 2009 年倡导"能动司法"，可是对它难免存在两种相反的担忧，其一是担忧传统的司法无法回应社会矛盾和问题；其二是担忧能动司法会让司法改革"走回头路"，甚至让法治走回头路。于是，我们要看到，当社会转型中出现了法律漏洞、权利保障及社会实质正义等问题，而立法暂时不能及时纠偏的情况时，需要依赖法院而不是其他，应当通过司法方式予以矫正和整治。比如美国沃伦法院时期的司法能动主义，主要是通过最高法院的法律解释来解决权利保障的法律漏洞和制度转型的难题。

## 四　促使转型期法治蜕变的中国式任务

通过对转型期法治的国情性因素和回应性因素的描述，我们可以考察转型期中国式法治的基本任务。以下结合四个国情性因素和四个回应性因素，建立了一个粗线条的分析框架，推导和阐释中国转型期法治特有的关键性任务。它们不同于法治历史上的西方式任务，而是由深嵌于中国本土问题所引发的任务。我们过去在过渡策略、发展进路、运行环节、观念形态四个方面的回应是不够的，在未来发展中，这四个方面还存在变革和发展的潜力和空间。如果在今后的 8 年至 10 年能够优化和强化这四个方面对国情的回应，我们有理由相信中国转型期法治可以通过一段时期的茧封与焰炼，完成蜕变，成为成熟意义上的法治。

### （一）缩减过渡策略上的"半法治"

在欧洲社会的法治化进程中，基督教教会和欧洲商人的作用是关键性因素，况且法治发展的重心在宗教社会和民间社会，而不是政治国家。中国没有类似的宗教传统资源，商人的兴起也相当迟缓，直到 20 世纪 80 年代以来的经济市场化中才出现商人群体，出现中等收入阶层的增长。转型期法治的实行可以是先发地区为主的局部的、相对的先行法治化，而其他区域"半法治"或"准法治"状态可以逐步缩减。我们过去只强调法治的"国家大一

---

①　司法能动性的原意是指法官和法院广泛运用审判权特别是司法解释权，通过扩大平等和个人自由的手段去促进社会公平正义。它来源于美国的 judicial activism，又译司法能动主义、司法积极主义（沃尔夫，2004：3）。

统"局面，误以为只有在全国范围内实行法治才叫"法治"。其实，在部分先发地区法治化快一点，是具有政治正当性①和法律可行性的。转型期法治的过渡策略是逐步扩大法治方式在国家治理与社会管理中的应用范围。在今后的新阶段，需要"新"法来固定经济改革、政治改革、综合治理等方面的经验和成功做法，有计划地在经济建设、政治建设、文化建设、社会建设和生态环境建设的"五位一体"中推进法治。其他区域"半法治"或"准法治"状态可以通过另一种途径逐步缩减，即其他区域"半法治"或"准法治"状态可以通过另一种途径逐步缩减，即要重视行业法治现象。与法治国家并存的是法治社会，法治社会有地域和行业两条线索，地域是指法治的地区差异性，行业是指法治的行业特殊性。各行业领域的法治化是可以期待的，既然地域意义上的法治不能平衡发展，那么我们通过行业法治建设来弥补"东西差异""城乡差异"带来的法治不平衡。

法治不仅在社会管理领域发挥重要作用，还在国家治理领域发挥重要作用，从法治的社会与国家"二元论"的意义上，既实现法治社会，又实现宪政意义上的"法治国家"。国家层面的法治需要关注的是，如何通过法治方式和法治思维来治国理政，如何建立可能出现的权力危机的安全阀机制。在地区性不平衡发展状况下，转型期法治的空间区域关系还应当在中央与地方关系、承认东西部差异、承认城乡差别的制度安排上有所进展。长期以来，"地方服从中央与尊重地方自主权"还没有纳入法治化轨道。应当通过制定调整中央与地方关系的一般法②来调整中央与地方的现行关系。

从环境背景上，关键是要把"综合治理"纳入法治的轨道。"综合治理"在急剧转型的短期内是必要的，但它绝不是脱离法治的特殊管理模式。"中国法律改革的将来不在于移植论和本土论的任何一方，而应该在于两者在追求现代理念的实践中的长时期并存和相互作用。"（黄宗智，2007）目前"多元混合秩序"③的存在给综合治理提供了相当大的生存空间，甚至出现违宪违法

---

① 邓小平在 1985 年和 1986 年提出"让一部分人、一部分地区先富起来"的主张。这成为此后政府经济工作中的指导方针，也不妨成为政治改革和法治工作的指导方针。

② 一些国家采取法律的形式对中央与地方的关系予以确定。比如英国 1972 年的《地方政府法》，法国 1982 年的《关于市镇、省和大区的权利和自由法》、1983 年的《关于市镇、省、大区和国家权限划分法》、1984 年的《地方政府服务法》等，西班牙 1985 年的《地方政府法》，葡萄牙 1977 年的《地方政府法》，等等。这些法律都详细地规定了地方政府具有的权限，使地方政府的行为有法可依，中央与地方的权限也有相对固定的法律界限。

③ 刘作翔认为当代中国社会的社会秩序形态呈现出一幅由"法治秩序"与"礼治秩序""德治秩序""人治秩序""宗法秩序"等组合而成的"多元混合秩序"（刘作翔，1998）。

嫌疑的情形，应当尽快予以纠正。多种类的和解、调解等非诉讼纠纷解决机制，需要在实践中提炼和总结出具有理性的制度。用折中、妥协的办法来协调多元价值冲突，也应当有一种过渡策略的制度性机制，这就是被我们长期忽略的正当程序方法。如果通过商谈的程序性方式，来解决新旧制度转型交替中的矛盾和冲突，则会形成一种更有利于法治推进的良性氛围和积极效果，也能够逐步缩减法治化过程中的"半法治"的范围。

从法治主体上，重要的是处理好大国治理中的传统威权与现代法治的关系，其中关键问题在于如何构建中国式的"回应型法"①。转型期法治除政治领导力之外，还应当由各级人大和政府推行并参与法治化运动，使各级政府的法治化愿望成为内在需求，变得更加主动化。促成官方、民间和职业法律人这三方面在法治化运动中的合力。

## （二）有区分地应用建构式与演进式进路

资本主义国家的市场安排靠相互尊重的交易者、交易规范和制度推动和支撑。中国市场经济的发展是在政府放权和政府推动下展开的，因此中国在改革开放之初，自上而下地推进制度改革与建构也就顺理成章。在社会发展的新阶段，通过国家有计划地建构法治的同时，让社会通过自治性地演进法治也已成为必要。

据此，要完成的中国式任务就是：有针对性地界定哪些局部领域的事务可以建构或试验性地建构？哪些局部领域的事务需要演进或分阶段地演进？经验告诉我们，可以建构的领域主要在于一些公法领域的制度，特别是哈耶克所谓的"外部规则"②。行政诉讼法于1990年从无到有地建构就是一个例证，这一制度今天已逐渐融入普通百姓的法律活动中。在转型期推行法治，不能不尊重社会的多元秩序格局，其法律体系应当是多元混合型的。法治并不是要使所有社会关系都受国家法的单一控制，而是使社会关系受包括国家法在内的多元化规则的调整。目前一部分学者倡导和关注软法研究（罗豪才、

---

① 回应型法则是一种强调在目的指导下的法律体系，是一种将形式正义与实质正义充分统一的法律类型（诺内特、塞尔兹尼克，1994：21）。

② 哈耶克区分了"内部规则"（nomos）与"外部规则"（thesis），前者又称"自由的法律"或"普遍的正当行为规则"，是指非由国家机构制定的但符合人们预期的规则，它是私人有合法理由所预期的东西。所谓的"外部规则"即"政府组织规则"，主要包括政府规则、程序规则和法院组织法规则等。哈耶克还认为，这两种规则的区别，同私法与公法的区别，有着密切的关系，有时候前者还明显等同于后者（哈耶克，2000：197—208）。

宋功德，2006），也说明了国家法之外规则的重要性。因此，有必要通过立法或司法解释，对行业规范、民间习惯、家法族规、村规民约、宗教戒规采取保护性措施和选择性利用，以降低社会法治化成本、增进法治的本土资源因素与加快法治化速度。

从时间维度上看，漫长的转型期给法治自然演进进路提供了条件。但从空间维度上看，应当看到城乡差别格局下的城市和经济先发地区对制度理性建构的需要。从环境背景来看，在一些具有乡土传统的区域，应当允许乡村社会自然演进，甚至在司法判决中直接认可乡村社会规范。而在城市和经济先发地区，规则意识、权利意识和程序意识已经成为人们生活的一部分，应当认可并支持局部地域"先行法治化"。从法治主体因素看，要重视和利用民间法治需求进行法治秩序建构，特别是中等收入阶层和农民对法治的需求，他们是法治的原动力，从而体现法治的"以人为本"的人权精神。此外，还应当重视职业法律人在法治秩序建构中的特殊作用：法律人用职业知识和技能，深入社会与市场生活的第一线和核心地带；应当把他们在预防矛盾、解决纠纷的过程中积累的经验提炼出来，成为制度发展的素材，从而发挥法律人建构法治秩序的作用。法律职业是除官方和民间之外的第三种推动力，其推动力的作用往往在初期是微弱的，但到中期开始则是不可低估的法治建构力。政府不仅要尊重法律职业的思维方式和自治性的活动空间，还应当引导民间加强对法律职业的认同，同时树立起法律人的职业威信，从而与政府、民间一起共同推进法治化。

## （三）遴选并健全法制的必备制度要件

西方当代法治是以近代资产阶级革命和立宪为起点，根据前资本主义政治制度的教训和惯例来设计议会制度、行政制度和司法制度的。所以西方学者认为"在转型时期，法律的连续性价值受到了严峻的挑战"（泰铎，2001：17）。然而中国法治是以 20 世纪 80 年代初开始的改革原有体制为起点的。在中国转型期，受中国国情元素挑战的，主要不是法律的连续性价值，而是法律的普遍性和社会主义法律价值观。因此，中国不存在新旧制度或新旧法律之间的连续性问题，而存在着某些法治要件有和无、健全与残缺的问题。从法治的具体环节来看，中国式的任务就在于把握转型时机与重点，选择并确定法治的必备制度要件。从"法理学模式"来看，法治所需要的制度要件并不广泛。另外从"社会学模式"来看，转型期的中国法治所需要的制度要件的范围并非远不可及，我们需要建立一个能够专门负责宪法实施监督的权威机构、一个独立的审判机构体系和一个遵守法律的行政机构体系。

从转型期法治的时间进程来看，国家应当进入实施宪法与法律的"后立法"时代。实行宪政是不可避免的。特别是让宪法在治国理政中发挥重要作用，加强宪法的实施，落实违宪审查制度，成为今后最关键的任务。这其中最重要的，是改革司法体制，实行司法独立。"后立法"时代的立法任务也已到了重点转移的时候，不仅立法权要重心下移，鼓励和支持地方性的自主立法，还要把中央与地方立法的重点放在行业领域的制度化和规范化。"后立法"时代，应当从立法中心主义向司法中心主义转变。司法是立法与行政的连接点，是社会与国家的连接点，是国家与公民的连接点，是法律规则与社会事实的连接点，也是理想与现实的连接点，在法治建设中应当重视和突出这个"多重连接点"。从空间格局来看，既要克服地方保护主义以维护中央权威，又要加强地方立法权。从转型法治的环境背景和动力主体来看，应当构建一个"统一兼分层司法"的新格局，即在司法权统一的前提下，在基层建立适应乡土社会和基层民众生活需要的司法制度，从诉讼程序到法官任职资格，都体现基层对司法的需要。培养和提高领导干部的法律思维与法治化管理能力，运用法治方式来推进改革与发展，运用法治方式化解社会矛盾冲突。同时，推进法治的深度和广度，重视行业法治，让民间行业成为法治建构的新主体，在推进政府法治化的同时，增强行业自治性，让行业与官方、民众、职业法律人并列成长为法治秩序的新主体，以主体的身份加入到法治中来。

为了应对社会利益与思潮多元化带来的矛盾，必须加强人大的民主化特征，代表的实质性选举制，立法中的听证与辩论等立法程序要件，保证立法的对抗性和可论证性，从而保证人大及其立法的民主性和科学性。推进依法行政，加快建设法治化政府。尤为重要的是，必须根据司法的"多重连接点"的特殊地位，加快司法独立化改革的步伐，制订司法改革的分步骤计划，目前可先行一步的是，革除同级政府对审判机关在财政拨款与人事编制的控制，改善党对法院工作的领导方式，增强对"法的安定性高于合目的性"的认识，增强对职业法律人的信任度，重视法律人在政治与法治进化中的作用，减少地方各级党政领导者对审判活动的影响力，强化司法基本保障，进一步深化司法体制与机制改革。到2020年时，司法公信力和人权保障成为"小康"的一个重要指标，其中还存在许多中国式任务和课题。为统一司法观念，有必要梳理出若干对基本范畴，创建中国司法哲学。我们的许多司法问题都存在争议，我们迫切需要当代中国自己的司法理论。比如实质正义与形式正义关系如何处理？提倡司法能动还是保持司法节制？司法注重社会效果还是法律效果？等等。在当代中国，随着人民法院开始越来越广泛地介入社会生活，法院的公共政策创制功能已经显现并且发挥着越来越重要的作用。[1] 需要我们从理论上加以协调整合，继承中国司法传统和当代中国司法实践经验，确立一套中国司法哲学，这是一项需要法律人长期探索的任务。

## （四） 在法治和正义观念上克服实质性思维的副作用

观念的变革是最迟缓的，但也是最深刻的。西方没有中国式的政治和道德环境背景，西方把法律的施行委托给一群专职的人，特别是法律职业者。韦伯还发现只有欧洲的文化才发展到 "逻辑的形式理性，也就是造成法律的优势——法律统治的地步"（洪镰德，2001：189）。中国转型期法治也是法治初创期，形式主义法治或形式理性的法治对中国显得比实质主义法治更为重要（梁治平，2000）。相对于欧洲而言，中国因为家庭伦理的发达，缺乏 "逻辑的形式理性"，无法产生稳定的、完全去除身份关系的法律制度。中国没有现代法治的传统，没有专门的法律职业，但存在传统的正义观和理性观，一种强调有差序性的特殊主义，或至少是特殊主义容易膨胀的正义观（林端，2002：96）。实质理性的正义观在中国表现为强调统治者意志（国家主义倾向）、道德原则指导和对事实真相的强调（黄宗智，2007：181）。它一直传承到今天，我们可称为实质主义的正义观，并影响着我们的立法、司法和守法观念（孙笑侠，2005）。它固然反映了中国人对理想的向往，但它利弊参半，至少影响我们转型期形式主义法治的建设和形式理性的确立，给国人规则意识的确立带来副作用（孙笑侠，1997）。政法工作坚持从实质上考虑社会效果和政治效果，会不顾法律的形式性（规则、程序和职业规律）的限制，甚至为了国家主义的 "合目的性"，而违反 "法的安定性"。[2] 这种 "实质主义" 的危险性就在于，它会演变成 "法律工具主义"（郑成良，2010）。

基于这些差异，可预见中国转型期法治的时间跨度长，同时要解决国人对法治持久的信任和信心，并逐渐倡导一种对法律的敬畏（替代西方式的法律信仰）。而这种对法律的敬畏需要从形式主义法治入手，逐步寻找与实质主

---

① "法院不仅仅适用法律而且有必要行使较大程度的裁量权限，以谋求案件的解决获得明显的政策性效果这一点，已经获得了广泛的认同"（苏力，1999）。

② "正义和合目的性是法律的第二大任务，而第一大任务是所有人共同认可的法的安定性，也就是秩序与安宁"；"法的安定性不仅要求能够限定国家权力，并能够得以实际实施的法律原则的有效性，它还对其内容、对法律可操作性的可靠性以及法律的实用性提出了要求"（拉德布鲁赫，2005：73）。

义法治的结合点。因而，在法治的观念形态方面，还存在着另一个更深层的问题和任务，如何兼顾形式法治和实质法治，注重两者之间的有机统一？如何克服传统的实质主义和实体正义思维倾向的弊端，削减实质主义思维中的国家本位成分，把中国实质正义观与西方形式正义观相结合？解决该问题的路径在于：一方面，我们需要通过正当程序机制来建立一种能够化解"实质主义"正义观之弊端的中国法律哲学；另一方面，我们需要重视职业法律人的直接作用（维护对法律的敬畏），因为职业法律人的任务是通过适用和解释来保持法律自洽性和一致性（哈耶克，2000：102）。

处理好转型期法治与未来中国法治的关系——现实与理想的关系，意义深远。既尊重现实又不放弃理想，把转型期阶段性的"策略性考虑"与法治的理想结合起来。转型期法治不是我们中国特色社会主义法治的最终目标和成熟模式，是阶段性（而不是临时性）产物，是过渡性模式。本文尽可能全面呈现转型期法治的问题，在此基础上推导出中国式任务。这些任务也可以被理解为就是中国式法治的难点。中国式任务具有中国特点和规律，这也正是中国法治的焦点和转折点。如果这些中国式任务有所突破，那么法治进程也就顺利了。如果这些中国式任务解决和完成得好，也就丰富了中国特色社会主义法治的内容。正确的、正义的东西并不一定在被认识到的时候就能够被实行。我们今天的转型期法治，是未来中国法治模式的基础和前提。认可现状不是放弃理想，而是为了更加切合实际。

## 参考文献

Black, Donald. *Sociological Justice*. Oxford University Press, 1989.

Luhmann, Niklas. *Law as a Social System*. Oxford University Press, 2008.

邓小平：《邓小平文选》第 2 卷，人民出版社 1989 年版。

费孝通：《乡土中国》，上海人民出版社 2006 年版。

［美］富勒：《法律的道德性》，郑戈译，商务印书馆 2005 年版。

公丕祥：《全球化与中国法制现代化》，《法学研究》2000 年第 6 期。

顾培东：《中国法治进程中的法律资源分享问题》，《中国法学》2008 年第 3 期。

顾培东：《中国法治的自主型进路》，《法学研究》2010a 年第 1 期。

顾培东：《能动司法若干问题研究》，《中国法学》2010b 年第 4 期。

［英］哈耶克：《法律、立法与自由》，邓正来译，中国大百科全书出版社 2000 年版。

洪镰德：《法律社会学》，台北扬智文化事业股份有限公司 2001 年版。

胡锦涛：《坚定不移沿着中国特色社会主义道路前进，为全面建成小康社会而奋斗——胡锦涛同志代表第十七届中央委员会向大会作的报告摘登》,《人民日报》2012 年 11 月 9 日。

黄宗智:《清代的法律、社会与文化:民法的表达与实践》,上海书店出版社 2007 年版。

黄宗智:《中国法律的现代性?》,《清华法学》第 10 辑,清华大学出版社 2007 年版。

[英] 吉登斯:《社会学》,赵旭东等译,北京大学出版社 2004 年版。

季卫东:《法治秩序的建构》,中国政法大学出版社 1999 年版。

蒋立山:《论政府主导型的法制现代化》,《法学杂志》1995 年第 3 期。

[德] 拉德布鲁赫:《法哲学》,王朴译,法律出版社 2005 年版。

李步云:《论人权的三种存在形态》,《法学研究》1991 年第 4 期。

李德瑞、吕德文、申端锋:《乡村问题如何"惊扰"了中国社会科学》,复旦大学社会科学高等研究院 2011 年度"中国深度研究"跨学科学术工作坊结题报告。

李文祥:《论制度风险》,《长春市委党校学报》2008 年第 5 期。

李学尧:《法律职业主义》,中国政法大学出版社 2007 年版。

梁治平:《寻求自然秩序中的和谐》,中国政法大学出版社 1997 年版。

梁治平:《法治:社会转型时期的制度建构》,《当代中国研究》2000 年第 2 期。

林端:《儒家伦理与法律文化——社会学观点的探索》,中国政法大学出版社 2002 年版。

刘思达:《失落的城邦:当代中国法律职业变迁》,北京大学出版社 2008 年版。

刘作翔:《转型时期的中国社会秩序结构及其模式选择——兼对当代中国社会秩序结构论点的学术介评》,《法学评论》1998 年第 5 期。

龙宗智:《相对合理主义》,中国政法大学出版社 1999 年版。

陆学艺:《当前中国社会生活的主要矛盾与和谐社会建设》,《探索》2010 年第 5 期。

[美] 罗尔斯:《正义论》,何怀宏、何包钢、廖申白译,中国社会科学出版社 2003 年版。

罗豪才、宋功德:《认真对待软法——公域软法的一般理论及其中国实践》,《中国法学》2006 年第 2 期。

[美] 诺内特、塞尔兹尼克:《转变中的法律与社会:迈向回应型法》,张志铭译,中国政法大学出版社 1994 年版。

苏力:《法治及其本土资源》,中国政法大学出版社 1996 年版。

苏力:《二十世纪中国的现代化和法治》,《法学研究》1998 年第 1 期。

苏力:《农村基层法院的纠纷解决与规则之治》,《北大法律评论》第 2 卷第 1 辑,法律出版社 1999 年版。

孙笑侠:《法治、合理性及其代价》,《法制与社会发展》1997 年第 1 期。

孙笑侠:《中国传统法官的实质性思维》,《浙江大学学报》2005 年第 4 期。

孙笑侠、郭春镇:《法律父爱主义在中国的适用》,《中国社会科学》2006 年第 1 期。

孙笑侠:《区域法治的地方资源》,《法学》2009 年第 12 期。

孙笑侠:《搬迁风云中寻找法治动力》,《东方法学》2010 年第 4 期。

[美] 泰铎:《变迁中的正义》,郑纯宜译,台北商周出版社 2001 年版。

吴邦国:《在形成中国特色社会主义法律体系座谈会上的讲话》,《人民日报》2011 年 1 月 27 日。

[美] 沃尔夫:《司法能动主义——自由的保障还是安全的威胁》,黄金荣译,中国政法大学出版社 2004 年版。

徐显明:《生存权论》,《中国社会科学》1992 年第 5 期。

张文显:《"权利本位"之语义和意义分析——兼论社会主义法是新型的权利本位法》,《中国法学》1990 年第 4 期。

张志铭:《法律解释操作分析》,中国政法大学出版社 1998 年版。

张志铭:《转型中国法律体系的建构》,《中国法学》2009 年第 2 期。

郑成良:《法律的定位:正义、程序与权利》,《文汇报》2010 年 6 月 5 日。

郑晓沧:《大学教育的两种理想》,载杨东平编《大学精神》,辽海出版社 2000 年版。

朱景文主编:《全球化条件下的法治国家》,中国人民大学出版社 2006 年版。

# 法治与社会的互动：司法视角

范　愉[①]

通常，学者们研究经济全球化及其与我国法制之间的关系，多着眼于法律规则和制度的建构，这无疑是非常重要的基础性视点。与此不同，司法实践的视角，则是以实证、动态和发展的方法、从法的实施过程观察法与社会之间的关系。司法实践，是使静态的或书本上的法律规则进入动态运作、与社会成员的生活和行为发生联系的过程；也是本土社会及传统文化与现代法律制度的连接点，反映着法律规则、制度与社会相互适应的程度。现代法律制度孕育于西方国家特定的社会历史环境，与西方社会存在着传统性的亲缘关系；而我国在现代化进程中通过法律移植而建立的法律制度，却往往与本土社会存在一定的隔膜与龃龉，甚至会在社会的侵蚀下发生异变。我国司法实践中常见的情理法的冲突、民众的法律规避、司法理念和价值观的冲突等，无不反映着这种复杂的状况。[②] 与此同时，在经济全球化的背景下，世界各国的法律体系从原理、规则到制度都不可避免地受到影响，规则上的接轨和制度上的趋同已显而易见。传统文化和经济全球化从不同的方面对法律规则和法律制度发生影响，这些无疑都会在司法实践中得到生动直观的反映。本文将从我国司法实践的视角，反观在经济全球化背景下法律规则与制度中的存在的问题，并通过对这些问题的分析探讨法与社会互动的模式。

---

① 中国人民大学法学院教授。

② 从 2003 年举国关注的刘涌案、黑龙江省宝马车肇事案等案件的审理过程中可以看到民意、权力制约和司法程序之间存在着一种紧张关系。近年来我国一些地方人大及其常委会创建的个案监督制度实际上也是这种状况的反映。司法公信力及其权威的低下，标志着法治秩序并未真正建立。我国司法实践中的各种问题首先是政治体制和司法体制的问题，司法独立与司法民主都并未形成有效的制度及保障机制，司法机制不能依靠自身的有效制约正常运行，对内不足以抑制腐败，对外不能实现社会公正，以至于社会不得不建立各种名目繁多但效益有限的所谓"外部监督"机制来对司法机关和司法活动进行监督或"干预"。这种体制把法律和司法作为国家的治理工具，在注重其强制性、规范性、创建性和前瞻性的同时，忽视了其社会性，甚至导致或加剧了法与社会的冲突（范愉，2004b）。

# 一　司法环境及法与社会的互动

司法作为一种动态的活动，以法律规则、法律制度（包括司法程序和司法制度等）和法律职业三个基本要素为前提或基础，同时又是在特定的社会环境中产生和运作的。司法制度据以形成和运作的社会环境①可称为司法环境。通常社会对于司法的作用至少包括以下几个方面：

首先，社会需求决定司法的形成及其样式。法是社会的产物，司法的产生、运作和发展取决于社会的经济、政治、文化和社会观念等多种因素。社会条件决定司法制度及其样式，社会需求决定司法的功能和管辖范围，社会发展对司法提出新的要求，推动司法的改革。司法制度的设计和司法的功能都不能超然于特定的社会现实。司法机关解决纠纷的数量和及时性、诉讼的公正与效益、当事人和社会的满意程度、社会主体利用司法的程度及便利性，以及司法的社会功能等，是衡量司法与社会适应程度的指标。社会对于司法的要求往往会通过特定的理念表达出来，并将这些理念具体化为一系列具有特定价值和功能的制度。立法者根据社会需求和社会理念进行制度设计，由职业法律家在制度的框架内发挥他们的主动性，实现法的根本目标。司法制度和司法程序的设计往往是集合了多种历史和现实的因素，并经过各种势力的博弈和选择而最终形成的，其发展中的每一个重要变化和改革也同样如此。

其次，社会环境对司法运作以及法的实现产生深刻的影响。既定的司法制度和司法程序，在实际运作及司法实践过程中，同样不能脱离具体的社会环境，社会从各个方面对司法的运作发生积极或消极的影响和作用，其特点是：

其一，司法活动和司法运作过程是由职业法律家操作的，因此，社会环境会通过对法律职业的选择、培养及其活动方式和法律意识，对司法的过程和结果产生影响。法律职业自身的素质及理念直接影响着司法的运作及其权威。

其二，其他国家权力机关及其人员对司法的态度，决定司法在政治权力体系中的地位和社会功能，以及司法独立的程度。

---

① 社会环境是一个十分宽泛的概念，可以说，司法制度以外所有的社会性因素对司法制度的产生和运作都发挥作用，因此都属于社会环境的组成部分。但对司法制度的设置和运作具有较大影响的社会性因素主要包括经济、政治、社会理念等（范愉，2004c）。

其三，当事人及其他诉讼参与人直接参与司法过程，他们对司法的信赖、尊重程度，对诉讼程序的参与程度和参与能力，以及对司法过程和结果的评价，都直接影响着司法实践和司法制度的运作。

其四，一般民众、包括公共媒体与司法的关系，决定着以公共参与（如陪审制）为标志的司法民主和对司法的社会监督（尤其是舆论监督）对司法独立与司法公正的保障作用，同时也是联系司法与社会的纽带。

其五，司法活动必须与其他社会规范和社会调整机制形成相互协调的关系。司法在独立运作的同时，不能完全脱离其他社会规范和社会机制的支持，否则司法必将缺少社会基础和文化、信仰与理念的支撑，既不可能有效地解决所有社会纠纷，也很难满足不同社会主体的需要。司法活动只有在依法办事的前提下与道德、宗教、习惯等社会机制形成良性互动，才有可能维护法律在各种规范和调整机制中的至上地位，获得社会的认同和配合。

社会环境对司法运作一般是从两个不同的方向发生作用的。一方面，良好的法制环境，包括健全的法律制度，严格依法办事的社会氛围，国家权力机关及其工作人员乃至公民的守法等，会对司法运作发生积极影响：促进司法的正常运作，维护司法和法律的权威，保证司法裁判的执行，使立法的精神和目的能够顺利实现，达到预期的社会效果，形成良好的法律秩序和社会秩序，促生社会主体及法律职业者的现代法律意识。法与其他社会机制（道德、自治、传统等）的良性互动，也是保证司法正常运作的重要基础。

另一方面，社会对司法运作也可能产生消极影响。社会与司法的不相适应，既有可能是司法制度的设计脱离社会现实，难以满足社会需求所致；也有可能是因司法运作缺乏独立公正的制度保障。即使司法制度基本符合社会发展的需要，但如果法律职业和社会主体尚未形成对司法制度应有的尊重和守法理念，也会对司法运作产生巨大的侵蚀作用，形成不良的司法环境，使制度发生异变，导致司法的运作违背司法公正的基本原则，甚至出现司法腐败现象。① 而这些结果又会进一步影响社会主体对司法的信赖，影响到司法裁判的安定性和执行，导致法律的预期目的无法实现、司法成本过高，最终会形成一种恶性循环，危及司法的权威和地位、危及法治本身。

---

① 这也反映在当事人试图用各种社会关系或其他方式影响司法人员和司法程序，法律职业自律程度低，法官素质低等方面。2003 年北京市一位律师向北京、深圳等地法院法官直接发出要求介绍案件的信件，并"承诺"按比例付给法官报酬，该律师在 2004 年经过律协的听证程序被取消律师资格。但是众所周知，这个看似荒谬的个案实际上是不过是已成为普遍性"潜规则"的事实的一种曝光。

然而，不仅社会对司法具有决定性的作用，司法制度亦可以对社会发展起到重要的推动和改造作用，而且具有建构和推动社会发展的作用。司法实践与社会的联系最为密切，是法与社会关系的晴雨表。同时，司法又是法作用于社会的最直接的方式，这至少包括以下方面：

首先，一般而言，法律规则只有经过适用之后，才会转化为活的法。在司法适用环节，法通过司法活动与社会生活会合，通过纠纷的处理，既可以检验现行立法和制度是否完善，法律规范和司法程序能否满足社会的需要，也可以由此揭示法律的缺漏和新的法律调整需求。在特定的情况下，通过法官的自由裁量权，可以直接填补法律的空白，发现或确立新的法律规则，推进法的发展。①

其次，司法的基本功能是维护法律秩序和社会主体的权利。没有救济就没有权利，司法程序的完善与否、运作是否正常，直接影响着立法者所确立的目标和法律秩序能否实现。司法救济的广泛性和现实性是衡量一个国家法律机制及法律调整程度的重要标准。通过司法对纠纷的处理，一方面可以实现法律对社会的调整、维护社会的安定；另一方面可以由此探索新的利益和价值平衡的途径。②

再次，司法活动是形成法律文化、决定社会法律传统乃至法的样式的一种独立的力量。司法是由职业法律家为主体运作的。由于法律职业具有相对的独立性、垄断性和行业的封闭性，因此，法律家的主观努力往往直接参与和推动着法的发展。法律家对司法改革、司法程序具有选择决定作用，通过法律解释等方式和特有的法律思维塑造和发展特定的法律文化和传统，并最终成为社会法律文化传统的组成部分（伯尔曼，1993）。③

最后，司法是一种对民众进行法律教育和社会启蒙的方式。公开的司法过程和判例本身就是一种直观生动的课堂和教材，可以提高民众的法律意识，

---

① 一般而言，普通法国家通过司法实践和判例发展法律规则的作用较大陆法系国家更为开放。但是，当代两大法系在成文法和判例的作用方面相互借鉴，已经出现了一定程度的趋同。

② "可诉性"是检验法律实效的一个重要标尺。而当代违宪审查程序的建立，使司法机关可以更多地直接、能动地参与决策过程，直接将司法实践的经验和法律意识转化为社会理念，成为指导和调整社会的准则。司法由此可以改变社会调整的传统方式，通过渐进而不是革命推动社会的发展，并影响和改变社会主体的行为方式和思维方式。但是，在普通法院不具有足够的司法权威和能力的情况下，很难承担起这样的社会功能。

③ 与西方法律传统相比较，我国古代司法的运作中尽管也有"讼师"和"刑名幕府"等专业人士的参与，但他们却始终未能在社会上形成一个具有独立地位的职业群体，亦无法形成一种司法文化，更难以完成建构法律体系的任务。而现代司法则以另一种版本重复了这种状况。

增加民众对司法的了解和信任，并帮助他们从中学会维护自身权利、增强社会责任感，最终形成现代社会观念和法律意识。

综上所述，社会对司法制度和司法活动的决定作用，以及司法对社会的推进改造作用是相辅相成的。一般而言，在司法制度并非由社会母体中自然孕育成长（即移植）的情况下，如果二者不能形成积极的互动，社会就可能以强大的作用力抵制外来的司法制度，甚至将其改造得面目全非，并使其原来附着的那些美好的理念和价值丧失殆尽。毫无疑问，这种结果是我国法制建设中所不希望出现的。

## 二 中国司法环境与难题

如果以现代法制建设的真正起步为标志，今天的司法制度在我国实际上仅有数十年的发展史。作为一个发展中国家，我国具有多数非西方发展中国家的共同的和自身特有的一些复杂问题，其中最主要的是法律移植（legal transplant）、法制现代化和经济全球化三方面的问题。

第一，法律移植问题。法律移植，是指特定国家（或地区）的某种法律规则或制度移植到其他国家（或地区），也可称为法的继受。法律制度作为人类政治文明的成果，是可以为其他国家或地区借鉴移植的。法律移植在人类历史上曾频繁发生，既可能发生在相近似的国家之间，如法国民法典制定后，欧洲大陆国家对它的普遍接受；也可能发生在经济、政治、文化完全不同的国家之间，如非西方国家对西方法的继受。法律移植的原因既可以是迫于外在压力，如殖民主义；也可能是出于内在的社会需求，如国内社会革命和司法改革等。

现代西方国家的法律及司法制度是在一定经济、政治和社会理念的基础上形成和运作的，由于这种法律制度和法律文化在一定程度上反映了社会发展的基本规律，同时在其运作实践中又积累了丰富的经验，因此，作为人类社会的共同财富和文明成果，其中的许多制度、理念等，都可以为其他非西方国家所移植或继受。而非西方国家由于历史的原因，往往都不具备在其自身的社会发展中自然产生现代法治的条件，在现代化过程中，或者由于外来压力，或出于自身的选择，大都采用移植的方式实现其法制现代化。

法律移植从理论上可以区分为形式移植和实质移植。形式移植，是指把法律体系作为上层建筑的一个组成部分，移植到另一个国家或地区的经济基础和社会环境之中，通过法制与社会的相互融合和本土化过程，最终转化为本国的法律制度。在这个意义上，移植只是一种借鉴和形式上的继受。实质移植，则是指在移植一国的法律制度时，同时将其经济、政治和社会理念等因素一同移植过来，并形成与所移植的国家基本相同的社会环境和法律调整结果。然而，社会整体本身是无法移植的，任何国家的社会环境和文化传统都具有历史延续性，因此，本土社会往往会对于外来制度产生不同程度的抵制或排异性，而外来的制度也很难直接与本土社会立即融为一体，必然有一个相互磨合和本土化的过程。在这个意义上，任何法律移植都只能是形式移植或以形式移植为主的。

法律的形式移植，既可以是一种全盘继受，即整体地以一个国家的法律体系为样板，通过对法典、法律制度、司法体制乃至法律职业等方面进行全面模仿，在本国（或地区）建立起全新的法律制度；也可以是仅仅移植部分制度或从不同国家分别选择不同的制度进行综合或组合。但是，由于移植法与社会环境存在着巨大的文化差异和时代发展上的差异，移植而来的制度在本土化过程中，往往会在社会的改造下发生一定程度的嬗变，甚至失去原有的功能和价值，变得面目全非。此外，由于司法体系中每一个程序或规则都是与其整体共同存在并发生作用的，因此单独移植个别的制度或程序本身也很难发生预期的作用。这是非西方国家司法制度面临的共同问题（沈宗灵，1998：667—690）。

第二，法制现代化问题。① 现代西方法律制度与非西方国家传统法律制度的差异，一方面是历史形成的文化差异；另一方面，则是现代社会与前现代社会在经济、政治制度和社会观念上的时代性差异。因此，对非西方国家，尤其是在 20 世纪后半期进入法制建设的国家而言，其法律制度不仅面临着移植法与本土固有法的冲突，更重要的是面临着法制现代化的课题。

法制现代化是社会现代化中的重要组成部分，其目标是实现现代法治国家实行的宪政制度和法治原则。具体到司法制度，就是依照现代法治国家的司法原则，组建现代司法制度。其中包括确立现代司法制度及其基本理念，即司法独立、程序公正和司法民主。同时，更为重要的是，培养一个具有现代法律精神和法律思维的法律职业集团。因为建立现代司法制度是法制现代化的组成部分，而法制现代化又是社会现代化的组成部分，所以现代司法制度的建立是在社会现代化的背景中进行的，西方国家如此，非西方国家也不

---

① 近年来国内外学者关于法制现代化问题，特别是我国法制现代化问题的研究论著颇丰（罗兹曼，1995；张广兴、公丕祥，2000；朱景文，2001），如南京师范大学法制现代化研究中心编的《法制现代化研究》各卷等。

例外，不过二者又各有特色。①

相比较而言，非西方发展中国家建立现代司法制度的过程显得更为复杂和曲折。首先，社会现代化和建立现代法律制度和司法制度同时进行。在西方国家的历史上，现代司法制度是作为社会革命的结果出现的。而对非西方国家来说，却是在这一环境还不具备，或者还不完全具备的情况下建立这一制度。一些国家甚至试图通过建立现代法律制度推动社会现代化变革。在这种背景下，社会与法制的脱节、现代司法制度与社会环境的不协调就成为非常普遍的现象。

其次，主要通过法律移植建立现代司法制度。西方国家现代司法制度建立于其社会基础上，司法制度基于社会需求而建构和运作，服务于社会，二者之间具有天然的互动关系。相反，在非西方发展中国家，现代司法制度的建立是移植的、设计的、政府主导的，相对于社会需求而言有时是前瞻性的。这种超前于社会现实的司法制度往往导致两种状况：或者司法机关孤立于社会，虽保持了西方法制的基本特征和权威性，却难以为普通民众所利用；或者被与现代司法理念完全相悖的社会环境所包围，无法发挥其应有的功能、坚持其应有的原则、达到改造社会的目的，甚至无法保持自身的权威。司法的运作如果缺少道德、文化和社会主体的支持，必将障碍重重。因此，在建立现代司法制度过程中，必须解决的一个重要问题，就是如何解决外来文化和传统文化的冲突以及司法制度与其他社会系统之间如何协调互动的问题。否则，法制自身的正当性就会受到挑战，法律调整的效果难以达到预期的目标。

最后，要求在很短的时间内完成建立现代司法制度的任务。西方国家现代化的历程始于中世纪中后期，现代司法制度是在近千年漫长的历史时期内逐步发展演化形成的，制度和环境之间经过长期的互动和磨合，二者已经完全融为一体。而在非西方发展中国家，则要用数十年的时间来完成西方国家数个世纪所完成的现代化任务，经济、政治、法律、文化等社会各个系统之间仍需要较长时间进行磨合。尤其是，如果这一现代化的发展过程过快，很

---

① 人类历史上曾出现过三次法制现代化浪潮。即从 16 世纪到 18 世纪西欧和北美的现代化过程，19 世纪末至 20 世纪中叶日本和苏联等国的社会变革，以及 20 世纪 60 年代以来，亚洲、非洲、拉丁美洲国家在摆脱殖民统治后的现代化。非西方国家的社会现代化，主要是指第三次现代化浪潮。20 世纪 60 年代西方国家发动的旨在对发展中国家输出法律制度的法律与革命运动最终以失败告终。90 年代以后，随着前社会主义阵营国家进入社会转型，西方国家的法律技术援助开始成为如中国、越南等国家法制现代化建设的重要因素。而 1997 年的东南亚金融危机，使许多东南亚国家的体制受到了重创，于是亚洲国家开始共同探讨法治与社会现代化的问题，并开始以一种新的观点探讨他们所共同面临的在经济全球化背景下的法律社会的互动。

难在短时间内培养起一个高素质的、成熟的法律职业集团，这就使移植而来的现代司法制度由于缺少支持其有效运作的经验和人才条件而无法正常运作。同时，与司法制度运作相配套的政治体制、律师制度、法律教育制度等等之间，很难在极短的时间内形成整体的协调关系。

第三，经济全球化问题。非西方发展中国家的法制现代化过程是在经济全球化和法律交往国际化趋势下进行的。一方面，这些国家尚未实现现代化的目标；另一方面，它们又处在全球化的影响下，面临着许多与西方发达国家相同的所谓"后现代"的课题和经济全球化的挑战，必须同时考虑应对这两个方面的需要。现代司法制度本身也存在很多固有的局限性或弊端，在当代社会条件下，这些弊端日益显现。西方发达国家正在思考如何纠正现代化带来的社会弊端。对于后发国家来说，就不得不考虑如何吸取西方国家的经验教训，在现代化的同时注意避免其弊端。然而，对于非西方发展中国家来说，如何判断和选择则存在着极大的困难。①

自 20 世纪末以来，现代社会逐步进入全球化时代。对包括我国在内的发展中国家而言，法制现代化的进程已经被纳入经济全球化的时代背景之中，于是这一历史进程更成为一种时代使命和多重目标交错的过程。毫无疑问，经济全球化是与政治多极化和文化多元化同步发展的，因此并不必然导致世界各国国家主权的消亡或衰亡，也并不必然导致法律的全球化。但是，经济全球化所带来的一系列社会变化，包括全球经济的一体化，政治伦理和人权理论的国际化等，必然冲击着各国国内的政治与法律制度，也会对司法制度发起挑战。②

经济全球化对法律和司法的影响，使司法的概念、本质和功能都大大超出

---

① 人们很难判断是应该像西方国家那样，先实现现代化，再回过头来纠正现代化的弊端，还是在现代化初期就开始纠正现代化的弊端，解决所谓"后现代"的课题（季卫东，1996；朱景文，2002）。

② 季卫东认为，这些社会变化及挑战主要表现在以下几个方面：首先，原来被国界所区分的法域逐步淡化，出现了按照国际标准或者全球标准统一立法作业的趋势。其次，经济的一体化使得各国司法制度的运作增加了涉外因素，大量的纠纷在当事人、规则适用、判决执行中都涉及国际因素。各国司法制度不断进行交流和对话，相互之间提供司法协助，导致制度上互相靠拢和接近。再次，政治伦理和人权理论的国际化导致了大量关于人权保护的国际公约和区际公约，不仅影响国内的实体法，而且影响其诉讼程序和司法制度。一国的宪法、法律必须以更多的篇幅来处理跨国度和文化多样性（cultural diversity）的问题，如要求民族自决权的群众运动，非法移民问题，保障所有公民享有在公共传播媒介利用、教育、福利以及社会保障等方面的平等权，特别是少数民族或种族、妇女或弱势群体的司法平等权，处理不同价值体系和正义观之间的冲突，等等。最后，法律事务的国际化导致国际上成立了许多具有司法性质的机构，例如国际刑事法院、WTO 的纠纷解决机制、欧洲法院等，这些机构的存在及其纠纷处理活动必然会与一国的司法机关的主权、权威和独立发生一定的冲突，并导致纠纷解决更多地向无强制的协商和自律及经济制裁的方向发展（季卫东，2002：129）。

了其本来的定义。司法已经不再仅仅是属于一国主权范围内的制度。司法的依据不再仅限于一国的基本法律规范。司法活动也不再必然为国家的司法机关和法律职业所垄断。这些都必然推动西方国家乃至整个世界的司法制度和司法理念向新的历史阶段发展。同时，经济全球化所带来的世界各国在经济上的合作和一体化，国际贸易领域内规则及纠纷解决方式的接近，必然带来各国法律在规则上的接近和制度上的趋同。这使得司法实践中国际化的因素和影响日益增加，并潜移默化地影响着司法制度和法官的行为。而我国面临着这样的时代挑战，既要按照所加入的国际公约完成司法制度的现代化改造，又要解决社会中诸多无法与这些现代化制度协调的问题；既要通过现代的司法制度增加国际竞争力，又要以一种务实的态度面对广大国民的纠纷解决需要；既要实现国家依法对社会的全面治理，又要尽可能地实现法与社会的协调。

基于上述三个方面的因素，我国司法面临着复杂的社会环境和一系列难以克服的难题。一方面，法律在社会调整中的地位和作用不断增强，诉讼与审判已成为最重要的纠纷解决机制。另一方面，司法实践中所反映出来的法与社会的冲突却愈加彰显，表现在许多方面，如司法腐败、法律规避、人际关系对司法的腐蚀和渗透、来自各个方面的干预等。此外，在一些涉及民众日常生活的案件的审理和裁判中，还经常可以看到法律与情理、法律与道德、法律与习惯及乡规民约等社会规范之间的一种冲突和紧张，各种问题表现为一个突出的事实：当事人不服判和对司法公正的质疑。[①] 为了使当事人服判息诉，国家和司法机关制定了各种制度措施、进行了各种改革尝试。除了落实公开审判、改善裁判文书、加强诉讼指导等措施外，近年一些法院还创造了一种引人注目的尝试：在裁判文书中附加"法官后语"，即在判决书后附加后语，将法官对本案的道德或情理方面的判断、意见、感想抒发出来，以教育当事人或弥补判决的缺憾。这一改革受到了各界褒贬不一的议论（上海市第二中级人民法院研究室，2002；张志铭，2002；黎春宁，2003；刘青峰、王洪坚，2003；黄松有，2002）。本文并不准备对此做专门的讨论，但从这一尝试中可以看到，法官非常清楚地认识到了情、理、法冲突的存在，并力图减少或缓和这种冲突，给民众一个合情理的"说法"。近来对调解的重申实际上也反映了同样的指向（范愉，2003a；2004a）。

---

① 上诉、再审率居高不下，抗诉、申诉、信访持续高涨以及司法没有终局性和既判力的事实已经成为我国严重的社会问题。据调查，目前公民的信访投诉中有 60%—70% 都是针对司法机关的，而涉及公检法机关的投诉中涉及法院案件的又占了绝大部分（蔡定剑，2004）。

造成情、理、法冲突或法与社会的脱节的原因是复杂的，除了法律本身在价值取向和判断标准上特有的专门化、规范化、技术化和程序化所造成的与其他社会规范的差别之外，这种冲突至少还包括以下一些社会因素：

其一，情理法的冲突，一方面表现为时代性的冲突，即现代法制与传统的社会规范、秩序和民众法律意识的冲突；另一方面则表现为西方的普适性规则与中国本土文化之间的矛盾。我们在立法中往往过多强调以法律改造社会的功能和法的前瞻性、超前性，忽视甚至无视传统的社会规范和生活方式，由此导致情理法的冲突。例如，本应与传统社会联系最为紧密的婚姻家庭法，却与人们的生活习惯和情理差距最大，婚约彩礼、事实婚姻（同居）、继承、收养等现实问题在法律很难找到符合实际的解决方案。在立法中（尤其是地方法规或行政规章）忽视法的情理和道德基础以及社会承受力等情况也时有发生，甚至导致了法律自身的混乱。①

其二，社会转型速度过快，法与其他调整机制的关系失衡。过快的社会转型，使社会的自我更新和适应能力弱化，道德失范，原有的社会规范失去约束力，社会凝聚力弱化，社会自治和解决纠纷的能力很低。在这种情况下，如果过多地强调法律至上以及与情理、道德之间的区别，往往会加剧社会成员对规则的迷信和对道德情理的鄙视，使社会调整进入一个缺乏诚信、责任和宽容的、单纯鼓励为权利而斗争的对抗状态。法律本应承担起支持道德底线，积极倡导社会文明的使命，但是由于法律与道德、情理功能的不同，往往显得力不从心，甚至得不到法律职业内部的支持。②

其三，诉讼程序的局限性和司法不公。我国原有的民事诉讼程序以常识化、简易化、非职业化为特征。随着司法改革与程序公正理念的确立，司法程序逐步向与西方接轨的正规程序靠拢（从形式到理念）。法院在举证责任、诉讼时效、举证时限等方面的改革以程序公正为价值，必然导致当事人的诉讼风险和诉讼成本增加。这是现代司法制度和诉讼程序本身的原理和局限性所决定的。

---

① 从20世纪90年代末开始沈阳制定所谓"撞了白撞"的地方政府规章到2002年《吉林省人口与计划生育条例》关于"未婚妇女可以用医学辅助生育手段生育子女"的地方法规，都说明一些规则的制定者缺少最起码的社会道德理念（范愉，2000a；2003b）。值得肯定的是，最近最高法院在对《婚姻法》的司法解释中，通过征求各界的意见，明确对一些地方存在的婚约、彩礼等实际习俗表示了关注和尊重，显示出司法实践对于调节法律与社会生活关系的积极作用。

② 近年来亲属间的诉讼大量增加，一方面反映出转型期间利益对亲情的高度冲击，另一方面也可以看到所谓传统道德在社会调整中的失效。不少法学家主张应由道德承担起应有的功能，而无须依赖法律维护道德。而实际上，一旦法律不能支撑道德底线，法律自身的价值和目的也就将受到质疑（范愉，2002a）。

因此，改革在走向现代司法制度的同时，也不可避免带来其固有的局限和弊端。而另一方面，由于我国当事人诉讼能力低、律师的法律服务不能满足需要，取证等权利难以得到保障，因此实际上很难承担现代司法所要求得的当事人责任。同时，现代司法的程序公正标准与我国民众和社会的实质公正的判断标准相去甚远，这些都导致社会及当事人对司法程序的不理解，当事人对判决结果或实质的公正性认同程度低。而法官执法水平不高和司法不公的现象，则使社会和当事人对司法本身失去信心。对司法腐败和司法不公的抗议与对现代司法程序本身的不满相互交融，加剧了社会对司法的信任危机。①

其四，由于司法腐败、执法不严的现实确实存在，社会成员和当事人把以关系"人情"作为左右司法的手段已成为普遍的现象。② 有时，徇私枉法竟成为情理所需，而严格执法的人往往被冠以不近情理的评价，严格执法、不徇私情就意味着"法不容情"。这种意义上的"情理"实际上是社会对法律的一种腐蚀。

其五，观念上的误区和对法治的误解，导致社会中情理法的冲突被主观地夸大。这些误解包括：将法治理解为一种工具化的规则之治，把法的实施和实现完全寄托于国家强制力的使用，在司法中单纯强调法律条文和程序规

---

① 2001 年 9 月 27 日，广东省某法院审判员莫某作为独任法官开庭审理一宗民事欠款纠纷案。原告李某起诉称，被告张某等四人因购房资金不足，向其借款 1 万元，要求法院判令 4 名被告还款。原告提交了一张签有 4 名被告名字的借条。庭审中，被告说借条是受暴力威胁才写的，但未能就此提供证据。法官莫某询问被告当时是否报警，答复说没有。两周后，莫某作出一审判决。判决书称：原告所诉被告欠其借款 1 万元，有被告亲笔签名的借据证实。而被告的辩解理由因未向公安机关报案，且庭审时未提供证据证实，经查亦无法认定。本着"谁主张谁举证"的原则，判决三名被告在判决生效 10 日内清还原告李某借款 1 万元并计付利息。判决后，两被告（张某夫妇）以不能接受错误的判决在法院门口喝农药自杀。二人死后，经相关部门调查取证，1 万元的借条确是在暴力威胁情况下写的。为此，市检察院以莫某"玩忽职守"为由向法院提起公诉，2003 年法院公开审理后判决莫某无罪。本案的处理结果是正确的，法官的行为不属于"玩忽职守"的违法行为，不应为当事人死亡承担责任。但应该注意的是，由于我国民事诉讼当事人往往缺乏法律援助、诉讼能力较低，因此，法官在审理案件时不能仅仅根据证据规则简单办案，需要适度地运用法官的释明权（义务）对当事人给予必要的帮助，以达到公正审判的结果。在被告张某等提出本案证据是违法取得的情况下，法官应慎重对待，可以依职权进行调查，也可建议当事人申请公安部门调查证实，暂缓本案判决。这说明，法官办案并不能仅仅依靠程序和证据规则，更需要良知和经验，同时需要对当事人的能力和实际利益进行权衡，体现司法的人文关怀。

② 在司法腐败成为一种制度性现实的情况下，诉讼作为当事人对抗的一种战场，所凭借的并不完全是法律上和事实上优劣，而是包括关系、实力、金钱在内的全面较量。在社会调查中笔者了解到，在一些司法腐败严重的地区（甚至是经济发达地区），民众对司法公正评价极低，但诉讼量仍然居高不下。因为当事人把终审判决看作是双方实力角逐的结果，其中包括了他们运作司法的能力。面对这一结果，他们即使服判也是抱着一种认赌服输的心理，而不是认同司法的公正性。

则的文义和简单适用，突出法理与情理的对立，忽视民情民意和当事人的能力，等等。这些观念往往被媒体和影视作品突出和渲染，使人们过多地看到和强调情理法的冲突，似乎法治程度越高，这种冲突和差距就应该越大，而忽略了法律与情理和道德之间本应有的互动和协调。

总之，我国司法实践中反映出来的法与社会的冲突除了制度和体制设计本身的问题外，还反映出一种深层的社会文化、传统、习惯和观念方面的因素。不言而喻，理解并解决这些问题绝不可能仅仅依靠纯粹形而上的理念、确定性的规则乃至制度，而需要以一种多元的视角和理论框架作为认识工具，并通过实践性的制度尝试和长期的探索、积累甚至等待才能完成。接下来，笔者尝试介绍一种解释性理论框架，并通过分析提出一些拙见。

## 三　法律多元的解释框架

全球化背景下的司法与上述我国司法实践中反映出来的法与社会的脱节，表面上是风马牛不相及的，但这两个问题却又非常现实地一同摆在我们面前。目前，已经有许多研究者对这一问题进行了关联性的研究（朱景文，2001）。笔者于2002年末，应日本国立九州大学法学院邀请，参加了一个为期十天的国际研讨项目："亚洲——开放的社会与法"（Law and the Open Society in Asia）。[1] 与会者一个共同的问题意识是，在法治化的进程中必须积极面对法与社会互动这个课题，一方面实现法与社会的现代化，另一方面又要处理好本土社会的文化、传统与法制的协调，同时还必须应对经济全球化的挑战。[2] 在会上，日本名古屋大学教授安田信之所提出的法律多元的解释框架，作为一种方法论或认识论，得到了许多法学家的认同，对本文所进行的司法实践视

[1] 这一项目由日本学术振兴会资助，属于亚洲科学研讨系列项目的组成部分。研讨会共有来自中国大陆及中国香港、日本、韩国、泰国、巴基斯坦、孟加拉国、新加坡、菲律宾、印度尼西亚、越南等国家和地区的50余名代表参加。研讨会分为9个专题：法律文化与法律意识，法律与宗教，亚洲宪法与社会重构，亚洲合同法与所有权法，公司法、贸易法和投资法，刑法的发展与犯罪问题，纠纷解决、法律职业与法律教育，国际法与亚洲国际法律支援，亚洲国家的法律资源共享及数据库建设等。但是，中国与其他非西方发展中国家又存在许多不同，包括制度建构的方式、政治体制和社会自然条件等诸多的差异，甚至法学家的问题意识和方法也有明显的差距。

[2] 笔者的一个深切体会是中国法学家普遍更关心的是建立规则体系（立法）和制度改革问题，但对法律文化以及法与社会的互动问题关心不足，这类问题似乎只有一些法制史学者或法社会学者有所关注，并多停留在宏观理论层面，法与社会的断裂在法学研究领域显得尤为突出。一些学者甚至断言法文化或所谓"民间法""习惯法"都是些应该消亡的历史遗留，多属于一些违反人性、侵犯人权、腐朽落后的东西。

角的研究也深有启示。① 笔者下面将借助安田信之教授的理论框架，在其基础上对这一认识路径做一些具体阐发。

第一，法的不同层次或不同层次的法。法律多元的解释框架首先将"法"作一种广义的社会学理解，即不仅把国家制定的、具有强制力的行为规则视为法律，还需要将作为法律产生和运作的社会基础纳入广义的"法"的视野，不仅研究正式的制度，还要关注那些非正式的制度。基于这样的认识论，可以从三个不同层面来认识法的本质、内容、形式和实态（见图"法律体系的金字塔结构"）。

法律体系的金字塔结构

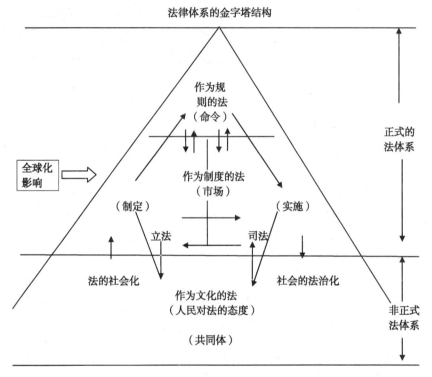

第一层次，作为规则或规范的法（law as norm）。是指国家制定或认可的、以强制力为保证的调整其成员行为的规则体系。首先，它意味着法是一种行为规范。其次，它作为一种权威的命令而要求得到执行，是由国家强制力保证实施的。作为规则的法是中立和确定的，但往往还只是一种理论抽象或可能性。对于民众而言，实际接触的法主要是作为制度的法，特别是通过

① 安田信之（Nobuyuki Yasuda）的论文的英文名是 How Can Law Interact With The Society？—A Note on Recent Law Reform Movement in Asia，其观点在很大程度上是在昂格尔的三种法的类型的理论模式上的重构（昂格尔，1994）。

司法制度具体体现出来的法。

第二层次，作为制度的法（law as institution），又包括法的制定（enactment）与实施（enforcement）两个层次。法的制定是各种社会力量通过具体的立法程序和活动，根据社会的需求创制法律规则或规范的制度和过程。与立法相比，法的实施具有更为重要的意义，因为它使法通过具体的制度得以实现。立法与司法活动相互作用，使作为制度的法成为正式法律体系的核心，决定着作为规则的法能够在多大范围和程度上得以成为现实，而这个过程是依靠法官及其他法律职业的活动实现的。因此，法律职业及法律教育也是作为制度的法的重要组成部分。

作为制度的法与作为规则的法相互影响、相互支持，二者在一定程度上又是浑然一体的，共同构成了正式的法律体系，同时保持着法与社会之间的联系与互动。作为规则的法，更多地体现了法的规范性和确定性；而作为制度的法，则更多地体现了法的制度性、社会性和实践性。

第三层次，作为文化的法（law as culture）。这是一个国家法律体系的基础和生命力所在，集中体现在人民对法的态度上，并作为一种非正式的法体系（所谓民间法或习惯法）而存在。① 在西方现代法的发展中，作为文化的法支撑着西方法律传统，成为一种法律文化，与作为规则的法和作为制度的法一脉相承，非正式的制度与正式的制度之间也隐含着一种内在的协调和互动，二者之间的差距和冲突相对较小。然而，包括中国在内的非西方发展中国家，通过法律移植而建立的国家法由于缺少了文化和传统的根基，其实施只能依赖于国家的强制力。而另一方面，在现代化之前既已根深蒂固地存在于社会之中的非正式的"法"（各种社会规范及调整机制），作为一种具有深刻文化基础的客观存在，经常会与正式的国家法律体系发生冲突。这就使得作为文化的法与正式的法之间出现了西方现代法律体系所没有的异质性和差距，也就是国家法与社会的断裂。我国司法实践中经常看到的情理法的冲突，在很大程度上就是这种异质性的反映。而这一层面的法，也就成为理解法与社会之关系的关键。

第二，全球化背景下的法制现代化与本土化。正是由于作为文化的法与正式的法之间存在异质性与断裂，在发展中国家的现代化和法治化的道路上不可避免地会出现一种与西方不完全相同的发展轨迹。一方面，法律规则和制度的建构必须兼顾社会现实和文化传统，实现所谓本土化即法的社会化

---

① 民间法是法律多元理论的基本概念，也是目前学界的一种约定俗成的用语。但笔者使用这一概念并不意味着将其与国家的正式法律规则混淆或等同（范愉，2002b）。

(socialization of law) 的艰难使命。另一方面，现代化的正式的法律制度又在努力改造社会，逐步将社会推向法制化 (legalization of society) 的轨道，试图最终与西方现代社会接轨。不仅如此，经济全球化的巨大压力，又为这一艰难的过程增加了时间上的紧迫感，使磨合的过程不得不加快。

法的社会化过程主要是通过民主立法的方式逐步实现的，这一过程决定着法能否准确地反映社会需求和民意，并将其上升为法律规则。然而，由于与此同时，现代化的需要和全球化的影响也通过市场作用于立法者及立法过程，要求法律规则体系与世界现代法律制度接轨，缩小与西方世界的差距。因此，立法过程中已不再仅仅是根据本国国民的意志协调利益、分配资源，而必须同时兼顾世界市场竞争的需要和外部世界对国内的各种要求。一般而言，当代世界各国在涉及政治和经济关系方面的法律规则，越来越容易出现趋同，而本土社会的特殊需求，主要在涉及人身关系和传统生活方式的领域适当保留。然而，这样形成的法律规则，在社会中得以实施的程度必然是不完全的，有些甚至可能完全难以真正实现。但是无论如何，法律规则凭借国家的权威和强制力，通过司法制度和司法实践，始终在调整并改造着社会，这就是所谓的社会的法治化过程。社会的法治化强调法制对社会的建构和改造作用，但其作用往往不可能像预期的那样有效。20 世纪 60 年代发展中国家的法律与革命运动，试图通过全面移植西方法，一劳永逸地实现社会的现代化，实际上忽视了社会中作为文化的法具有更为强劲和悠久的生命力；过多地看到了规则的作用，而忽视了制度（特别是司法实践）作为连接法律规范与社会之间纽带的作用。于是，这场运动给发展中国家带来并留下了许多著名的法典，但却没有带来社会的法治化和现代化的结果。因此，今天当我们讨论全球化的影响和作用时，不能不吸取当时的教训，认真对待社会、作为文化的法及其与正式的国家法律规范和制度之间的互动。①

第三，分析社会的三种不同视角。社会也是一种多元的集合，在分析法与社会的关系时，亦须从多元的角度认识社会与法的形成和运作的关系。为

---

① 在与民众社会生活和传统习俗直接相关的领域，法对社会的建构和改造作用不仅取决于立法者和制度建构者的魄力和能力，也取决于社会的承受力和时代背景。一个易于接受新生事物的社会未必不能延续其传统，例如，日本的明治维新不仅一举创建了一个全新的法律体系，甚至还以西历和新年取代了传统的文化节日、祭日和旧历，尽管并非没有遭遇抵抗，但是依然成功了。人们坦然在西历的 8 月 15 日过盂兰盆节，祭奠祖先，家族和社会传统存留依旧。与之相比，在我国阴历与阳历的统合几乎是一个不可企及的话题；近年来一些城市禁放烟花爆竹的地方法规尽管在制定前也曾经过广泛的民意调查和合法程序，但仍然遭遇到了难以克服的反对，正面临极为尴尬的命运。2004 年全国人大全体会议上，一些代表呼吁通过立法确立传统节日为法定假日以维系传统。

此可以在理论上从三个不同的视角或维度来分析社会。它们分别是政治的视角、经济的视角和共同体（公共社会）的视角。

首先，政治视角，即依据主权原理，关注国家权力及其与人民之间的关系。其中国家主权是关键词，统治秩序和法律秩序是法律规则及制度的使命，而主权者的命令则是其基本理念。在全球化时代，一方面，以政治多极化为基础，国家主权仍继续保持着正统性和地位；但另一方面，主权国家又不得不服从许多国际社会的共同规则和原则，受到人权等基本理念和制度的制约。毫无疑问，在当代世界，国家主权及其命令仍然是考虑法律问题的基点，但是全球化对其权威和管辖权带来的冲击已经显而易见。①

其次，经济的视角，即物质决定论原理。社会的发展和变化可以通过经济活动和价值选择不断推进，这个过程往往是通过经济规律和利益平衡自发进行的，是基于人的物质生活需求而发生的。通常首先通过社会主体的自主交易、约定等方式形成惯例乃至秩序，并推动既有秩序的发展或改变。主权者不能对经济规律随意发号施令，但一旦出现这种经济利益和需求的代言人，如政党、利益集团，并为立法者所承认，就可能被确立为法律规则，受到国家的保护。经济全球化实际上主要是通过市场和经济交往实现的，市场经济的影响很快就突破了国家的边界。一般而言，经济的视角是以契约为基点的，关注的是个体。但对于国家主权和共同体而言，经济的力量巨大而无孔不入，必然会带来强烈的冲击，甚至可能使延续几千年的生活习惯迅速解体，使国家统治者不得不臣服于经济的压力或诱惑，给社会带来迅速的变革。这一潮流是不可抗拒的，但又并非是绝对的，它必然也会受到政治与社会文化等要素的影响。没有文化传统的支撑，甚至市场都不可能是健全的。②

最后，共同体或公共社会的视角，关注的是生活在特定社会基盘上的人，

① 当我国加入国际人权和政治公约之后，实际上就对世界做出了承诺，接受国际社会公认的基本准则，例如人权保护，司法独立，等等。主权者命令的内容、方式已不再仅仅由主权者自己决定，而必须受到国际社会的制约。

② 西方国家的法制现代化本身是在启蒙运动所推动的社会观念现代化（也就是现代法律意识）的基础上实现的，因而现代法治本身拥有市场机制的经济基础及文化与社会意识的理念支撑。而在中国的市场经济发展中，诚信和自治的缺失使得市场风险和交易成本倍增，借助法律规则的建构仍然难以一蹴而就地形成一个成熟的市场秩序。面对这些状况，一些法学家和社会学家已清醒地认识到，仅有市场规律和法律规则无济于事，因而大力呼唤一种社会诚信乃至"市民社会"。"市民社会"指西方社会中介于国家和个人之间的公共领域，是社会不可缺少的一种结构要素，对于市场经济、民主政治及社会自治都具有非常重要的意义。然而，在我国，现代的市民社会无法通过移植而建立，只能等待社会自身的发展。但是目前，国家仍更强调规制，试图依靠法律事无巨细的规制减少社会的风险；而社会本身也习惯于依靠强有力的国家权力来运行（邓正来，1997；邓正来、亚历山大，1999）。

这些人是以特定方式（如血缘、信仰、地域联系等）生死相依的。在西方社会发展的历程中，市民社会具有特别重要的意义。公共社会本来是与政治经济的发展同步的，但是在发展中，政治与经济生活也逐步开始脱离社会的母体，表现为现代社会生活与传统的对立，家庭、地域和宗教对人的影响开始淡化。一部分共同体解体了，新的共同体又不断生成，于是文化、道德、社会价值观的多元化就成为社会发展的必然结果。随着政治和经济的要求越来越多地通过法律话语出现在社会调整中，文化和传统仍然固守着道德和信仰的领地，而成为与国家法律相辅相成的社会调整机制。与西方国家相比较而言，多数非西方国家在现代化过程中，现代经济和政治制度与文化和共同体之间的差距自始至终就很大，民间社会规范与国家法的冲突始终存在，随着社会的发展，文化多元化的现象更为突出。当共同体的意志高涨之时，就会产生出一种强烈的抵制经济全球化和政治霸权的力量，当代国际上的许多冲突就是交织着文化因素、经济因素和政治因素而产生的，而文明的冲突已经成为时代的新课题（亨廷顿，1998）。[①]

当我们最终把三个视角统合起来，就会看到各因素之间形成的互动关系：社会的整体发展是在政治、经济与文化的互动下实现的，法律规则与制度则是在国家、市场和社会共同体的冲突与协调之中形成和运作的。一方面，法律规则与制度必然由各种社会要素所决定；另一方面，法律又可能成为社会发展中的重要动力。

## 四　在全球化背景下实现法与社会的良性互动

如上所述，我们的法制正处在现代化和经济全球化交融的时代背景下，那么，全球化对我国法制建设和法与社会的互动，以及司法实践带来哪些启示呢？

首先，全球化时代是多元化的时代，多元论将取代或补充单一的法律意

---

　　① 亨廷顿认为，当代世界文化差异已经取代意识形态等成为文明的冲突的主要形式。在文明的冲突中，自由主义和西方文明无法被理解为一种普遍的价值。由此必然导致在承认文化多元主义基础上的新的世界秩序。亨廷顿的文明冲突论得到了很多认同，但也引起了不少批判。实际上，文化的冲突尽管是不可能消除的，但并不意味着这种冲突必然激化或导致永久的全球性冲突，由于经济全球化既会对主权者和国家命令发生作用，又会通过社会成员生活方式的改变而影响到文化，乃至促生新的文化和文明，因此，在多元化基础上的协作、互利和正当竞争应该是可以达到的。实际上，包括西方社会在内，历史上始终存在着一种以文化守成为基点的"反现代化思潮"（艾恺，1991）。

识形态，即否定绝对的普适性原理。现代社会是基于民族国家的认同感或凝聚力而建立的，但是全球化时代开始改变这种格局，实际上把各个独立的社会实体（民族国家）结合为一个更大的国际社会，而国家则成为这个社会中不同的共同体。然而，一个被孤立于国际社会之外的国家也仍然是一个独立的主权国家，其生存价值和权力并不会也不应被剥夺。在这个意义上，所谓法律全球化不仅是相对的，而且只能是对"法律"的概念进行全面改造之后才能成立。而一旦接受了这样一种与国家强制力相脱离的"法"的概念，也就应相应地接受法律多元的理论，承认各种民间社会规范作为"法"的存在及意义。而这恰好与法制现代化过程中的核心理论即法律意识形态是相悖的。

法律意识形态是以国家意志和命令为中心和出发点的，民主形式是使国家意志正当化的根据。法律意识形态通过法律上的权利和义务进行各种利益资源的分配，在形式合理性的基础上建立起一座法律帝国，并通过司法制度和法律职业使国家和法律成为社会调整和纠纷解决的主导。在法律帝国的统治下，社会关系被简化为个体成员之间及其与国家之间的二元关系，而文化和共同体的意义相对被忽视。从经济全球化的需要出发，以经济决定论为依据，以市场为导向，可以很容易地过渡到政治一体化和法律全球化的逻辑。法律意识形态最容易导致文化虚无主义，在推崇法律至上的同时，把法律等同于精神的认同，要求人们信仰法律，以法律为人们唯一正确的价值尺度，而完全忽略了法律与文化、信仰、道德、习惯之间的不同及其深刻的依存关系（范愉，2003c）。然而，人类社会的发展已经证明，人类社会的高度统一正是建立在高度的多元化基础上的。在确立法律的权威的同时，就必须清楚地知道法律的边界和局限在何处。如果试图以法律的强制抹平社会的差别、消除各种文化共同体之间的特点和差异，否定各种社会规范及调整机制的独立价值和存在的权利，必然会加剧法与社会的冲突和对立，而这也是全球化时代的一个非常重要的结论。

其次，全球化必将导致一种在协商自律基础上的统一。全球化时代的国际社会并非像主权国家一样建立在国家强制力之上。相反，这种联合是各国基于利益之间的互惠互利而自愿结成的，实际上是一个不具暴力镇压和强制色彩的共同体。其内部的规则是通过协商形成的，对于规则的遵守与服从首先是建立在自愿自律基础上的。其纠纷解决机制本质上也并不具有强制执行力，而是依靠利益机制保障的。毫无疑问，这并不意味着强权政治和多极政治的终结，但市场的主导和互利的动机将成为人类社会发展的基础。经济力量、物质文明必然会推动政治文明和精神文明的发展，因此，有利于司法独立、政治民主、人权保护的共同性制度和法律将会具有更大的发展空间。这就给每个国家和政府带来了不能忽视的课题，如何兑现对国际社会的承诺，实现本国法律和政治制度的现代化，对于我国而言，这种要求必然成为加快政治体制改革和法律、特别是司法制度现代化的动力。①

最后，为了更好地协调法与社会的关系，迎接全球化的挑战，国家在实现法治、建立法律和司法权威的同时，应以多元化的理念和制度设计促进社会的活力和发展。从立法和司法、纠纷解决、社会组织结构、激励机制、自治机制、技术支撑等多方面着手，妥善处理社会冲突，降低市场风险、交易成本和纠纷解决成本。毫无疑问，这种多元化是在国家权力、法律和司法统一的前提和统合下的多元化，然而它又是上述统一的前提和基础。具体而言，至少应该包括三个方面。

其一，法律统一下的规则的多元化。一般而言，在现代法治社会，法律规范在社会规则体系中的至上性是毋庸置疑的。但这并不意味着社会需要以法律规则统辖调整一切，也不意味着法律将取代其他社会规范的作用。在看到经济全球化给当代世界各国司法制度和司法活动所带来的影响的同时，绝不能简单得出仅仅依靠接轨就可以应对一切的结论，制定若干与国际接轨的规则体系（法典）绝不可能彻底解决法与社会的冲突及司法实践中的诸多问题。实际上，对我们而言，更现实的问题在于如果法律没有足够的社会文化基础和公众认同，反而会使法与社会的差距和冲突加大。因此，在强调国家法律的统一和权威的同时，如果能更多地给予公序良俗、公共道德、自治规则、民族习惯等社会规范与更多的宽容和生存空间，允许社会自治性纠纷解决甚至法官在司法实践中，在不违背强制性法律规范的前提下酌情处理，或许能够取得更好的效果。

其二，司法权威下的纠纷解决机制的多元化。多元化纠纷解决机制是指在一个社会中，多种多样的纠纷解决方式以其特定的功能和特点，相互协调地共同存在、所结成的一种互补的、满足社会主体的多样需求的程序体系和动态的运作调整系统。多元化纠纷解决机制的合理性归因于社会主体对纠纷解决方式需求的多样性。人类社会的纠纷解决机制自古以来就是多元化的，但是近现代以来则经历了从司法权对纠纷解决的垄断，到通过替代性纠纷解决机制（ADR）重构多元化纠纷解决机制的否定之否定的过程。多元化纠纷

---

① 对于我国而言，最严峻的问题就是如何实现真正意义上的司法独立，怎样通过制度的改革完善和司法实践建立法治，怎样在社会中树立司法和法律的权威。

解决机制的确立，意味着现代法治社会纠纷解决进一步合理化，对于我国而言，还意味着一种保证社会和法制的可持续发展的需要（范愉，2000b；2002c）。在司法实践中，司法机关和非诉讼机制的衔接对于疏解司法压力和诉讼程序的局限，减少社会纠纷解决成本和对抗，追求合乎情理和实质公正的解决结果具有重要价值。

其三，法治秩序下的社会组织及社会结构的多元化。在全球化时代，不仅各国的市场主体越来越多地通过自主行为直接参与到国际市场之中，依据国际规则以协商自主的方式进行交易、解决纠纷。而且，每个主权国家内也出现了越来越多的社会组织和共同体，例如各种行业自治组织、非政府组织、民间社会团体、地方性自治组织等，市民社会或公共领域呈现出越来越活跃的状况，其作用也会越来越积极和重要，涉及经济、社会政治生活、文化和公益等领域。这些自治组织将越来越多地取代国家和政府的职能，国家权力、法律规则、纠纷解决机制也都会随之出现更高程度的社会化。① 社会结构的多元化和公共领域的形成，对于法制的运作和发展具有重要的基础作用，它能够更好地沟通法与社会之间的联系，促进社会生活的民主化，减少国家与公民个人之间二元关系的不足，减少社会对法律的过分依赖，促进社会的凝聚力和活力，使社会与法制现代化同步发展。作为发展中国家，共同体可以将文化、传统、情理、习惯等融于利益调节和法律的强制之中，减少单纯依赖国家及法律治理的不足和代价。

法律规则和制度以统一性、确定性和逻辑性为生命之所在，然而从司法实践的视角，我们却看到，活的法或行动中的法充满了不统一、不确定和非逻辑性的特点。司法实践一方面总是在颠覆着法律意识形态和普适主义的理想，另一方面在最大限度地以维护这些原理和理想为目标——不仅在现实中向社会做出一定的妥协，也在积极或潜移默化地改造社会。只有正面承认社会对法的主导和决定性作用，才能主动地通过制度建构协调法与社会的关系，减少社会对法的腐蚀以及民众对法的规避与不信，让法在社会发展中发挥应有的作用，在社会的现代化进程中实现法制现代化；同时，让我们的文化传统成为社会发展中的积极因素，在国家法律规则与司法的权威不断确立的同

---

① 当代西方国家司法权力已越来越多地出现社会化迹象，律师、公证行业已经实现了高度的行业自治，以社区矫正、公益劳动作为法律制裁方式、监狱的社会化为代表的刑罚执行社会化已经得到了广泛的认同，纠纷解决的社会化、私人警察、调查等保安社会化更是大势所趋。我国尽管尚不可能立即全面在各个领域达到高度自治，但是这种趋势也已经得到国家政策的支持，并且与传统的"人民司法"呈现出某种程度的形式上的一致。

时，使社会自治和公共领域得以成长。

## 参考文献

［美］艾恺：《世界范围内的反现代化思潮——论文化守成主义》，贵州人民出版社1991 年版。

［美］昂格尔：《现代社会中的法律》，吴玉章、周汉华译，中国政法大学出版社 1994年版。

［美］伯尔曼：《法律与革命——西方法律传统的形成》，贺卫方等译，中国大百科全书出版社 1993 年版。

蔡定剑：《人大个案监督的现状及改革》，收入北京大学法学院人民代表大会与议会研究中心、美国加利福尼亚大学洛杉矶分校法学院和美国耶鲁大学法学院中国法律中心共同举办"监督与司法公正"国际研讨会文件资料集，2004 年 1 月。

邓正来：《国家与社会——中国市民社会研究》，四川人民出版社 1997 年版。

邓正来、亚历山大编：《国家与市民社会》，中央编译出版社 1999 年版。

范愉：《撞了白撞——警惕恶法之治》，《北京青年报》2000a 年 5 月 19 日。

范愉：《非诉讼纠纷解决机制研究》，中国人民大学出版社 2000b 年版。

范愉：《泸州遗赠案评析——一个法社会学的分析》，《判解研究》2002a 年第 2 辑。

范愉：《试论民间社会规范与国家法的统一适用》，《民间法》第 1 卷，山东人民出版社 2002b 年版。

范愉主编：《ADR 原理与实务》，厦门大学出版社 2002c 年版。

范愉：《当代中国非诉讼纠纷解决机制的完善与发展》，《学海》2003a 年第 1 期。

范愉：《随意的"立法"与被亵渎的人伦》，《法学家茶座》第 3 辑，山东人民出版社 2003b 年版。

范愉：《法律如何被信仰》，载许章润等《法律信仰——中国语境及其意义》，广西师范大学出版社 2003c 年版。

范愉：《调解的重构》，《法制与社会发展》2004a 年第 2、3 期。

范愉：《司法监督的功能及制度设计》，《中国司法》2004b 年 5、6 期。

范愉主编：《司法制度概论》，中国人民大学出版社 2004c 年版。

［美］亨廷顿：《文明的冲突与世界秩序的重建》，周琪等译，新华出版社 1998 年版。

黄松有：《谈法律适用中的情理》，《人民法院报》2002 年 2 月 26 日。

季卫东：《面向二十一世纪的法与社会》，《中国社会科学》1996 年第 3 期。

季卫东：《宪政新论——全球化时代的法与社会变迁》，北京大学出版社 2002 年版。

黎春宁：《"温情判决"妥否》，《人民法院报》2003 年 3 月 20 日。

刘青峰、王洪坚：《体制、方法及其他——解读我国"法官后语"产生的背景》，《人民法院报》2003 年 6 月 16 日。

罗兹曼主编：《中国的现代化》，"比较现代化"课题组译，江苏人民出版社 1995 年版。

上海市第二中级人民法院研究室：《裁判文件附设"法官后语"的思考》，《法律适用》2002 年第 7 期。

沈宗灵：《比较法研究》，北京大学出版社 1998 年版。

张广兴、公丕祥主编：《20 世纪中国法学与法制现代化》，南京师范大学出版社 2000 年版。

张志铭：《"法官后语"与"情法交融"》，《人民法院报》2002 年 11 月 22 日。

朱景文：《比较法社会学的框架和方法——法制化、本土化和全球化》，中国人民大学出版社 2001 年版。

朱景文主编：《当代西方后现代法学》，法律出版社 2002 年版。

# 司法：从广场化到剧场化

舒国滢[①]

    "司法的广场化"和"司法的剧场化"，可作为两个简化的（也许是过分简化的）符号类型，来描述历史上的和现实的司法活动。然而，实际的司法活动的情态要远比理论的描述生动复杂，而且，本文的论题"从司法的广场化到司法的剧场化"，也容易给人一种"以想象剪裁历史"的错误印象。尽管如此，我更愿意把它当作一种解释的尝试，注重叙事策略和方式的选择，而并不是拘泥于追求问题的"正确答案"。事实上，当人们真正进入问题时，他们将要讨论的领域远比当初想象的要宽泛和深刻。从更为宏大的背景来看，司法的广场化和剧场化问题，代表着自由/秩序、民主/独裁、实质正义/程序正义、大众化/精英化、通俗化/职业化、简单化/复杂化、感性创造/理性选择、多样化/单一化等二元对立的语路和价值倾向。在这样复杂的语境和语路中，谈论"司法的广场化"或"司法的剧场化"哪一个更具有优位的正当性，实际上是没有任何意义的。在既缺乏民主习惯又尚未形成法治传统的国家，一个结合"司法的广场化"和"司法的剧场化"之优点的司法方案，是一个颇具诱惑力的方案，但它无疑也是一个过于理想化的方案。所谓真正最佳的司法模式也许只能是由实践本身来选择的，而学者的预设都只是对问题的众多理解中的一个"理解"而已。

## 一　司法与广场空间

    司法是一个国家的法治宏大架构的拱顶。它由一块块坚固的垒石——刚性的制度规定、正当程序（due process）以及公正无私的法官等构成。制度、程序和法官诸部分相互交错、相互切合、相互支撑，共同承受整个法治大厦的重力，并使这样一个大厦能够经受社会——历史风雨的蚀损，而长久地保持其稳定的基础和坚韧的体积。从社会调整的角度看，司法又是对社会生活的

---

    ① 中国政法大学教授。

具体介入形式，它直接代表着法的品格和形象。一如法学家拉德布鲁赫所说："法不只是评价性的规范，它也将是有实效的力量。……一个超国家的法要想变得有实效，就不应高悬于我们之上的价值的天空，它必须获得尘世的、社会学的形态。而从理念王国进入现实王国的门径，则是谙熟世俗生活关系的法官。正是在法官那里，法才道成肉身。"（Radbruch，1963a：16）

司法的独特性质及其对社会生活的直接介入，很容易使自己处在社会矛盾和冲突的中心。它所处理的事项，扭结着社会政治的、经济的、外交的、文化的、道德的、民族的等各种复杂的关系和利益。司法必须在应对这些复杂的社会问题和矛盾中，既能有效地平衡各种关系和利益，促成社会秩序的稳定，又能始终保持其不偏不倚、秉公持正的品格。然而，正是因为司法处在这样一个特殊的社会结构之点上，它在影响社会生活的同时，也为各种社会力量影响法律活动洞开了门扉。① 不同的利益团体、机关和个人都在"追求正义"的信念支持下，把过高的期待寄予司法的活动过程：各级政府可能会把消解社会危机和进行社会整合的负担交由司法机关承受，新闻媒体通过张扬案件事实中的催人泪下的细节和判决理由的争点来介入对司法公正的解释和判断，普通的民众则企望司法官员扮演"青天老爷"或"上帝之手"来拯救他们所遭受的社会冤苦。这些不同的初始期待，使人们在朦胧的"正义"观念的驱动下，对司法过程产生积极参与的热情，而更愿意选择一种人人直接照面的、没有身份和空间间隔、能够自由表达意见和情绪的司法活动方式。我把这一司法活动方式称为"司法的广场化"。

自然，司法的广场化，首先是一个法律地理空间的概念（Economides，1996）。"广场化"标明：历史上有一些司法活动是在广场或其他露天的空间进行的，诸如古代的"弃市""游街示众"，近现代的"公审大会""批斗大会"等。在这样的司法活动中，露天广场作为一种地理空间符号，具有其特殊的意义。①露天广场作为一种"场"，具有一切"场"所共有的功能。在露天广场的中心，很容易形成某种有一定主题内容的活动，吸引人们积极地参与。司法的广场化，无疑亦借广场之特殊的吸引力和扩散力，通过这种方式达到司法活动的法律效果和社会效果（如社会教育效果）。②露天广场是可以从不同的路径和方向自由进出的场所。在这里，没有专为司法特设的营造之物，如固定的座席、隔离的区域、警戒的护栏（bar）等。它消除了法律的

---

① 在一定程度上，司法也要参与社会资源的重新配置或至少是以"第三者"的身份介入这种配置。故它"陷入"社会生活愈深，则受社会诸种利益交互影响的可能性愈大。

可触及性（accessibility）的障碍，也消除了人们由于不了解专门法律知识形成的法律陌生感和异己感，人们通过亲自观看而直接感受法律活动的生动形象（有时甚至有些紧张刺激）的过程及其效果。这样，整个司法活动总是与时聚时散的流动的人群保持着不间断的互动关系。③露天广场是一种透明无隐的公共活动之地，是"每一个人对每一个人表演"的场所（朱学勤，1994：134、205）。没有空间阻隔和禁止规限的广场，天然适宜举行某些表演者与观众融为一体的集会（如节日的盛典、集体狂欢）。在特定的广场集会中，有时甚至分不清（也没有必要分清）人们的角色和身份的差别，所有参与集会的人形成一个具有独立人格的公共的主体——一个"公共的大我"。① 在露天广场上进行的司法活动，虽然性质不同于完全"无拘无束"的集会，但它们也带有所有"广场集会"的某些共同特点，如人的直接照面、表演—观看界限的模糊、激动人心的节日感觉，② 等等。④露天广场是一个没有什物遮挡的"阳光照耀之地"，它被想象成某种道德理想（如"阳光下的政治"）的实现之所（朱学勤，1994：132、205）。在一定意义上，司法的广场化（至少在当代社会）所潜在的一种道德正当性，就是追求所谓"阳光下的司法"之目的。它把司法活动的每一细节（控诉、辩论、审判、惩罚等）均诉诸民情的反应和置于众人的凝视之下，以防止司法的"暗箱操作"所可能导致的司法冤情和腐败，也可能借助"民愤"的正当性处理一些通过正当程序难以解决的问题或案件。

司法的广场化的起源，可以追溯至先民对司法仪式之神圣性的崇拜和对法的形象的感性认识。如果我们作一个笼统的归结，可以说人类历史上最早的司法活动（如神明裁判、仪式宣誓裁判、决斗裁判等）大体上都是在露天广场上进行的。这一原始的司法过程混杂着"宗教的、民事的以及仅仅是道德的各种命令"，③ 将当事人的诉求、辩解、裁判、惩罚与类似巫祝祭祀的神秘仪式相互勾连。在这里，诗性的或神话式思维、朦胧的正当（正义）观念、

---

① 法国思想家卢梭对古罗马的广场集合的描绘，即可援作一例。他注意到：在集会时，"罗马人民不仅行使主权的权利，而且还行使一部分政府的权利。……全体罗马人民在公共会场上往往同时既是行政官而又是公民"（卢梭，1980：119）。

② 德国哲学家伽达默尔指出：节日是把一切人联系起来的东西。它是仅仅为参加庆祝的人而存在的东西，是一种特殊的、必须带有一切自觉性来进行的出席活动（Anwesenheit）（伽达默尔，1987：601）。

③ 英国法律史家梅因曾写道：在东方和西方，在古罗马、古希腊和古印度，法典"都混杂着宗教的、民事的以及仅仅是道德的各种命令"；"把法律从道德中分离出来，把宗教从法律中分离出来，则非常明显是属于智力发展的较后阶段的事"（梅因，1959：9—10）。

直观形象的认识、某种"集体无意识"、隐喻式的象征意义以及观众的集体性行动（如盎格鲁—撒克逊法中被称为"尖叫"的司法性呐喊，即 clamor）（伯尔曼，1993：72—73），均反映在法律活动的过程之中。它们模糊了"人的经历中客观和主观之间的界限"，模糊了神性和世俗、诗歌与法律、庄严的裁判和戏剧化的表演之间的界限（伯尔曼，1993：67—69）。也正是通过这样的活动过程，法律才"从潜意识的创造之井"中缓缓地流出，成为亦歌亦法的、生动的、朗朗上口的规则，便于人们遵行、记忆和流传。所以，英国法律史学家梅特兰曾深刻地指出："只要法律是不成文的，它就必定被戏剧化和表演。正义必须呈现出生动形象的外表，否则人们就看不见它"（伯尔曼，1993：69）。

后世的广场司法，或多或少地失去了最早的露天司法活动所具有的宗教性质和诗性特征，而且其呈现的形象也大相径庭，从充满血腥气味的刑杀，到体现乡间温情的"司法调解"，都可以在露天的空间（如城市街心广场、乡村田间地头）里进行。然而，无论在集体无意识层面，还是在幻化正义观念和寻求所谓生动形象的"活的法律"（lebendiges Recht）这一点上，后世的司法广场化仍然明显地带有历史上的司法广场化现象遗留的痕迹。法律在表演中产生，又在表演中实现，这是一切司法的广场化共有的特征。所以，这样一种司法活动方式更适宜以下三类情形。①血缘—地缘关系密切、法律信念和法律感知相近的熟悉人社群。在这种社群中，人们的社会空间关系亲近，更愿意"把对所发生的事件的本地认识与对可能发生的事件的本地想象联系在一起"（吉尔兹，1994：126），运用地方性的、存于内心的活的法律或习惯法，通过直接的照面和本地的仪式来处理类似司法性的事项。②激进的革命、社会改革运动或政治运动。在本质上讲，法律是一个内在地包含一个时间维度的"默默地起作用的力量"，因此它的保守性质是与那些不需要程序和规则的"暴烈的行动"（激进的改革、革命和运动）相抵触的（舒国滢，1998）。在此情形下，激进的改革、革命和运动，往往会借助露天广场的行动，来破除旧有的法律和秩序的正统性，同时宣告一种尚待制度化和程序化的新的"革命的法律和秩序"的确立。有时，司法的广场化甚至构成了这种改革、革命和运动的一部分。① ③法律（尤其是刑法）威慑功能和形象之张扬。通过露天广场直接展示法律的强制形象，会有效地传播和扩张法律的威慑力，能够收到通过其他传播途径不能实现的效果。所以，在历史上，历代的统治者

---

① 例如，在"文革"期间的许多批斗会，很难区分它们到底属于司法活动，还是政治运动。

都或多或少采用司法广场化这一"即时性策略",来达到安定秩序之切近目的。

## 二 司法广场的"阳光"与"阴影"

从当代的实践看,司法的广场化更多地体现出司法的大众化特点。就其积极方面言,司法的大众化是一种司法的民主化,是"从群众中来,到群众中去"的一种法律实践。这样的法律实践,在特定的历史条件下是必要的和有效的策略选择。最为人们熟知的例证,是我国抗日战争时期由马锡五在陕甘宁边区的司法实践中创造的"马锡五审判方式"。它强调"携案卷下乡,深入群众,调查研究,巡回审理,就地办案""审判和调解相结合"的审判作风,切近边区的生活实际和行为方式,在当时收到了很好的社会效果,至今仍被看作是"司法的民主化"的典范。马锡五审判方式的真正意义在于它凸显了人民的利益指向(利民)、为人民服务(便民)的价值观以及法律的可触及性,力图消除普通的民众与法律之间的隔膜和距离,使那些身无分文的人、那些即使对法律条文一无所知的人在受到权利侵害时,也同样能够感受到法律阳光的照耀,并在这种阳光的照耀下得到正义之手的救助,走出冤情的苦海。民主类型的司法的广场化,在一个缺乏民主传统的地方,在一个不断制造法律的陌生、间离和恐惧的地方,将永远具有其独特的价值和魅力。它们会在历史上以不同的面目一再地显现。

司法的广场化过分突出的优点也可能恰好遮蔽了它们隐在的问题,这就像阳光普照的地方也一样会留下"阴影"。

首先,司法的广场化强调直接从人的内心和历史传统中生发"活的法律"并且崇拜这样的法律,这将使人们相对轻视所谓"法律的书写"(本本上的法律),把法律的言说看作是第一性的或居于首要地位的。而法律言语的表达,与司法广场化的生动境况直接融为一体,就难以避免任何一个广场空间之特定气氛(如民众情绪的表达)的影响。在这里,人们很难培养起现代法治所要求的冷静、谦抑的品格和客观公正的判断能力。由此而形成的"多数人的裁决"(例如古希腊雅典公民对哲学家苏格拉底的审判)的合法性就要大打折扣(柏拉图,1993:65—71;梁治平,1992:158)。英国法学家哈特在考察法律的要素时指出,只有小型的社会才依靠非官方的规则体系来维持存续,但这样的规则,却可能是"不确定性的""静态性的"和"无效性的"(哈特,1996)。这样的缺陷,在司法的广场化方面也是同样存在的。

其次，司法的广场化趋向于生动形象的、可以自由参与的法律表演，把裁判的结果和实施惩罚的轻重诉诸人们直观、感性的正义观念或道德感情，这也容易使所有的参与者（包括司法官员在内）偏好结果的"实质公正"，而并不在乎实现这种所谓"实质公正"的程序的安定性（Rechtssicherheit）与合法性。甚至相反，热衷追求"心目中的正义"，反而可能厌恶与自我产生隔膜的复杂的法律程序设计、严格的法律逻辑和经过（专家）专门创造的法律语汇和法律规范，更愿意使用浅白平直的日常生活语言（自然语言，甚或带有"地方口音"和感情色彩的口头语言）。所以，司法的广场化并不完全适应现代法治之复杂性、专业化性质，与法治之品质和旨趣也并不完全和谐一致。某些传统积久的司法广场化类型，甚至可能成为抵拒现代法治的主要因素。在法治的语境之下，一些司法的广场化现象，由于本质上并不适合专门化的法律制度而存有功能和效力上的局限性。另外，司法的广场化造就出来的一些"人格魅力型（奇理斯玛式）法官"①，其"为民申冤"的精神品质永远是值得世人称颂的。但就制度建设本身而言，他们所努力践行的，也许更符合人治的理念和制度，却未必有利于现代法治的成长和变迁。

再次，司法的广场化对感性的张扬，也可能会使一个社会（社群）、国家或民族过分持守由广场的表演生发的本地的经验和礼俗或本民族的精神和意志，而把法律视为"民族精神""民族意志"或"乡理民情"的体现；并且以此为借口排拒跨越地域界限的法律观念和原则，否定法律制度之间的可通约性，拒绝合理吸收其他民族—国家的法律文化。在一国之内，司法的广场化所形成的传统，还会为司法的地方保护主义提供"正当化的根据"和潜在的集体心力资源的支持。这无异于是在为通向国家法制（法治）统一的道路上设置深层而坚固的障碍，而使通过司法活动消除地方保护主义的努力变得更加困难。更有甚者，在极端的情况下，一些地区的民众可能会抬高他们对公平、正义的感性判断，而以其地方之"乡理"对抗"国法"之效力。在此，纯粹由于不同制度和规范之间的冲突而导致社会成本的增加、社会资源的浪费以及社会进步的停止，不是不可能的。然而，这样的冲突终归是非理性的，其所付出的成本和代价也是很不值得的。

---

① "人格魅力型（奇理斯玛式）法官"一语，只是借用韦伯的概念而提出的（Weber, 1922；1966：99）。

## 三 法庭："剧场"的符号意义

认识到司法的广场化可能隐在的弊端，我们就需要回过头来审视和考察与此相对应的另一种司法活动的方式或类型，我把它称为"司法的剧场化"。显然，司法的剧场化是指在以"剧场"为符号意象的人造建筑空间内进行的司法活动类型。当然，这里的"剧场"，更多地具有隐喻意义（朱学勤，1994：132—135）。

剧场，首先令我们想象到的是一种装饰华美的建筑，给人以审美的愉悦感觉。法律，作为"正义"的化身，其结构、程序和语言以及按照程式所进行的活动等具有特殊的审美性质（Radbruch，1963b：205；Marcus，1952；Patterson，1953：48—49；Llewellyn，1929）。例如，法律结构的对称性，法律制度的逻辑简洁性（logic simplicity），法律语言的冷静和刚健质朴的特点，司法判词的节律（韵律）感以及个性风格和修辞风格的追求等等，均透显着某种审美的动机。正是在这个意义上，美国的卡多佐法官说："除非为了某些充足的理由，我不想通过引入不连贯性、无关联性和人为的例外来破坏法律结构的对称性"（Cardozo，1921：32—33）。司法活动在以"剧场"为象征的建筑空间内进行，将法律与建筑两者的审美特性融为一体，使法律原则和规则的刚健质朴和简洁对称的风格，凝固成建筑的雕塑形态。这无疑会增强法律的庄严肃穆之美，从而内化人们的法律精神，唤醒人们对法律的信仰和尊敬（王槐三，1991）。

其次，剧场，标识着建筑物自身功用的特性。剧场是为表演歌舞戏剧而特设的，不得或不宜挪作他用；否则就改变了它们的功能（如把剧场当作货场），此时它们也就不再具有剧场的原始意义了。司法的剧场化，实际上也是要强调司法活动的建筑空间所具有的特别性质。例如法庭，只是法院进行审判活动的地方，如果说它们被用作一般的会议室，那至少是没有理解和充分利用它们本有的功能和价值。

再次，剧场是一个间隔的、不透明的空间———一个规限的空间。剧场建筑的"墙体"分割出"剧场之内"和"剧场之外"，阻隔了剧场内外的活动的直接交流。在此，建筑空间的界限本身即含有秩序的意义，它要求人们在"剧场之内"活动时必须遵守已经预设的制度、规范和程序。例如。人们必须依照次序进出剧场，按照规定的方式选择各自的"座位"，不得在剧场内随意地喧哗，等等。此外，剧场也严格规划出"舞台"与"看台"（观众席）之间的距离界限和区域界限。"演员"与"观众"的角色与活动也完全地分离：演员在舞台表演，观众在看台观赏，两者的角色与活动不能互换（朱学勤，1994：127—132）。在法庭内进行的司法活动，也具有完全相似的特点。其一，法庭既阻隔了庭审活动与庭外活动，也限定"诉讼参与人"与一般的"旁听人"之间的角色及活动的界限，以防止法庭之外和之内的各种"嘈杂的声音"对庭审活动可能造成的干扰，其二，像舞台表演一样，庭审活动也是由法官、检察官、律师和当事人等参与角色表演的活动，[①]这种表演也是按照一定的程序（程式）进行的，由"序幕""高潮"和"尾声"诸部组成（Patterson，1953）。不过，他们所演绎的，不是由编剧们虚构的情节，而是（或者说应当是）案件"事实"发生的真实过程。[②]

究其本质言，司法的剧场化仅仅是人类"文明的法律制度"下的产物，它构成了这种制度的一个不可分割的部分。作为另一种司法活动方式，司法的剧场化对于现代法治的制度、精神和习惯的形成具有内在的潜移默化的影响。①内化人们的理性精神和品质。任何表演都可能激活人们的感性，但在法庭内的司法却可能要求人们（无论是旁听人，还是法官）对自己的感性有适度的抑制（节制），愤怒或狂喜是不适宜在法庭之内展现的。通过司法的剧场化孕育和培养的客观、冷静的理性精神和品质，是现代法治不可或缺的构成要素。②凸显程序和秩序观念。规划活动区域的建筑空间能够训练人们遵守程序和秩序：在法庭之内的任何违反程序和规则的行为，都会受到来自法官或普通旁听人的警告或谴责，而对法庭的侮辱和藐视甚至可能构成犯罪（藐视法庭罪，contempt of court），受到刑罚的制裁。法庭空间形塑了程序和秩序，程序和秩序又充实了法庭空间的符号意义。而每一个出入法庭的人都在参与的庭审活动的同时接受程序和秩序的陶冶，又用自己的言行把程序和秩序的理念传播给那些尚未经受同样训练的人们。衡量一个国家法治的程序和秩序的硬度，固然要看它的制度规定是否周延，是否具有安定性，但人民对程序与秩序的依赖和自觉遵守的习惯的形成，无疑是一个很重要的参照系数。③促成法律活动的技术化和专门化，增强法律的神圣性和权威性。法庭活动作为一种"剧场表演"，它之所以区别于"广场表演"，就在于明确划定

---

① 心理剧创始人马立诺曾说：每个人都是"角色的扮演者"（role player），其角色包括"社会性角色"（老师、父母等）、"身心性角色"（如酒囊饭袋）和"心理剧角色"（psychodramatic roles，如忧郁者、喜欢者、悲丧者、愤怒者）（游丽嘉、Sauer，1990）。

② 极端的斯堪底拉维亚派法学家奥利维克罗纳甚至把法律本身看作是一套"社会事实"。在他看来，没有必要对法律下定义，而是对事实进行描述和分析（Olivecrona，1939：26，127）。

了"表演"(庭审)与"观看"(旁听)的角色和活动界限,旁听人不经允许不得以任何形体动作或语言来改变自己的角色,积极影响或实际参与庭审的过程。从法官的角色而言,他们与法庭之外和法庭之内的人保持适度的空间距离,一方面可以使其免受政治的、经济的、道德的或其他情绪性社会因素的影响,以便能够运用法律的手段、"以法律的立场和姿态"来处理和应对复杂的社会冲突和矛盾;另一方面,由于这样的阻隔而强化法官职业和法律本身的神圣性和权威性,使一般的民众普遍形成对法律的敬仰和尊重。而且,法官是以"法律表演者"(演员)的身份出场的,他们的服饰(法衣)、姿态和言行代表着法律符号的象征意义,因此他们演示法律之技艺(技术)的高低,将直接影响着"旁听人"对法律的感性认知。在司法剧场化的背景之下,提高法官及其他法律人的活动的技术化和专业化程度,就显得愈加重要。而现代法治也越来越多地依赖法律活动的专业化和技术化。或者说,现代法治本质上就是一种高度技术化的或要求高度技术化的制度。

随着社会的发展,社会生活和社会关系的不断复杂化和社会分工的日益专门化,由司法的广场化到司法的剧场化将会成为司法活动类型发展的一个趋向。或者说,现代法治,注定是要选择司法的剧场化的。然而,这丝毫不意味着我们承认司法的剧场化是绝对完美无瑕的。事实上,司法的剧场化也暗含着潜在的矛盾或深刻的悖论。

从总体上讲,司法的剧场化的真正价值在于它们通过"距离的间隔"来以法律的态度和方式处理"法律的问题"。然而,也正是由于这种一种间隔,法律在保证"程序正义"和制度的安定性的同时,也在逐渐地走向异化。法律是在"舞台"(法庭)上被"表演"的,它被一套复杂的行业(专业)语言所垄断,被法官们高高在上的(有时甚至阴森恐怖的,如中国古代判官的"高堂问案"形象)面相所幻化。以至于普通的民众每天在各种各样的法律中生活,却似乎又感到法律离他们的生活越来越遥远。法律越来越变得令人难以理喻,变得隐蔽晦暗,变得"矫揉造作",越来越失去可触及性和亲近感。人们在建筑空间的法律活动中"旁听(旁观)"法律,而不可能忘我地"投入"法律表演的过程,法律活动是被文明伪饰过的活动,是完全"异己"的活动,在这种活动中所有的参与者(包括法官本人)都不能再寻找到往昔那种"节日"的感觉。在司法的剧场化的情景中,也许所有的人都是完全尊重法律的,然而这种尊重可能永远不会是基于亲近感的尊重,而是一种"保持距离"的尊重,一种"敬而远之"的尊重。而且,在此情景下,人与法律之间的关系变得越来越"彬彬有礼",法官和当事人都必须通过各种"繁文缛节"才能"合法地"进入法律的活动过程。因此，司法的剧场化本质上是一种成本昂贵的司法活动方式，它们是应经济发展的客观要求而产生，而又以发达的经济、雄厚的财力作为其支撑的基础。一个贫穷的国度，很难支付司法的剧场化所需要的经济成本；在这些国家优先选择和发展司法的剧场化模式，无异于选择一种非分的奢侈。同样，一个贫穷的当事人，也不适宜在司法的剧场化的环境下生存，他们可能由于不能支付高昂的诉讼费用，而面临"我有理，但我无钱证明有理"的尴尬。经济利益介入法律的过程，而法律又要保持其"公平持正"的超然品格，这是任何司法的剧场化都可能造成的一种法律本性和功能分裂的现象。最后，需要进一步指出的是，司法在法庭（剧场）这样一个不透明的空间内进行的，它们不仅阻隔了多数人（由于空间的客观限制）的旁观和凝视，而且也排拒了"在场"的人的直接评论或批评。这样，即使那些本性善良的法官，也可能会受到"黑暗"的诱惑，在阴影的遮蔽之下"心安理得地"从事法庭幕后的交易，使整个司法的形象变得更加隐暗和混浊。

在看到司法的剧场化成为现代法治发展的一个趋向的同时，也意识到这种司法活动类型可能存在的深层矛盾和要付出的社会代价，同样是非常必要的。这是任何试图"凸显问题"的学者所必然具有的姿态和要寻求的理论旨趣。

## 参考文献

Cardozo, Benjamin Nathan. *The Nature of the Judicial Process.* Yale University Press, 1921.

Economides, Kim. Law and Geography: New Frontiers, in Philip A. Thomas (ed.) *Legal Frontiers.* Dartmouth, 1996.

Llewellyn, Karl L. On the Good, the True, the Beautiful in Law, *University of Chicago Law Review*, Vol. 9, 1929.

Marcus, Hugo. *Rechtswelt und Aesthetik.* Bonn, 1952.

Olivecrona, Karl. *Law as Fact.* Humphrey Milford, 1939.

Patterson, Edwin W. *Jurisprudence: Men and Ideas of the Law.* Brooklyn, 1953.

Radbruch, Gustav. *Aphorismen zur Rechtsweisheit.* Goettingen, 1963a.

Radbruch, Gustav. *Rechtsphilosophie.* 6 Aufl, Stuttgart, 1963b.

Weber, Max. Die drei reinen Typen der legitimen Herrschaft, *Eine soziologische Studie*, 1922.

Weber, Max. *Staatssoziologie.* hg. von Johannes Winckelmann, 2 Aufl, Berlin, 1966.

［美］伯尔曼：《法律与革命》，贺卫方等译，中国大百科全书出版社 1993 年版。

［古希腊］柏拉图：《苏格拉底的申辩》，载北京大学哲学系外国哲学史教研室编译《西方哲学原著选读》上卷，商务印书馆 1993 年版。

［英］哈特：《法律的概念》，张文显等译，中国大百科全书出版社 1996 年版。

［美］吉尔兹：《地方性知识：事实与法律的比较透视》，载梁治平主编《法律的文化解释》，三联书店 1994 年版。

［德］伽达默尔：《作为节日的艺术》，载伍蠡甫、胡经之主编《西方文艺理论名著选编》下卷，北京大学出版社 1987 年版。

梁治平：《法辨——中国法的过去、现在与未来》，贵州人民出版社 1992 年版。

［法］卢梭：《社会契约论》，何兆武译，商务印书馆 1980 年版。

［英］梅因：《古代法》，沈景一译，商务印书馆 1959 年版。

舒国滢：《反腐败与中国法治品格的塑造——刚性法治能力的形成所面临的问题》，《社会科学战线》1998 年第 6 期。

王槐三：《空间分离主义与法律根源》，（台湾）《当代》1991 年总第 63 期。

游丽嘉、Sauer：《心理剧创始者马立诺》，（台湾）《当代》1990 年总第 54 期。

朱学勤：《道德理想国的覆灭》，上海三联书店 1994 年版。

# 司法权国家化：中国司法地方保护主义批判

刘作翔①

  中国所进行的司法改革，是一个全方位的、系统性的改革。它既涉及司法体制内部的改革，也涉及司法体制外部的改革；既涉及司法制度层面的改革，也涉及司法人及其司法观念层面的改革；等等。改革的最终目的是要实现司法公正和提高司法效率。要达此目的，就需要有一个适应这一目的的司法体制。因而，在司法体制层面，改革的目标就是要建立一个真正的独立的司法体制。② 司法独立③作为一项人权原则和法治原则，已被国际社会广泛接受，并且已经形成司法独立的国际标准。中国作为国际社会的重要成员，在其宪法和法律中，也对司法独立做了原则性的确认和规定。但是，由于中国较为严重的地方保护主义的存在，形成了"司法权地方化"的格局，破坏了法制的统一和司法独立原则的实施，进而对法治的实现带来破坏。中国司法地方保护主义有其深厚的体制性根源和思想文化根源，在案件的受理、审理和执行等方面都有许多具体的表现。解决中国司法地

---

  ① 中国社会科学院法学研究所研究员。

  ② 在司法改革的讨论中，关于"司法独立"是不是一个改革目标，曾经引起很多争论。"司法公正与司法效率"作为改革目标和目的，虽有一些争论，但分歧不是很大。而对将"司法独立"作为一个改革目标，很多人有不同意见。其实，如果我们将"司法公正与司法效率"作为改革的最终目标和最终目的，而将"司法独立"作为司法体制的一个阶段性的体制改革目标，这一分歧就会减少甚至消除。没有司法独立这样一个阶段性的体制性目标的达成，司法公正与司法效率这一改革的最终目标和目的也难以实现。

  ③ 在最高人民法院有关司法改革的一些讨论中，使用频率较高的是"审判独立"概念。认真分析，我们会发现，在现行宪法和法律的依据上，"审判独立"的概念较之"司法独立"的概念更具有宪法和法律上的依据。中国现行《宪法》第126条规定："人民法院依照法律规定独立行使审判权，不受行政机关、社会团体和个人的干涉。"但从司法体制改革的视角出发，我认为，"司法独立"的概念比"审判独立"的概念更加接近于改革的目标。"司法独立"的概念表达了一个体制性的概念，它既涵括了司法的内部体制，也涵括了司法的外部体制，它将司法体制看作是整个国家政治体制中不可缺少的组成部分；而"审判独立"的概念则主要指向审判体制内部，即似乎成为法院系统内部的事情，甚至会缩小为审判程序的问题。

方保护主义问题就需彻底地改造形成"司法权地方化"的体制性因素，以"司法权国家化"作为司法体制改革的基本思路，并以此进行相应的司法制度设计。

# 一 司法独立的国际标准和法律根据

司法独立国际标准的确立经历了一个由思想学说到各国宪法规定，再到形成国际法律文件的漫长过程。作为思想学说，它的提出者和倡导者首推法国启蒙思想家孟德斯鸠。孟德斯鸠不仅在洛克分权学说（洛克将国家权力分为立法权、执行权和对外权）的基础上，提出了著名的三权分立理论，即将国家权力分为立法权、行政权和司法权，更为重要的是他对三权之间的相互关系进行了论证，并导出了司法独立的重要价值。孟德斯鸠关于三权分立（包括司法独立）及三权制约的思想，成为其后资产阶级政体建立的思想学说，也为司法独立原则的确立奠定了理论基础。其后的许多思想家如美国的汉密尔顿，在此基础上又进一步丰富和发展了司法独立的学说。

随着资产阶级革命的成功，司法独立由一种思想学说发展演变为一项宪法原则和宪法制度，被许多国家的宪法所确认。1789 年的美国宪法规定，司法权只属于各级法院。1791 年法国宪法规定，在任何情况下，司法权不得由立法议会和国王行使，也即司法权应当由法院独立行使。1919 年和 1949 年的德国基本法规定，司法权赋予法官，司法权由法院行使，法官具有独立性，只服从法律。1946 年日本宪法规定，法官依良心独立行使职权，只受宪法和法律的约束。1947 年意大利宪法规定，法官只服从法律。

随着司法独立原则被各国宪法不断确认，它又开始了一个由起初的人权保护原则发展演变为国际法律文件（即国际标准）的路程。这一路程基本上经历了以下几个阶段。

第一阶段：1948 年 12 月 10 日联合国大会通过的《世界人权宣言》第 8 条规定："任何人当宪法和法律所赋予他的基本权利遭受侵害时，有权由合格的国家法庭对这种侵害行为作有效的补救。"第 10 条规定："人人完全平等地有权由一个独立而无偏倚的法庭进行公正的和公开的审讯，以确定他的权利和义务并判定对他提出的任何刑事指控"（董云虎、刘武萍，1990：961）。①

第二阶段：1966 年 12 月 16 日联合国大会通过的《公民权利和政治权利国际公约》第 14 条规定："所有的人在法庭和裁判所前一律平等。在判定对任何人提出的任何刑事指控或确定他在一件诉讼案中的权利和义务时，人人有资格由一个依法设立的合格的、独立的和无偏倚的法庭进行公正的和公开的审讯"（董云虎、刘武萍，1990：975）。

第三阶段：进入 20 世纪 80 年代以后，联合国开始了将司法独立由此前的作为一个人权原则过渡到制定为国际法律文件（即确立为国际标准）的努力。1982 年国际律师协会在其第 19 届年会上通过了《关于司法独立最低标准的规则》。1983 年 6 月，在加拿大的蒙特利尔举行的世界司法独立第一次会议上一致通过了《世界司法独立宣言》。1985 年 8 月 26 日至 9 月 6 日在意大利的米兰召开的第七届联合国预防犯罪和罪犯待遇大会通过了《关于司法机关独立的基本原则》。这一"基本原则"后经联合国大会 1985 年 11 月 29 日第 40/32 号决议和 1985 年 12 月 13 日第 40/146 号决议核可。基本原则对前几个法律文件中的大部分内容作了确认，较为系统地规定了司法独立的标准和保障规则。联合国经济及社会理事会又于 1989 年 5 月 24 日以第 60 号决议通过了《〈关于司法机关独立的基本原则〉的实施程序》的文件，这个文件共包括 15 项内容，规定了各成员国的职责以及联合国有关部门和委员会的帮助义务，以便在国际社会更好地推行司法独立原则。至此，司法独立的国际标准得以确立。②

---

① 在这里，我们应该注意到两个问题。第一，最早的"司法独立"原则是作为一项人权原则提出来的，即"人人完全平等地有权由一个独立而无偏倚的法庭进行公正的和公开的审讯，以确定他的权利和义务并判定对他提出的任何刑事指控"。它是从案件当事人，主要是刑事被告人的角度对国家、对司法提出的一个要求。而如今，当我们提到司法独立的问题或概念时，我们已经不自觉地将它理解和演变成为司法机关的要求，很难将它同人权、同当事人的权利要求联系起来。这实际上是一种异变，已经违背了最初司法独立作为人权原则提出的初衷。我们应该恢复司法独立原则作为一项人权原则的原本含义。第二，任何受到侵害的权利都有权通过司法的途径得到救济的原则和观念，即"任何人当宪法和法律所赋予他的基本权利遭受侵害时，有权由合格的国家法庭对这种侵害行为作有效的补救。"而中国目前还未能完全做到这一点。中国宪法所确认和规定的基本权利受到侵害后，还不能得到完全的法律救济。2001 年由"齐玉苓受教育权被侵害案"引发的所谓"宪法司法化"的全国性讨论，正好说明了我们的宪法权利的救济渠道还不畅通。因此，有必要深刻反省我们的宪法实施制度。

② 对中国而言，有重要意义的国际文件还有 1995 年 8 月 9 日在北京召开的"第六届亚太地区首席大法官会议"通过的《司法机关独立基本原则的声明》（又称"北京宣言"）。

## （一） 司法独立原则国际标准的主要内容之解读

在当今世界，当人们谈到"司法独立的国际标准"这一概念和这一问题时，主要就是指联合国预防犯罪和罪犯待遇大会 1985 年 8 月通过的《关于司法机关独立的基本原则》这一国际法律文件中所规定的标准。联合国在制定这一基本原则时，有许多前提性的考虑和理由。这些前提性的考虑和理由体现在这一文件的前言部分，它们和司法独立都有着直接和间接的关系。

基本原则共有 20 个条款。分为以下几大部分：司法机关的独立；言论自由和结社自由；资格、甄选和培训；服务条件和任期；职业保密和豁免；纪律处分、停职和撤职。

在"司法机关的独立"部分，共有 7 个条款。这是关于司法独立最集中的内容。第 1 条规定："各国应保证司法机关的独立，并将此项原则正式载入本国的宪法或法律之中。尊重并遵守司法机关的独立，是各国政府机构及其他机构的职责。"这一条款明确提出，要将司法独立作为一项宪法原则规定在宪法文本之中。并提出，确保司法独立，是一项国家职责。第 2 条规定："司法机关应不偏不倚、以事实为根据并依法律规定来裁决其所受理的案件，而不应有任何约束，也不应为任何直接间接不当影响、怂恿、压力、威胁、或干涉所左右，不论其来自何方或出于何种理由。"这一条款，是直接为司法机关独立行使职权而确立的权利条款和义务条款。它既是一项权利，也是一项义务。第 3 条规定："司法机关应对所有司法性质问题享有管辖权，并应拥有绝对权威就某一提交其裁决的问题按照法律是否属于其权力范围作出决定。"这一条款提出了对司法问题进行司法管辖的专有权和排他权。当然，对哪些问题享有司法管辖权，取决于各国法律的具体规定，不好有一个统一的模式。第 4 条规定："不应对司法程序进行任何不适当或无根据的干涉；法院作出的司法裁决也不应加以修改。此项原则不影响由有关当局根据法律对司法机关的判决所进行的司法检查或采取的减罪或减刑措施。"这一条款意在排除司法权以外的各种势力对司法权行使的干扰，维护司法裁决的权威性。同时，也提出了对司法判决进行监督的机制。第 5 条规定："人人有权接受普通法院或法庭按照业已确立的法律程序的审讯。不应设立不采用业已确立的正当法律程序的法庭来取代应属于普通法院或法庭的管辖权。"这实质上是一项人权保护原则。接受正当法律程序的审讯，拒绝非正当的审讯，是司法独立的人权含义之一。① 第 6 条规定："司法机关独立的原则授权并要求司法机关确保司法程序公平进行以及各当事方的权利得到尊重。"这一条款可以看作是对司法机关独立原则的约束条款，即程序公平及尊重各方当事人权利。第 7 条规定："向司法机关提供充足的资源，以使之得以适当地履行其职责，是每一会员国的义务。"这一条提出了对司法独立的保障条款。充足的资源主要是指物质资源、财力资源，也包括人才资源。

以上七条中的前六条，是基本原则关于司法独立原则的最主要的内容。第 7 条以及其后的 13 个条款，是关于司法独立的保障条款和法官的权利、义务等条款规定。这些规定都是实现司法独立不可缺少的条件。第 8 条、第 9 条规定了司法人员的言论自由和结社自由权利。第 8 条规定："根据《世界人权宣言》，司法人员与其他公民一样，享有言论、信仰、结社和集会的自由；但其条件是，在行使这些权利时，法官应自始至终本着维护其职务尊严和司法机关的不偏不倚性和独立性的原则行事。"也即法官个人的言论、信仰、结社、集会自由不能影响到其司法职务的履行。② 第 9 条规定："法官可以自由组织和参加法官社团和其他组织，以维护其利益，促进其专业培训和保护其司法的独立性。"

第 10 条是关于司法人员的资格、甄选和培训的条款："获甄选担任司法职位的人应是受过适当法律训练或在法律方面具有一定资历的正直、有能力的人。任何甄选司法人员的方法，都不应有基于不适当的动机任命司法人员的情形。在甄选法官时，不得有基于种族、肤色、性别、宗教、政治或其他见解、民族本源或社会出身、财产、血统或身份的任何歧视，但司法职位的候选人必须是有关国家的国民这一点不得视为一种歧视。"这是关于法官资格方面的条款。"获甄选担任司法职位的人应是受过适当法律训练或在法律方面具有一定资历的正直、有能力的人。"强调了法官作为一种法律职业所应具有的职业训练和职业背景。这已经成为当今世界包括中国在内在选任法官方面的国际通例。

---

① 美国在 2001 年 "9·11" 事件之后所设立的军事法庭之所以招致包括美国人在内的人权人士的激烈批评，认为这是严重的侵犯民权，是 "私设公堂取代法制"，就是因为它明显地违反了第 5 条的规定（《参考消息》2001 年 11 月 22 日）。

② 既保证法官作为公民个人身份所拥有的言论自由和信仰自由权利的享有，又要求法官在审理案件时保持中立，不因法官个人的言论自由和信仰自由而影响案件的公正审判，这对法官的素质是一个极高的要求，也是在两种相互矛盾着的事物中寻求一种平衡。不过，我一直对此心存怀疑：尽管法律上可以作这样的规定，但要真正做到法官不因个人的信仰而影响案件的审理，是否可能？

第 11—14 条是关于法官的服务条件和任期条款。第 11 条规定："法官的任期、法官的独立性、保障、充分的报酬、服务条件、退休金和退休年龄应当受到法律保障。"第 12 条规定："无论是任命的还是选出的法官，其任期都应当得到保证，直到法官退休年龄或者在有任期情况下直到其任期届满。"第 13 条规定："如有法官晋升制度，法官的晋升应以客观因素，特别是能力、操守和经验为基础。"第 14 条规定："向法院属下的法官分配案件，是司法机关的内部事务。"以上几个条款，都是对保障法官能独立地行使职权而必备的条件保障。尤其是法官的终身制，是法官能独立行使职权的重要保障。

第 15—16 条是关于法官的职业保密和豁免条款。第 15 条规定："法官对其评议和他们在除公开诉讼过程外履行职责时所获得的机密资料，应有义务保守职业秘密，并不得强迫他们就此类事项作证。"第 16 条规定："在不损害任何纪律惩戒程序或者根据国家法律上诉或要求国家补偿的权利的情况下，法官个人应免于因其在履行司法职责时的不当行为或不行为而受到要求赔偿金钱损失的民事诉讼。"

第 17—20 条是关于法官的纪律处分、停职和撤职条款。第 17 条规定："对法官作为司法和专业人员提出的指控或控诉应按照适当的程序迅速而公平的处理。法官应有权利获得公正的申诉的机会。在最初阶段所进行的调查应当保密，除非法官要求不予保密。"第 18 条规定："除非法官因不称职或行为不端使其不适于继续任职，否则不得予以停职或撤职。"第 19 条规定："一切纪律处分、停职或撤职程序均应根据业已确立的司法人员行为标准予以实行。"第 20 条规定："有关纪律处分、停职和撤职的程序的决定须接受独立审查。此项原则不适用于最高法院的裁决和那些有关弹劾或类似程序法律的决定。"以上四条，都是保障对法官的有关处分要依法进行，这也是保证法官独立行使职权的必备条件。

## （二）　中国现行宪法和法律关于司法独立原则的确认和规定

在中国，关于司法独立原则，也得到了现行宪法和法律的确认。当然，在法律的表述内容上同国际文件的表述内容有差异。中国关于司法独立原则的宪法规定有下列一些内容。

1982 年《宪法》第 126 条规定："人民法院依照法律规定独立行使审判权，不受行政机关、社会团体和个人的干涉。"第 131 条规定："人民检察院依照法律规定独立行使检察权，不受行政机关、社会团体和个人的干涉。"在中国，司法的概念包括审判和检察。① 因此，现行宪法的这两条规定是对司法独立原则的宪法确认，也可称为宪法原则或宪法制度。

除了将司法独立原则作为宪法原则在宪法中予以确认之外，为了使这一原则能更好地落实和实现，中国又在人民法院组织法、人民检察院组织法和刑事、民事、行政三大诉讼法等相关的法律中，多次重申了这一原则：1983年9月2日通过的修改后的《人民法院组织法》第4条规定：人民法院依照法律规定独立行使审判权，不受行政机关、社会团体和个人的干涉。1983年9月2日通过的修改后的《人民检察院组织法》第9条规定：人民检察院依照法律规定独立行使检察权，不受其他行政机关、团体和个人的干涉。1996年修改后的刑事诉讼法第5条规定：人民法院依照法律规定独立行使审判权，人民检察院依照法律规定独立行使检察权，不受行政机关、社会团体和个人的干涉。1991年4月9日通过的民事诉讼法第6条规定：民事案件的审判权由人民法院行使。人民法院依照法律规定对民事案件独立进行审判，不受行政机关、社会团体和个人的干涉。1989年4月4日通过的行政诉讼法第3条规定：人民法院依法对行政案件独立行使审判权，不受行政机关、社会团体和个人的干涉。人民法院设行政审判庭，审理行政案件。

中国宪法和法律中这些关于司法独立的原则性规定，为中国的司法独立确立了宪法原则和法治原则，提供了法制的保障。当然，在近几年司法改革的讨论中，也有许多学者对中国宪法和法律中的这些关于司法独立的原则性规定提出了意见，这些意见主要集中于宪法和法律中关于排除干涉的主体上。中国宪法和法律采用了罗列排除干涉主体的方法。这种罗列的方法是有缺漏的，其中所罗列的主体中，没有政党，没有国家权力机关，这样，就为政党尤其是执政党和国家权力机关对司法的干预留下了法律上的漏洞。几年来关

---

① 关于"司法""司法权""司法主体""司法体系"等概念，现在仍存在着很大的争议。司法到底如何界定？司法权的范围到底如何划定？中国的司法体系到底由哪几部分组成？"公、检、法、司"是不是司法体系的组成？从我国的宪政安排来讲，我国的司法体系是由人民法院和人民检察院两大系统构成，而公安机关和司法行政机关（包括监狱管理机关）是隶属国务院的国家行政机关。但1997年修订后的《刑法》第94条的立法解释却使人心生困惑。该解释称："本法所称司法工作人员，是指有侦查、检察、审判、监管职责的工作人员。"此条立法解释将有侦查、监管职责的工作人员定性为司法工作人员，那么，他们所在的机关是不是就成了司法机关？如果是，那么，是否意味着要改变现有的宪政安排？如果不是，那么《刑法》第94条的立法解释又如何理解？有的学者用"大司法"概念和"小司法"概念来做解释；有的学者则从刑事诉讼的过程所涉及的权力主体来解释。我认为，将侦查权、监管权定义为行政权，以及将有侦查、监管职责的工作人员定性为国家行政工作人员，并不影响他们的法律地位和法律职责的履行，还有利于宪政的统一。

于政法委的讨论和关于人大个案监督的讨论，就反映了这一宪法缺漏所带来的问题。许多学者主张，应恢复 1954 年《宪法》第 78 条的规定，人民法院独立进行审判，只服从法律。这应该作为中国宪法和法律中关于司法独立的法律表述语言。

## 二 司法地方保护主义成因分析

要使司法独立原则真正在现实中得到贯彻和落实，需要一系列制度上和条件上的保障。但由于我国现有的政治体制、行政区划所形成的司法的属地化和地方利益的存在等原因，在中国现实地客观地存在着司法上的地方保护主义倾向。这一倾向严重地影响着法制的统一和司法独立原则的贯彻和落实。地方法院演变成了地方的法院。这是我们要在政治体制改革以及司法体制改革中着重解决的问题。下面对司法地方保护主义滋生的原因做些分析。

### （一）中国政治体制中的司法体系

根据中国现行《宪法》和《人民法院组织法》《人民检察院组织法》的规定，中国现行司法体系由人民法院系统和人民检察院系统构成。人民法院系统又由地方各级人民法院、专门人民法院和最高人民法院组成。其中地方人民法院是数量最多、涉及地域最广、管辖权最广泛的一个层次。它分为地方基层人民法院、中级人民法院和高级人民法院三级。基层人民法院设立在县、自治县、县级市、市辖区行政区。中级人民法院设立在省、自治区与县之间的行政区，即省、自治区直辖市，不设市的地区、自治州，中央直辖市内也设中级人民法院。高级人民法院设立在省、自治区和中央直辖市行政区。

专门人民法院也是我国人民法院系统的组成部分，它和各级人民法院共同行使国家的审判权。但专门人民法院在我国人民法院系统中又具有特殊性，即专门人民法院是在特殊部门或对特定案件设立的审判机关，而不是按照行政区划设立的审判机关；就其管辖的性质而言，它受理的案件是与各该部门工作有关的或特定的案件，具有专门性。对专门人民法院判决和裁定的上诉案件和抗诉案件由最高人民法院审理。我国现有的专门人民法院种类有：军事法院，铁路运输法院，林业法院，海事法院，等等。最高人民法院是国家最高审判机关。

人民检察院系统是由地方各级人民检察院、专门人民检察院和最高人民检察院组成。地方各级人民检察院包括：县、县级市、自治县和市辖区人民检察院，省、自治区和直辖市人民检察院。专门人民检察院有军事检察院，铁路检察院等。最高人民检察院是国家最高检察机关，统一领导全国的检察工作。

在以上人民法院和人民检察院两大司法系统中，地方人民法院和地方人民检察院这一级，按照宪法，由同级人民代表大会产生，并对其负责（检察院系统还要向上级人民检察院负责）。这样一种宪政安排，决定了地方司法系统隶属于地方的客观属性，地方司法系统的人、财、物大权，生存与发展，都掌握在地方手中，为司法上的地方保护主义滋生产生了条件。

## （二）中国现行的行政区划体制

中国司法体系中的"地方司法"这一系统，是同中国现有的行政区划体制紧紧联系在一起的。根据《宪法》第 30 条，中国现行的行政区域划分如下：①全国分为省、自治区、直辖市；②省、自治区分为自治州、县、自治县、市；③县、自治县分为乡、民族乡、镇。直辖市和较大的市分为区、县。自治州分为县、自治县、市。自治区、自治州、自治县都是民族自治地方。这样一种行政区划安排，加上现行宪法规定的地方司法系统由地方产生，并对其负责，这就客观地为地方司法保护主义的滋生奠定了基础，提供了条件。每个地方都有其地方特殊的利益，为保护本地方的利益，地方的一切权力结构包括行政的、立法的、司法的等，都会为维护地方利益而竭尽全力。

以上两个方面的原因，归结起来，就形成了地方司法的属地化特征。这种属地化是制度造成的。解决这一问题，就须从制度改造入手。属地化只是表象，在属地化的背后，其实质是地方割据和地方格局所形成的地方利益。

## （三）中国经济体制变化（主要是财政体制）方面的原因

同地方保护主义相联系的地方利益主要是地方的经济利益，而经济利益又同经济体制相联系。《和讯财经》2001 年 5 月 15 日有篇题为"中国地方保护主义的起源"的报道这样分析：地方主义在中国抬头主要有两个原因，都与发展经济有密不可分的关系。一是 1980 年以来中央的财政改革，实行"税政包干制"，并进一步于 1994 年采行分税制，赋予地方政府税收自主权，同时也给予地方政府以自行决定投资项目、外贸及自由配置资源使用的权限，再加上乡镇企业的兴起，使得地方相对于中央的自主权大幅提高。光是在税收上，1979 年以前，中央政府的税收占总税收的 70%，地方政府只占 30%，现在则几乎相反。第二个原因则是地区的非平衡发展，使得另一种地方主义兴起，各地区差距不断扩大。东南沿海地区与南方开放地区，由于经济连年高速增长，社会富裕程度已达到小康水平，而中西部一些落后地区则仍处于经济落后、低度开发的状况。在这两种因素的影响下，各地政府为保留更多当地的财政收入，因此莫不大显神通来推动当地经济发展，创造了在经济发展的基本取向下，以地方利益为导向的地方主义，形成一种被称为"诸侯经济"的扭曲经济结构。在保护主义心态下，各个地方力求建立自主工业体系，结果不是创造多元互补的产业结构，而是资源浪费，恶性竞争及区域对立。不过，有学者认为，虽然中国的地方保护主义起源于经济，但最终解决恐怕不能只靠经济手段。

### （四）历史、文化、意识等主观性原因

除了来自制度层面的和地方经济利益方面的客观原因外，司法地方保护主义还有来自主观方面的原因。主观方面的原因我认为主要有：中国传统社会建立在地域文化基础上的乡土文化之影响，地方领导人对政绩的追求，对现代法治的愚昧、无知，以及知法犯法、公然违反法治等多方面的表现和原因。

产生司法地方保护主义还有一个很重要的原因，就是地方立法和地方政策制定中的地方保护主义。目前，赤裸裸地在地方立法中规定地方保护主义不多见了，但通过地方政府规章、政策、行政命令等方式规定地方保护的，是很普遍的现象。

## 三 司法地方保护主义具体表现

在解读司法地方保护主义问题时，我认为有三种情况必须注意。第一种是司法上的不得不为之。即由于当司法面临着司法之外的各种势力的干涉、干扰、影响时，司法不得不屈服于这种外部压力，而迎合其地方的需求。这种需求有时可能是个人的，甚至是腐败性的，但假以地方之名。第二种是司法上的自愿而为之。即并没有外界的压力，而是司法自愿、主动之行为。在各地方每年的人大开会或政府会议的文件中，都要求司法为本地的经济社会发展"保驾护航"。这是一个看似正当的、冠冕堂皇的理由，但其实质是要求司法要为地方利益服务，同时，也同一些地方司法官员为求升迁等而主动迎合有关。第三种是坚持司法法治，既不屈服于来自各方的压力，也不主动迎合地方需求，而是按照法治的要求、原则、精神去从事司法活动。这样的地

方司法机关也是存在的，但往往承担着很大的风险（个人可能丢官，机构可能丢财），也往往要付出很大的代价。

在中国，司法上的地方保护主义主要表现在案件受理上的地方保护主义、案件审理中的地方保护主义、案件执行中的地方保护主义。下面分别对这几种表现做些分析。

## （一）案件受理上的地方保护主义

有学者列举了案件受理上的地方保护主义的种种表现：对明知本地当事人会败诉的案件，以被告人无履行义务能力或者下落不明、或者法院人手紧张工作繁忙为由，拖延立案。甚至曲解法律上关于管辖和主管的规定，拒不受理应该立案的案件。而对明知无管辖权的案件，只要本地当事人一起诉就予以受理。或者乱立被告或第三人，扩大选择管辖，与外地法院争管辖权。也有的钻法律的空子，只要对方当事人不提出管辖权异议，即认为审理是合法的。还有的将诉讼标的额分解或故意降低，受理在级别上不该由自己管辖的案件。在诉讼费用的收取上，有的对外地当事人采取歧视政策，巧立名目多收费（李富金，2003）。另有学者也撰文罗列了立案中地方保护主义的一些表现：不严把立案关，越权管辖。对当地诉外地的案件不做认真审查，争相立案，违反级别管辖的规定，越权管理应由上级法院管辖的案件；有的明知是经济犯罪，但出于保护本地当事人的利益，作为一般经济纠纷审理，充当了某种犯罪的保护神；有的违反地域管辖的规定，堂而皇之受理不属于自己管辖范围的案件，甚至一案多立，假若当事人对管辖权提出异议，则裁定驳回；有的更改案由，更改立案时间，规避法律，以诉前保全为由违法受案（彭跃进，1997）。

## （二）案件审理中的地方保护主义

有学者认为，审判中的地方保护主义是指审判机关或审判人员在办案过程中，利用权力故意背离案件事实或规避法律规定，偏袒本地当事人，损害外地当事人利益（彭跃进，1997）。另有学者则将案件审理中地方保护主义的种种表现罗列为以下一些现象：对当事人的态度上"泾渭分明"，对外地当事人"冷、横、硬"，包括对外地当事人委托的律师处处设卡在参加开庭、阅卷等方面不给方便；对本地当事人则热情周到，对本地当事人的代理人，即使手续不全，有的还没有律师执业资格，仍大开方便之门。对外地当事人诉讼的案件，久拖不审。或开庭之后，迟迟不下判。对外地当事人错用、滥用财产保全和先予执行措施，强迫外地当事人接受不公平调解协议。在证据的收集、运用上，有利于本地当事人的尽量收集、采用，不利于本地当事人的则视而不见。在法律的适用上，利用法律的幅度性规定等自由裁量权，对法律条文的不同理解甚至曲解法律，做出倾向于本地当事人的不公平的判决和裁定，在外地当事人申诉时，仍轻率地予以驳回。

有学者从审判的综合角度对审判中的地方保护主义现象作如下的"画像"：滥用强制措施，乱列当事人。强制措施成为地方保护主义的重要法宝。有的帮助地方当事人逃债，当外地法院到本地查封冻结时，本地法院知道后，即先行草率做出先予执行裁定，进行查封冻结，造成外地法院无法执行；有的在外地当事人无执行能力的情况下，将与案件毫无关系的第三者列为共同被告或第三人，判决其承担履行义务。这种第三者通常是企业主管部门。有的在外地执行时，乱查封冻结，迫使企业停工停产，甚至以扣押人质的方法来制约当事人履行义务。运用法律不公平。为了保护本地区当事人的利益，对外地当事人申请诉讼保全置之不理，或拖延时间，或理而不睬，使案件横生枝节，徒增难度，造成案件执行难。在经济纠纷案件中，利用法律的可塑性和法律允许的灵活度，在违约金、赔偿金、利息的计算和负担上内外有别，让外地当事人吃亏。对外地当事人诉本地人的案件，有人情关系就早办、快办，没有人情关系的就迟办、慢办，甚至拖着不办，即使办了也久拖不决。离开合法、自愿的前提，制定明显不利于外地当事人的方案，迫使其接受不公平的调解意见和裁判。相互扯皮，协助不力。对受委托送达的诉讼文书或执行案件，以人力、物力有限为借口，能推则推，能拖则拖，能退则退。在外地法院执行受阻时，袖手旁观，不予协助。当外地法院执行得心应手时，故意作梗，百般阻挠。明里协助，暗里串通。在经济交往中，明知本地当事人与外地人签订合同有欺诈行为，执法人员不仅不予制止，反而为当事人出谋划策，争夺主动权。外地法院来执行时，执法人员向本地当事人报信，致使外地法院徒劳往返（彭跃进，1997）。

### （三）案件执行中的地方保护主义

案件执行中的地方保护主义是司法地方保护主义表现得最为明显的领域。有学者对此描述道：对外地当事人申请执行案件，拖压不办，片面强调要申请人提供执行线索，让其填一大堆表格，否则不予执行。而对本地当事人的申请，却可能超范围执行。有的以本地被执行人无履行义务能力为由随意中止执行，而一中止可能就是几年，最后不了了之。强迫外地当事人与本地当事人达成"执行和解协议"，而外地当事人为免予讼之累只得违心接受。也有的把质次价高、积压滞销、过期变质的商品"执行"给外地申请人，在执行标的的估价上也倾向于本地当事人。对外地法院委托执行的不予理睬，对要求协助执行的，不予配合，或横加干预，甚至为当事人出谋划策、通风报信，使执行受阻（李富金，2003）。

最高人民法院原副院长沈德咏在讲到2000年全国法院的执行情况时透露：全国法院有三成案件无法执结。他说，1999年11月至2000年8月，全国法院共执结案件230余万件，同比增长16.31%，执结标的额2551亿元，同比增长57.74%；案件执结率72.45%，同比增长16.31%。他在分析执行难的原因时说：滥用权力，以权压法，阻碍、抗拒执行或有义务协助执行的单位拒绝协助或不予配合执行的情况还普遍存在；被执行人难找、被执行人财产难寻、应执行财产难动的问题以及地方保护主义和部门保护主义造成的执行难仍不容忽视。沈德咏说，法院执行管理体制改革的内容指：在纵向上，高级法院在辖区内建立统一管理、统一协调、统一指挥的执行工作新体制，新的执行机构统一行使行政领导和司法监督双重职权；在横向上，建立完善以委托执行为主的新的工作格局，为跨高级法院辖区执行案件最终实现全部委托执行打下坚实基础。（瑢瑬，2000）

有学者分析金融案件执行难问题时也认为，地方保护主义是首当其冲的原因。学者指出：金融案件执行难是个全国较为普遍存在的问题。在有的地区，得不到执行的金融案件竟达到50%。那么，金融案件执行难的症结在哪里呢？学者认为有以下几个主要原因：第一，地方保护主义。"银行的不良贷款是国家的，企业则是自己的。"这种观念是地方保护主义产生的根源。地方企业如果依法归还银行的贷款，就会减少可用资金，从而可能对地方的经济发展产生一定的影响。于是从地方保护主义出发，某些地方政府甚至执法机关对拒不执行法院判决的企业给予明的或暗的保护，而银行却束手无策。第二，司法不公。判决不能得到及时有效地执行的一个重要原因就是，司法部门的个别人贪赃枉法，不严格执行判决，对逃避债务、拒不执行法院判决的人听之任之，有的甚至姑息纵恿，致使抗法者逍遥法外。第三，缺乏有效的惩治措施。法律是规范人们言行最严厉最有效的规范。对抗法者缺乏明确的惩治措施是导致执行难的重要原因，许多被执行人抱着"拖一天是一天的态度"，有钱也不还，反正也不能把我怎么着。强制执行不能达到应有的目的，从客观上说就是对抗法者的姑息纵恿。学者认为，要解决金融案件执行难的问题，首先，要树立法律的尊严。其次，要克服地方保护主义。地方保护主义的结果是恶化投资环境，直接影响本地区的招商引资和对外经济交往。真正关心地方经济发展的人，就必然是维护法律尊严的模范。一个地方经济发展的状况，也必然是法律执行状况的客观反映。再次，要加大打击司法腐败的力度，维护司法判决的纯洁性。同时，要借鉴国际经验，建立有效的强制执行措施（邹宗山，2000）。

从案件执行的实践来看，地方、部门保护主义和行政干预是人民法院执行工作中最大的阻力。2001 年 9 月 20 日，西安市中级人民法院开展了以克服地方、部门保护主义和行政干预为主要内容的执行专项行动，当天执行案件10 起，执行标的金额近 350 万元。据悉，这是西安中院首次集中统一行动力克地方保护主义。这次执行的这 10 起案件，立案最早的在 1999 年初，按照最高人民法院关于严格执行案件审理期限的规定，这些案件大部分已超过半年的执行期限。它们诉讼标的虽然较小，但影响极大，10 起案件中有 5 起涉及外省投资者，群众反映十分强烈。其中执行不了的共同原因是地方和部门保护主义作祟，个别人错误认为"基层法院是当地的地方法院"，因此人为非法阻碍法院执行，造成恶性循环，损害了法制统一，危害了法律尊严。为认真贯彻省、市优化投资环境的有关决定，力求冲破被地方保护束缚的局面，西安中院决定调集两级法院执行力量，集中开展以"执行风暴、力克保护、优化环境"为主题的专项执行行动（周秦，2001）。

司法中的地方保护主义在司法实践中通过一些案例表现出来。下面有一个司法地方保护主义的典型案例：一村主任违法滥伐天然林，由于地方保护主义作梗，经历了 4 年的艰难曲折，经中央电视台《焦点访谈》曝光，国家林业局直接督办，最高人民检察院派员调查，才还《森林法》尊严。这个案件就是引起社会广泛关注的江西省婺源县中云镇方村特大滥伐林木案。案情为：1997 年初，时任婺源县中云镇方村村委会主任的俞泉发，以发展香菇生产为由，未经林业行政主管部门审批，只凭镇党委书记梅瑞民的一张签批条，就组织村民无证采伐，造成滥伐天然林活立木 923.677 立方米的严重后果。事件发生后，镇长王爱民为掩盖事实真相，实施了一系列包庇行为。这是一起案情并不复杂的特大滥伐林木案，然而在 1997 年 4 月被森林公安机关立案侦查后，三名犯罪嫌疑人非但未受到法律追究，反而受到提拔和重用，引起了当地干部群众的强烈不满，纷纷向省地有关领导和有关部门举报。1999 年，在森林公安局查清案情依法提请报捕、要追究犯罪嫌疑人的刑事责任时，却收到了有关部门关于俞泉发等 3 人的行为不构成犯罪，不予批捕的决定。2000 年 10 月 24 日，《焦点访谈》节目对此案予以披露。最高人民检察院立即派出调查组，赴江西省开展调查。11 月 4 日，江西省人民检察院对此案作出复核决定：撤销上饶检察分院对俞泉发等 3 人的不批准逮捕书。俞泉发、梅瑞民涉嫌滥伐林木罪，王爱民涉嫌包庇罪，应予以批准逮捕。2000 年 11 月 10 日，上饶市森林公安局对 3 名犯罪嫌疑人逮捕归案。2001 年 3 月 20 日，上饶市中级人民法院开庭审理此案，这是新中国成立以来上饶市中院受理的第一起森林刑事案件。并于 4 月 6 日作出一审判决：俞泉发、梅瑞民犯滥伐林木案，分别被判处有期徒刑 2 年和 1 年，王爱民犯包庇罪，被判处拘役 6 个月。婺源县中云镇方村特大滥伐林木案由于地方保护主义和行政干预，久拖难决，最终还是通过国家林业局森林公安局直接督办，《焦点访谈》的披露和最高人民检察院派员调查，才还《森林法》尊严，使本案得以正常诉讼，犯罪嫌疑人依法受到追究（申黄、李菁莹，2001）。

## 四 克制司法地方保护之对策：司法权国家化

在对中国司法地方保护主义的原因进行分析时，我们可以看到，产生中国司法地方保护主义的最主要的和最重要的原因是中国现行政治体制下的司法体制设计和安排。其中，最主要的是司法权的地方化。因此，要克服中国司法地方保护主义的现象，就应该从改革现行的司法体制入手，其中最重要的是改革司法权地方化的现行体制，建立独立的司法体制，把司法体制从地方体制中隔离开来，让司法权回归到国家专有权和专属权的本来地位。这一改革思路可以概括为"以司法权国家化为主线的改革思路"①。

### （一）理论基础：司法权属于国家/人民

在我们进行司法体制改革的过程中，我认为首先必须对一些重大的理论问题进行研究，这是我们进行司法改革的前提条件。其中最重要的就是司法权的属性问题。司法权到底属于谁？属于国家，还是属于司法机关，还是属于司法者个人？这是我们理解司法独立、司法权国家化改革思路的理论基础。

从理论上以及我们国家国体的性质上讲，司法权属于人民。这是一种民主理念和宪法宣示。我们可以先以现行宪法作分析。1982 年中国《宪法》第

---

① 有学者提出了"司法权中央化"的改革主张。但我认为，"司法权中央化"的提法更多地含有中央集权的含义，有上下级等级隶属的含义，会加剧原有的司法行政化的弊端；而"司法权国家化"则体现了司法权属于国家的理念，较准确地表达了司法权的国家属性。

2 条第 1 款规定："中华人民共和国的一切权力属于人民。"这是人民主权原则在宪法中的宣示。这当中的"一切权力"自然包括司法权。当然，宪法的这一规定是从国家性质上来界定的。人民作为一个抽象性集合，不可能直接地、亲自地去行使国家权力，必须通过一定的方式来行使权力，于是，便引出了 1982 年中国《宪法》第 2 条第 2 款和第 3 款的规定："人民行使国家权力的机关是全国人民代表大会和地方各级人民代表大会"；"人民依照法律规定，通过各种途径和形式，管理国家事务，管理经济和文化事业，管理社会事务"。《宪法》在第 3 条第 3 款中，又具体而明确地规定了"国家行政机关、审判机关、检察机关都由人民代表大会产生，对它负责，受它监督"。这三个条款清楚地告诉我们，人民行使的是国家权力，人民行使国家权力的机关是全国人民代表大会和地方人民代表大会，人民行使国家权力还要通过各种途径和方式，具体又划分为行政权、审判权、检察权等。这样，人民权力和国家权力这两个概念在这里重合和等同了。或者说，人民权力的概念被国家权力的概念所代替。司法权属于人民，就意味着司法权属于国家，国家权力代表着人民权力。至少在理论上和宪法的逻辑推导上是这样。①

解决了司法权属于人民，即属于国家的问题，并没有解决司法权的行使问题。国家也是一个抽象。它也不可能去直接行使司法权。它必须成立起专门的司法机关，来代表国家专门行使司法权。在中国，按照宪政的安排，这样的专门司法机关就是人民法院和人民检察院。1982 年《宪法》对人民法院和人民检察院的性质分别作了如下界定："中华人民共和国人民法院是国家的审判机关。"（《宪法》第 123 条）"中华人民共和国人民检察院是国家的法律监督机关。"（《宪法》第 129 条）人民法院和人民检察院是代表国家行使司法权的专门机关。这样，国家司法权就等于交赋给了司法机关，国家的司法权就演变成了司法机关的司法权，具体而言，就是人民法院的审判权和人民检察院的检察权（法律监督权）。这样，司法权属于国家就演变成了司法权属于国家设立的专门司法机关。

接下来的问题是，司法机关的司法权又要通过在司法机关工作的司法工作人员——司法者按照职权分工去具体行使。这是否意味着司法权也属于司法者个人？或者说司法者个人也拥有司法权？这是一个比较复杂的问题。依

---

① 我们知道，国家和人民的关系问题是一个非常复杂的问题。我在这里只是依据宪法的规定作出的一个理论上的推导。这种推导反映了宪法的一种理念，或者说宪法的一种理想。这一推导并不涉及非常复杂的现实中的"国家代表不代表人民"的问题。

我之见，尽管我们在司法改革中强调要扩大司法者个人的权力，但并不意味着司法者个人也拥有司法权。司法权不属于司法者个人，而是属于司法机关，属于国家。法官、检察官的审判权、检察权从性质上是一种职权。职权的概念表明了它是一种来自职务的权力，或者说是一种同职务密切相联系的权力。有了这个职务，就有这个职权；没有这个职务或者失去这个职务，也就没有或者失去这个职权。并且，职权是不可以放弃的。这两点可以说是一切职权的特点，也是职权——作为国家公权力的存在方式之一与权利——作为公民私权利的存在方式之一之间的重要区别。法官、检察官的权力在中国现行宪法框架下，是来自法律的授予，具体而言，是来自同级国家权力机关（即同级人大）的授予。而同级国家权力机关（即同级人大）在任命某人为法官或检察官时，它总是具体地指明是某法院、检察院的法官或检察官，总是要附属于某一个具体的司法机构。设想，无论是一名法官，还是一名检察官，一旦离开他所在的法院或检察院，他还能行使司法权力吗？显然不能。法官、检察官是司法权的行使者，而不是司法权的享有者。因此，从这个视角出发，司法主体这个概念就需要分解，或者说需要做具体分析。司法主体可分解为司法权主体和司法活动主体。法院、检察院既是司法权主体，也是司法活动主体；法官、检察官则不能作为司法权主体，而只是司法活动主体，具体而言，是司法权和司法活动行使主体。一切权力属于人民，而不属于任何个人。公权力即国家权力不能个人化或私有化。这是我们的宪政理念，是人民主权的国家性质所决定的权力属性。法官独立应该理解为法官独立的行使国家的审判权，而不是独立的拥有或享有国家的审判权。

在对司法活动行使主体进行分析时，理论界和司法界长期以来忽视了存在着另一类司法活动行使主体，即陪审员。陪审员无论在外国，还是在中国，都是一个不能忽视的司法活动行使主体，因为陪审员也在实实在在地行使着司法权。陪审员按照法律规定可以参与审判活动，可以对案件的判决发表意见，最关键的是，可以对案件的判决有一人一票的投票权（至少在理论上和法律规定上是如此）。陪审员的陪审权同法官的审判权在权力的来源上、主体资格上和权力的存续时间上等有所不同。陪审员的陪审权来自法律（陪审员法或陪审员条例）。从理论上和法律上讲，任何一个符合陪审员条件的公民，都可以做陪审员。而法官的审判权也是来自法律，但他具体的是来自同级国家权力机关（即同级人大）的授予，并且，并不是每一个符合法官条件的公民都能当法官，做法官都要经过法定的任命程序；陪审员的陪审权是一案一审，即他的陪审权只有在他作为陪审员身份参与陪审具体案件时才能行使和体现；而法官作为审判权的行使者，他的审判行使权则存在于他作为法官身份和法官职务的存续过程中。尽管有以上几点不同，但我认为两者具有一种最关键的同质性：法官的审判权行使，是在法院的审判活动过程中体现的，是法院的审判权的具体行使者。而陪审员陪审权的行使，也是在法院的审判活动过程中体现的，实质上是"人民审判权"的行使方式。从国际通例来讲，陪审员的物色、确定和组成，都是在法院的框架内管理和运行的。因而，陪审员的陪审权是密切地附属于审判机关的。它同审判权专属于审判机关、专属于国家是不矛盾的，是一致的。

还有一个问题：司法权和立法权、行政权的比较。虽然立法权、行政权和司法权一样，都是国家权力的表现，但立法权可以部分地转让，可以部分地授权，因而可以有地方立法，可以有授权立法，等等。行政权也可以部分地转让，可以有条件地授权其他主体行使，因而可以有地方行政，授权行政，等等。唯独司法权是不能转让的，是不能授予其他主体行使的，因而不能有"地方司法"，不能有"授权司法"。"地方司法""授权司法"是有违司法权的国家专有性和国家专属性的，是有违司法法治原则的。这就是司法权同立法权、行政权相比所独具的国家专属性和专有性。

以上关于司法权属性的分析，是司法权国家化改革的理论基础和宪法依据。司法权属于国家，是国家的一种专属权和专有权，因此，司法改革就应以此为据，来进行相应的制度设计和制度改造。同时，有必要说明，司法权国家化的理论论证和改革思路同我们在法学上所批判的国家主义的政治思潮是两个格格不入的不同属性的概念和观念体系。我们不能将司法权国家化望文生义地理解为是在倡导国家主义。

## （二）制度落实：关于司法权的宪法修改意见

通过对司法权属性及相关问题的理论分析，我们可以发现，要实现司法权国家化，就需要对现行宪法作相应的修改。1982 年《宪法》已经实施了几十年，其间经历了多次修正。改革开放以来几十年的法制实践表明有一些条款已经不适应改革和发展的需要。为此，我想就司法权及其相关问题提出有关宪法修改意见，供研究参考。

第 1 条修改意见：应该在宪法中明确规定："中华人民共和国的司法权属于国家。"

这一条有两个意义：一是在宪法中专门和首次提出"司法权"的概念；二是明确规定"司法权属于国家"的司法权属性。这是针对现行宪法中存在着的"司法权地方化"的有关宪政体制安排而言的，同时，也是为防止"司法权属于司法者个人"的倾向而言的。这一条款体现的一个理念是：一切公权力、国家权力都属于国家，最终属于人民。公权力不能个人化，不能私有化。这是人民主权的民主理念的体现。

第2条修改意见：应该在宪法中明确规定："国家行使司法权的专门机关是人民法院和人民检察院。"

这一条是为了纠正目前在我国存在的关于司法、司法权、司法体系、司法机关、司法主体等概念和问题上所存在的混乱。尤其是1997年《刑法》第94条关于"司法工作人员"的立法解释所产生的混乱。

第3条修改意见：应该在宪法中恢复1954年《宪法》第78条的规定："人民法院独立进行审判，只服从法律。"

这一条是为了体现司法独立的原则，以替换现行《宪法》第126条"人民法院依照法律规定独立行使审判权，不受行政机关、社会团体和个人的干涉"的规定。理由已前述。

第4条修改意见：应将现行《宪法》第131条"人民检察院依照法律规定独立行使检察权。不受行政机关、社会团体和个人的干涉。"修改为"人民检察院独立行使检察权，只服从法律。"理由同第3条。

第5条修改意见：应该在宪法中明确规定："人民检察院是国家的检察机关。"

这一条是为了修改现行《宪法》第129条关于人民检察院性质的规定。现行《宪法》第129条将人民检察院的性质规定为"国家的法律监督机关"。我认为这一定性不准确也不明确，存在重合。因为人大也是国家的法律监督机关之一，监察、审计等也是国家的行政法律监督机关。同时，在实践层面，检察机关行使法律监督权也存在许多体制性的障碍和自身职能的矛盾。

第6条修改意见：修改现行《宪法》中有关"司法权地方化"的相关条款。其中，有《宪法》第2条第2款的规定："人民行使国家权力的机关是全国人民代表大会和地方各级人民代表大会。"这一规定从总的原则上没有问题，但缺乏对国家权力的理论分解，缺乏对国家权力一旦具体化后和进入运作过程后其不同性质和特点的科学界定。我们为了避免"三权分立"之嫌，拒绝对国家权力进行分解，坚持国家权力是不可分的。但如果我们将国家权力予以分解并加以分析，就会发现其中存在问题。因为国家权力这个概念包括立法权、行政权、司法权、军事权等，这四种权力具有不同的性质和特点。如前所述，其中的立法权、行政权可以有一个地方化的问题和有条件地转让的问题。而司法权、军事权这两种权力是不能地方化的，是不能转让的，是不能授予其他主体行使的，因而不能有"地方司法"，不能有"授权司法"，更不可能有"地方军事""授权军事"等。"地方司法""授权司法"是有违司法的国家专有性和国家专属性的，是有违司法法治原则的。而现行《宪法》第 2 条第 2 款的规定将"人民行使国家权力的机关"规定为"全国人民代表大会和地方各级人民代表大会"，这就暗含了司法权由地方产生也是人民行使国家权力的方式的观念。

除了这一条之外，建议修改宪法中有关地方司法机关由同级人大产生的相关规定。以"司法权国家化"作为司法体制改革的思路，来进行相应的宪法修改和制度设计，使司法权回归到国家所有，改变和消除司法权地方化的体制性根源，具体的内容涉及很多方面，需要进行深入的研究和论证。

以上关于司法权问题的几条修宪意见，关键取决于我们对司法权的性质、司法权的属性等重大问题进行深入的研究并取得共识和结论。我们需要打破一个理论上的禁区：司法权属于国家和司法机关独立行使司法权，并不会影响"司法权属于人民"的国家性质理念，而且，可能还会更好地实现这一国家性质理念。还需要消除一个误解：对国家权力进行理论分解和分析，是为了更好地认识各个具体权力的不同性质和特点，即有的权力是可分的，可以地方化的；有的权力是不可分的，不能地方化的。由此在宪法上对各个不同性质的权力进行合理的制度设计和安排。它同"三权分立"理论不是同一层面的问题。

## 参考文献

董云虎、刘武萍编：《世界人权约法总览》，四川人民出版社 1990 年版。

李富金：《接近正义的起点：从基层法院的视角看司法改革》，法学硕士论文，苏州大学，2003 年。

彭跃进：《为司法中的地方保护画像》，《华东新闻》1997 年 8 月 15 日。

瑢瑝：《中国三成案件无法执结》，《华声报》2000 年 11 月 3 日。

申黄、李菁莹：《地方保护主义作梗，江西一特大滥伐案 4 年方审结》，《中国青年报》2001 年 4 月 23 日。

周秦：《西安中院掀强制执行风暴》，《华商报》2001 年 9 月 21 日。

邹宗山：《金融案件为何执行难》，《人民日报》2000 年 12 月 13 日。

# 走向民主法治之道

## 王振民[①]

五四运动时期，先进的中国人为了救中国纷纷向西方寻求真理。他们总结西方现代化成功经验得出的结论是，中国缺少两位"先生"，一位是"民主先生"，即"德先生"（Mr. Democracy），一位是"科学先生"，即"赛先生"（Mr. Science）。民主革命先驱陈独秀明确提出要"拥护那德谟克拉西（民主）和赛因斯（科学）两位先生"，认定只有这两位"先生"才可以救中国。[②] 从此中国人开始为民主和科学这两位"先生"而奋斗，尤其为了民主中国人前仆后继，赴汤蹈火，尽管事倍功半，但也在所不惜。中国人民为民主所做出的牺牲、所付出的代价不亚于任何一个西方民主国家对民主的付出。中国人民对于民主的承诺、执着乃至狂热也绝不亚于世界上任何一个民族对于民主的决心。

其实，中国民主革命先驱忽视了促使西方现代化成功还有另外一位"先生"，那就是"立宪先生"，即"康先生"（Mr. Constitutionalism），或者说"法治先生"，即"劳先生"（Mr. Law）。救国、强国当然需要民主和科学，但是历史经验证明，只有民主和科学是不够的，还必须要有立宪和法治。很多国家和地区在民主建设上成效不彰，与只专注于民主、忽视立宪和法治有直接关系。本文拟探讨的就是"德先生"与"康先生"和"劳先生"的关系，试图厘清一些基本概念，研究立宪和法治在民主政治建设过程中的重要作用，尝试为政治体制改革和民主发展提供另外一种思路。

## 一　"法治"的民主与"人治"的民主

近代以来，民主成为人类一面光辉的政治旗帜，是时代的潮流，人民的

---

① 清华大学法学院教授。

② 1919 年 1 月陈独秀在《"新青年"罪案之答辩书》中提出要"拥护那德谟克拉西（民主）和赛因斯（科学）两位先生"，并且明确宣告："我们现在认定只有这两位先生，可以救治中国政治上、道德上、学术上、思想上一切的黑暗。"

抉择。我们今天谈政治，当然指的就是民主政治。必须承认，近代民主政治是西方资本主义国家发明创造的，他们对人类近代政治文明的进步做出了很大的贡献。民主政治的建立，使这些国家的人民得到了空前的政治解放，获得了前所未有的政治权利和自由，在民主发展的道路上迈出了历史性的步伐。

民主政治带给人类的好处是显而易见的。那些成功建立民主制度的国家，由于作为最重要生产力元素的人得到前所未有的解放，人性得以广泛张扬，人智得以深层挖掘，人的创造力得到比较充分的发挥，科学技术水平也因而得到极大提高，无数发明创造使这些国家的经济迅速发展，财富大量积累，社会文明进入更高级阶段。民主也使这些国家比较好地解决了统一问题。由于科技和经济的发达，这些国家的军事实力大大提升，有的迅速走上对外扩张的道路。很多没有实现民主化的传统大国在他们面前也只能割地赔款，委曲求全，有的甚至沦为殖民地。民主因此成为所有国家摆脱落后挨打困境的不二法门，成为人类的普世价值（Dahl，1989；达尔，2006：376）。其他国家纷纷开始向西方已经民主化了的国家学习经验，主动或者被动地引进西方式的民主制度。

但是，回首数百年各国民主发展的历史，人们看到有些国家成功了，有些国家非但没有能够引进西方的民主，反而陷于内乱甚至分裂状态，政治上长期处于不稳定状态。还有些国家经过长时间摸索，在付出沉痛代价后才建立起符合本国情况、稳定可行的民主政治。没有人反对民主，我们并不怀疑这些国家的领导人及其人民建设民主政治的诚意和决心，但是为什么结果如此不同呢？

这里有必要给民主下一个定义。什么是民主呢？按照通常的解释，民主就是人民当家做主，掌握自己和国家的命运。现代著名政治学家萧公权称其为"民治"（rule by the people），其精义在于"以民决政"（萧公权，2006：35）。民主政治强调政治参与，参与的人越多越好。凡是公民，都有政治参与权，都是国家这个政治结合体的"股东"。换句话说就是，人民不仅可以"搞经济"，而且可以"搞政治"；不仅可以合法"搞钱"，还可以合法"搞权"。封建政治是"一人之治"，一切听从皇帝一人乾纲独断。民主政治是"众人之治"，大事小事由众人决定。一个人的智慧永远没有所有人的智慧多，一个人永远没有所有人聪明。从理论上讲，众人一起犯错的概率应该低于一人犯错的概率。这正是民主政治的优越之处。

民主意味着人民可以"主"哪些事情呢？当然并非事无巨细，都要由人民"躬亲"，尽管从学理上应该如此。民主有很多内容，原则上国家的一切事情都应该由人民直接决定。但是实际上经过多年的演变，民主早已简化了，是"简化版的民主"。今天在大部分国家，民主就是每过几年由人民通过选举产生国家领导人，重新组织一次政府，其最高形式是普选（Elster and Rune Slagstad，1993：1）。民主就是选举，选举就是民主。有选举，就有民主；没有选举，就没有民主。至于在人民选举产生政府之后、在下次选举之前，也就是说在民选政府法定任期内，确实没有人民太多事了，人民把各种各样的国事已经托付给自己选举产生的政府了。人民只有在选举的时候才是国家的主人，才能显示一下自己"股东"的身份。在"平时"，政府或者民选领导人就是人民的化身，代表人民行使国家权力。问题是，"平时"远比"战时"（即选战）要长得多。可见，在这种"简化版"的民主之下，人民在绝大部分时候其实与封建政治下的臣民分别不大，不同的是在民主之下，人民如果选出了一个恶劣的政府，可以期待几年后把它更换掉。这是民主最大的价值。[1] 政治全过程的民主已经被简化为短暂的选举民主。人民民主就是由人民来"主"谁将成为下一个领导人。

无论如何，选举领导人和政府，是民主最原始，也是最持久、最本质的含义。关于民主的定义众说纷纭，但这是公认的。不管我们同意不同意，人们今天对于民主的理解就是如此，简单说，民主就是如此简单！

近代以来各国人民争民主，其实就是争取由人民自己选举产生政府。人们的兴奋点、注意力都集中在几年举行一次大选以及选举期间的民主大动员。至于选后如何规范约束民选政府，民选政府如何运作，则常常被忽视。人们往往认为，政府之所以腐败无能、骄横跋扈、藐视基本人权，其根本原因是政府非民选而来。人们憧憬一旦民主了，政府变成民选的了，则万事大吉，政府将变得廉洁、亲民、尊重人权，这样的政府无往而不胜，民主以及通过民主产生的政府是万能的，能够解决我们面临的所有问题。这就是人们更加关切选举的原因。

任何一个时代、任何一个国家、任何一个统治者，不管是世袭君主或者民选总统，都希望国富民安。而国富民安的关键是，一定要通过合理有效的方式把社会优秀分子选拔出来，充实到领导岗位上。这是任何一个政治结合体共同的关切。民主制与封建君主制的区别在于，君主制是由一个人来选拔精英，中国古代的科学考试就是最典型的代表，一个人是否精英最后由皇帝

---

① 按照列宁的说法，资产阶级的民主就是"每隔几年决定一次究竟由统治阶级中的什么人在议会里镇压人民、压迫人民，——这就是资产阶级议会制的真正本质"（列宁，1995：150—151）。

通过殿试来决定。在民主制看来，由一个人来选拔精英是不科学、不合理的，由众人通过选举的方法来选拔精英，更能发现真正的人才和好人。

透过纷繁复杂的政治表象我们很容易发现，绝对"民主制"与"君主制"其实都是把国家的前途命运、把所有人的身家性命、一切的一切都寄托在少数精英身上，假设靠一个人就可以把事情做好，相信个人的智慧和聪明才智以及良心。封建君主制相信个人的作用，绝对民主制同样相信个人的作用，认为人的本性是可以信赖的，"人治"是可行、可靠的。从对领导人个人品性、能力和素质的依赖来看，民主也可能是人治的。人治不仅可以存在于君主制之下，也可以隐含于民主制之中。没有立宪和法治的民主，是一种特殊的人治，或者说是人治的"民主"。绝对民主制和君主制背后的政治逻辑和理念是相同的，即都是历史英雄主义，信奉"精英之治"，而非"法律之治"和"体制之治"。不同的只是二者选拔精英的方法，君主制靠一个人或者几个人选择精英和"好人"，后者则靠众人通过选举来选拔，希望通过人民的慧眼能够发现精英和"好人"。尽管有权参与选拔精英、"好人"的人数和方法不同，但是对"好人政治"的依赖则是一样的。

然而问题的关键不是选拔精英的方法，而是这种逻辑本身是否成立，即治理国家是靠个人，或者靠体制和制度，是制度可靠，或者人可靠，即便这个人是精英？显然，如果仅有选举，仅仅实现了由人民来选举产生政府，并不足以解决所有问题。我们必须解决如何来监督民选政府、避免"人治的民主"的问题，以及没有立宪、没有法治的民主本身能否成立的大问题。

诚然，民主本身就有价值，民主无须证明自己的合理性。实行民主对于任何一个现代国家来说都是不需要任何理由的。反而不实行民主，则要找出很多个理由。但是，如何才能确保民主的成功呢？为什么很多地方播撒的是龙种，是民主的种子，但收获的却是跳蚤，是政府的瘫痪乃至更加腐败独裁的政府呢？难道人民也会看错人？难道"民主"和"君主"就没有分别？问题到底出在哪里？

## 二 作为"法律之治"的宪法政治

从历史上看，民主建设的成败与有无立宪和法治关系重大。在展开讨论之前，我们最好也先界定一下"宪法政治"或"立宪主义"的概念。宪法政治的核心或者说关切有三个方面。

第一，任何政府、任何领导人不管其如何产生，都要接受宪法和法律的约束，不能滥用权力，不能腐败。即便民选政府，其行为也要受严格的监督和制约（Elster and Rune Slagstad，1993：2）。任何政府都应该是有限政府。有限政府的概念起初是针对封建专制政府提出来的，既然我们批评封建政府是无限的，权力不受任何制约和监督，所以才要建立民主政府。那么，民主政府就不能重蹈封建政府的覆辙，变成无限政府，而必须也是受法律约束的有限政府。因此，民主政府应该是"法治"的政府，不能是"人治"的政府。从某种意义上说，有限政府只有在民主之下才可能真正成为现实。然而问题是，人们对民选政府往往非常放任，很容易无限授权，而且拒绝任何外在监督制约。如何防止民选政府蜕变成无限政府，也就是超越宪法和法律之上的政府，就成为宪政的首要关切。

第二，宪法政治不仅要求政府权力必须是有限的，而且还要求国家权力的配置要科学合理，协调高效。国家各种权力如何配置，国家机构如何设置以及相互之间应该是什么样的关系，从立宪的视角来审视，这些都是科学问题。一个国家一定有一个最适合这个国家的历史、国情、民情、自然条件、地理和经济状况的政治体制，宪法学家和政治学家的任务就是发现这个最合适的体制。治国是一门科学，政治应该成为科学。①搞宪法也应该是搞科学（毛泽东，2007：249）。可见，宪法政治除了强调"法律之治"（rule of law）外，还强调国家权力的配置要科学合理，要求必须是科学的政治，是"科学之治"（rule by science）。概括来讲，宪法政治就是"法治政治"和"科学政治"的结合。

第三，尽管人民不一定参与政府的选举和治国精英的选拔，即不一定要有民主，但国家必须要保障基本人权，给予人民一定程度的自由。人权是宪法政治的应有之义。人民享有不可剥夺的基本人权与政府行使自己的管治权可以并行不悖。大道通天，各行一边，互不影响。在任何情况下，国家都应该给人民和社会保留一定的自由空间。各国宪法无不以保护人权为己任，这是立宪的要义之一。②

在民主政治之下，由于参与政治的人一下子增加很多，因此民主政治的基本游戏规则是少数服从多数，多数人的意见就是法律，推定代表所有人。

---

① 尽管人类的政治往往是不科学的，但是对科学精神的追求不应该放弃。这也许就是我们一直把关于的政治的学问叫作"政治科学"（Political Science）的原因。

② 有学者认为，五四运动中国请来了德先生（民主）和赛先生（科学），也请来了和女士（human rights，人权），但是不知为何，我们偏偏忽略了她，这使两位先生的烦恼一直得不到解决（夏勇，2004：131）。

少数人可以保留自己的意见，可以通过言论自由发表不同的看法，但是在行动上必须遵守多数人制定的法律，否则就是违法乃至犯罪，要受到多数人政府的惩罚。强调按照多数人的意志办事是民主的原则。宪法政治则强调人人平等，要求保护少数人的权利，防止多数人的专制和腐败。可见，强调"人民之治"（rule of people）的民主与强调"法律之治"（rule of law）的宪法政治可能会有冲突。

因此，人权问题不仅存在于独裁国家，而且存在于民主国家。对于前者，人们有各种理由去谴责，但对于民主国家存在的侵犯人权问题，人们往往熟视无睹，甚至根本不能理解和接受。人们理所当然地认为，有民主就等同于有人权，民主就是人权。把民主等同于人权其实是一个美丽的误会。任何政府，不管是否是民选产生，只要有公共权力的存在，就有可能侵犯人权。如前所述，民主的原则是少数服从多数，不管是选举政府或者决定事情，少数人的意见是不算数的，即便一票之差，即便这个"少数"只比"多数"少一票，双方其实是势均力敌，那也没有办法，也只能按照多数人的意见办。这种情况下，多数人的傲慢很容易导致少数人人权被侵犯。因此，在民主体制下，也可能有人权问题，同样需要建立健全宪法政治和法治以保护人权。保障人权适用于所有政体，是立宪和法治建设的一个重点。

总之，任何政治体制一定要能够解决那个特定国家及其人民的特定问题，实现广泛的"善治"（good governance）。诚如学者所言："政府应当以良好的治理为本，在治理中尊重和保护民权。"（夏勇，2004：40）如果一个政治体制解决不了人民的基本问题，实现不了有效、公平、高效、良好的管治，不能提供一个稳定合理的社会秩序，在这种情况下不管其领导人是如何产生的，都不能说是一个好的体制。这就是立宪要解决的问题。至于政府及其领导人是否民选产生，并非宪法政治的要旨，那是民主要解决的问题。

宪法政治与法治密不可分，宪法政治必然是法治的政治，宪法政治之下的政府必须是遵守宪法和法治的有限政府。用萧公权的话来说就是：如果说民治（民主）之精义在于"以民决政"的话，那么宪法政治之精义在于"以法治国"。"宪，法也，政，治也；宪政者，法治也。"（萧公权，2006：35）但是，宪法政治与法治还是有所分别的。宪法政治是政治上适用法治的状态，可谓"政治法治"；除此之外，还有"经济法治""社会法治"等，也就是在经济、社会等事务管理上也要实行法治。

与传统君主制和绝对民主制过分依赖精英和英雄个人不同，宪法政治建立在对人性不信任的基础之上。在宪法政治和法治看来，人性是不可信任、很不可靠的。人性恶多于善，趋向腐败、趋向堕落是人的本性。因此，靠人的自我觉悟是无法管好自己、管好社会和国家的。在日常生活中，尽管单个人可以理性处理问题，但从整个历史长河来看，人类作为一个整体，其行为则是下意识的、盲目的、非理性的、不自觉的，可以说人无法管好自己，人性不可救药。无论专制之下的人治或者民主之下的人治，恰恰都建立在对人和人性充分信任的基础之上，相信靠个人的觉悟可以治理好国家和社会。而宪法政治和法治则认为，把亿万人的身家性命、财产安全，把整个国家的命运维系于个人，这是极其危险、极不科学和严肃的事情。纵使个人有充分的理性、智慧和权威，也不能这样。因为即使智者千虑，总还有一失，何况芸芸众生大都是平庸之辈？人总有疲惫的时候，总有偷懒的时候，有不觉悟的时候，有糊涂的时候，有健忘的时候，有智力体力所不能及的时候。而代代人又总有所不同，悲剧可能反复重演。因此，要趁人清醒理性的时候，坚决果断地制定出完备的法律和制度来自我约束，以众多人的理性弥补单个人理性之不足。这样，当人性丑恶的一面要表现出来的时候，法律和制度就会有效地提醒人、规诫人、教育人、训服人、劝阻人，使其避免干坏事，自觉循规蹈矩。一个社会要健康发展，单靠"好人"的出现、个人良心发现和大彻大悟是不行的，制度问题、法律问题更带有根本性、长期性（王振民，2008）。

尤其民选政府及其领导人，很容易滋生骄傲自满情绪，很容易被选民宠坏，如果不加强监控，与非民选政府一样，必然走向腐败和专横滥权。从这个意义上说，宪法政治经常是跟民选政府过不去的。

诚如邓小平曾经指出的，我们过去发生的各种错误，固然与某些领导人的思想作风有关，但是组织制度、工作制度方面的问题更重要，这方面的制度好可以使坏人无法横行，制度不好可以使好人无法充分做好事，甚至会走向反面……不是说个人没有责任，而是说领导制度、组织制度问题更带有根本性、全局性、稳定性和长期性。这种制度问题，关系到党和国家是否改变颜色（邓小平，1993：333）。1988年邓小平还指出："我有一个观点，如果一个党，一个国家把希望寄托在一两个人的威望之上，并不很健康。那样，只要这个人一有变动，就会出现不稳定。……我认为过分夸大个人作用是不对的。"1989年邓小平又说："我历来不主张夸大一个人的作用，这样是危险的，难以为继的。把一个国家、一个党的稳定建立在一两个人的威望上，是靠不住的，很容易出问题。"（邓小平，1993：272、273、325）改革开放以来，中国一直致力于建立一套使好人能充分做好事、坏人不能为非的法律制度。人类的历史经验反复证明，制度不好，不仅好人无法充分做好事，反而使好人变坏，坏人更坏；制度好，不仅好人可以做更多的好事，而且可以逐渐使坏人变好，好人更好。

这就是宪法政治和法治的哲学基础和基本逻辑。尽管任何政治体制都需要由人来操作，操作者个人的素质、能力和品行当然与政治产品质量的高低有关系，但宪法政治更加关心的是，整个政治体制的设计是否科学合理、政治权力是否受到应有的监督约束。宪法政治对操作者个人素质能力的依赖较小，德高望重又能力过人者可以操作它，即便选民不幸看错眼，选了一个道德品行不好、素质不高、能力不强的人，也关系不大。选错人这样的错误，不仅国王一个人会犯，选民也同样可能会产生这样的失误。无论多好的选举制度都无法保证选出的人一定是最好、最合适的德才兼备之人。宪法政治的功能就在于，即便出现这种情况也不用担心，无论什么样的人当政，都不可逾越立宪和法治给他划定的权力界限，同样要按照法定的版本演出。好比科技含量极高的大型飞机，在整个飞行过程中，留给驾驶员个人自由裁量的空间很小，基本上是自动控制。"好人"来操作，很好；一般人甚至"坏人"来操作，也问题不大。宪法政治的眼睛是被蒙上的，无论谁在权力的位置上，无论你是否民选，宪法政治都要监督你，约束你，让你不能为所欲为。

资产阶级大革命时期，已经有很多人对宪法精神到底是民主的或者反民主的，宪法、宪政的本质到底是什么进行过激烈的争辩。杰斐逊主张，宪法应该是民主的化身，定期修改宪法是良性民主不可或缺的组成。"每一代人都和上一代人以及所有已经过去的时代的人一样是独立的，和前人一样，他们有权为自己选择他们认为最能使自己获得幸福的政府形式……死者是没有权利的。"麦迪逊则认为，宪法是对多数人行为的限制，理所当然被视为是反民主的。宪法应该独立于日常政治运作，他认为杰斐逊的想法将使主张保守和改革的党派之间产生"最暴力的斗争"。杰斐逊和麦迪逊之间的争论，其实就是宪法本质是什么以及民主与宪政关系的争论（Elster and Slagstad, 1993: 327）。前者主张宪法就是民主本身，后者则主张宪法和立宪是超越日常民主的，应该是驾驭民主、规范民主的。

非常有意思的是，在中国长期以来我们也有这样的概念，即"宪政就是民主的政治"（韩大元、胡锦光，2003: 8），也就是说宪法就是民主本身。把民主与宪法、宪政混淆的结果是，长期以来，宪法学专注于民主建设，我们天真地以为发展了民主，自然就有了一切。我们过分专注于研究如何推动民主发展，而忽视了宪法政治建设，对法治本身、对权力配置的科学合理、对权力的监督制约和对人权保障等方面的研究相当薄弱。宪法学应该是研究权力和权利的学问，是权力科学配置之学、权力监督之学和人权保障之学，主要不是研究如何推动民主的学问，那是政治科学的任务。政治学家要深究权力是从哪里来的，宪法学家当然也要关心权力是神授、君授或民授，但其主要使命是研究权力本身。法学家应该与政治学家有所不同，应该分工合作，而非大家都去研究热闹的民主问题，而忽视了其他重要问题。

毫无疑问，最理想的组合自然是既有立宪和法治，又有民主。其次是只有立宪和法治，较少民主。再次是只有民主而没有立宪和法治。最后是，既没有民主，也没有立宪和法治。也就是说，可以没有完全的民主，但是不能没有立宪和法治。一个国家、一个社会可以有"民主赤字"，但是不能有"立宪赤字"，不能有"法治赤字"。① 立宪和法治缺失比民主缺失的后果严重得多，立宪和法治是现代政府不可缺少的重要元素。对普通大众而言，人民可以不计较权力是如何取得的，没有多少人天天深究政府权力是否具有合法性（legitimacy），但是权力必须为他们服务，要廉洁，对他们好，尊重他们、保障他们的基本人权，这是问题的关键所在。

## 三 民主法治发展的两种模式

总结世界各国民主立宪发展的经验，大概可以分为两种模式，第一种是渐进的英美模式，这种模式的特点是先构建宪政和法治，再逐步发展民主；第二种是突进的法国模式，其特点是先以革命手段推动民主，再建设宪政和法治。这两种模式带给人类不同的民主体验。

### （一）英美模式

英美模式的特点是，先建立宪政和法治，然后再逐渐扩大政治参与程度，稳步推行民主。近代宪法和宪政是在英国诞生的。1215 年英国封建贵族与约翰王签订了《大宪章》（The Magna Carta），从这个被视为世界上最早的宪法文件里，我们也可以窥见宪法和宪政最初的含义。一个显而易见的事实是，《大宪章》没有规定要实行民主，即普选国王及其政府，只是要求国王必须遵守法律，这可以说是对政府最谦卑、最基本的要求。即先不管国王如何产生，人们优先关注的是国王是否遵守法律，哪怕是他自己制定的法律！《大宪章》

---

① 笔者在此借用《民主赤字》中的说法（Aman，2004）。

洋溢着可贵的法治精神，是人类政治理性之光的体现。国王及其政府接受法律约束，这构成了近代宪政的基本内涵。在以后数百年的时间里，英国人主要致力于如何用法律限制、约束国王及其政府的权力，如何保障私人的自由和权利，而非致力于如何普选产生国王及其政府。[①] 即使下议院的普选，也是循序渐进，不断扩大选民的范围，最终实现完全民主。在英国人看来，最初"宪法"这个词"包含所有直接地或间接地关联国家的主权权力的运用及支配之一切规则"（戴雪，2001：102）。如何限制、约束政府的权力，如何保障私人的自由和权利，这是宪政和法治问题。正是有了良好的宪政和法治，然后再在这个稳定的宪政架构下扩大选举，英国民主政治才得以成功。尽管有短暂的民主革命，[②] 但是英国人很快意识到革命并不必然带来自己想要的东西，很快回归政治理性。尽管宪政、法治和民主英国人都已经获得了，但是至今他们不愿意与国王撕破面子，把这些宪政和民主成果形成文字。在人类历史上英国创造了一个独特的政治现象：英国有宪政，但是至今没有一部成文宪法。

美国的经验同样说明了这个道理。1787 年美国人神来之笔，制定一部成文宪法，这是迄今存在历史最悠久的大国成文宪法。即使修改，目前它也只有 27 条修正案。很多学者认为，这部宪法所确立的政治体制，并非民主，而是宪政。民主理论大师达尔总结了美国宪法至少 7 个重要的不民主的方面，这包括：①保留了奴隶制；②没有规定普选，最少一半人例如妇女、黑人和印第安人没有选举权；③总统选举方法不符合民主原则，以致美国历史上曾经出现得票多的候选人反而不能获得总统职位的情况；[③] ④参议员的产生办法不够民主；⑤各州在参议院的平等代表权问题没有处理好；⑥对法院的司法

---

① 《大宪章》确立的一个重要原则是：国王也要遵守法律（丘吉尔，1985：11）。

② 1642 年英国国王与国会之间爆发了战争。在克伦威尔领导下，国会的军队取得了胜利。1646 年战争结束，国王查理一世被捕。但一年后第二次内战爆发，查理一世乘机逃跑，并重组军队进行反扑，结果仍然是国王战败被擒。克伦威尔 1649 年 1 月处死国王。英国成为共和国，国家大权由克伦威尔任主席的国务会议掌握。从 1653 年到 1658 年，克伦威尔作为"护国公"统治英格兰、苏格兰和爱尔兰。克伦威尔死于 1658 年。克伦威尔在任期间依靠军队进行统治，实际上是军事独裁者。克伦威尔死后，他的长子理查德·克伦威尔继位。1660 年查理二世返英即位，克伦威尔的尸体被掘出施以绞刑。这就是英国历史上短暂的民主革命。

③ 美国总统选举实行"选举人团"和"赢者通吃"的制度，谁能当选为美国总统从制度上不取决于候选人获得的选民票数，而是由候选人最终获得的选举人票数决定。因此获得选民票数多的人，不一定能最终当选总统。美国历史上曾经 17 次出现这种情况。最近的一次是 2000 年共和党候选人小布什得的选民票比民主党候选人戈尔少 50 万张，但布什得到的选举人票比戈尔多 4 张，最后入主白宫。

审查权没有给予适当的制约；⑦对众议院权力的分配不够符合民主精神
（Dahl，2003：15-20）。

确实，当年美国开国领袖们有不少人对民主、对一人一票有很深的疑虑，
担心出现多数人的专制，以致侵犯了他们的财产和自由。他们孜孜以求的是
先建立共和宪政体制，① 通过宪法把政府的权力约束好、把自己通过革命取得
的自由和权利保护好。至于民主，则采取英国模式逐渐推行。达尔认为美国
政治体制经历了从初始共和阶段（proto-republic phase）到共和阶段（repub-
lican phase）再到民主共和阶段（democratic republic）三个发展时期。也就
是，起初让一部分人先民主起来，以后再慢慢扩大选民的范围，最后实现完
全民主即普选，完成民主与宪政的结合。一直到今天，美国总统的选举并没
有实现完全普选，人们甚至怀疑完全普选是否为美国政治发展的终极目的。
但是美国的实践确实证明先建立宪政和法治、再发展民主是民主政治建设的
成功之道，这样一个宪政架构非但没有成为民主发展的障碍，反而为民主发
展提供了一个稳定、可靠的政治环境。这是英美发展民主的共同经验。

## （二）法国模式

民主政治发展的第二种模式是法兰西模式。天性勇敢、喜欢创新的法兰
西民族，从一开始就希望毕其功于一役，一次性解决民主问题。1789 年北美
大陆通过了体现宪政精神的美国宪法，法国人民则公布了洋溢着民主精神的
《人权宣言》，1791 年制定了法国第一部宪法。从那以后在近 170 年的时间
里，法国制定了 15 部宪法（这还不包括制宪后频繁的修宪）（徐正戎，2002：
632），经历了 5 次共和、2 次帝制、2 次复辟，政府更迭频繁，在第四共和期
间，12 年内更换过 24 个政府，政治长期处于不稳定状态。这些宪法大部分的
民主性是没有人怀疑的，它们肯定了人民主权，强调政府及其领导人由人民
选举产生，确立了当时世界上最民主的选举制度（钟群，2003：64）。

但其致命的缺陷是，没有对民选政府的权力进行有效的监督和制约，没有
体现宪政精神。人们以为民主选举产生的政府一定是民主的、不会滥用权力、
不会腐败、对人民友好的。加之，他们认为既然政府是民选的，所以无须也不
能对政府的权力进行限制，否则就违反了民主精神。其结果是，当法国人民发
现自己选出的领导人与以前的独裁者并无分别的时候，就再次通过革命的方法
把他推翻，再选一个政府，再制定一部宪法，而新宪法仍然是只有民主，而无

---

① 达尔认为美国当年建立的并非民主，而是一个"共和国"（republic）（Dahl，2003：5）。

宪政。结果过一段时间，同样的事情再重复一遍。这成为一个恶性循环。"当人民主权的教义落在群众的手里，将解释为并产生出一个完整的无政府状态，然后延至一个统治者出现，落在他的手里将解释为并产生出一个完整的专制形态。"（朱学勤，1994：4）这是法国民主发展曲折历程的真实写照。有学者精辟指出："如果说法国人在 1789 年创造了平等，那么他们随后更多地建立的是近代民主的病理学与问题的一览表，而不是解决方法的一览表。"（罗桑瓦龙，2005：372）给一个人加冕做皇帝，与给全体公民加冕做皇帝，在本质上是一样的。问题的关键不是多少人做皇帝，而是皇帝制度本身是否科学合理。尤其后者以"民主"的名义更加难以监督，如果组织不好，将是混乱、低效、无能的"皇帝"。法国民主发展的历史一再证明了这个真理。

这样的连续剧一直到 1958 年随着"戴高乐宪法"的颁布，才终于稳定下来。"法国终于找到了一部同它的气质、它的政治道德以及同现代世界发展相适应的宪法。"（佐藤功，1984：58）这部宪法削弱、限制了民选国会的权力，建立了宪政机构——宪法委员会，强化了宪政和法治，法国的民主政治从此才日趋成熟。可以说，法国人很早就建立了民主，但是后来用了一百多年的时间与民主做斗争，让民主成为有节制的理性民主。

法国的经验证明，任何政府、任何政治领导人，不管是通过民主选举产生或者世袭而来，如果没有法律制约和监督，都会逐渐走向腐败和滥用权力。民主并不必然解决政府腐败和滥用权力问题。法国启蒙思想家孟德斯鸠在《论法的精神》一书中曾经尖锐地指出，拥有权力的人自然地会变得自私起来，竭力保持个人的地位。历史经验多次证明，"一切有权力的人都容易滥用权力，这是万古不易的一条经验……"（北京大学哲学系外国哲学史教研室，1963：39）。而英国剑桥大学教授阿克顿勋爵的名言"权力导致腐败，绝对的权力绝对导致腐败"（阿克顿，2001）。这不仅仅是对非民选政府而言的，即便是民选政府如果没有宪政和法治的约束，其腐败、滥权的速度可能比非民选政府更快，而且更难以纠正，因为它认为自己有民意基础，任何法律机关都奈何它不得。在民主潮流浩浩荡荡的今天，谁敢监督人民的代表、民主的化身——民选领导人？如果宪政不力，法治不张，民选领导人很容易变成"民选皇帝"。人们反对无限的专制政府，同样也要反对无限的民主政府。如果民主政府的权力是无限的话，人民作为分散的、无组织的群体很容易被一个人"篡位"，最终还是演变成独裁专制，只是更具有欺骗性，因为这样的独裁批着"民主"的外衣。这已经被法国和许多其他国家的民主实践所反复证明。历史就是这样和我们开玩笑。

### （三）民主与宪政的冲突就是政治激情与理性的冲突

世界上很多地方实现现代化的经验也说明了这个道理。有些国家和地区尽管很长时间没有多少民主，人民不能参加领导人的选举，或者只有有限的民主，但是政府遵守法制，廉洁自律，接受监督和制约，充分保障人权，给予人民充分的自由。这样的政府以西方流行的民主观来审视，固然不够民主，但它确实给当地人民带来了富裕、公平和良好的社会秩序，实现了善治。然后在良好的宪政和法治保障之下，再稳步发展民主，让人民最终实现普选。这是第三世界国家和地区民主化最佳的路径选择。相反，有些地方在宪政和法治不健全情况下，首先实现了完全民主，人们看到的是，这样的民主以戏剧开场，以闹剧进行，以悲剧收场，很多民选领导人因为没有强有力的法律约束而沉沦堕落，离开权力层峰往往立即被送上法庭乃至直奔大牢，令人扼腕叹息。

人们往往把政府滥用权力和腐败的原因，很自然地归结为因为政府不是人民自己选举出来的，民选政府天生应该是廉洁自律的。如前所言，民主并不必然带来善治、廉洁、高效。尽管所有人的智慧高于一个人的智慧，但是所有人必须是良好组织起来的，有秩序的，否则恰恰可能走向良好愿望的反面。解决政府滥用权力和腐败难题，法治和宪政比民主更有效。一个非民选的政府只要法治严明，权力受到严格制约和监督，同样可能是清廉、高效、对人民友好的政府。对于人民而言，由自己亲自选政府固然很重要，但是在还不具备完全民主的条件下，先建设一个法治之下的廉洁、勤政、亲民、自律的政府，当然是务实明智的。不管政府是如何产生的，只要他以民为本、对人民友好、廉洁自律、能够合理解决人民面临的实际问题，同样可以建立自己的合法性、正当性（legitimacy），同样可以得到人民的信赖和支持。最可怕的就是一个政府既非民选，又不清廉、勤政、亲民，这样的政府很难取得人民的支持（王振民，2008）。

政治需要激情，但更需要理性。民主与宪政、法治的冲突，其实就是激情与理性的冲突。民主是人类政治激情的自然表达，宪政和法治则是人类政治理性的结晶。① 二者结合才形成真正的政治科学，成为人类最伟大的艺术。② 挥洒自己的激情总是比理性行事更容易，因为理性是人类独有的。因

---

① 这被称为"reason versus passion"或者"politique politisante versus politique politisee"（Elster and Slagstad，1993：6）。

② 达尔称为"the arts of government"（Dahl，2003：21）。

此，建设宪政和法治比发展民主更难，我们必须以科学的态度来研究民主、宪政和法治问题。任何人都可以振臂高呼民主的口号，这不用付出代价，不是什么难事。但是对于一个负责任的公民、一个负责任的政党和政府，对于民主问题必须实事求是，要分清发展民主与建设宪政和法治的优先次序。对于那些由于种种原因无法立即实现普选的国家和地区，宪政和法治比民主要来得重要，完全民主可能是遥不可及的事情，与其把时间和精力全部放在遥远的民主上，不如把我们努力的方向调整到建设宪政和法治上，为民主先铺设好宪政机制和法治管道，这样反而有利于民主又好又快地发展。

## 四　中国民主法治的路径选择

其实，近代国人不是没有认识到宪政建设的重要性，也曾经进行过可贵的尝试。1898 年康有为、梁启超发动的维新变法就以建立君主立宪体制为目标，梁启超发表了大量文章，较为系统地介绍了宪政的原理以及实行宪政的好处（梁启超，1997）。1905 年至 1906 年五大臣出国考察西方宪政，得出的结论是"臣等以考察所得，见夫东西洋各国之所以日趋强盛者，实以采用立宪政体之故"；"中国欲国富兵强，除采取立宪政体之外，盖无他术矣！"（《端忠敏公奏稿》卷六）载泽在给慈禧太后的密折中，提出立宪的三大好处为"皇位永固""外患渐轻""内乱可弭"。① 慈禧为此同意开始尝试推行宪政。1906 年 9 月 1 日清政府发布《预备仿行宪政》谕令，1907 年甚至成立了宪政编查馆，1908 年颁布《钦定宪法大纲》。在辛亥革命的炮火中，清王朝又匆匆忙忙推出了《宪法重要信条》十九条。晚清的宪政运动由起初自下而上到后来的自上而下，最终以失败而告终，君主立宪彻底丧失了历史可能性，但中国人还没有对宪政完全丧失信心，另一种形态的宪政即共和宪政如果能够成功，自然也是不错的选择。于是民国初年中国制定了许多宪法性法律，

---

① 在这封奏折中，载泽详述了立宪的种种好处："以今日之时势言之，立宪之利有最重要者三端：一曰皇位永固。立宪之国君主，神圣不可侵犯，故于行政不负责任，由大臣代负之。即偶有行政失宜，或议会与之反对，或经议院弹劾，不过政府各大臣辞职，别立一新政府而已。故相位旦夕可迁，君位万世不改。大利一。一曰外患渐轻。今日外人之侮我，虽由我国势之弱，亦由我政体之殊，故谓为专制，谓为半开化，而不以同等之国相待。一旦改行宪政，则鄙薄我者转而敬我，将变其侵略之政策为平和之邦交。大利二。一曰内乱可弭。海滨洋界，会党纵横，甚者倡为革命之说，顾其所以煽惑人心者，则曰政体专务压制，官皆民贼，吏尽贪人，民为鱼肉，无以聊生，故从之者众。今改行宪政，则世界所称公平之正理，文明之极轨，彼虽欲造言，而无词可借，欲倡乱，而人不肯从，无事缉捕搜拿，自然冰消瓦解。大利三"（故宫博物院明清档案部，1979：174）。

甚至国会都召开了。可惜国人对宪政的信心再次被欺骗，袁世凯的宪政游戏不仅导致本人身败名裂，而且使得国人对中国到底能否实施宪政和法治产生了根本动摇。① 中国人于是对和平的、渐进式宪政的热情逐渐减退，到了五四运动"德谟克拉西"和"赛因斯"两位"先生"隆重登场，革命旗帜一次次高高飘扬。

无论过去救国，或者现在富国、强国，"德谟克拉西"（民主）和"赛因斯"（科学）两位"先生"自然必不可少。但是中外历史经验告诉我们，仅有他们二位还不够，"康先生"（立宪）和"劳先生"（法治）同样必不可少。没有"康先生"和"劳先生"，"德先生"发挥不了应有的作用。中国近代发生那么多民主革命和民主运动，但是鲜有实质进步，与"康先生"和"劳先生"缺位有直接关系。包括"文化大革命"那样的"大民主"实践证明是大灾难，这给我们的教训非常深刻。对于我们这样一个人口众多、情况复杂的大国来说，发展民主法治必须有一个科学的路径选择。在相当长时间内政治体制改革的重点，应该放在积极推进建立有效的权力监督机制和构建完善的法治上。

共产党很早就认识到民主建设的极端重要性。列宁曾经讲过："无产阶级民主比任何资产阶级民主要民主百万倍；苏维埃政权比最民主的资产阶级共和国要民主百万倍。"（列宁，1995：606）中国共产党也是依靠民主发展起来的，民主是共产党取得革命胜利、实现长期执政的法宝。谈到1954年宪法草案，毛泽东曾经说："我们这个社会主义的民主是任何资产阶级国家所不可能有的最广大的民主"（毛泽东，1986：760）。新中国在民主问题上尽管走了很大弯路，但今天仍然致力于积极推进社会主义民主建设。邓小平曾经多次强调：没有民主就没有社会主义，就没有社会主义现代化（邓小平，1994：333）。2005年10月19日中国政府首次发表的《中国的民主政治建设》白皮书，肯定"民主是人类政治文明发展的成果，也是世界各国人民的普遍要求"。胡锦涛也曾明确指出：没有民主，就没有现代化（《人民日报》2006年4月24日）。可见，民主是中国全面现代化不可缺少的重要组成部分。今天中国官方媒体在谈到西方民主的时候，也不再有负面宣传，而是进行客观介绍。中国对民主有了更为平和、理性的感知和认识，有诚意、有信心、有决心发

---

① 袁世凯在清末和民国初年一直以有新思想的改革派面目出现。他不仅经常谈宪法和宪政，而且成立宪政研究会，甚至聘请外国宪法学家为自己的宪法顾问。只不过他的作为"宪法""宪政"是为了包装自己的独裁专制。这极大地打击了国人对宪政的信念和信心。

展中国的民主政治。

在建设民主过程中，我们不仅要从自己的失误中学习，而且也要学习西方国家发展民主的经验教训。通过上述比较，显然先着重建设宪法政治和法治、再大力发展民主的模式更加科学合理，更加稳妥，人民付出的代价相对较小。在宪法政治和法治基本确立的情况下，就可以放心大胆、勇往直前地推行民主。这样，一方面实现了民主，另一方面也使得民选政府不至于滥用权力，成为一个既民主又遵守法制的政府。先民主、后宪法政治和法治的模式，固然波澜壮阔，但是社会付出的代价太大，建立稳定可行民主体制所需要的时间更长。没有立宪和法治的民主等于无民主，或者是人治的民主，民主政治必须与立宪、法治相结合才能成功。在建设民主的漫长道路上，我们一定要避免出现人治的民主，避免出现不讲人权和法治的民主。认识到民主的重要性并不难，难的是能够同时认识到立宪和法治的极端重要性，并愿意下决心建立宪法政治和法治。这些都是人类付出巨大代价后得出的宝贵经验，值得我们汲取。

我们要正确区别什么是民主，什么是宪法政治和法治，什么是人权。长期以来我们把这些概念混淆在一起，认为它们是完全相同的，从而导致实践上都滞碍难行。我们不能不坦白承认，中国民主的发展不可能一蹴而就，那将是一个漫长的过程。但我们不能因此就不发展宪政和法治，就不在保障人权上下功夫。立宪、法治、人权与民主固然有密切联系，然而它们的内涵外延并非完全重叠。在有了一定民主的基础上，我们应该把注意力和工作重点转移到构建宪法政治、完善法治和切实保障人权上。这样一举两得，既建设了宪法政治和法治，捍卫了人权，又为民主发展奠定了必要的基础。

这里强调宪法政治和法治，绝不意味着要回避民主。在建设宪法政治和法治的同时，我们必须要不断扩大民主。现在中国很多地方开展各种民主改革尝试，例如深圳市推出的完善区级人大代表直接选举制度，增强人大代表的民意基础；积极推进基层党组织领导班子公推直选试点，逐步扩大基层党组织领导班子直选范围；全面推行居委会直选制度，加强基层自治组织建设等等，这些改革措施只要不违反宪法，都值得充分肯定（中共深圳市委、深圳市人民政府，2008）。中国不可能走英国、美国等国家发展民主的老路，即分两步走，先用很长时间发展宪政和法治，暂且把民主放到一边，等宪政和法治健全了，再从容地发展民主。今天中国与 18、19 世纪英美一个主要的不同是，今天中国发展民主面临的内外压力比当年英美发展民主的压力要大得多，英美当时可以从容不迫地先建设宪政和法治，再发展民主，但是今日中国却必须在更为复杂的内外环境中实施两手抓，一手抓宪法政治和法治，一手抓民主，让民主于立宪、法治齐头并进，共同发展。

总之，我们一方面要认识到宪法政治和法治建设的极端重要性，认识到民主发展与宪法政治和法治脱节所可能产生的严重后果。同样重要的是，我们也要认识到发展社会主义民主的极端重要性和紧迫性，改革开放以来人民群众的民主意识不断高涨，最终实现国家统一、进一步提高中国的国际地位也都要求我们在发展民主上要有大动作，要有足以让人民感动的民主举措。宪法政治、法治必须立足于坚实的民主土壤里，才能毕其功。建设既民主、又有立宪和法治的政治体制是我们的终极目标。

达尔在其名著《民主及其批判》一书的"绪论"中，向我们分析了民主的精义并指出了其局限性。他说："我们不仅有必要去了解民主政治为何让人如此渴望的理由，也必须知道它的局限性与前瞻性何在。如果我们高估了它的局限性，就会胆怯而莫敢勇于尝试；如果我们低估了它的局限性，就会莽撞地跃跃欲试，进而挫败。任何人都可以轻易指出历历在目的历史殷鉴，来见证这两种情况。"（达尔，2006；Dahl，1989）发展民主法治既要有历史责任感和现实紧迫感，也要有科学的态度；既不"胆怯"，也不"莽撞"。对任何一个国家或者地区而言，建设成熟完善的宪法政治、法治和民主体制都需要一个过程。我们要以最稳妥的方法、最科学的设计，力争以最小的代价建设成与宪法政治和法治完美融合的社会主义民主。这应该是 21 世纪中国民主法治发展的正确路径选择。

## 参考文献

Aman, Alfred C., Jr. *The Democracy Deficit*：*Taming Globalization Through Law Reform*. New York University Press, 2004.

Dahl, Robert. *Democracy and Its Critics*. Yale University Press, 1989.

Dahl, Robert. *How Democratic is the American Constitution*？. Yale University Press, 2003.

Elster, Jon and Rune Slagstad（eds）. *Constitutionalism and Democracy*. Cambridge University Press, 1993.

［英］阿克顿：《自由与权力：阿克顿勋爵论说文集》，商务印书馆 2001 年版。

北京大学哲学系外国哲学史教研室：《十八世纪法国哲学》，商务印书馆 1963 年版。

［美］达尔：《民主及其批判》，李培元译，台湾国立编译馆与韦伯文化国际出版有限公司 2006 年版。

［英］戴雪：《英宪精义》，雷宾南译，中国法制出版社 2001 年版。

邓小平：《邓小平文选》第 2 卷，人民出版社 1993 年版。

故宫博物院明清档案部汇编：《清末预备立宪档案史料》，中华书局 1979 年版。

韩大元、胡锦光主编：《宪法教学参考书》，中国人民大学出版社 2003 年版。

梁启超：《梁启超文集》，北京燕山出版社 1997 年版。

［俄］列宁：《列宁选集》第 3 卷，人民出版社 1995 年版。

［法］罗桑瓦龙：《公民的加冕礼：法国普选史》，吕一民译，上海人民出版社 2005 年版。

毛泽东：《关于正确处理人民内部矛盾的问题》，《毛泽东著作选读》下册，人民出版社 1986 年版。

毛泽东：《关于中华人民共和国宪法草案》，载王培英编《中国宪法文献通编》，中国民主法制出版社 2007 年版。

［英］丘吉尔：《英语国家史纲》上册，薛力敏译，新华出版社 1985 年版。

王振民：《认真对待法治》，《瞭望》新闻周刊 2008 年第 9 期。

夏勇：《中国民权哲学》，生活·读书·新知三联书店 2004 年版。

萧公权：《民主与宪政》，清华大学出版社 2006 年版。

徐正戎：《法国第五共和国宪法》，载《当代公法新论》，台湾元照出版公司 2002 年版。

中共深圳市委、深圳市人民政府：《关于坚持改革开放　推动科学发展努力建设中国特色社会主义示范市的若干意见》，《深圳特区报》2008 年 6 月 24 日。

钟群：《比较宪政史研究》，贵州人民出版社 2003 年版。

朱学勤：《道德理想国的覆灭》，上海三联书店 1994 年版。

［日］佐藤功：《比较政治制度》，刘庆林等译，法律出版社 1984 年版。

# 中国民主法治的价值构建

胡水君①

《关于全面推进依法治国若干重大问题的决定》（2014 年 10 月 23 日），提出了在中国"全面推进依法治国"必须坚持的五项原则。除"党的领导"外，其他四项原则分别是"坚持人民主体地位""坚持法律面前人人平等""坚持依法治国和以德治国相结合""坚持从中国实际出发"。由措辞和内容看，这四项原则实际涉及了现代发展与文化传统、中国发展与外国经验的关系问题。从中，既可看到现代人民民主政体与传统管治民众体制、现代权利平等原则与传统特权等级制度之间的悖反张力，也可看到中国现实发展对于"传统美德"与现代法治、"中华法律文化精华"与"国外法治有益经验"的兼收并蓄。以价值的角度总体审视，可以说，中国传统内生的道德价值和源自现代西方的权利价值，构成了中国未来民主法治道路不可或缺的基本方面。本文拟试着从价值视角，考察分析中国政治，特别是民主法治构建的可能方向及其需要注意的价值问题。

政治既要讲逻辑，也要讲价值。政治逻辑与政治价值是政治的两个基本元素。历史地看，法家政治表现出一套基于人趋利避害的生理本性而实施赏罚的有效政治逻辑，而对政治价值有明显忽视；儒家政治则主要表现为一种基于道德精神开展政治实践，或者在政治制度和实践中灌注道德价值的政治。"政者，正也"（《论语·颜渊》），凸显出价值在中国传统政治中的基础地位。作为政治哲学的核心，政治价值不仅包含道德内容，也包含理性内容。政治德性和政治理性，构成了政治价值的两种基本形式。如果说中国以儒家政治为主导的传统政治，侧重对以人的道德为价值轴心的政治德性的维护，那么，近代以来的西方政治，则侧重对以人的权利为价值轴心的政治理性的张扬。总体而言，政治价值既为政治权力的运行设置价值目标和原则要求，也因此使政治权力的存续具有一定正当性，从而成为政治得以稳固发展必不可少的因素。诸如堵塞政治价值生发渠道的法家政治，虽可兴起于一时，但往往难

---

① 中国社会科学院法学研究所研究员。

以为继。立足晚清以来"古今中外"的时空格局审视，在政治现代化进程中，统合传统的政治德性与现代的政治理性，开拓可久可大的中国政道或政治价值，仍可谓现代中国亟待实现的历史任务。这里，着重沿着从法家政治、儒家政治到现代权利政治的历史发展线索，对三种主要的政治类型作价值分析和判断，并由此提出中国民主法治构建在价值方面的学理方向。

## 一　法家政治的价值缺失

法家多为政治家或改革者，而并非普通的司法行政官吏。从《商君书》开篇关于是否"变法"的辩论，可明显看到作为"政材"的公孙鞅与作为"治材"的甘龙、杜挚的不同。公孙鞅"论于法之外"，力主"不谋于众""变法而治"，是鲜明的立法者、变法者或政治人物形象。与之相比，居官守法，力主"因民而教""据法而治"的甘龙和杜挚，看上去则是附着于既定政制之下的执法者、"拘礼者"或行政人才。作为政治家的法家，着眼于整个国家政治体制，提出的不仅仅是行政或司法理论，而是典型的政治理论。一些学者因此断定，"法家之学，是一种政治学或政治哲学。"（陈启天，1936：31）法家的政治理论在逻辑起点、治理手段、政治目标上自成严整体系，在具体实施中也显示出强大的社会功效。

以人的生理或自然本性为根本的"自然之道"（《韩非子·功名》），是法家理论的逻辑起点。法家虽然明确反对像儒家那样将政治建立在"仁""德"的基础之上，但也讲"道"和"理"，一如学者所言，"法家以治出于理"，"理为法家之根本主义"（谢无量，1932：31、107）。总的来看，法家理论的道理根据在于自然律和自然人性。《韩非子》中提到，晋国郡守董阏于看到百仞深涧，从来无人也无动物误坠其中，就明白了治国方法，说"使吾治之无赦，犹入涧之必死也，则人莫之敢犯也，何为不治"（《韩非子·内储说上》）。这样一种有如坠涧必死的客观过程或自然律，正是法家立论的基础。从"必然之理"（《商君书·画策》）、"必行之道"（《韩非子·解老》），推出"必治之政"（《商君书·画策》），是法家政治的基本理论逻辑。法家理论的重要特点，就在于"与理相应"（《韩非子·解老》），因循客观的"必然之道"（《韩非子·显学》）来治理国家。此特点一贯地体现在法家诸子的理论主张之中。

在法家那里，依循"自然之道"来达成"必治之政"，是通过人的自然本性实现的。法家所主张的"因自然""因天之道"，在政治和社会领域就是

"因人之情"（《慎子·因循》）。人情或人性，按照法家理论，并不指人的道德良知，而是指人趋利避害的生理本性。用商鞅的话讲，"民之生，度而取长，称而取重，权而索利"，"饥而求食，劳而求佚，苦而索乐，辱而求荣，此民之情也"（《商君书·算地》）。人"皆挟自为心"（《韩非子·外储说左上》），彼此"用计算之心以相待"（《韩非子·六反》），是法家对于人性的基本判断，也是法家政治的人性论前提。此种人性，在法家看来并不是道德批判或政治改造的对象，反而是政治或治道的根基之所在。循天道、守成理、因自然就是顺应人的这种性情，"不逆天理"也就是"不伤情性"（《慎子》）。正是通过人的自利性情，"循天顺人"（《韩非子·用人》）得以统为一体，"自然之道"得以落实于政治和社会领域。犹如市场经济或市民社会以人的理性计算能力为前设一样，人的趋利避害本性，也被法家所充分利用，成为法家政治展开的现实切入点，正所谓"天道因则大，化则细……因也者，因人之情也。人莫不自为也，化而使之为我，则莫可得而用矣"（《慎子·因循》）；"人生而又好恶，故民可治也……好恶者，赏罚之本也"（《商君书·错法》）；"凡治天下，必因人情。人情者，有好恶，故赏罚可用。赏罚可用则禁令可立，而治道具矣"（《韩非子·八经》）。

自然人性和"自然之道"，构成了法家在治理手段上坚持"垂法而治"（《商君书·壹言》）、"以法治国"（《韩非子·有度》）的根本理据。法家之所以"不务德而务法"（《韩非子·显学》），正在于法律与自然人性、"自然之道"的紧密内在联系。在法家那里，法律包含着"赏"与"罚"两个基本内容，二者分别对应于人性的"好"与"恶"。以赏劝，以罚禁，乃法家鉴于人的自然本性而以法使民的一般原理。所谓"操名利之柄而能致功名"（《商君书·算地》）、"操其利害之柄以制之"（《韩非子·内储说上》），都是法家基于人趋利避害本性的"使民之道"（《商君书·更法》）、"用民之法"（《韩非子·说疑》）。在法家理论中，法律在国家治理功效上的充分显现，不仅有赖于赏罚对人的自然本性的契合，而且依凭赏罚如同"自然之道"那样"用之如一而无私"（《商君书·定分》）。在关于董阏于的叙述中，无人误坠百仞深涧，显然既与人的趋利避害本性相关，也与"入涧之必死"的自然情势联系在一起。法家强调"公私之交，存亡之本"（《商君书·修权》），力主"信赏必罚"（《韩非子·外储说右上》）、"去私行，行公法"（《韩非子·有度》），甚至坚持"行刑重其轻者"（《商君书·去强》），终究是为了使赏罚如自然律一样，成为自动有效的必然客观过程，让人对法律像面临百仞深涧那样"莫之敢犯"。此可谓法家的"使法必行之法"（《商君书·画策》）。以赏罚对治人的好恶，以公法达到令行禁止，这是法家在国家治理上"因自然""行必然之道"的两个主要表现。

总体看，法家政治是一种有着缜密逻辑的自然政治。此种政治从人的生理本性出发，通过法律将所有人际关系确定为客观的法律关系，并以法律的严格一律实施在国民行为与名利刑罚之间建立起必然的因果联系，从而造就"一民使下"（《管子·任法》）的法律治理体系。这一近乎自然律的客观体系，由于受到理论逻辑的有效支持，具有明显的外在效果。这至少体现于三个方面。一是"治乱"（《韩非子·有度》），使社会获得相对稳定的秩序，"以救群生之乱，去天下之祸，使强不凌弱，众不暴寡，耆老得遂，幼孤得长，边境不侵，君臣相亲，父子相保，而无死亡系虏之患"（《韩非子·奸劫弑臣》）。二是在一定程度上"使民……致其所欲"（《商君书·说民》），让一些国民获得功名利益。三是"主以尊安，国以富强"（《韩非子·和氏》），此乃法家政治最为显著的功效，也是其最高的政治目标。商鞅变法"行之十年，秦民大说，道不拾遗，山无盗贼，家给人足。民勇于公战，怯于私斗，乡邑大治"（《史记·商君列传》），"兵革大强，诸侯畏惧"（《战国策·秦一》），可谓法家政治效果的极致表现。无论是社会安定，还是国民基于赏罚体系主动或被动获得功利，都从属并服务于"富强之功"（《商君书·算地》）、"霸王之业"（《韩非子·六反》）这一终极目标。按照法家的理论逻辑，国富、兵强、主尊，必须通过赏罚以"抟民力"（《商君书·农战》）、"致民力"（《商君书·壹言》），通过法治统一国民行为、整合并提升国家能力来实现。商鞅所说的"人情好爵禄而恶刑罚，人君设二者以御民之志，而立所欲焉"（《商君书·错法》），昭示出法家政治"尊君""利上"（《韩非子·八经》）的初始动机，以及国民的趋利避害本性、国家的无私赏罚体系与主尊国强的霸王之业之间的内在联系。

近代西方的权利政治理论，就其结束"战争状态"、维护"自然权利"、形成"民族国家"而言，与法家理论其实有着相似的治理逻辑和外在效果，只是多出了法家所不具备的政治理性向度。从政治价值的角度看，尽管法家对暴政有所察觉和排斥，认为"仁暴者，皆亡国者也"（《韩非子·八说》），由此"期于利民"（《韩非子·心度》），希望"国无刑民"（《商君书·赏刑》），反对"劳苦百姓，杀戮不辜"（《韩非子·亡征》），但是，"以功用为的"（《韩非子·外储说左上》）的法家政治总体上并未包含政治德性和政治理性内容。在政治德性方面，法家消解了人的道德本性及其在人际交往和政治领域的作用发挥，力主"远仁义"（《韩非子·说疑》）、"不务德"（《韩非子·显学》），甚至将仁政与暴政同列亡国之道，由此最终滑向"制民"、"塞民"、"胜民"、"备民"（《商君书·画策》《商君书·定分》）、"戒民"（《韩非子·南面》）的政治境地。对生冷客观的"自然之道"的追随，堵塞了仁义道德在法家政治中的生发渠道，这使得法家政治与儒家政治表现出"自然"与"道德"的明显区分。在政治理性方面，法家通过赏罚体系有效地让民众"轻死""乐用"（《商君书·弱民》）的"使民之道"，其实亦可谓"死民"之道，民众在国家政治生活中的主体地位因而不得彰显，而是只沦为达致政治功利的手段。基于此，法家政治总是不断地被批评为"牛羊用人"（《法言·问道》）、"残忍为治"（《隋书·经籍志三》）、"违道而趋利，残民以厚主"（《苏轼文集·六一居士集叙》）、"有见于国，无见于人；有见于群，无见于孑"（章太炎，2003：115）。富国强兵、尊君称霸的外在功利目标，最终遮蔽了人之为人的内在理性价值，这使得法家政治与权利政治表现出"功利"与"权利"的明显区分。《商君书》上的一段话鲜活地勾勒出法家政治的非道德立场和理性价值缺失："民之见战也，如饿狼之见肉，则民用矣。凡战者，民之所恶也。能使民乐战者，王。强国之民，父遗其子，兄遗其弟，妻遗其夫，皆曰：'不得，无返。'又曰：'失法离令，若死我死，乡治之。行间无所逃，迁徙无所入。'行间之治，连以五，辨之以章，束之以令，拙无所处，罢无所生。是以三军之众，从令如流，死而不旋踵。"（《商君书·画策》）从中，可洞察由功利目标所主导的有效政治逻辑和治理效果，却见不到政治的道德根基和理性取向。对此，有学者曾作出这样的评价："法家政治，是以臣民为人君的工具，以富强为人君的唯一目标，而以刑罚为达到上述两点的唯一手段的政治。这是经过长期精密构造出来的古典的极权政治。任何极权政治的初期，都有很高的行政效率；但违反人道精神，不能作立国的长治久安之计。"（徐复观，2001：31）

功利目的、治理手段与实际效果之间严密而连续的政治逻辑，并未为法家政治带来持久的合法性。因为道德和理性价值的缺失，法家政治在历史上也产生了不利的政治后果。其一，将人际关系一律构造为法律关系，抑制了仁义忠诚在人与人之间的生发空间，以致"伤恩薄厚"（《汉书·艺文志》）。这使得法家政治"必有无德之患"（《论衡·非韩》），尤其是带来"君臣相憎"（《论衡·自然》）、"上下相忌"（《苏轼文集·韩非论》）。古人就此指出，"法术之御世，有似铁銜之御马，非必能制马也，适所以梏其手也。人君之数至少，而人臣之数至众，以至少御众，其势不胜也。人主任术，而欲御其臣无术，其势不禁也。俱任术，则至少者不便也"（《群书治要·体论》）。

其二，亲疏不别，贵贱不殊，实际伤害了一些社会阶层；重其轻罪，则会让更多的人受到与罪不相称的伤残，也容易导致犯轻罪者干脆选择犯更重的罪；无功不赏，阻塞了让在功利体系中陷于不利竞争处境的人获得赖以生活的基本福利的政治途径。这些不仅使法家的"国无怨民"（《商君书·去强》）理想不能实现，也事实上造成了"宗室贵戚多怨望"（《史记·商君列传》）以及"揭竿而起"（《史记·陈胜本纪》）的民众反抗。古人因此提到，"申韩、商鞅之为治也，拔拔其根，芜弃其本，而不穷究其所由生……背道德之本，而争于锥刀之末，斩艾百姓，殚尽大半……犹抱薪而救火，凿窦而出水"（《淮南子·览冥训》）。其三，法家关于"上古""中世""当今"（《商君书·开塞》《韩非子·五蠹》）之类的时代划分，以及对"六虱"（《商君书·靳令》）、"五蠹"《韩非子·五蠹》的批判和排斥，显示出法家割裂历史传统、脱离文化根基的现实利益立场。法家政治因此看上去欠缺足够的价值元素和文化内涵，从而通常被认为虽能收近效但常有远祸，客观上不利于政治在文化基奠上获得持久发展，"可以行一时之计，而不可长用"（《史记·太史公自序》），甚至被比喻为需要慎用的治病药石。

## 二　儒家政治的德性根基

从法家政治，不难看出基于人的自然本性、近乎自然规律的经验法则，而难以发现人的经验认知之外、形而上的道德世界、道德法则和道德诉求。法家理论有意或无意隔断了人的道德认知，只将政治限定于经验认知领域，在根本上缺乏或无涉道德确信。因此，虽然法家理论和法家政治把生理基础、赏罚手段、功利目标紧密衔接起来，形成了在政治上可有效操作的自治逻辑，但在此知识体系和政治过程中，人与人之间客观生冷的利害和法律关系消解了人的政治德性和政治责任。与之形成鲜明对照的是，政治道德以及道德意蕴浓厚的政治责任，一直构成为儒家政治的核心。一些学者对此有所觉察，认为"中国的政治理论……所提出的，并不是政治上的主权应该谁属的问题，而是政治上的责任应该谁负的问题"（钱穆，2005：71），"中国传统政治……一向注意政府责任何在，它的职权该如何分配，及选拔何等人来担当此责任"（钱穆，2005：100），"中国传统思想，则无宁谓人类道德意义尚远在国家意义之上"（钱穆，2010：175）。

无论是作为中国传统文化主流的儒家文化，还是作为中国传统政治主流的儒家政治，其根基都在于"道德"。大体而言，中国传统文化主要表现为

"道德"文化，其中，"道"为"德"之根本，"德"为"道"之功用或入"道"之门阶。对于"道"与"德"的内在一致，古人有这样的表述："道者，德之本也……德者，道之泽也"（《新书·道德说》），"道与德不是判然二物"（陈淳，1983：43）。尽管如此，从客观与主观的角度，"道"与"德"亦可略作区分，"大抵道是公共底，德是实得于身，为我所有底"（陈淳，1983：43），"道者，人之所共由；德者，己之所独得"（《朱子语类》卷六）。在社会意义上，如果以"道"为客观的自然过程，而以"德"为主观的精神努力，那么未尝不可以说，法家政治的立足点在于一种立足经验规律的客观自然之"道"，而儒家文化和儒家政治则始终不离作为主体的人之"德"或者同样被认为客观存在、围绕"德"展开的道德律。"道"与"德"的这种相对区分，既发生在法家与儒家之间，也发生在道家与儒家之间。因为对仁德的坚持和固守，儒家在世界观、价值观和人生观上同时对法家和道家产生理论张力，由此所倡导的政治是一种典型的植根于人之德性的道德政治。

法家对"德"的排斥，并不表明对"道"的舍弃。看上去，法家与儒家都讲"道"和"理"，都试图依循"天道"推导出政治之道，只不过各自所追随的"道"在内容和方向上存在根本分歧。法家基于"刀锯以制理"（《文心雕龙·诸子》），儒家则"志于道，据于德"（《论语·述而》），主张"道之以德"（《论语·为政》）。在政治道路上，法家与儒家分别侧重自然律和道德律，这可视为各以人的生理本性和道德本性为根基的两种"道"。源于"自然权利"的近代自然法与道德意蕴深厚的古代自然法大致对应于这两种"道"。法家对客观法则的倚重与道家对自然之道的遵从是相通的，两家都表现出一种冷智慧，都反对道德建构和礼教。《韩非子》有专门的"解老""喻老"篇，《史记》将韩非与老子并列作传，认为"韩非……喜刑名法术之学，而其归本于黄老……原于道德之意"（《史记·老子韩非列传》），以及法家将黄帝治道断定为"内行刀锯，外用甲兵"（《商君书·画策》）并遵照实施，凡此都显示出法家与道家之间的一定相通性。有学者指出，"'天地不仁，以万物为刍狗；圣人不仁，以百姓为刍狗'，韩非之学，出于老子而流为惨刻者在此"（陈沣，2012：238）。对于客观的"自然之道"，儒家并未完全否定或忽视，但儒家政治的重心不在于此，而在于以德性为根基的"仁"道。贾谊的一段相关话语很具有代表性："凡人之智，能见已然，不能见将然。夫礼者禁于将然之前，而法者禁于已然之后，是故法之所用易见，而礼之所为生难知也。若夫庆赏以劝善，刑罚以惩恶，先王执此之政，坚如金石，行此之令，信如四时，据此之公，无私如天地耳，岂顾不用哉？然而曰礼云礼云者，贵绝恶于未萌,而起教于微眇,使民日迁善远罪而不自知也。"(《汉书·贾谊传》)从这段话可以看出,儒家对无私乃至冷酷的"自然之道"并非毫无察觉,但儒家政治不落脚于此,而是在治国方式上优先考虑德教,由此将道德置于政治的基础地位,并不纯粹依靠法律。相对法家和道家的冷智慧而言,儒家表现出更强的热心肠,儒家政治尤其注重人的道德主体性和主动性在国家治理中的充分发挥。

基于道德的角度看,无论是在关于世界的认知上,还是在治国手段和方式上,儒家都比法家显得更为深厚和开阔,儒家政治因此呈现出很强的价值意蕴。与法家政治单纯的法律治理手段以及封闭的功利系统相对照,儒家政治及其理论包含着更为立体的复合结构。人为道德主体,生而具有道德本性,处在受天道法则支配的道德世界中,是此立体结构的理论前提,而这在法家理论中是缺乏或被阻隔的。法家政治以人为功利主体,通过利害赏罚诱导社会行为,达致富国强兵的政治目的,这些都只在一个可经验的、世俗的平面世界展开。法家理论得以建立以及法家政治得以产生实效,只以此经验世界中客观的"自然之道",或者,基于人的生理本性而对人发生趋利避害效果的自然律为前提。对于儒家而言,经验层面和利害法则只是立体复合世界的一个方面,此外还存在一个受到道德律支配的道德领域。道德律在儒家那里虽然难以被经验认知,但却始终被认定为与经验层面的利害法则一样具有客观实效。这是贯通天道、本于人德的"仁"道。质言之,儒家对世界的认知兼具经验和道德两个维度,与法家只承认并专注于经验世界和经验法则不同的是,儒家以经验世界和道德世界为一体,并且将道德世界和道德法则视作政治的根本。因此,形而上的心性或生命意义主题通常成为儒家追寻和深究的根本,儒家政治理论实为其心性之学的当然延伸。《大学》开篇"大学之道,在明明德",《中庸》开篇"天命之谓性,率性之谓道",以及《孟子》"尽心篇"提到的"尽其心者,知其性也"等,这些显得幽微的心性论,可谓儒学和儒家政治理论的理论源头之所在。儒学中道德与政治之间的此种不可分割的复合结构,是法家理论所不具备的。无论是心性之学,还是人之仁德,在法家理论和政治实践中都被切断或遭受抵制。总体上看,以道德律指引人的社会行为,将仁德道义融入世俗和经验世界,提升政治和社会的道德价值,是儒家政治的努力方向。

因为坚持从道德理论或心性之学导引出政治原则,儒家政治在历史上透显出鲜明的道德性格。归结起来,这至少表现在三个方面。

其一,"道"高于"君"。儒家所奉的"道"是仁道,正如孔子所说,

"道二：仁与不仁而已矣"（《孟子·离娄上》）。使政治合于仁道由此达致仁政，使"政"成为"道"的衍生、"正"的实践，是儒家政治理论的要义所在。这在具体实践中不仅停留于政治层面，也广泛深入社会层面，正所谓"君君，臣臣，父父，子子"（《论语·颜渊》），"父子有亲，君臣有义，夫妇有别，长幼有序，朋友有信"（《孟子·滕文公上》），"君尽君道……臣尽臣道"（《孟子·离娄上》）。先秦儒学中的这些话语，更适合理解为仁道在政治和社会生活各个领域的自然流行，而并不适合理解为强制性纲常伦理秩序的普遍扩展。《孟子》中礼制内容的淡化在一定程度上反映出此特点。尽管秦之后中国传统政治对君权、纲常和礼教的维护日渐形式化和强制化，但从先秦儒学特别是孔孟理论看，"道""仁"远比"君""礼"根本，流灌于各种政治和社会身份中的个体道德精神才是基本的。宋明儒学之所以被作为"新儒学"看待，一个重要方面正在于其在一定程度上试图将仁德从强制伦理秩序中解放出来、使之重新成为人主动的道德自由精神的努力。在这一点上，宋明儒学特别是其中的心学，实际显露出现代性的某些端倪。而且，即使客观上存在由"师道"入"臣道"、由"仁"入"礼"的历史流向，儒学因此终究未能在现实层面自觉生发出民主政治体制，但对君权的道德和制度限制却也始终构成儒学所主导的中国传统政治的重要特点。这既表现在祖制以及宰相制度等对君权的约束上（钱穆，2005：73—79），也表现在对君王的道德教育、劝谏、影响和规范以及对无道之君的道德批判和政治警诫上。从儒家经典，能够反复看到关于政治"有道""无道"的讨论。就理论根本而言，在儒家政治中，君主或政权处在从属于"道"的地位，政治的最终目标不在于"尊君"，而在于行仁道。儒家所表现出的"以道事君，不可则止"（《论语·先进》）、"引其君以当道，志于仁"（《孟子·告子下》）、"格君心之非"（《孟子·离娄下》）、"从道不从君"（《荀子·臣道》）的道德立场和传统，与法家"尊君""利上"的政治立场相比在道德价值上形成强烈反差。

　　其二，"为政以德"（《论语·为政》）。仁德，在儒家那里是达致人与"道"相契合的具体途径，也是获得政治合法性的基本价值要求。儒学知识体系中，天道的主要内容和显现形式不是基于人的生理本性的自然律，而是基于人的道德本性的道德律；使政治合乎"道"的关键就在于道德律得以充分发挥作用，从而让人的行为，特别是君主和治理者的行为表现出政治德性。以人的德性为根基，是中国主流传统政治和文化的核心人文特征。将"道"置于政治之上，将"德"贯通在政治之中，构成了儒家政治的基本特质。这既源于儒家心性之学对道德本性和道德世界的把握，也与鉴于三代诸如"殷革夏命"(《尚书·多士》)的历史经验而对道德法则在政治实践中的现实作用的深切体认密切相关。与法家将政治兴衰的根本归结为世势变化和治理逻辑不同,儒家将政治兴衰的根本归结为政治德性,正所谓"得天下也以仁,其失天下者也以不仁"(《孟子·离娄上》)。在对政治德性的态度上,儒法两家存在着根本分歧,由此形成了法家"不务德而务法"、儒家"为政以德"两种不同的政治道路。"天命靡常"(《诗经·文王》),"惟克天德"(《尚书·吕刑》),"不敬厥德,乃早坠厥命"(《尚书·召诰》),儒家这样一种关于天命与人德之间具有必然联系的道德认知,隐含着政治革命的可能性,也促成了通过提升仁德以顺应天道的政治努力方向。从儒家理论看,"大道既隐,天下为家"(《礼记·礼运》)的世道变革,或者,政权与民众之间的裂缝,造就了政治革命的客观条件。这使得政治德性在历史上更多地流行于自上而下的行政管理活动中,也使得在后世近乎私天下的帝制条件下,通过政治德性弥合君民间的分裂显得更为紧要。总体上,在中国传统政治中,对政治德性的维护以及由此对政治革命的提防是经常的历史现象。

其三,"民惟邦本"(《尚书·五子之歌》)。将天道与君德贯通起来的传统政治概念是"民"。在儒家政治中,"民"成为天道与君德的实际落脚点,既是"有道""无道"的权衡标准,也是"仁"与"不仁"的价值轴心。儒家政治因此多被判定为以民为本的"仁政"或民本政治。这亦是其与法家政治相区别的一个重要特点。在先秦儒学中,"民"一度被提升到比"君"还高的政治地位。诸如"民为贵,社稷次之,君为轻"(《孟子·尽心下》),"天视自我民视,天听自我民听"(《尚书·泰誓》),"天生民而树之君,以利之也"(《左传·文公十三年》),"天之生民,非为君也;天之立君,以为民也"(《荀子·大略》)等话语,显示出"民"在政治领域的基本地位。无论是从"大道之行也,天下为公"(《礼记·礼运》)的政治理想看,还是从先秦时代这种以民为国本的政治观念看,儒学事实上蕴含有一定民主因素。[①] 这在对无道之君的批判或置换上表现得尤为突出:"若困民之主,匮神乏祀,百姓绝望,社稷无主,将安用之?弗去何为?……天之爱民甚矣,岂其使一任肆于民上,以从其淫,而弃天地之性,必不然矣"(《左传·襄公十四年》);"不以尧之所以治民,贼其民者也……暴其民甚,则身弑国亡;不甚,则身危

---

① 就中国传统政治中的民主因素,有学者提到,"真求民主精神之实现,必使人道大统,下行而不上凑,必使教权尊于治权,道统尊于政统,礼治尊于法治,此乃中国儒家陈义,所由为传统文化之主干,亦即中国传统政制精意之所在"(钱穆,2010:71)。

国削"（《孟子·离娄上》）；"君有大过则谏，反覆之而不听，则易位……则去"（《孟子·万章下》）。尽管这些民主因素在秦之后长期未得充分生发的历史机遇，但民本仍始终构成为深受儒学影响的传统政治的核心要素。后世儒家政治中"得君行道"的政治思路，一方面使君主政制因为其一定程度的为民政治实践而获取适当合法性；另一方面也使政治德性以民本形式在行政层面得到持续延展。传统民本政治所透显出的此种政治德性，避免了法家政治的价值缺失，有学者就此指出，"凡使中国传统政治之不陷于偏霸功利，而有长治久安之局者，厥惟儒家之功"（钱穆，2010：79）。

## 三　权利政治的理性取向

相比而言，儒法两家对人性和世界有不同的判断和认知，儒家政治与法家政治因此具有不同的政治逻辑，在政治价值上亦呈现出明显差异。渊源于人的道德本性的道德系统或世界，是儒家理论及其政治的独到之处。这一道德系统构成为儒家心性之学的本体，儒家政治则具体表现为此道体在政治层面的作用形式。由于政治系统为道德系统所贯通并与之形成"用"与"体"的关系，儒家政治往往被视为一种从"内圣"开"外王"的"内圣外王"政治，从而展示出超越于现实经验层面的道德价值维度。明显的是，在"道"与"君"、"德"与"政"、"民"与"邦"之间，"道"、"德"、"民"被相对放在了更为根本的地位。尽管儒家抱有"天下为公"的"大同"理想，但历史并未表明儒家政治与君主、刑政、邦国格格不入。通过将"道""德""民"作为基本因素植入现实政治，中国传统政治即使在君主政制下也达致了一定程度的政治德性。从政治权力的角度看，虽然此种政治德性客观上对君主和行政权力形成某些制约，但它更多地作为政治智慧存在于传统政治实践中，而未必总是作为不利于君主政制的消极方面对待。政治德性在刑政民生等多方面的彰显，实际上为政治权力的存续灌注了道德合法性，脱离政治价值的法家政治实践因此难得普遍展开，其相应的政治后果也受到适当抑制，而大同道德理想与现实君主政制之间的历史矛盾亦因此得以缓解。

理论上，任何政治的延续都需要与之相应的逻辑和价值支撑。政治逻辑决定政治的可行性和实效，政治价值则决定政治的正当性和持久。总体来看，法家政治侧重于政治逻辑，儒家政治则不离政治价值。从人的自利本性出发，依循趋利避害的自然之道，通过赏罚二柄调动整合人的行为，这样一套严密有效的政治逻辑，使得法家政治通常表现出比儒家政治更为强势的政治实效。

同时，富强称霸的功利目标以及民得以致其所欲的功利效果，虽然不足以替代政治价值，但很大程度上却也可以避免由政治价值缺失所带来的政治弊病的即时显现，从而使得法家政治在一定历史时期具有可接受性。与法家政治形成对照，儒家政治并不否定刑罚的作用，但其重心不在于此，正所谓"刑为盛世所不能废，而亦盛世所不尚"（《四库全书总目提要·政书类》按语）。在法律之外，儒家政治更加看重仁德和道德律的作用发挥。从人的道德本性出发，依循"善善恶恶"（《荀子·强国》）的道德法则，通过德主刑辅引导调整人的行为，这是儒家政治的基本逻辑。道高于君、为政以德、民惟邦本，这些诉求使得儒家政治逻辑终究受制于道德价值并由此显露出鲜明的民本倾向。大体而言，在儒家政治更为立体复合的政治结构中，其超越层面的道德系统、道德法则和道德价值是法家政治所缺乏乃至极力排斥的，其经验层面的基本逻辑在起点、理据和形式上也迥异于法家政治。如果说，儒家政治主要通过道德与政治权力的融合来形成政治合法性，法家政治主要通过功利与政治权力的衔接来谋求政治合法性，那么，权利政治则主要通过权利与政治权力的纽结来构建政治合法性。作为典型的现代政治，权利政治在逻辑和价值上既有别于法家政治，也不同于儒家政治。

从自然的角度看，权利政治与法家政治同为由人的生理本性出发的自然政治，都区别于乃至针对道德政治。权利政治的出发点是自然权利（natural rights）。权利政治独特的现代逻辑和价值皆源于此。这是一个直接渊源于人的自然本性的"自然"概念，而并非一个"道德"概念。尽管康德、洛克等人试图基于道德或宗教提出自然权利概念，但在与教会统治针锋相对的"启蒙"运动背景下，这一概念其实不适合理解为神授或天赋人权（God-given rights）。按照霍布斯、斯宾诺莎等人的表述，自然权利就是人为了保全自己的身体和生命而不顾一切做任何事的权利。① 在关于自然状态和社会契约的理论中，此种肆无忌惮的自然权利必定导致人人自危的战争状态从而难有经常性的稳固保障，为摆脱混乱局面，人们达成社会契约，建立政治国家，由此所形成的

---

① "自然权利，乃是每个人按照自己的意愿，运用他自身的力量，来保全他自己的本性，亦即保全他自己的生命的自由。这也就是用他自己的判断和理性认为最适合的方式去做任何事情的自由"（霍布斯，1985：97）；"每个个体应竭力以保存其本身，不顾一切，只有自己，这是自然的最高的律法与权利。所以每个个体都有这样的最高的律法与权利，那就是，按照其天然的条件以生存与活动。……个人（就受天性左右而言）凡认为于其自身有用的，无论其为理智所指引，或为情欲所驱迫，他有绝对之权尽其可能以求之，以为己用，或用武力，或用狡黠，或用吁求，或用其他方法。因此之故，凡阻碍达到其目的者，他都可以视之为他的敌人"（斯宾诺莎，1963：212）。

权利政治一方面通过公权力和法律保障人权和公民权利，另一方面又使公权力受到民主制约，自然权利因而得以在国家和法律形式下受到常规保护。显然，与法家政治相近，权利政治并不将道德认知和道德系统作为其必要前提，而是以人的生理本性以及经验和理性认知为根基。从人的自然欲望出发来展开政治实践，在基于经验和理性的知识范围内判断、思考和解决政治和社会问题，这是权利政治可归属于自然政治的主要特征。鉴于此，从自然权利出发的现代政治被一些学者归结为"建立在人的意志基础之上的治理"或"受意志指导的人的治理"（Shapiro，1994：13—19），也被另外一些学者归结为旨在保护身体和保全生命的"身体政治"（the politics of body）或"生命政治"（bio-politics）（Foucault，2003：202—207）。自由意志的主导很大程度上消解了超验的自然法或道德法则及其支配地位，以身体、生命、财产、自由、快乐为基本内容的自然权利也明显集中于人的生理需要，这些使得权利政治不同于深入道德系统或超验世界的道德政治或宗教统治，而是与法家政治一样主要流于世俗功利层面。[①]

尽管权利政治与法家政治都具有自然的和功利的特点，但从价值的角度看，权利政治却透显出法家政治所不具备的理性价值。这也是权利政治不同于儒家道德政治的现代特质之所在。一般认为，现代政治和社会体制是对所谓"霍布斯问题"的应对，亦即，"既然人们都有情感，并且都试图以理性的方式来追求情感，那么，在有着许多人互相关联地行动着的社会处境中，是否可能以理性的方式去追求情感呢？或者在什么条件下才是可能的呢？"（帕森斯，2003：104；特纳，2003：35—36）此种沿着人的生理本性和经验认知、依循理性方式来思考和对治人际利益冲突的现代发展路径，虽然如法家政治一样侧重于自然、功利和世俗领域，并不触及道德世界，但却因为自然权利这一出发点而彰显出鲜明的人文价值。自然权利以及自由意志，排除了宗教的或超验的世界观，而将根本落实于自然世界和人本身，由此个人的自然本性和价值得到高度认可，个人的尊严和能力受到充分尊重，个人被认为

---

① "现代思想的出发点是个人的权利，并认为国家的存在是为了确保个人发展的条件，而希腊思想的出发点是国家的自治和自立的权利，个人则被认为要促进国家的那种存在状态"（巴克，2003：36—37）；"前现代的自然法学说教导的是人的义务；倘若说它们多少还关注一下人的权利的话，它们也是把权利看作本质上是由义务派生出来的。就像人们常常观察到的，在17和18世纪的过程中有了一种前所未有的对于权利的极大重视和强调。可以说重点由自然义务转向了自然权利"（施特劳斯，2003：186）。"自然权利"被认为在现代政治中处于基础地位，具有很强的现代意义（施特劳斯，2001：118、186—190）。

生而具有权利，人的身体、生命、尊严、权利、自由从而亦成为现代政治和法律制度的基本价值。正是此种价值维度，使得权利政治不像法家政治那样只成为功利政治和权力政治，而是将世俗功利与权利价值、政治权力与自然权利巧妙地糅合在一起，以此避开了法家政治的价值缺失弊病。同时，虽然权利政治与道德政治皆具价值取向，但二者并不完全相同，而是呈现出理性价值与道德价值的差异。权利政治更多地与人的认知理性相联系，它主要表现为对经验世界的情感、欲望和利益等作合乎经验的认知以及合乎逻辑的判断、比较、计算和推理等能力（阿巴拉斯特，2004：42），不同于道德理性。基于认知理性而形成的保障人权、无害他人等价值准则，虽然也可能产生具有一定道德意义的实际效果，但它与基于不计得失的道德理性而衍生出的道德价值仍有差别。而且，权利政治通常持有较为明显的非道德化立场，拒斥对道德的政治强制以及法律道德主义，[①] 以此避开了传统的教会统治或道德政治对人的生理本性的适当抑制。

就权利取向和理性价值而言，权利政治也可被称为理性政治。"政治理性"（political reason）、"政治合理性"（political rationality），或者，使政治权力的运行合乎理性、合理化，这是权利政治在价值维度上的独特表现。在权利政治中，政治权力获得合理性主要是沿着保护自然权利的路径展开的。自然权利，既为政治权力提供了存续的必要性和正当性，也对政治权力提出了组建原则和运行规范。因此，合理安排政治权力结构，规范和限制政治权力，使政治权力始终围绕保护人权和公民权利的政治目标行使，成为权利政治的精要所在。如果说自然权利得到常规保护为权利政治造就价值合理性，那么，遵循经验规律科学构设的足以有效保障人权和公民权利的政治权力体系，则为权利政治造就形式合理性。质言之，权利政治具有通过机构配置和法律制度严格限制和规范政治权力以防止其损害自然权利的民主向度，而这在历史上的法家政治和儒家政治中都未得到充分拓展。中国传统政治尽管对君权亦有一定程度的约束，但总体缺乏对君权的刚性限制，更缺乏通过诸如选举、集会、游行等民权活动来制约君权和行政权力的法律形式。与传统政治不同的是，权利政治下，一方面对政治权力的

---

① "处在自由主义中心的是这样一种看法，即国家不应使用其强制力把善良生活观念强加给个人"（Gray，1999：506）。边沁亦曾将"个人判断的权利"视为现代社会中人们所珍视的一切东西的基础，认为个人"把自己的判断力从权威的束缚中解放出来"，"更多地相信自己的能力，而少相信那些名声显赫的人物的一贯正确"（边沁，1995：106、236）。"道德的法律强制"在法理学中存有争议（哈特，2006）。

规范和约束得以严格化、法律化和科学化，另一方面对人的生理本性的道德强制得以消解。此外，权利政治对极权政治、民粹政治和道德政治皆有所排斥，显现出一定的"反政治"倾向。由于民权政治活动形式的开通以及独立司法体系的建立，权利政治为政治表达和民权诉求提供了理性的法律形式和国家层面的中立救济渠道，在很大程度上避免了政治的大型暴力化和非理性化，特别是在政权更迭时期。总体上看，从人的生理本性和自然权利出发，依循经验规律和科学原理，通过合理配置和严格规范政治权力有效保障自然权利，这是权利政治的主要逻辑。虽然权利政治所包容的政治理性在理论上亦受到批判性审视（Foucault，1991；2003），① 但与法家政治和儒家政治相比，权利政治在民主向度上对人权和公民权利的保障以及对政治权力的有效制约仍表现出明显的理性价值。

作为现代形态，权利政治既在逻辑上对法家政治有所深化，也在价值上表现出对儒家政治的不同甚至反动。从自然与道德的关系看，权利政治与法家政治同属自然政治，主要在人的自然本性层面以及经验或理性认知领域展开，有别于以超越的道德系统为前提的儒家道德政治。从逻辑与价值的关系看，权利政治、法家政治与儒家政治各自侧重于"权利""功利"和"道德"（德沃金，1998：197、228—229、255）。其中，权利政治包含有功利要素，并将其统合于权利价值之中，由此形成政治理性，避免政治成为专制政治或极权政治；儒家政治亦不完全排除功利要素，而是将其融通于道德价值之中，力图使政治表现出政治德性；唯有法家政治只在治理逻辑与功利目标之间建立连接，而于价值构建上显出不足。从政治与行政的关系看，历史上的法家政治和儒家政治都还只停留在行政层面，而只有权利政治从行政层面上升到了民主和民权意义上的政治层面。此外，从政治关系的角度看，法家政治将人际关系主要构建为法律关系和利害关系；儒家政治将人际关系主要构建为道德关系，同时涵容有法律关系；权利政治则将人际关系主要构建为较为客观、理性的权利关系和法律关系。与之相应，在政治责任观念上，儒家的道德政治透显出较强的道德责任，一个表现是，因为社会混乱或民众受损，不

---

① 福柯指出，"人类的所有行为都通过合理性（rationality）而被安排和规划。在制度、行为和政治关系中都存在逻辑。甚至最残暴的行为中也存在合理性。暴力中最危险的就是它的合理性。当然，暴力本身是很可怕的。但是，暴力最深刻的根源以及暴力的持续来自于我们所使用的合理性形式。如果我们生活在理性的（reason）世界，我们就能消除暴力，这种想法是极端错误的。暴力与合理性并非两相对立。我的问题不是要审判理性，而是要搞清楚这种合理性与暴力竟然如此地相容"（Foucault，1996：299）。

良行政官吏遭受惩处，君主对自己公开谴责；权利政治则透显出较强的政治责任和法律责任，这集中表现在执政者因为履职不当而依法承担的政治和法律后果上；而从法家政治，难以看到君王对民众的道德责任以及因政治失败而承担不利的明文法律后果。人的道德责任和道德本性，不仅在法家政治中不受重视，在权利政治中也要么被明显淡化，要么脱离超越的道德系统而只在经验和理性范围予以权衡。这体现出古今政治在价值基点上从仁义道德朝自然权利的转向。在此过程中，权利政治在基于人性的不完善而构造科学有效的政治和法律体制，从而使政治更加理性化的同时，也一定程度上在国际和国内层面表现出政治行为的道德价值缺失以及对政治行为的道德限制的乏力。

综上所述，权利政治发展出了权利取向、理性价值和民主维度，这些现代特点在传统法家政治和儒家政治中未得充分展开。尽管如此，并不适合基于现代立场，将法家政治与儒家政治完全视为衰朽落后的历史形态，或者，将政治发展简单地确定为从法家政治、到儒家政治、再到权利政治的历史必然过程。对于现代政治仍处发育过程中的中国来说，在"古今中外"的历史背景下，法家政治、儒家政治和权利政治，更宜作为各有其普遍学理根基和特定生发领域的政治形态对待。尤其是，鉴于传统道德政治所蕴含的政治德性与现代权利政治所彰显的政治理性之间的差异和侧重，努力将政治德性与政治理性融通起来形成更为全面合理的政治价值，当为现代中国政治发展的重要方向。

## 四　迈向政治德性和政治理性

近代以来，中国的政治发展经历着从传统向现代的历史转型。在此过程中，道德政治日渐衰微是一个明显趋势，而新崛起的政治价值以及相应的政治构建也在不断发生变化，在不同的历史时期展现出不同的延伸方向。

19 世纪后期，在现代政治产生之前，中国曾出现"中学为体，西学为用"的政治改革努力。从"中学为内学，西学为外学，中学治身心，西学应世事"（张之洞，2002：71）看，其时关于"中学"的理解也存在通向以道德系统为内核的心性之学的可能性。然而，从现实的政治构建看，"中学"显然更多地被搁置于知识层面的"名教"和制度层面的"礼制"，君主政制和三纲五常实际成为"体"的要义所在。因之，在政治价值上，这一时期的政治改革终究表现出对"民权"和"男女平权"的批判和抵制。① 20 世纪早期，此种政治倾向得以彻底扭转，政治改革被政治革命所取代，首先呈现出来的是从传统道德政治向现代权利政治的转向，"民权"成为政治构建的新基点。这一时期以民族、民权、民生"三民主义"为指导的政治尝试，具有更强的现代立场，力图"顺应世界潮流，去实行民权，走政治的正轨"（孙中山，1981：763）。在此朝向现代的政治努力中，"中学"因素并没有被完全割舍。在政治价值上，一方面，"学欧美之所长"得到强调的同时，"恢复……（中国）固有的道德、知识和能力"（孙中山，1981：688—689）也受到重视，这在一定程度上使"民权"话语得以与"民生主义"并立；另一方面，关于"民权"的理解实际受到中国语境的限制，"民权"话语因之未在"个人自由"或"自然权利"的西学意义上被使用，而是与"民族主义"糅合在一起。与西方权利发展历程不同的是，民权、个人自由在中国近代生发的过程中，时常发生为国权、国家自由所替换的现象。在晚清，就有"惟国权能御敌国，民权断不能御敌国，势固然也"（张之洞，2002：21）的看法；在民国，仍存在这样的政治观念："自由这个名词……万不可再用到个人上去，要用到国家上去。个人不可太过自由，国家要得完全自由。到了国家能够行动自由，中国便是强盛的国家。要这样做去，便要大家牺牲自由。"（孙中山，1981：722—723）历史地看，自然权利在西方崛兴之初通常伴有政治动荡，而在随之发生的民族国家构建和发展过程中，依循权利政治的逻辑，自然权利与国家权力在西方社会实际呈现出相互加强的态势。② 尽管自然权利在引入中国时也适逢时局混乱，但后来的政治构建实际上并没有严格按照权利政治的逻辑开展，个人权利和自由在相当长的历史时期事实上要么受到抑制，要么被转向国权或群体利益。

由于摆脱国家积贫积弱的政治企图以及连绵不断的内外战争和政治斗争，近代中国并没有充分获得以自然权利或个人自由为基点构建现代权利政治的历史机遇，政治发展道路也随着现实政治力量的兴衰而不时中断和转向。在国家层面，构建专制或强权国家的倾向几度出现，民主宪政进程被不断打乱或推迟，国家正规建设也一直面临政治运动的冲击。在社会层面，政治革命深入社会革命，非国家形式的政治势力通过发动民众得以迅速壮大，一种以

---

① "知君臣之纲，则民权之说不可行……知夫妇之纲，则男女平权之说不可行"，"民权之说，无一益而有百害"（张之洞，2002：12、19）。

② 此种状况曾被称为"权力与快乐的持续螺旋"（Foucault，1980：45—47）。

"唤起民众""施仁政于人民内部""保护人民利益"（毛泽东，1991：1472、1476）为特点的政治发展模式在革命实践中逐渐形成。这是一种大众政治模式或人民民主政治模式，对中华人民共和国的政权建设，特别是头三十多年的政治实践具有长期而深刻的影响。从政治价值的角度审视，此种以民众为本位、看上去具有浓厚价值色彩的政治模式，既有别于历史上的法家政治和儒家政治，也不同于源于西方的现代权利政治，很难纯粹地归入其中的某一政治类型。如同法家政治能够通过利益驱动调动和整合社会力量一样，此种政治模式也能通过广泛深入地动员民众产生强大的政治力量效果，但与法家政治中君权与民众存在较大裂缝不同的是，大众政治模式在价值维度上以不脱离民众为典型特征，以融入民众为生发渠道，甚至需要做到以利益大众为其生命线。如同道德政治认定"人皆可以为尧舜"（《孟子·告子下》），并倡导"廓然而大公"（《河南程氏粹言·心性篇》）、不斤斤计较、不避趋祸福的道德规范一样，诸如"大公无私""毫不利己专门利人""六亿神州尽舜尧""民本""仁政""公仆"之类的话语也一度流行于大众政治模式中，但与以道德系统和心性之学为前提的道德政治不同的是，此种政治模式并不以道德形而上学或形而上的道德理论为必要，而是更多地依赖于经验和理性层面的政治动员、政治教育或政治意识形态。此外，与权利政治对权利路径、国家形式、法律渠道的依赖以及由此所形成的理性化和形式化特点相比，大众政治模式的政治化色彩更为浓厚。在其发展的早期，特别是在"文革"期间，此种政治模式很大程度上表现出将政治力量凌驾于国家和法律之上的特点，国家和法律问题时常被政治化或大众化，而政治问题的国家化、法律化解决渠道以及形式化、程序化的权利表达和诉求机制，在较长时期内没有得到充分发展。

尽管人民民主政治模式在历史上表现出生命力，在现实中亦能产生明显的政治功效，但在改革开放条件下，随着现代化进程的深入和社会文明程度的提升，它事实上也在不断得到改革、调整和优化。总体上，稳妥安顿源于民众的政治势力与道德价值、权利渠道、法律形式以及国家体制之间的关系，可谓完善此种政治模式的关键。从政治价值的角度看，在继续动态地通过顺民意、促民生等实践方式维护稳固政治正当性的同时，平行开通并拓展政治德性和政治理性的生发道路，使政治具有更大的道德正当性、权利正当性和法律正当性，避免陷入单纯的利益政治或功利政治，是人民民主政治模式可供选择的发展方向。在政治德性方面，尽管大众政治模式呈现出传统政治中诸如"民本"等特点，但中国文化传统在相当长的历史时期，至少在 20 世纪

90 年代以前，基本上没有得到自觉传承，而是反复遭受来自 "文化运动" 或 "文化革命" 的激荡乃至破坏，这很大程度上阻碍了政治德性赖以寄居的道德系统的延展。进入 21 世纪，对中国文化传统的自觉和自信日益明显，在此条件下，达成百年新文化与千年文化传统的融会贯通，从文明重构的高度重新审视中国民主法治发展道路，在政治实践中自觉传承并发扬中国文化独特而又具有穿透古今中外的普遍特点的道德价值，具有更大的历史可能。结合历史而言，于现代政治语境下重启道德认知和道德系统，不应也不会再走由仁道入礼制的形式化老路，毋宁说，政治领袖和行政官员的道德人格、民众意愿的道德合理性、政治行为的道德限制以及经济、法律和社会行为的道德价值，乃至个人心性的明觉，是政治德性在现代彰显的主要表现。在政治理性方面，尽管大众政治模式呈现出人民民主特点，但就历史上的 "大民主" 实践教训而言，现代民主政治实践需要通过国家和法律体制来使之形式化，而且也需要通过权利表达和诉求机制来使之合理化，以避免政治被过度政治化或长期运动化。事实上，民主政治的国家化、法律化和权利化，是改革开放特别是 20 世纪 90 年代以来，中国政治日渐加深的特点和趋向。这集中体现在 "依法治国" 被确立为基本治国方略以及 "人权" 入宪等事件上。从学理上讲，人权为现代政治设置价值底线，权利为现代政治奠定价值起点，国家和法律则为现代政治提供可持续发展的必要形式。依凭这些因素，现代民主政治可以循着法制轨道、通过理性方式得以平稳而经常地展开，在尊重人民主体政治地位的同时使个人权利和自由受到有效保障，由此彰显政治理性。

由于政治理性立足于人的经验和理性认知以及生理本性，而政治德性立足于人的道德认知和道德本性，开拓中国的政治价值，需要注意道德与权利、道德价值与理性价值之间可能的张力。重要的是，并列开通人的经验认知、理性认知和道德认知途径，消解传统与现代性、新文化与传统文化的针锋相对，使人的生理本性和道德本性得到共同发展，避免以一种认知形式抑制或堵塞其他认知形式，避免对权利发展的过度道德批判，也避免权利和法律立场对道德价值和实质理性的漠视或排斥。这在现代条件下并非毫无可能，宋明时期诸如 "虽终日做买卖，不害其为圣为贤"（王守仁，1992：1171）等话语，其实已直接指出此类兼容智慧。大体而言，在人的经验、理性和道德认知平行开通、同具合法性的前提下，将道德价值重新融入政治系统，更适合采取沿着个体生发扩展的方式，而不宜采取国家或法律强制的方式，而对人权和公民权利的保护则适合深入政治和法治的各个环节。

此外，作为一个发展中国家，中国应利用其后发展优势，充分吸纳法家政治、儒家政治和权利政治的长处，避免只以一种逻辑或价值将各类政治极端对立起来。其中，法家政治的治理逻辑在受制于现代民主政治的前提下，适合沿着形成基本社会秩序和维护公民权利的渠道，应用于行政领域；为法家政治和权利政治所共同蕴含的、立足人的生理本性的法治逻辑，亦值得特别提炼出来，贯彻到人权保障和规范制约政治权力上。而且，从行政与政治相区分的角度看，中国政治终究需要突破以行政统合政治的传统格局，实现从以自上而下治理为特征的传统行政大国，向以自下而上的民权表达和诉求合法化、常规化并由此对治权形成有效制约为特征的现代政治大国的历史跨越。在这一点上，以权利为导向的政治理性是中国政治尤须张扬的重要方面。① 总而言之，在政治现代化的道路上，中国需要同时构建并彰显政治德性和政治理性，使道德价值、权利价值、法治逻辑在政治和行政层面互不抵触地平行发展，开拓一种民主法治下的民本治道。

## 参考文献

Foucault, Michel. *The History of Sexuality*, Volume 1: An Introduction. Vintage Books, 1980.

Foucault, Michel. *The Foucault Effect: Studies in governmental rationality*. Harvester Wheatsheaf, 1991.

Foucault, Michel. *Foucault Live (Interviews, 1961—1984)*. Semiotext (e), 1996.

---

① 结合历史和学理考量，法治可基于道德与功利（或理性/自然）的区别，以及政治（民主或民权政治）与行政的区别，分出行政层面的法治、政治层面的法治、功利层面的法治和政治层面的法治。

**法治的历史和理论形态**

| | 道 德 | 功 利 （理性/自然） |
|---|---|---|
| 政 治 | ｜道德的民主法治｜ | 作为宪政的法治（民主法治） |
| 行 政 | 作为文德的法治（儒家法治） | 作为武功的法治（法家法治） |

对于仍在寻求现代化的中国来说，建立政治层面的民主法治是首要和基本的，而这未必导致对行政、功利层面的法治的完全破除。实际上，基于各自具有普遍性的学理因素，行政、功利层面的法治亦可被置于现代政治之下发挥必要的治理功用。同时，在现代语境下，是否需要，是否可能，以及如何实现政治与道德的重新衔接或融合，形成一种在历史上尚未出现的"道德的民主法治"，则是值得中国乃至世界作更深文化思量的时代论题（胡水君，2013）。

Foucault, Michel. *The Essential Foucault*: *Selections from the Essential Works of Foucault*, 1954—1984. New Press, 2003.

Gray, Christopher Berry（ed.）*The Philosophy of Law*: *An Encyclopedia*. Garland Publishing, 1999.

Shapiro, Ian（ed.）*The Rule of Law*. New York University Press, 1994.

［英］阿巴拉斯特：《西方自由主义的兴衰》，曹海军等译，吉林人民出版社 2004 年版。

［英］巴克：《希腊政治理论：柏拉图及其前人》，卢华萍译，吉林人民出版社 2003 年版。

［英］边沁：《政府片论》，沈叔平译，商务印书馆 1995 年版。

陈淳：《北溪字义》，中华书局 1983 年版。

陈沣：《东塾读书记》，上海古籍出版社 2012 年版。

陈启天：《中国法家概论》，中华书局 1936 年版。

［美］德沃金：《认真对待权利》，信春鹰、吴玉章译，中国大百科全书出版社 1998 年版。

［英］哈特：《法律、自由与道德》，支振锋译，法律出版社 2006 年版。

胡水君：《内圣外王：法治的人文道路》，华东师范大学出版社 2013 年版。

［英］霍布斯：《利维坦》，黎思复、黎廷弼译，商务印书馆 1985 年版。

毛泽东：《毛泽东选集》第 4 卷，人民出版社 1991 年版。

［美］帕森斯：《社会行动的结构》，张明德、夏遇安、彭刚译，译林出版社 2003 年版。

钱穆：《国史新论》，三联书店 2005 年版。

钱穆：《政学私言》，九州出版社 2010 年版。

［美］施特劳斯：《霍布斯的政治哲学：基础与起源》，申彤译，译林出版社 2001 年版。

［美］施特劳斯：《自然权利与历史》，彭刚译，三联书店 2003 年版。

［荷］斯宾诺莎：《神学政治论》，温锡增译，商务印书馆 1963 年版。

孙中山：《孙中山选集》，人民出版社 1981 年版。

［英］特纳：《社会理论指南》，李康译，上海人民出版社 2003 年版。

王守仁：《王阳明全集》，上海古籍出版社 1992 年版。

谢无量：《韩非》，中华书局 1932 年版。

徐复观：《两汉思想史》第 2 卷，华东师范大学出版社 2001 年版。

章太炎：《国故论衡》，上海古籍出版社 2003 年版。

张之洞：《劝学篇》，上海书店出版社 2002 年版。